Dieses Buch wurde speziell für Lernende in Vorbereitungslehrgängen für die Berufsreifeprüfung entwickelt. Die Inhalte wurden in Hinblick auf die **kompetenzbasierten Curricula für die Fachbereiche „Betriebswirtschaft und Rechnungswesen"** sowie **„Handel und Rechnungswesen"** zusammengestellt und sind auf von **Expertinnen und Experten erarbeitete Prüfungsrichtlinien** abgestimmt. „Maturawissen Betriebswirtschaft" bietet den Stoff in kompakter Form und gibt konkrete Orientierung für die Prüfungsvorbereitung.

Autorinnen und Autoren:

Prof. Mag. Hannes Nitschinger
BHAK/BHAS Neusiedl am See

ao. Univ.-Prof. Dr. Bettina Greimel-Fuhrmann
Institut für Wirtschaftspädagogik an der WU Wien

Prof. Mag. Dr. Gerhard Geissler, MSc.
Institut für Wirtschaftspädagogik an der WU Wien

Mag. Gabriele Andre
International Business College Wien 12

Prof. Mag. Elisabeth Scheicher-Gálffy
HLA Baden

Mag. Gottfried Kögler
Institut für Wirtschaftspädagogik an der WU Wien

Wien 2018

Printed in the EU, ISBN 978-3-7068-5154-1

Das vorliegende Buch wurde auf chlorfrei gebleichtem Papier gedruckt.

Umschlaggestaltung: buero8, Wien

MANZ

Herzlich willkommen!
Das ist Ihr neues Buch von MANZ.

Als führender Verlag im berufsbildenden Schulwesen wissen wir, dass Sie Lernpakete benötigen, die Sie zielgerichtet zum Lernerfolg – zu Wissen und Kompetenz – führen. Wir wollen, dass Sie nach Abschluss Ihrer Ausbildung Ihre persönlichen Chancen am Arbeitsmarkt bestmöglich wahrnehmen können.
Wir arbeiten täglich an der Produktion zeitgemäßer Lernpakete und stehen dabei im ständigen Dialog mit erfahrenen Schulbuchautorinnen und -autoren sowie Wissenschaftlerinnen und Wissenschaftlern.

SbX Zu diesem Buch gibt es im Rahmen von SbX vielfältige **Online-Ergänzungen** sowie ein Lernmanagementsystem, den **MANZ Lernraum.**

Ihr Buch mit SbX

Aktivieren Sie Ihre SbX-Inhalte
und den MANZ Lernraum:

www.wirlernenmitmanz.at

1. Registrieren bzw. anmelden.
2. Die Lasche „Meine Lernmedien" öffnen.
3. Startcode eingeben:

51541A9u47QF

Das Buch

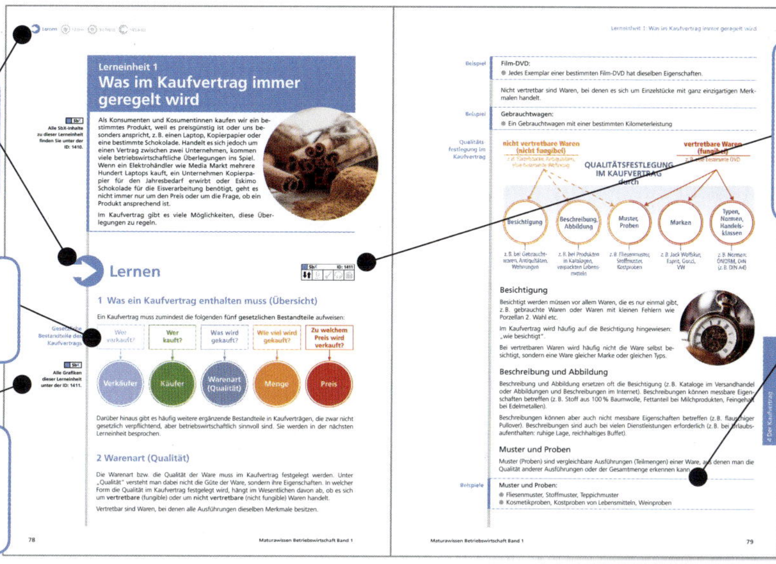

Lerneinheiten
führen Sie Schritt für Schritt durch den Lernstoff.

Übersichtliche Grafiken
erleichtern das Lernen.

Marginalspalte
enthält Zusatzinformationen und Beispiele.

SbX-Leiste und SbX-ID
verweisen auf die SbX-Inhalte zu jedem Arbeitsschritt.

Beispiele
stellen die Verbindung zur Praxis her.

SbX – Digitale Inhalte

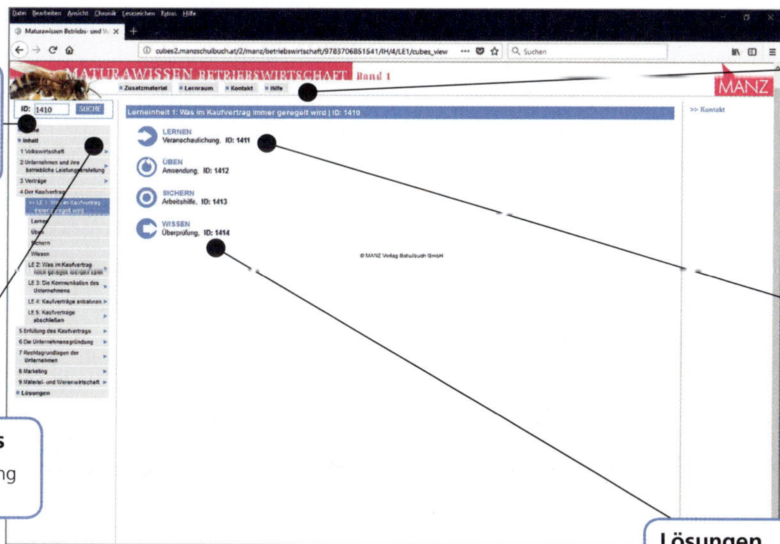

ID-Eingabe
führt direkt zu den passenden Online-Inhalten.

Inhaltsverzeichnis
übersichtliche Darstellung der Inhalte

Aufbau
SbX und Buch folgen demselben Aufbau.

SbX-Ergänzungen
abwechslungsreiche Übungsmöglichkeiten, zusätzliche Informationen, Dateien zur weiteren Bearbeitung

Lösungen

Dem Verlag MANZ ist es ein grundlegendes Anliegen …

… Chancengleichheit wo immer möglich zu fördern. Frauen und Männer werden in den Texten und Beispielen dieses Buches gleichberechtigt behandelt. Um den Lesefluss nicht zu stören, wird aber – wo nötig – auf das Nebeneinander weiblicher und männlicher Formen verzichtet.

Inhaltsverzeichnis

Maturawissen Betriebswirtschaft Band 1

Kapitel 1: Volkswirtschaft 1
1 Grundlagen der Volkswirtschaft 3
2 Wie alles zusammenhängt – Markt und Wirtschaftskreislauf 9
3 Die Volkswirtschaftliche Gesamtrechnung . . . 17
4 Begriff, Träger, Ziele und Aufgabenfelder der Wirtschaftspolitik 25
5 Budget und Budgetpolitik . . . . SbX
6 Konjunktur, Konjunkturpolitik und Wirtschaftswachstum . . . . SbX
7 Arbeitsmarkt und Arbeitslosigkeit . . . . . . SbX

Kapitel 2: Unternehmen und ihre betriebliche Leistungserstellung 33
1 Unternehmen als Wirtschaftsteilnehmer 34
2 Die Ziele der Wirtschaftsteilnehmer 45
3 Die betriebliche Leistungserstellung* 50

Kapitel 3: Verträge 59
1 Wodurch ein Vertrag gekennzeichnet ist 60
2 Die wichtigsten Vertragsarten 69

Kapitel 4: Der Kaufvertrag 77
1 Was im Kaufvertrag immer geregelt wird . . . 78
2 Was im Kaufvertrag noch geregelt werden kann 87
3 Die Kommunikation des Unternehmens . . . 102
4 Kaufverträge anbahnen 109
5 Kaufverträge abschließen 121

Kapitel 5: Erfüllung des Kaufvertrags 131
1 Wie Verkäufer und Käufer den Vertrag erfüllen 132
2 Wie der Käufer zahlen kann 141
3 Wenn der Verkäufer seine Pflichten nicht richtig erfüllt 154
4 Wenn der Käufer seine Pflichten nicht richtig erfüllt 177

Kapitel 6: Die Unternehmensgründung 193
1 Von der Idee zum fertigen Konzept 194
2 Der Businessplan 199
3 Die Standortentscheidung 206

Kapitel 7: Rechtsgrundlagen der Unternehmen 213
1 Firma, Firmenbuch, Rechtsformen, Buchführungspflicht 214
2 Das Einzelunternehmen – die beliebteste Rechtsform in Österreich 222
3 Personengesellschaften – Rechte und Pflichten werden zwischen mehreren Personen (Gesellschaftern) geteilt 225
4 Kapitalgesellschaften – hier steht die Kapitalaufbringung im Vordergrund 232
5 Sonstige Gesellschaftsformen 238
6 Der Unternehmer braucht Hilfe 244

Kapitel 8: Marketing 251
1 Marktorientierung entscheidet über den Unternehmenserfolg 252
2 Herausfinden, was der Markt verlangt (Marktforschung) 259
3 Wie entschieden wird, was produziert werden soll (Produkt- und Sortimentspolitik) 267
4 Preise und Konditionen sind oft entscheidend (Kontrahierungspolitik) 273
5 Wie das Produkt zum Kunden kommt (Distributionspolitik) 281
6 Wie der Kunde von unserem Angebot erfährt (Kommunikationspolitik) 285

Kapitel 9: Material- und Warenwirtschaft* . . . 295
1 Was macht die Materialwirtschaft? 296
2 Beschaffung planen, durchführen, kontrollieren 299
3 Lagern, Verteilen, Entsorgen 313
4 Die Materialwirtschaft optimieren 320

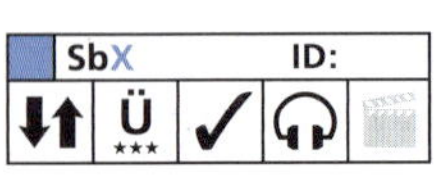

Zu allen Lerneinheiten des Buches gibt es ergänzende SbX-Inhalte. Die SbX-Leiste zeigt Ihnen bei jedem Abschnitt, welche Inhalte zur Verfügung stehen.

* Speziell für den Fachbereich Betriebswirtschaft und Rechnungswesen

1 VOLKSWIRTSCHAFT

Worum geht's in diesem Kapitel?

Wirtschaftliche Fragen betreffen uns alle, denn die unzähligen tagtäglichen Berührungspunkte mit dem wirtschaftlichen Geschehen sind kein „Naturereignis", sondern das Ergebnis menschlicher Handlungen. So tragen wir mit unseren täglichen Kaufentscheidungen zur Gestaltung der Wirtschaft bei. Wir beeinflussen die wirtschaftlichen Abläufe aber auch durch unsere Handlungen und Entscheidungen als Arbeitnehmer oder Arbeitgeber, Kapitalanleger oder Kreditnehmer, Mieter oder Vermieter und Urlauber.

Wirtschaft und Politik sind untrennbar miteinander verbunden. So haben die Entscheidungen im Bereich der Konjunktur-, Budget- und Steuerpolitik, Umweltpolitik, Arbeitsmarktförderung usw. spürbare Auswirkungen auf die wirtschaftliche Entwicklung eines Landes.

Kompetenzen, die Sie erwerben

Mit der Bearbeitung dieses Kapitel erwerben Sie die **Kompetenzen** für den **Bereich Volkswirtschaft.**

Sie können

- die zentralen Aufgaben und die Teilgebiete der Volkswirtschaftslehre beschreiben,
- die Bedeutung von Modellen für die Erklärung komplexer wirtschaftlicher Zusammenhänge erläutern,
- einen Markt erklären und die Arten von Märkten darlegen,
- die Ziele und Zielkonflikte der Wirtschaftssubjekte sowie Auswirkungen ihrer Aktivitäten auf den Wirtschaftskreislauf analysieren,
- verschiedene Wirtschaftssysteme, -ordnungen und -theorien erklären,
- volkswirtschaftliche Größen erklären,
- die Träger, Ziele und Aufgabenfelder der Wirtschaftspolitik erklären,
- die Rahmenbedingungen des Budgets erklären,
- die Messgrößen zur Bestimmung der jeweiligen Konjunkturlage aufzählen, wichtige Ursachen für konjunkturelle Schwankungen erläutern und konjunkturpolitische Instrumente beschreiben,
- häufig verwendete Methoden der Erhebung und Berechnung der Arbeitslosenzahlen erklären,
- wichtige Ursachen für Arbeitslosigkeit unterscheiden und bedeutsame individuelle und gesellschaftliche Folgen der Arbeitslosigkeit darlegen.

Dieses Kapitel umfasst folgende Lerneinheiten:

1 Grundlagen der Volkswirtschaft
2 Wie alles zusammenhängt – Markt und Wirtschaftskreislauf
3 Die Volkswirtschaftliche Gesamtrechnung
4 Begriff, Träger, Ziele und Aufgabenfelder der Wirtschaftspolitik
5 Budget und Budgetpolitik SbX
6 Konjunktur, Konjunkturpolitik und Wirtschaftswachstum SbX
7 Arbeitsmarkt und Arbeitslosigkeit SbX

A B C D E

In diesem Kapitel finden Sie Übungsaufgaben und Aufgaben zur Lernkontrolle zur Überprüfung Ihrer Kompetenzen auf den Handlungsebenen A **Wiedergeben,** B **Verstehen,** C **Anwenden** und D **Analysieren und Interpretieren.**

SbX
ID: 1150, 1160 und 1170

Im SbX finden Sie die

- **Lerneinheit 5: Budget und Budgetpolitik (ID: 1150)**
- **Lerneinheit 6: Konjunktur, Konjunkturpolitik und Wirtschaftswachstum (ID: 1160)**
- **Lerneinheit 7: Arbeitsmarkt und Arbeitslosigkeit (ID: 1170)**

Lerneinheit 1

Grundlagen der Volkswirtschaft

SbX
Alle SbX-Inhalte zu dieser Lerneinheit finden Sie unter der ID: 1110.

Betriebswirtschaftslehre (BWL): Gegenstand der BWL ist die Beschreibung und Erklärung des Betriebes (Unternehmens); die Untersuchung der zahlreichen Entscheidungen, die in einem Betrieb getroffen werden müssen.

Bereits ein kurzer Blick auf die Wirtschaftsseite einer österreichischen Tageszeitung zeigt sehr eindrucksvoll, wie stark volkswirtschaftliche Fragen unser Leben bestimmen:

„Konjunktur im Hoch, Löhne im Tief", „Der Anstieg der Verbraucherpreise hält sich in Grenzen", „Österreichs Tourismus profitiert von der Hitzewelle", „Agrarpreise steigen stark", „Arbeitslosigkeit sinkt weiter", „Mehr Millionäre in Österreich" – fast täglich lesen wir solche Schlagzeilen.

Trotzdem stellt die Volkswirtschaftslehre (VWL) für viele Menschen eine weithin unbekannte Teildisziplin der Wirtschaftswissenschaften dar. Darin unterscheidet sie sich von der Betriebswirtschaftslehre (BWL).

Die Volkswirtschaftslehre beschäftigt sich jedoch mit vielen Fragen, mit denen wir täglich zu tun haben und deren Konsequenzen unser Leben nachhaltig beeinflussen.

Lernen

SbX ID: 1111

SbX
Alle Grafiken dieser Lerneinheit unter der ID: 1111.

1 Worum geht es in der Volkswirtschaftslehre (VWL)?

Die Volkswirtschaftslehre betrachtet, untersucht und erklärt wirtschaftsbezogene Gesamtzusammenhänge. Sie versucht daraus Schlussfolgerungen zu ziehen bzw. Empfehlungen abzuleiten, wie Entwicklungen verändert werden können.

So gibt die Volkswirtschaftslehre Antworten auf die drei Kernprobleme, die es in jeder Volkswirtschaft zu lösen gilt. Die drei **Grundfragen** sind:

Die Volkswirtschaftslehre beschäftigt sich u. a. mit den drei Grundfragen der Produktion: **Was soll wie für wen** produziert werden?

- **Was und wie viel soll produziert werden?** (Art und Menge der Güter)
- **Wie soll produziert werden?** (Welche Produktionsfaktoren [Arbeit, Kapital, Natur und Wissen] sollen in welchem Umfang eingesetzt werden?)
- **Für wen soll produziert werden?** (Wer erhält wie viel? Wie viel der Produktion wird sofort konsumiert oder wieder investiert?)

Über diese Fragen, d. h., was, wie und für wen produziert wird, entscheiden allerdings in unserem marktwirtschaftlichen System Millionen von Privathaushalten und Unternehmen **eigenverantwortlich.**

Die Volkswirtschaftslehre beschäftigt sich daher auch sehr stark mit den Abläufen und den Gesetzmäßigkeiten auf Märkten. Jeder von uns nimmt tagtäglich an den verschiedensten Märkten teil.

So nehmen wir am **Gütermarkt** teil, wenn wir unsere Lebensmittel oder ein neues Haushaltsgerät einkaufen, oder am **Dienstleistungsmarkt,** wenn wir im Rahmen einer Reparatur die Hilfe eines Handwerkers in Anspruch nehmen, am **Immobilienmarkt,** wenn wir uns eine neue Wohnung suchen und diese mit einem Kredit **(Finanzmarkt)** finanzieren. Die Liste möglicher weiterer Märkte ließe sich problemlos fortsetzen.

Volkswirtschaftslehre ist somit auch eine **Einführung in die Wissenschaft von Märkten.** Sie verdeutlicht, wie **leistungsfähig Märkte** sind, **zeigt** aber auch deren **Grenzen** bzw. **Schwachstellen** auf.

2 Die Aufgaben der Volkswirtschaftslehre (VWL)

Die nachfolgende Grafik liefert einen kurz gefassten Überblick über die wichtigsten Aufgaben der Volkswirtschaftslehre:

Aufgaben der Volkswirtschaftslehre (VWL)

Aufgaben der Volkswirtschaftslehre (VWL)

BESCHREIBUNG

Im Rahmen der VWL werden **wirtschaftliche Vorgänge** bzw. **Entwicklungen** der Vergangenheit **beschrieben.**

Beispiel: Wie hat sich die Arbeitslosenrate im letzten Jahr entwickelt?

ERKLÄRUNG

Die VWL versucht die **Hintergründe wirtschaftlicher Entwicklungen** zu erklären.

Beispiel: Warum ist die Arbeitslosigkeit so hoch?

PROGNOSE

Die VWL versucht **Wirtschaftsentwicklungen** mithilfe genauer Untersuchungen **vorherzusagen.**

Beispiel: Wie wird sich die Arbeitslosenrate im nächsten Jahr entwickeln?

EMPFEHLUNGEN

Die VWL versucht den wirtschaftspolitisch Verantwortlichen (z. B. der Regierung) **Empfehlungen zu geben,** wie Entwicklungen beeinflusst werden können.

Beispiel: Mithilfe welcher Maßnahmen kann man die hohe Arbeitslosigkeit senken?

Quellenhinweis: Die Gestaltung der Grafik orientiert sich an Kaiser/Kaminski.

3 Die Teilgebiete der Volkswirtschaftslehre (VWL)

Die Volkswirtschaftslehre wird in folgende **drei** große **Teilbereiche** untergliedert:

- **Wirtschaftstheorie:** Sie versucht, Zusammenhänge und Gesetzmäßigkeiten der Wirtschaft eines Landes zu erkennen, zu untersuchen und aufzuzeigen.

Beispiel

Wirtschaftstheorie:

- Wie gut funktioniert der Preismechanismus bei einzelnen Produktgruppen?

- **Wirtschaftspolitik:** Im Rahmen der Wirtschaftspolitik geht es darum, zu untersuchen, wie bestimmte volkswirtschaftliche Ziele durch den Einsatz geeigneter Maßnahmen erreicht werden können.

Beispiel

Wirtschaftspolitik:

- Soll die Europäische Zentralbank (EZB) den Zinssatz erhöhen, um die Inflationsgefahr zu mindern?

- **Finanzwissenschaft:** Sie untersucht die Aufgaben des Staates im Wirtschaftsgeschehen und beschäftigt sich mit den Einnahmen und Ausgaben des Staates und den damit verbundenen volkswirtschaftlichen Auswirkungen.

Beispiel

Finanzwissenschaft:

- Über welche Steuererhöhungen sollen die gestiegenen Ausgaben für den Pflegebedarf älterer Menschen finanziert werden?

Auch die Unterscheidung von **Mikro-** und **Makroökonomie** spielt für die Betrachtung volkswirtschaftlicher Vorgänge eine große Rolle, wobei der **Mikro**ökonomie die **einzelwirtschaftlichen** und der **Makro**ökonomie die **gesamtwirtschaftlichen** Aspekte zugeordnet sind. Vorweg ist anzumerken, dass die Grenzen zwischen Mikro- und Makroökonomie oft fließend sind.

Mikroökonomie und Makroökonomie verhalten sich bildlich gesprochen zueinander wie Baum und Wald.

An einem bildhaften Vergleich sollen die Unterschiede zwischen Mikro- und Makroökonomie noch anschaulicher dargestellt werden:

> „Bildlich gesprochen könnte man Mikro- und Makroökonomie wie das Verhältnis von Baum und Wald unterscheiden. Wir können den einzelnen Baum betrachten, seine Gesundheit, warum er groß oder klein ist, ob er braune Blätter oder abgestorbene Äste hat usw. Oder wir sehen uns den Wald in der Gesamtheit an: Welche Baumstruktur hat der Wald, in welchem Zustand befindet er sich, hat er Schäden, was müsste getan werden, um den Wald zu schützen, ihn wirtschaftlich zu nutzen? Natürlich kann der einzelne Baum für sich betrachtet werden, aber schon beim zweiten Blick wird deutlich, dass die Position eines einzelnen Baumes, seine Qualität nur in Abhängigkeit zu den anderen Bäumen präzise bestimmt werden kann. Hat er braune Blätter, abgestorbene Äste, dann kann das zusammenhängen mit seinem Standort im Wald: Erhält er ausreichend Licht, steht er am Waldrand, führt eine Straße vorbei, ist der Baumbestand zu dicht, nehmen die Bäume sich gegenseitig das Licht weg, welche Qualität hat der Waldboden usw.? Das heißt, es mag richtig und notwendig sein, einen einzelnen Baum zu betrachten, aber präzise Aussagen zur Situation des Baumes sind abhängig von seinem Standort im Wald."
>
> Quelle: Kaminski, Ökonomie, Grundfragen wirtschaftlichen Handelns

Mikro- und Makroökonomie sind also nur zwei verschiedene Betrachtungsweisen des einen wirtschaftlichen Geschehens, **aber** mit **unterschiedlichen Erkenntnisinteressen.**

Überträgt man nun dieses Beispiel auf die Wirtschaft eines Landes, so wird in der **Mikroökonomie** ein **einzelnes Wirtschaftssubjekt** (z. B. ein Unternehmen, ein Produkt, ein ganz spezifischer Markt) untersucht.

Beispiele

Die **Grundsteuer** ist eine Gemeindesteuer. Steuergrundlage ist der inländische Grundbesitz.

- Wie wirkt sich eine Erhöhung der Grundsteuer in der Stadt Salzburg auf den Wohnungsmarkt der Stadt aus?
- Wie entwickeln sich die Konsumausgaben eines Haushaltes bei steigendem Einkommen?

Die **Makroökonomie** hat hingegen eine stark **gesamtwirtschaftliche Ausrichtung.**

Beispiel

- Wie entwickelt sich das Wirtschaftswachstum, das Preisniveau, die Arbeitslosenrate im nächsten Halbjahr?

4 Die Untersuchungsmethoden der Volkswirtschaftslehre (VWL)

Um die wirtschaftliche Wirklichkeit, die im Allgemeinen vielschichtig, kompliziert und mit ihren vielfältigen Abhängigkeiten kaum zu überschauen ist, auf eine nachvollziehbare Verständnisebene herunterzubrechen, kommen auch im Bereich der Volkswirtschaftslehre **Theorien** und **Modelle** zum Einsatz.

> „Eine Theorie ist ein vereinfachtes Bild eines Ausschnitts der Realität, der mit diesem Bild beschrieben und erklärt werden soll, um auf dieser Grundlage möglicherweise Prognosen zu machen und Handlungsempfehlungen zu geben. Jeder Theorie liegen mehr oder weniger deutlich ausformulierte Annahmen zugrunde. Es lassen sich Alltagstheorien und wissenschaftliche Theorien unterscheiden. Letztere unterscheiden sich von ersteren durch einen höheren Grad an Bewusstheit, ausdrückliche Formulierung, größeren Umfang und meist durch die Einbeziehung von systematischer Beobachtung, die der Überprüfung der Theorien dient."
>
> Quelle: www.wikipedia.de, gekürzt

Volkswirtschaftliche **Theorien** versuchen also, die wirtschaftliche Wirklichkeit zu erklären. Da sich aber die Realität ständig ändert, gibt es **nicht nur eine** Theorie bzw. einen Erklärungsansatz, sondern unterschiedliche Erklärungsversuche der Wirklichkeit. Volkswirtschaftliche Theorien werden von den politisch Verantwortlichen wie ein „Werkzeugkasten" zur Erklärung wirtschaftlicher Ereignisse bzw. zur Begründung wirtschaftspolitischer Entscheidungen benötigt.

Damit nehmen Theorien Einfluss auf die Wirtschaft eines Landes und verändern sie auch.

Daneben stellt das **Denken in Modellen** in der Volkswirtschaftslehre ein wichtiges Handwerkszeug dar. Als Einstieg in die **Welt der Modelle,** in **Modellbegriff** finden Sie nebenstehend zwei Beispiele:

So werden an einen Stadtplan andere Anforderungen gestellt, als an eine Wanderkarte (andere Maßstäbe und Darstellung). Das Skelett eines Menschen dient dazu, den Knochenaufbau zu veranschaulichen, während alle anderen Aspekte des Menschen (z. B. seine Muskulatur, sein Nervensystem und seine Haut) weggelassen werden.

Im Sinne einer kurzen **Zusammenfassung** des Themenkomplexes **Modelle** kann man daher festhalten:

Was ist ein Modell?

Ein Modell ist ein (stark) vereinfachtes Abbild der Wirklichkeit, das nur einen Ausschnitt der Realität darstellt und das für ganz bestimmte Fragestellungen entwickelt wurde.

Worin bestehen die Vereinfachungen bei der Modellbildung?

- Es werden nur solche Einflussfaktoren ausgewählt bzw. Kausalbeziehungen berücksichtigt, deren Wirkung als wesentlich angesehen wird.
- Die Erklärungskette wird an bestimmten Stellen unterbrochen, weil man eben nicht alles auf einmal erklären kann.
- Die aufgezeigten Kausalbeziehungen werden in möglichst einfacher Form erfasst.

Was ist der Zweck eines Modells?

Ein Modell kann zur **Beschreibung** bzw. **Analyse,** zur **Erklärung** und zur **Prognose** wirtschaftlicher Phänomene dienen.

Woraus bestehen Modelle?

- aus **Variablen** (z. B.: Die Nachfrage nach einem Gut ist abhängig vom Preis; **Variable**: **Preis.**)
- aus **Konstanten** (z. B.: Die Nachfrage ist aber auch abhängig vom Einkommen, von den Preisen anderer Güter, von persönlichen Vorlieben; wenn ein Einflussfaktor untersucht wird, werden die restlichen **Einflussfaktoren konstant gesetzt.**)
- aus **Annahmen** (z. B.: Alle **störenden Einflüsse** außerhalb des Modells werden **vernachlässigt.**)

Wie verhalten sich die Wirtschaftssubjekte (Menschen) in Modellen?

In jedem Modell werden Annahmen über das Verhalten der Wirtschaftssubjekte getroffen.

Beispiel: Modell des „Homo oeconomicus"

- Der „Homo oeconomicus" gilt als ein ausschließlich wirtschaftlich denkender Mensch, der über die Fähigkeit des uneingeschränkten rationalen Verhaltens verfügt und nur den eigenen Nutzen maximieren will.

Wo liegen die Grenzen von Modellen?

- Eine Übertragung des Modells auf die wirtschaftliche Realität ist nur selten „eins zu eins" möglich.
- Häufig beeinflussen jene Größen maßgeblich die Wirklichkeit, die im Modell nicht berücksichtigt wurden oder werden konnten.
- Die Abgrenzung der Realität ist oft schwer möglich, da kein geschlossenes System vorliegt.
- Im Modell werden Näherungswerte oder fehlerhafte Werte für Konstanten verwendet.
- Die subjektiven Einstellungen und Meinungen der Wissenschaftler fließen möglicherweise in die Konstruktion der Modelle ein.

Wichtig: Modelle müssen laufend an der Wirklichkeit überprüft werden!

Üben

SbX ID: 1112

A B C D E

SbX
Ü 1.1
mit automatischer Aufgabenkontrolle.
ID: 1112

Ü 1.1: Aufgaben der Volkswirtschaftslehre C

Ordnen Sie bitte die nachfolgenden Schlagzeilen aus den Wirtschaftsseiten diverser Zeitungen den jeweiligen Aufgabenfeldern der Volkswirtschaftslehre zu (bitte ankreuzen!):

	Beschreibung	Erklärung	Prognose	Empfehlung
a) Die Inflationsrate in der Eurozone stieg auf 1,5 Prozent, in Österreich beträgt sie 1,9 Prozent.				
b) Die Sparquote in Österreich erreicht ein Allzeittief. Warum kam es zu diesem Rückgang der Sparneigung?				
c) Ökostrom: EU will mehr Markt – es soll keine fixen Einspeisetarife mehr geben, sondern Prämien auf den Marktpreis.				
d) IWF macht Hoffnung auf Aufschwung – Weltwirtschaft wird voraussichtlich um 3,6 % wachsen.				
e) Die Arbeitslosigkeit in Österreich ging im Juni um fast zehn Prozent zurück. Damit liegt Österreich im EU-Vergleich unter jenen Ländern mit der niedrigsten Arbeitslosigkeit.				
f) Studie der EU-Kommission: In Europa fährt etwa ein Fünftel aller Lastwagen leer über die Straßen.				
g) Laut Prognose der Wirtschaftsforscher von IHS und WIFO soll die Volkswirtschaft Österreichs heuer um real 3,2 % wachsen.				

Sichern

SbX ID: 1113

SbX
ID: 1113

Im SbX finden Sie eine Sammelmappe mit Zusammenfassungen zu allen Kapiteln und Lerneinheiten.

Wissen

SbX ID: 1114

A B C D E

SbX
ID: 1114

Möglichkeiten zur Kompetenzüberprüfung im SbX

Wiederholungsfragen | Aufgaben mit automatischer Aufgabenkontrolle | Einfache Fallbeispiele

W 1.1: **Grundfragen der VWL** A

W 1.2: **Aufgaben der VWL** A

W 1.3: **Grundfragen der VWL – Beispiel** B

W 1.4: **Teilgebiete der VWL** A

W 1.5: **Begriffsklärung „Mikro- und Makroökonomie"** A

W 1.6: **Methoden der VWL** A

W 1.7: **Denken in Modellen** A

Ein kurzer Kompetenz-Check, bevor's weitergeht!

Kompetenz-Check

	☺	😐	☹
Ich kann beschreiben, worum es in der Volkswirtschaftslehre geht.			
Ich kann aufzeigen, mit welchen Aufgaben sich die Volkswirtschaftslehre beschäftigt.			
Ich kann darstellen, welche Teilgebiete die VWL umfasst.			
Ich kann erläutern, welcher Untersuchungsmethoden sich die VWL bedient.			

Lerneinheit 2

Wie alles zusammenhängt – Markt und Wirtschaftskreislauf

SbX Alle SbX-Inhalte zu dieser Lerneinheit finden Sie unter der ID: 1120.

Jeder private Haushalt und jedes Unternehmen ist ein kleines Rädchen im Getriebe der Volkswirtschaft. Jede und jeder von uns trägt seinen Teil zur volkswirtschaftlichen Gesamtproduktion bei, wobei meistens eine Leistung (z. B. der Einkauf von Lebensmitteln) mit einer Gegenleistung (z. B. durch Bezahlung mit Geld) ausgeglichen wird. Sämtliche wirtschaftliche Beziehungen zu erfassen und überschaubar darzustellen, ist einfach nicht möglich. Daher werden die privaten Haushalte auf der einen Seite und die Unternehmen auf der anderen zu Sektoren zusammengefasst. Die Geld- und Güterströme zwischen diesen beiden Sektoren bilden eine Art Kreislauf. Im Modell dieses Wirtschaftskreislaufs werden die vielfältigen Vorgänge, z. B. Kauf und Verkauf von Sachgütern und Dienstleistungen, Bezahlung von Löhnen, Mieten und Zinsen, in vereinfachter Form dargestellt.

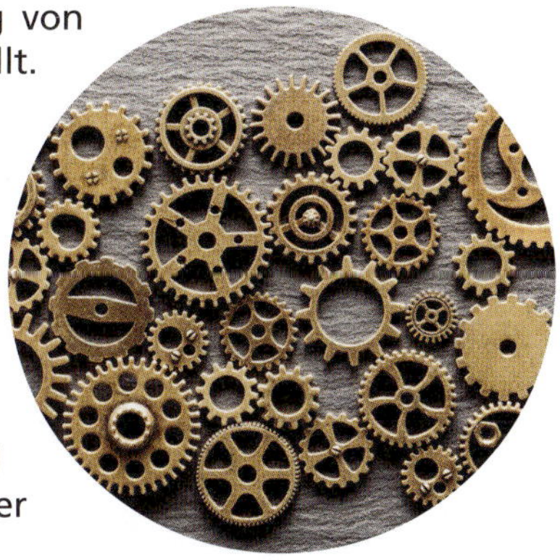

Überall dort, wo in diesem Kreislauf Anbieter (z. B. Betriebe) und Nachfrager (z. B. private Haushalte) aufeinandertreffen, entstehen Märkte.

In der Politik und in den Medien wird häufig die Frage diskutiert, ob bzw. inwieweit der Staat die Wirtschaft beeinflussen und in den Markt eingreifen soll. Damit werden die verschiedenen Wirtschaftsordnungen angesprochen, die sich vor allem darin unterscheiden, wie viel der Staat und wie viel die einzelnen Wirtschaftsteilnehmer entscheiden können.

Lernen

SbX ID: 1121

1 Warum macht nicht jeder alles selbst?

A B C D E

SbX Alle Grafiken dieser Lerneinheit unter der ID: 1121.

Der einzelne Mensch ist kaum in der Lage, alle seine lebensnotwendigen Bedürfnisse durch eigene Arbeit zu befriedigen. Schon zu Beginn der Geschichte der Menschheit begann die Spezialisierung in Ackerbauern und Jäger. Später entstanden Viehzüchter und im Weiteren die verschiedenen „Handwerksberufe". Die Spezialisierung nahm rasch zu.

Buchgeld ist stoffloses Geld (nicht angreifbar), das nur auf den Konten der Kreditinstitute existiert.

Je stärker die Arbeit geteilt wurde, desto komplizierter wurde das Austauschen der Güter (Eier gegen Schuhe, Vieh gegen Ackergerät). Bald führte man daher das Geld ein. Zunächst als Warengeld (Muscheln, Tabakziegel), bald aber als Münzgeld (Gold, Silber, andere Metalle) und schließlich auch als Papiergeld. Heute erfolgt die Zahlung oft bargeldlos mittels Bankomat- oder Kreditkarte (Buchgeld).

Der Tausch zerfiel in zwei Teile:

- in einen **Verkauf** (Gut gegen Geld) und
- in einen **Kauf** (Geld gegen Gut).

Der Markt

Es entstand unser modernes **Wirtschaftssystem.** Ein vielfältiges Angebot von materiellen Gütern und Dienstleistungen trifft auf die Nachfrage von Haushalten und Betrieben. Dieses Zusammentreffen bezeichnet man als **Markt.**

Der Markt (vereinfacht)

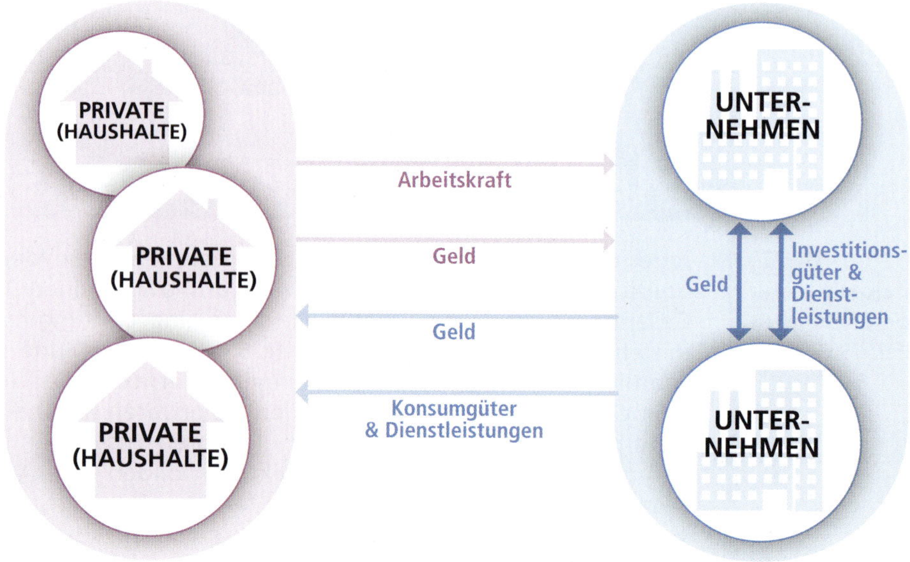

Private Haushalte und Betriebe treten am Markt als Anbieter und Nachfrager auf.

- Haushalte und Betriebe sind Anbieter und Nachfrager.
- Investitionsgüter werden von Betrieben nachgefragt und für die eigene Produktion verwendet (z. B. Waschmaschinen in einer Wäscherei).
- Konsumgüter werden von Haushalten nachgefragt und für den eigenen Gebrauch (z. B. eine Waschmaschine) oder den eigenen Verbrauch (z. B. Nahrungsmittel) verwendet.

Ü 1.2: Unterschiedliche Märkte C

Sie alle kennen Obst- und Gemüsemärkte. Welchen Unterschied sehen Sie zwischen einem Obst- und Gemüsemarkt und einem „internationalen Markt für Baumaschinen"?

Wie die Darstellung zeigt, werden am **Markt** aber nicht nur Waren und Dienstleistungen gegen Geld getauscht. Zum Beispiel bieten private Haushalte den Unternehmen auch ihre Arbeitskraft an und es entsteht ein **Arbeitsmarkt.** Somit bildet **jedes Zusammentreffen** von **Angebot** und **Nachfrage** einen Markt.

Ü 1.3: Weitere Märkte (Arten von Märkten) C

Überlegen Sie, welche Märkte Sie sonst noch kennen und welches Angebot und welche Nachfrage dort zusammentreffen!

2 Das Modell des Wirtschaftskreislaufs

Der Wirtschaftskreislauf ist ein vereinfachtes **Modell einer Volkswirtschaft,** in dem die wesentlichen **Tauschvorgänge zwischen den einzelnen Teilnehmern** – das sind die **Unternehmen,** die **privaten Haushalte,** der **Staat** und das **Ausland** – in anschaulicher Form dargestellt werden.

Die grundlegenden Elemente dieses Wirtschaftskreislaufs sind bereits in der oben dargestellten Tauschbeziehung zwischen Betrieben und Haushalten erkennbar. So stellen die Haushalte den Unternehmen ihre Arbeitskraft zur Verfügung und erhalten dafür Löhne und Gehälter. Die Unternehmen verkaufen ihre Produkte an die Haushalte und erhalten dafür Geld. Die Haushalte stellen den Unternehmen aber auch ihre Ersparnisse in Form von Krediten oder Beteiligungen zur Verfügung (über den Kapitalmarkt). Die Gewinne der Unternehmen werden wiederum an die Eigentümer im Rahmen von Gewinnausschüttungen ausbezahlt. Wie die folgende Grafik zeigt, bewegt sich der Güterkreislauf gegenläufig zum Geldkreislauf.

Der einfache Wirtschaftskreislauf

Private Haushalte sind u. a. Arbeitnehmer, Pensionisten, Einzelunternehmer, Freiberufler, selbständige Landwirte und Bezieher von Vermögens- und Transfereinkommen.

Die Konsumausgaben hängen von den Einkommen der Haushalte ab. Ist z. B. das Einkommen der privaten Haushalte zu gering, so sinkt auch die Nachfrage nach Produkten der Unternehmen (Konsumgüter und Dienstleistungen), da nicht genügend Geld für den Konsum zur Verfügung steht. Umgekehrt können Unternehmen nur Einkommen (Löhne, Gehälter, Gewinnausschüttungen) bezahlen, wenn die Produkte und Dienstleistungen ausreichend nachgefragt und verkauft werden.

Ein funktionierender Wirtschaftskreislauf setzt also voraus, dass sowohl der Güter- als auch der Geldkreislauf ungestört funktionieren. So müssen auch genügend (qualifizierte) Arbeitskräfte auf dem Markt vorhanden sein, damit die Produktion auf Seite der Unternehmen nicht ins Stocken gerät.

Neben den beiden Hauptakteuren, den Wirtschaftssubjekten „Unternehmen" und den „privaten Haushalten" (in der Abbildung vereinfacht: „Haushalte"), spielen auch andere Akteure, wie z. B. **der Staat,** eine entscheidende Rolle. So hebt der Staat einerseits Steuern von Unternehmen und privaten Haushalten ein, zahlt aber andererseits Subventionen (Förderungen) bzw. vergibt auch Aufträge an Unternehmen. Die privaten Haushalte erhalten Einkommen über Arbeitsentgelte (z. B. Gehälter für Beamte) und diverse Zuschüsse (z. B. Familienbeihilfe, Pensionszuschüsse).

Außerdem kann kein Land auf Dauer ohne **wirtschaftliche Außenbeziehungen** bestehen. Daher wird in einem erweiterten Modell des Wirtschaftskreislaufs auch der **Sektor „Ausland"** einbezogen. So erhalten z. B. die Exporteure durch den Verkauf von Gütern und Dienstleistungen Fremdwährungen (z. B. US-Dollar), und damit fließt ein Geldstrom vom Sektor „Ausland" zum Sektor „Unternehmen". Geldübertragungen finden aber auch dann statt, wenn z. B. ausländische Arbeitskräfte in Österreich arbeiten und ihre Einkommen an ihre Familien im Ausland überweisen.

Erweitert man nun den zuvor dargestellten Wirtschaftskreislauf – unter Ausklammerung der Güterströme – um die Sektoren „Staat" und „Ausland", so ergibt sich ein stark geändertes Bild.

Der erweiterte Wirtschaftskreislauf

Aus Gründen der Übersichtlichkeit werden nur Geldströme, keine Güterströme dargestellt.

Transfer = Zahlungen in das bzw. vom Ausland (teils in fremder Währung)

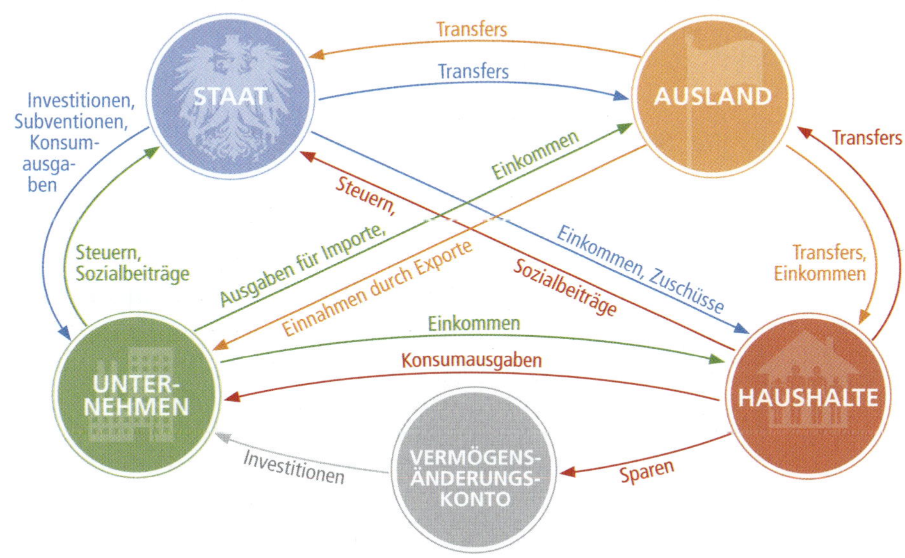

In **Österreich** schwankte die **Sparquote** der privaten Haushalte in den Jahren 1996 bis 2005 zwischen 7 und 9 %. Im Jahr 2008 kletterte sie wieder auf einen Wert von 12,4 %, danach sank sie bis zum Jahr 2017 auf 6,4 %.

Die Einkommen der privaten Haushalte werden in der Regel nicht zur Gänze für Konsumzwecke verwendet, sondern zu einem Teil auch gespart (**Sparquote** = Anteil der Ersparnisse am Einkommen). Deshalb wird in der Darstellung auch das „Vermögensänderungskonto" eingeführt. Diese Ersparnisse stehen dann den Unternehmen im Rahmen von Krediten zur Verfügung. Selbstverständlich können auch private Haushalte, der Staat und auch ausländische Unternehmen Kredite nachfragen.

Je mehr die privaten Haushalte auf die Seite legen (sparen), umso weniger Geld fließt über den Konsum zurück in den Wirtschaftskreislauf. Gleichzeitig steht den Unternehmen mehr Kapital für Kredite zur Verfügung, wenn fleißig gespart wird.

Ü 1.4: Beispiele für Transfers C

Finden Sie Beispiele für Transfers vom Staat ins Ausland bzw. vom Ausland zum Staat. Finden Sie auch Beispiele für Transfers von den Haushalten ins Ausland und umgekehrt.

3 Die Wirtschaftsordnungen

Das **Wirtschaftssystem** ist neben dem politischen System und dem sozialen System Teil des **Gesamtsystems „Gesellschaft"**.

Tatsache ist, dass die Wirtschaftsordnungen bzw. Wirtschaftssysteme der einzelnen Länder bei aller Unterschiedlichkeit auch zahlreiche Gemeinsamkeiten aufweisen. Die Hervorhebung dieser Gemeinsamkeiten ermöglicht es, die Vielzahl der existierenden Wirtschaftsordnungen überschaubarer zu machen.

In der Regel wird zwischen **planwirtschaftlichen** und **marktwirtschaftlichen** Ordnungen unterschieden, wobei die beiden Extremtypen **„Zentralverwaltungswirtschaft"** und **„freie Marktwirtschaft"** gedankliche Modelle sind, die in der wirtschaftlichen Wirklichkeit nur näherungsweise existieren. Die nachfolgende Grafik gibt einen Überblick über die Wirtschaftsordnungen.

Wirtschaftsordnungen

Der Begriff **„freie Marktwirtschaft"** bezeichnet eine **Wirtschaftsordnung**, die idealtypisch davon ausgeht, dass der Staat nur die Aufgabe hat, den freien Wettbewerb zu sichern. Der Staat stellt nur einen gesetzlichen Rahmen zur Verfügung, greift aber nicht direkt in das Wirtschaftsgeschehen ein.

Von der „freien Marktwirtschaft" werden folgende reale Ausprägungen abgeleitet:

- **die soziale Marktwirtschaft** („vom Wohlstand für wenige zum Wohlstand für viele")

  Das Modell der sozialen Marktwirtschaft wurde nach dem Zweiten Weltkrieg in Deutschland und auch in Österreich entwickelt. Heute findet man sie in vielen Industriestaaten der Welt verwirklicht. Wie die nachfolgende Grafik zeigt, hat der Staat in der sozialen Marktwirtschaft eine **aktive Rolle** als **Ordnungsstifter** und **Ordnungshüter**.

Von der freien zur sozialen Marktwirtschaft

freie Marktwirtschaft

Erweiterung der freien Marktwirtschaft um folgende Aspekte:

Der Staat hat eine aktive Rolle als Ordnungshüter mit dem Ziel, ...

- den Wettbewerb zu sichern (z. B. Wettbewerbsrecht, Marken- u. Patentschutz),
- den sozialen Ausgleich zu garantieren (z. B. staatliche Zuschüsse zu Pensionen, Unterstützung bei Arbeitslosigkeit und Krankheit, Umverteilung durch progressive Steuern),
- das Wirtschaftsgeschehen zu gestalten (z. B. konjunkturpolitische Maßnahmen, Förderung von Betriebsansiedlungen).

Sinn der sozialen Marktwirtschaft ist es, das Prinzip der Freiheit auf dem Markt mit dem des sozialen Ausgleichs zu verbinden. (Alfred Müller-Armack)

soziale Marktwirtschaft

- **die ökosoziale Marktwirtschaft** („Die Natur bekommt einen Stellenwert.")

Vor über 45 Jahren hat der Bericht des „Club of Rome" erstmals in allgemein verständlicher Weise darauf aufmerksam gemacht, dass der Umgang des Menschen mit der Natur in der momentan gehandhabten Weise zur Zerstörung der Lebensgrundlagen des Menschen führen muss.

THE CLUB OF ROME

Das Konzept der ökosozialen Marktwirtschaft ist ein wirkungsvolles Instrument, damit das Ziel des Umstiegs auf eine nachhaltige Gesellschaft durch Mobilisierung des Eigeninteresses der Menschen rascher und vor allem humaner erreicht werden kann. Die Grundidee der ökosozialen Marktwirtschaft besteht darin, den Produktionsfaktor Natur in das marktwirtschaftliche Preissystem zu integrieren – nach dem Motto: **„Umweltschutz muss sich lohnen, Umweltzerstörung muss unwirtschaftlich gemacht werden, damit die Dynamik des Marktes für den Schutz der Umwelt mobilisiert werden kann."**

Das Ziel, wirtschaftliche Prozesse und damit die Marktwirtschaft nachhaltiger zu gestalten, soll mithilfe einer Reihe von Maßnahmen, schrittweise erreicht werden:

Von der sozialen zur ökosozialen Marktwirtschaft

soziale Marktwirtschaft

Erweiterung der sozialen Marktwirtschaft um folgende Aspekte:

- **Ökologischer Umbau des Steuersystems**
  höhere Besteuerung von nicht erneuerbaren Energien (z. B. Erdöl, Erdgas), Förderung von erneuerbaren Energien (z. B. Sonne, Wind, Biomasse, Wasserkraft)
- **Gebote (Richtlinien) und Verbote, wo der Markt versagt**
  z. B. Produktdeklaration (Gebot), Verbot der Verfütterung von Tiermehl an Kühe
- **Sozial- und Umweltstandards für fairen Wettbewerb**
  z. B. Fairtrade-Produkte
- **Berücksichtigung der externen Kosten in den Marktpreisen**
  Vermeidung von Ökodumping durch weltweite Vereinheitlichung, z. B. Ausgabe von Emissionszertifikaten.

ökosoziale Marktwirtschaft

Ökodumping und Emmisionszertifikate

Ökodumping (vom englischen to dump: verschleudern, etwas wegwerfen) nennt man eine Warenproduktion, bei der billig produziert wird, weil die Kosten für den Umweltschutz umgangen werden. So können Firmen in Ländern ohne (strenge) Wasserschutzbestimmungen etwa billig Papier produzieren, da sie ihre Abwässer nicht aufbereiten müssen, sondern ungeklärt in den nächsten Fluss leiten können.

Emmisionszertifikate sind Zertifikate, die zur Emission, also zur Abgabe einer bestimmten Menge von Schadstoffen berechtigen. Werden mehr Emissionen abgegeben als im Zertifikat angeführt, wird der Verursacher bestraft.

Chinas Wirtschaft entwickelte sich in den letzten Jahren von einer reinen Planwirtschaft zu einer Wirtschaft mit starken marktwirtschaftlichen Tendenzen.

Der Begriff **Zentralverwaltungswirtschaft** bezeichnet eine Wirtschaftsordnung, in der der Staat die Produktion und das gesamte wirtschaftliche Geschehen kontrolliert. Betriebe sind weitgehend Staatseigentum und die Preise werden vom Staat geregelt. Dieses Wirtschaftssystem war z. B. für die ehemaligen kommunistischen Staaten kennzeichnend, kommt mittlerweile in reiner Form aber nur mehr in ganz wenigen Staaten (z. B. Nordkorea, Kuba) vor.

Andererseits sind in vielen – an der freien bzw. sozialen Marktwirtschaft ausgerichtete – realen Wirtschaftsordnungen in einzelnen Wirtschaftssektoren (z. B. in der Landwirtschaft) mehr oder weniger ausgeprägte **planwirtschaftliche Elemente** feststellbar.

Üben

SbX ID: 1122

A B C D E

Ü 1.5: Geld- und Güterströme B

Nennen Sie Beispiele für Geld- und Güterströme zwischen Unternehmen und privaten Haushalten.

SbX
Ü 1.6 mit automatischer Aufgabenkontrolle. ID: 1122

Ü 1.6: Erweiterter Wirtschaftskreislauf – Zuordnung der Geldströme C

Ordnen Sie bitte den in der folgenden Skizze abgebildeten Geldströmen des erweiterten Wirtschaftskreislaufes – sie sind mit Kleinbuchstaben beschriftet – die folgenden Vorgänge zu (eine Zuteilung kann auch mehrmals erfolgen):

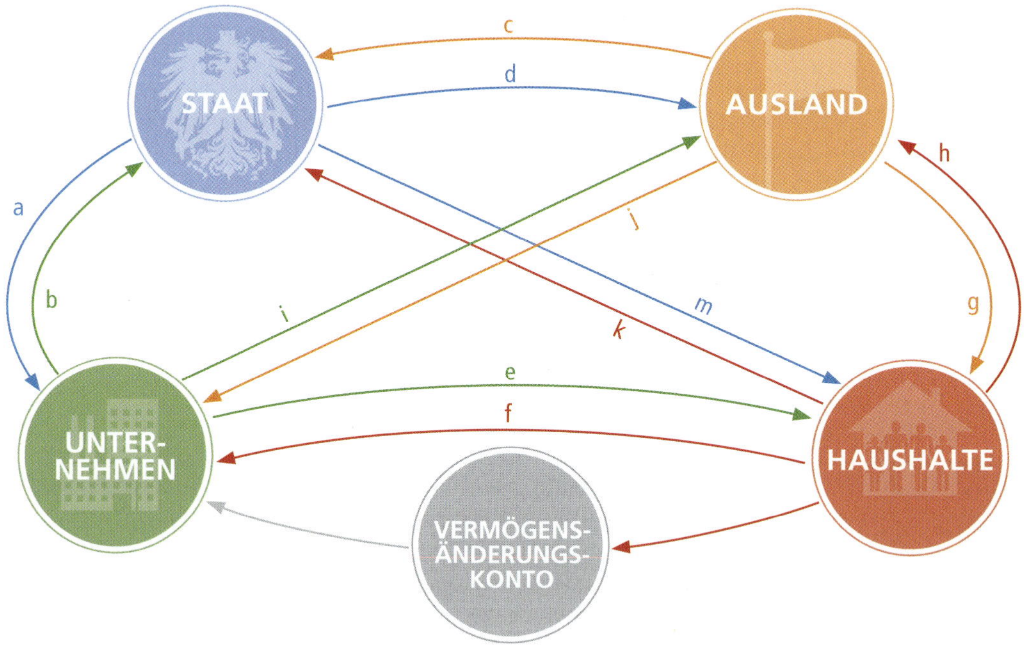

1. Aus dem Bundesbudget wird ein Geldbetrag für ein Entwicklungshilfeprojekt an einen afrikanischen Staat überwiesen.
2. Ein deutscher Automobilhersteller bezahlt die von der voestalpine Stahl GmbH gelieferten Stahlteile.
3. Ein österreichischer Spediteur überweist die Lkw-Maut.
4. Ein Unternehmer überweist seine Einkommensteuer an das Finanzamt. (Achtung!)
5. Eine Familie bezahlt ihren Pauschalurlaub in Slowenien an den ausländischen Reiseveranstalter.
6. Die Erbschaft eines verstorbenen Onkels aus Kanada wird nach Österreich überwiesen.
7. Die Arbeitnehmer/innen einer Textilfabrik erhalten ihre monatlichen Löhne.
8. Ein österreichischer Schihersteller erhält für die Einstellung von Lehrlingen staatliche Zuschüsse.
9. Eine Familie erhält für ihre zwei Kinder die Familienbeihilfe.

10. Eine Familie bezahlt den Kaufpreis für einen neuen Pkw.
11. Ein Arbeitsmigrant überweist einen Geldbetrag an seine Familienangehörigen in Bosnien.
12. Ein Tiroler Weinhändler bezahlt eine Lieferung australischer Rotweine.
13. Japanische Touristen kaufen Souvenirs in einem Geschäft in der Wiener Innenstadt.
14. Ein ausländisches Unternehmen bezahlt den Erwerb eines Grundstücks, das sich zuvor in staatlichem Eigentum befand, um dort eine Produktionsstätte zu errichten.

Ü 1.7: Staatsbetriebe und Privatisierung D

a) Finden Sie Beispiele für Leistungen, die in Österreich vom Staat, den Bundesländern oder von Gemeinden erbracht werden, die auch von privaten Unternehmen und Einrichtungen angeboten werden (können). Aus welchen Gründen werden diese Leistungen vom Staat angeboten?

b) Recherchieren Sie im Internet nach Unternehmen, die in den vergangenen Jahren ganz oder teilweise privatisiert wurden.

c) Überlegen Sie Gründe, warum es zu verstärkter Privatisierung von Staatsbetrieben kam und kommt.

Ü 1.8: Rechercheaufgabe: Marktwirtschaft und Umweltschutz D

Sammeln Sie Berichte aus Nachrichten und Zeitungen, in denen darauf hingewiesen wird, dass der ständig steigende Wohlstand in der sozialen Marktwirtschaft häufig auf Kosten der Umwelt geht. Diskutieren Sie über Lösungsmöglichkeiten.

Sichern

SbX ID: 1123

SbX ID: 1123

Im SbX finden Sie eine Sammelmappe mit Zusammenfassungen zu allen Kapiteln und Lerneinheiten.

Wissen

SbX ID: 1124

A B C D E

SbX ID: 1124

Möglichkeiten zur Kompetenzüberprüfung im SbX

Wiederholungsfragen | Aufgaben mit automatischer Aufgabenkontrolle | Einfache Fallbeispiele

W 1.8: Wirtschaftsteilnehmer A

W 1.9: Märkte B

W 1.10: Wirtschaftskreislauf – zentrale Aktivitäten A

W 1.11: Erweiterter Wirtschaftskreislauf – Beteiligte A

W 1.12: Geldströme – Beispiele B

W 1.13: Rolle des Staates im Wirtschaftskreislauf A

W 1.14: Merkmale der ökosozialen Marktwirtschaft C

W 1.15: Sparquote in Österreich B

W 1.16: Wirtschaftsordnung in Österreich B

Ein kurzer Kompetenz-Check, bevor's weitergeht!

Kompetenz-Check

	☺	😐	☹
Ich kann erklären, was unter einem Markt verstanden wird und kenne die verschiedenen Marktteilnehmer.			
Ich kann auflisten, zu welchen zentralen Aktivitäten es in einer Volkswirtschaft kommt.			
Ich kann erläutern, wie sich der Wirtschaftskreislauf in seiner einfachsten Form darstellen lässt.			
Ich kann aufzeigen, wie sich der Wirtschaftskreislauf durch die Einbeziehung des Staates und des Auslandes verändert.			
Ich kenne die verschiedenen Wirtschaftsordnungen und kann ihre typischen Merkmale erklären.			
Ich kann erläutern, in welchen realen Ausprägungen die verschiedenen Wirtschaftsordnungen vorkommen.			

Lerneinheit 3

Die Volkswirtschaftliche Gesamtrechnung

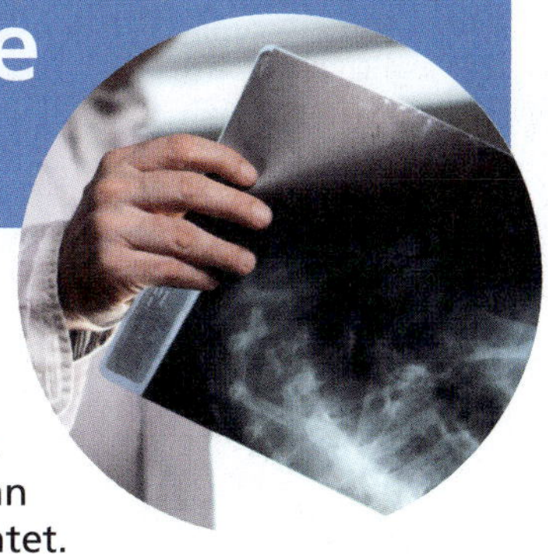

SbX
Alle SbX-Inhalte zu dieser Lerneinheit finden Sie unter der ID: 1130.

Bevor ein Arzt mit seiner Behandlung beginnt, wird er die aufgetretenen Krankheitszeichen erkunden und dann erst eine Diagnose über die vermutliche Erkrankung stellen.

Ebenso gehen Wirtschaftswissenschaftler (Ökonomen) vor. Wie es einer Volkswirtschaft geht, wird erst klar, wenn man mehrere wichtige volkswirtschaftliche Eckdaten beobachtet. Diese Daten liefert die Volkswirtschaftliche Gesamtrechnung (VGR). Die VGR hat die Aufgabe, ein möglichst umfassendes, übersichtliches Bild des gesamtwirtschaftlichen Geschehens in einer Volkswirtschaft sichtbar zu machen.

Lernen

SbX ID: 1131

A B C D E

SbX
Alle Grafiken dieser Lerneinheit unter der ID: 1131.

Wie jedes Unternehmen jährlich einen Jahresabschluss (Bilanz und Gewinn-und-Verlust-Rechnung) erstellt, so werden in jeder Volkswirtschaft alle Einkommens- und Güterströme einer Periode (eines Jahres) im Rahmen der **Volkswirtschaftlichen Gesamtrechnung (VGR)** erfasst und in Geld (z. B. Euro, US-Dollar) bewertet. Die VGR gibt somit einen Überblick über das wirtschaftliche Geschehen einer Volkswirtschaft im Nachhinein und liefert das notwendige Datenmaterial für wirtschaftspolitische Entscheidungen in der Zukunft.

Wesentliche Aufgabe der VGR ist die Berechnung des Sozialprodukts einer Volkswirtschaft, meist in der Variante des **Bruttoinlandsprodukts (BIP).** Das BIP stellt eine der wichtigsten Größen dar, um die wirtschaftliche Situation, den Wohlstand und die Entwicklung eines Landes beurteilen zu können. Durch **Vergleich dieser Kennzahl im Zeitverlauf** wird auch die **Veränderung der Wirtschaftsleistung** (Konjunktur- bzw. Wirtschaftswachstum) im Periodenvergleich (quartalsweise oder jährlich) gemessen.

Bruttoinlandsprodukt

Das **Bruttoinlandsprodukt (BIP)** ist die in Geld bewertete Summe aller in einem Land innerhalb eines Jahres produzierten Waren und Dienstleistungen, die dem Endverbrauch dienen.

Berechnungsarten des BIP:
Entstehungsrechnung
Verteilungsrechnung
Verwendungsrechnung

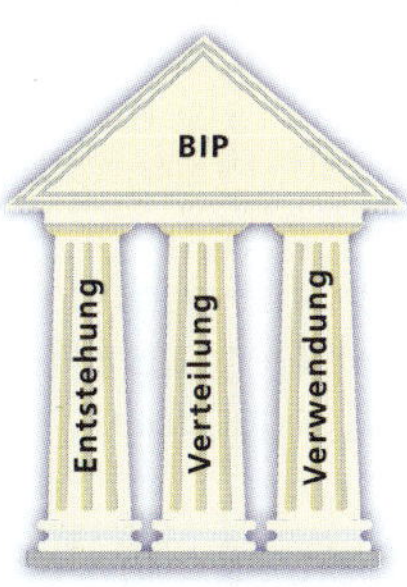

Das **BIP** kann in dreifacher Weise berechnet werden, wobei die Art der Berechnung davon abhängt, was man wissen möchte:

- Will man wissen, wie **das BIP entstanden ist,** d. h., was von wem wo erzeugt worden ist, dann wird dies im Rahmen der **Entstehungsrechnung** ermittelt.
- Will man sehen, wie **die Einkommen verteilt sind,** d. h., wer wie viel in welcher Form verdient hat, dann verwendet man die **Verteilungsrechnung.**
- Will man klaren, **wofür die Güter und Dienstleistungen verwendet worden sind,** befragt man die **Verwendungsrechnung.**

1 Die Entstehungsrechnung

Der **primäre Sektor** trägt weniger als zwei Prozent zum gesamten BIP bei, etwa zwei Drittel stammen aus dem **tertiären Sektor.**

Im Rahmen der Entstehungsrechnung werden die im **Laufe eines Jahres erstellten Güter und Dienstleistungen** der **drei Wirtschaftssektoren** erfasst und wertmäßig ausgedrückt.

Die **drei** angesprochenen **Sektoren** sind der

- **primäre Sektor** (Land- und Forstwirtschaft, Bergbau),
- **sekundäre Sektor** (Sachgütererzeugung, Energieversorgung, Bauwesen),
- **tertiäre Sektor** (Dienstleistungen – Handel, Tourismus, Transport, Kreditwesen etc.).

SbX

Eine Folie zur Entwicklung der Anteile der Wirtschaftssektoren am BIP in Österreich finden Sie in der Bildschirmpräsentation zu dieser Lerneinheit unter der ID: 1131.

Die Summe der Produktion aus allen drei Sektoren wird zum **BIP** aufsummiert, wobei bei den einzelnen Gütern und Dienstleistungen die jeweiligen **Vorleistungen** abgezogen werden. Damit werden Doppelzählungen vermieden und in die Berechnung des BIP fließen nur die jeweiligen Wertschöpfungen jeder Wirtschaftsstufe ein, was im folgenden Beispiel veranschaulicht wird:

Der Prozess der Wertschöpfung

Das Beispiel beschreibt die schrittweise Wertschöpfung zur Herstellung eines Möbelstücks (z. B. eines Tisches) in vier Stufen: Die Holzproduktion in einem Forstbetrieb ist in diesem Fall die Vorleistung für das Sägewerk, das wiederum die zugeschnittenen Holzbretter als Vorleistung an eine Tischlerei liefert. In der Tischlerei wird das Möbelstück gefertigt, bevor es in der letzten Stufe von einem Möbelhaus an den Konsumenten verkauft wird.

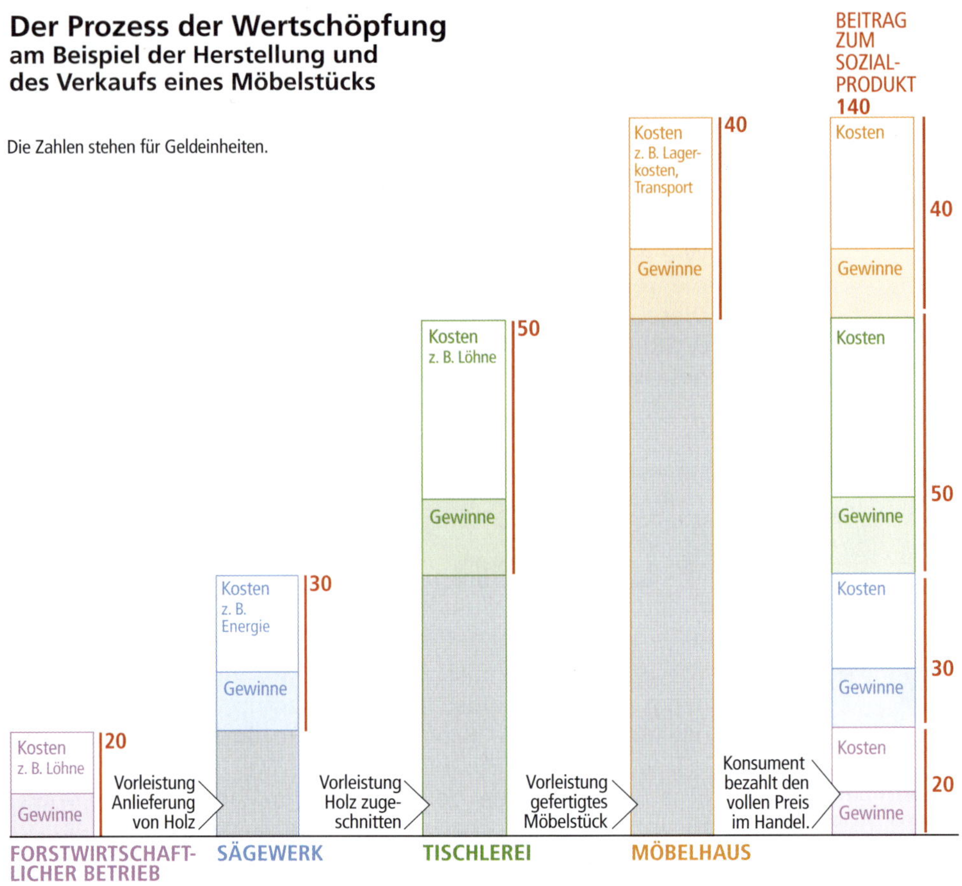

Im Jahr 2017 betrug das österreichische BIP rund 370 Mrd. Euro. Das BIP wird anhand der Marktpreise der Güter und Dienstleistungen berechnet und steigt auch dann, wenn gar nicht mehr Güter erzeugt werden, sondern die gleiche Gütermenge zu höheren Preisen verkauft wird. Mithilfe eines ganz einfachen Beispiels soll dies veranschaulicht werden:

Beispiel: Steigerung des BIP durch höhere Marktpreise

Jahr	Erzeugte Menge	Preis/Stück	Wert der erzeugten Menge
2017	1000 Stück	EUR 50,–	EUR 50.000,–
2018	1000 Stück	EUR 60,–	EUR 60.000,–

Sie sehen, der Wert ist gestiegen, obwohl die erzeugte Menge gleich geblieben ist.

Daher sagt das **nominelle (= wertmäßige) BIP** wenig aus, wenn man prüfen will, ob wir reicher geworden sind. Aus diesem Grund wird auch das **reale BIP (= BIP zu den Preisen eines Basisjahres)** berechnet, d. h., wie viel wird in Österreich tatsächlich mehr erzeugt (also unter Ausklammerung von Preissteigerungen). Für die tägliche Wirtschaftspraxis interessant ist vor allem die reale Veränderung des BIP. Dieser Wert, meist auch als (reale) Wirtschaftswachstumsrate bezeichnet, zählt zu den wichtigsten Indikatoren einer Volkswirtschaft. So stieg das BIP in Österreich im Jahr 2017 nominell um 4,6 %, real dagegen „nur" um 3,0 % gegenüber dem Vorjahr.

BIP pro Kopf: Das jeweilige BIP des betreffenden Landes wird durch die Bevölkerungszahl dividiert.

Um den Lebensstandard der Menschen der einzelnen Staaten vergleichen zu können, muss das **BIP pro Kopf** berechnet werden. Erst dadurch kann der Wohlstand der einzelnen Länder verglichen werden. (Es ist klar, dass z. B. China ein größeres BIP hat als Österreich; trotzdem ist der einzelne Chinese im Durchschnitt wesentlich ärmer als ein Österreicher.)

Aber auch innerhalb der westlichen Industrieländer ist der Wohlstand – wie die Grafik zeigt – sehr unterschiedlich:

BIP pro Kopf (real) 2017 – internationaler Vergleich

BIP pro Kopf (real) 2017 – internationaler Vergleich

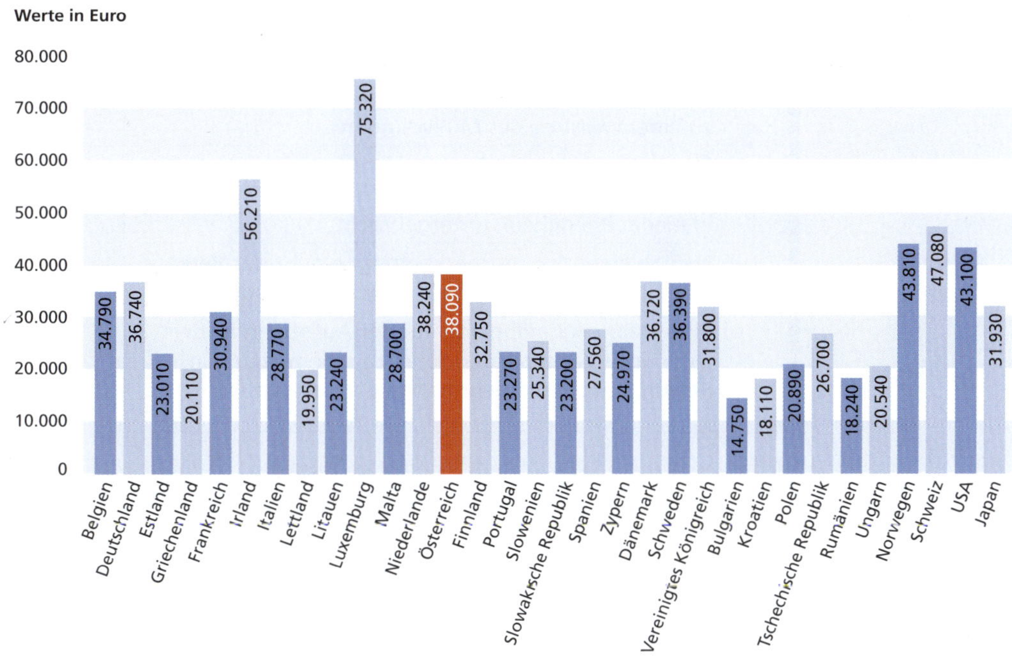

Quelle (Daten): Europäische Kommission, Mai 2018

Neben den nun bereits bekannten Größen (BIP, nominelles und reales BIP, BIP pro Kopf) wird auch häufig das **Bruttosozialprodukt (BSP)** und das **BIP zu Kaufkraftparitäten** berechnet.

- **Bruttosozialprodukt (BSP):** Gesamtwert aller Güter und Dienstleistungen der letzten Verwendungsstufe (= Kauf durch Konsumenten), die im Laufe eines Jahres **von allen Österreichern** produziert bzw. bereitgestellt wurden. Man spricht deshalb auch vom **„Inländerprodukt"**.

Beispiel

- Ein Österreicher, der in Deutschland lebt und arbeitet, trägt zum österreichischen BSP bei.

- **BIP zu Kaufkraftparitäten:** Hierbei wird die internationale Kaufkraft der Währung eines Landes berücksichtigt. Die Kaufkraftvergleiche geben an, wie viel ausländische Geldeinheiten erforderlich sind, um im Ausland den gleichen Warenkorb (die gleiche Art und Menge an Waren) wie im Inland zu erwerben.

Ist das Bruttoinlandsprodukt ein geeigneter Wohlstandsmaßstab?

Seit vielen Jahren wird immer häufiger die Formel **„steigendes BIP = steigender Wohlstand"** infrage gestellt. Mithilfe des folgenden Übungsbeispiels soll dies verdeutlicht werden.

SbX
Ü 1.9 mit automatischer Aufgabenkontrolle. ID: 1131

Ü 1.9: BIP und Wohlstand eines Landes C

Entscheiden Sie bitte, wie sich die angeführten Situationen/Ereignisse auf

a) die Entwicklung des BIP (Steigerung oder Senkung) und

b) die Entwicklung des Wohlstandes des gesamten Landes (Erhöhung, Minderung oder keine Veränderung)

auswirken. (Kreuzen Sie bitte an!)

	BIP		Wohlstand		
	+	–	+	–	+/–
a) Ein Orkan führt zu schweren Schäden an Gebäuden und an der Stromversorgung; die Instandsetzung dauert Wochen und verursacht hohe Kosten.					
b) Die Produktion von nicht wiederverwendbaren Kunststoffflaschen wird weiter gesteigert; dies führt zu einem Anstieg des Müllvolumens.					
c) Eine alte und kranke Frau kann nicht mehr von ihren Familienangehörigen versorgt werden und wird nun in einem Pflegeheim untergebracht.					
d) Infolge einer Antiraucherkampagne geht der Verkauf von Zigaretten um mehr als zehn Prozent zurück.					
e) Eine Massenkarambolage auf der Autobahn fordert zahlreiche Verletzte und führt zu einem Stau; die Rettung und Feuerwehr haben Großeinsatz.					

Alle Beispiele zeigen, dass das BIP als Maßstab für die Entwicklung oder den Wohlstand eines Landes nur eingeschränkt herangezogen werden kann und eine Erhöhung des BIP nicht immer eine Vergrößerung des Wohlstandes bedeutet. So wird bzw. werden z. B. bei der Berechnung des BIP

Schattenwirtschaft: Rund 19,3 Mrd. Euro wurden im Jahr 2017 in Österreich schwarz erarbeitet. Das sind rund 7,1 % des BIP.

- nicht nach dem Zweck der Produktion gefragt (ob Panzer oder Medikamente hergestellt werden, beide sind gleichermaßen Teile des BIP),
- die Schattenwirtschaft (z. B. in Form des „Pfuschens" am Bau) nicht oder nur teilweise einbezogen,
- Größen wie „sauberes Wasser", „intakte Natur", „angenehmes Arbeitsklima" usw. nicht berücksichtigt,
- Leistungen nicht berücksichtigt, die keinen Marktwert haben, also unentgeltlich erbracht werden (z. B. scheinen weder die Betreuung von Kindern in der Familie, noch die geleistete Nachbarschaftshilfe auf).

Angesichts dieser berechtigten Kritikpunkte gibt es zahlreiche Ansätze bzw. Konzepte, die gezielt versuchen, die Schwächen der herkömmlichen BIP-Berechnung zu mildern bzw. zu vermeiden.

2 Die Verteilungsrechnung

Die Antworten auf die Fragestellung, an wen und in welchem Verhältnis das volkswirtschaftliche Gesamtprodukt – in der Form des **Volkseinkommens** – verteilt werden soll, sind zweifelsohne von hohem Interesse. Nicht vergessen werden darf dabei aber, dass es auf die Frage nach dem gerechten Einkommen grundsätzlich mehrere Antworten gibt, hinter denen unterschiedliche Vorstellungen von Gerechtigkeit stehen. So ist für einen Vertreter des **Leistungsprinzips** die Einkommensverteilung dann gerecht, wenn jeder nach dem Betrag entlohnt wird, den er zum Sozialprodukt beigetragen hat, während ein Anhänger des **Bedürfnisprinzips** die Auffassung vertreten wird, dass auch soziale Gesichtspunkte bei der Einkommensverteilung (z. B. Unterstützung kinderreicher Familien) berücksichtigt werden sollten.

Volkseinkommen

Volkseinkommen: Das ist die Summe aller Erwerbs- und Vermögenseinkommen, die Inländern während einer Periode – zumeist während eines Jahres – zugeflossen ist. **Volkseinkommen** und **Bruttoinlandsprodukt** sind **nicht identisch,** hängen aber sehr eng zusammen. Rechnet man die indirekten Steuern (z. B. Umsatzsteuer) und die Abschreibungen zum Volkseinkommen hinzu und zieht die Subventionen, die die Unternehmen erhalten haben, ab, so kommt man zum Bruttonationaleinkommen (BNE). Berücksichtigt man nun die ins Ausland gezahlten bzw. die vom Ausland erhaltenen Einkommen, so ist man wieder beim Bruttoinlandsprodukt (BIP).

Das Einkommen der privaten Haushalte stammt aus unterschiedlichen Quellen.

Die personelle Einkommensverteilung

Im Rahmen der personellen Einkommensverteilung werden die Einkommensbezieher nach der Größe ihres Einkommens geordnet und häufig in zehn – zahlenmäßig gleich große – Gruppen eingeteilt. Nicht gefragt wird dabei, wo dieses Einkommen herkommt. In diesem Zusammenhang darf nicht vergessen werden, dass die privaten Haushalte ihr Einkommen aus unterschiedlichen Quellen beziehen können.

Die **häufigsten Einkommensarten** sind:

- Einkommen aus unselbständiger Tätigkeit (z. B. Löhne, Gehälter)
- Einkommen aus selbständiger Tätigkeit (z. B. Gewinnanteile aus Unternehmenstätigkeit)
- Einkommen aus Vermögen (z. B. Zinserträge)
- Transfereinkommen (z. B. Arbeitslosengeld)

Die Lorenzkurve wurde 1905 von **Max Otto Lorenz** (1876–1959) zur grafischen Darstellung u. a. der Einkommensverteilung eingeführt.

Wenn man nun die Einkommen der privaten Haushalte und ihre Verteilung in einer Volkswirtschaft vergleichen will, so verwendet man dazu häufig die sogenannte **Lorenzkurve.** Sie drückt aus, wie sich das Einkommen in einer Volkswirtschaft verteilt.

Lorenzkurve

Die Ungleichverteilung wird mit dem „Gini-Index" gemessen. Der Wert des Gini-Indexes errechnet sich, indem man die Fläche zwischen der Lorenzkurve und der Gleichverteilungsgerade (Fläche A) durch die gesamte Fläche unterhalb der Gleichverteilungsgeraden (Fläche B) dividiert. Je größer die Fläche A und damit der Bauch der Lorenzkurve ist, desto prägnanter ist die Ungleichverteilung des Einkommens.

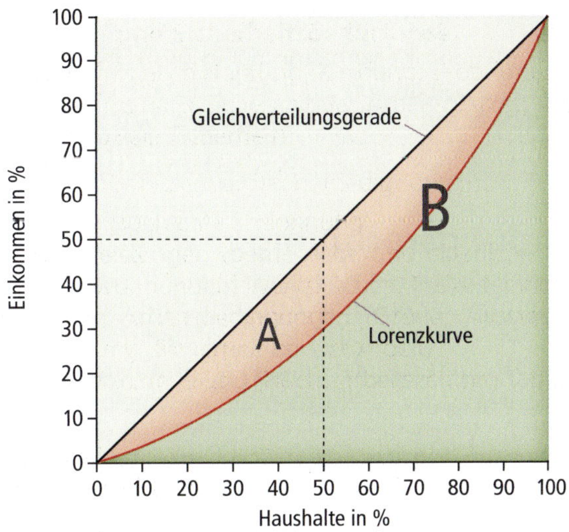

Die eingezeichnete Diagonale in der Grafik (= Gleichverteilungsgerade) stellt den Zustand völliger Gleichverteilung dar. 50 % der Haushalte erhalten auch 50 % des Einkommens. Die tatsächliche Einkommensverteilung in einem Land wird dann durch die Lorenzkurve veranschaulicht. So sieht man im angeführten Beispiel, dass 50 % der Haushalte nur zirka 30 % der Einkommen beziehen, d. h., es muss Haushalte geben, die wesentlich mehr beziehen als andere.

Die funktionelle Einkommensverteilung

Bei der funktionellen Einkommensverteilung geht es darum, welches Einkommen jemand aufgrund seiner Funktion im Produktionsprozess erhalten hat. So werden z. B. für die Leistung unselbständiger Arbeit Löhne und Gehälter, für die Bereitstellung von Kapital Zinsen bezahlt. Jedem Produktionsfaktor wird eine bestimmte Einkommensart zugeordnet, wie die Tabelle zeigt:

Produktionsfaktoren	Einkommensart
Arbeit	Einkommen aus Löhnen und Gehältern
Kapital	Zinseinkommen
Grund und Boden	Einkommen aus Miete und Verpachtung
Unternehmertätigkeit	Unternehmergewinne

SbX **Eine Folie zur Verteilung der Einkommen aus unselbständiger Arbeit in Österreich („Die 20 % Ärmsten und Reichsten in Österreich") finden Sie in der Bildschirmpräsentation zu dieser Lerneinheit unter der ID: 1131.**

Über die Entwicklung der funktionellen Einkommensverteilung geben vor allem die **Lohnquote** und die **Gewinnquote** Auskunft.

- Die **Lohnquote** ist der prozentuelle Anteil des Einkommens aus unselbständiger Arbeit am Volkseinkommen.

$$\textbf{Lohnquote} = \frac{\textbf{Arbeitnehmerentgelte}}{\textbf{Volkseinkommen}} \times 100$$

- Die **Gewinnquote** ist der prozentuelle Anteil des Einkommens aus Unternehmertätigkeit und Vermögen am Volkseinkommen. Die Gewinnquote enthält daher unterschiedliche Bestandteile (Unternehmergewinne, Zins-, Miet- und Pachteinkommen).

$$\textbf{Gewinnquote} = \frac{\textbf{Einkommen aus Unternehmertätigkeit und Vermögen}}{\textbf{Volkseinkommen}} \times 100$$

Das Einkommen aus Unternehmertätigkeit und Vermögen ist zusammen mit den Entgelten der Arbeitnehmer immer gleich dem Volkseinkommen. Eine Erhöhung der Gewinnquote bedeutet also, dass die Lohnquote kleiner wird und umgekehrt.

Diese beiden Kennzahlen (Lohn- und Gewinnquote) dienen als häufig genannter Maßstab für die **Verteilungsgerechtigkeit** eines Landes.

Die Aussagefähigkeit der **Lohn- und Gewinnquote** ist aus einer Reihe von Gründen eingeschränkt. So zählen zu den Arbeitnehmerentgelten nicht nur die „Spitzeneinkommen" von Topmanagern, sondern auch die Niedriglöhne der Reinigungsbranche.

Primär- und Sekundärverteilung – worin besteht der Unterschied?

Erfolgt die Verteilung des Volkseinkommens aufgrund des freien Spiels der Marktkräfte (z.B. Programmierer in der EDV-Branche sind gesucht und beziehen daher wesentlich höhere Monatsgehälter), so spricht man von der Primärverteilung. Greift der Staat in Form der Besteuerung von Einkommen und der Gewährung von Sozialleistungen (z.B. Studienbeihilfen) in die primäre Einkommensverteilung ein, so kommt es durch diese Umverteilung zu einer neuen Verteilung, der sogenannten Sekundärverteilung.

Das Volumen der Umverteilung ist verhältnismäßig groß. In Österreich hebt der Staat derzeit Steuern und Abgaben im Ausmaß von zirka 40 % des BIP ein, die er teilweise umverteilt oder auch selbst zu Konsumzwecken und für Investitionen, wie z.B. den Ausbau der Infrastruktur, verwendet.

3 Die Verwendungsrechnung

Das Sozialprodukt kann für den **privaten Konsum,** für den **öffentlichen Konsum** (z.B. Ausgaben für das Bildungswesen, die soziale Wohlfahrt) und für **Investitionen** verwendet werden. Alle Käufe dauerhafter Produktionsgüter werden als Bruttoinvestitionen gerechnet, also zu Neuwertpreisen ohne Abschreibungen. Zieht man die Abschreibungen ab, so kommt man zu den Nettoinvestitionen, die das Wachstum einer Volkswirtschaft wesentlich beeinflussen. Ein Teil der Güter und Dienstleistungen geht außerdem in den **Export** und steht daher dem inländischen Endverbrauch nicht mehr zur Verfügung.

Die Volkswirtschaftliche Gesamtrechnung, welche das BIP auf dreifache Weise berechnet, zeigt für Österreich für das Jahr 2015 folgende Aufteilung:

Die Volkswirtschaftliche Gesamtrechnung

Die Volkswirtschaftliche Gesamtrechnung – Beispiel Österreich 2015

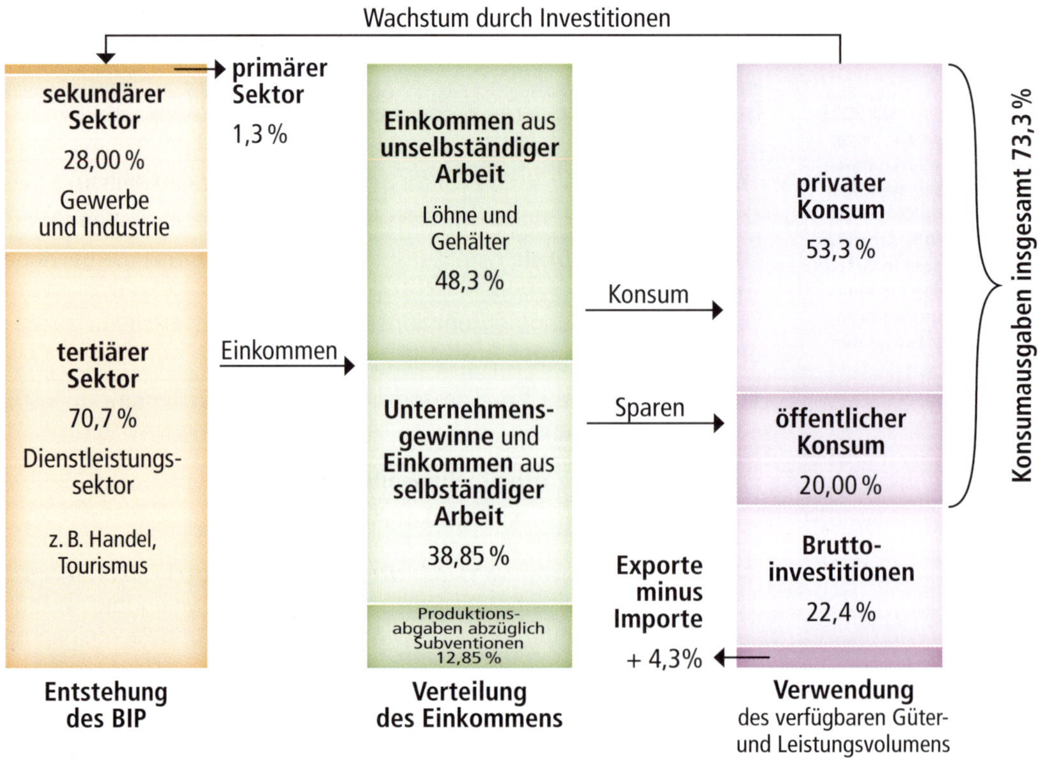

Üben

A B C D E

Ü 1.10: BIP-Wachstumsraten (real) D

Europa gilt – im weltweiten Maßstab gesehen – als reicher Kontinent. Trotzdem gibt es Länder, die – bezogen auf das Wirtschaftswachstum – die europäischen Länder weit hinter sich lassen, wie die nachfolgende Grafik sehr anschaulich zeigt.

Wachstum des realen BIP in den wichtigsten Industrie- und Schwellenländern in den Jahren 2017 bis 2019 in Prozent (gegenüber dem Vorjahr)

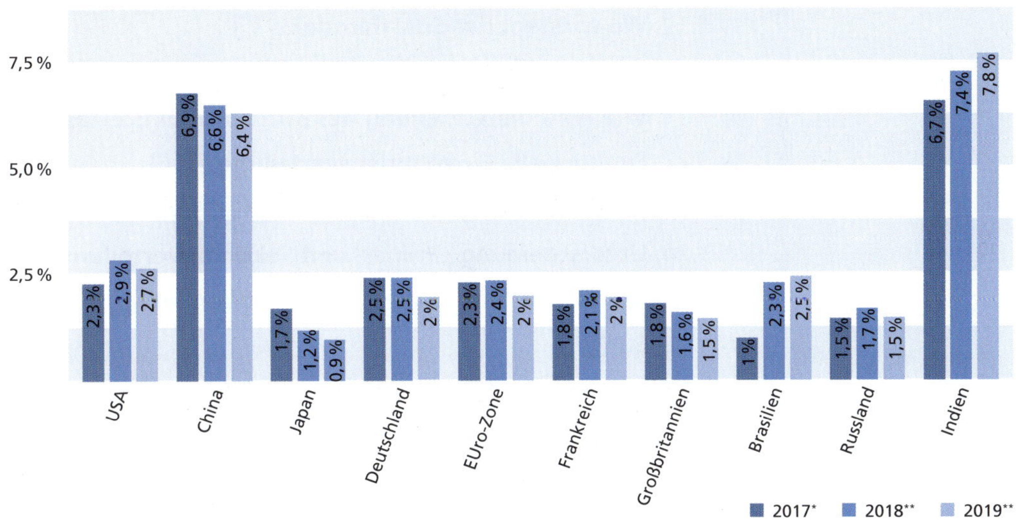

Quelle (Daten): de.statista.com, IWF, 2018

*) vorläufige Daten **) Prognose

a) Welche Länder hatten im angegebenen Zeitraum ein durchschnittliches Wachstum von über drei Prozent?

b) Worauf lässt sich Ihrer Meinung nach dieses relativ hohe durchschnittliche Wachstum dieser Länder zurückführen?

c) Warum sind Ihrer Meinung nach die Wachstumsraten für Großbritannien im angegebenen Zeitraum rückläufig?

d) Welche Schlussfolgerungen lassen sich aus dieser Grafik ableiten?

Ü 1.11: BIP als Wohlstandsindikator C

Hat sich das reale BIP eines Landes gegenüber dem Vorjahr erhöht, ist die Wirtschaft also gewachsen, so wird meist daraus geschlossen, dass sich der Wohlstand des jeweiligen Landes erhöht hat.

Erläutern Sie bitte, warum sich das BIP nur sehr eingeschränkt als Wohlstandsindikator eignet.

Sichern

SbX ID: 1133

SbX
ID: 1133

Im SbX finden Sie eine Sammelmappe mit Zusammenfassungen zu allen Kapiteln und Lerneinheiten.

Wissen

SbX ID: 1134

A B C D E

SbX
ID: 1114

Möglichkeiten zur Kompetenzüberprüfung im SbX

Wiederholungsfragen | Aufgaben mit automatischer Aufgabenkontrolle | Einfache Fallbeispiele

W 1.17: **Begriffserklärungen zum Sozialprodukt** A

W 1.18: **Unterscheidung „nominelles" und „reales" BIP** A

W 1.19: **Wo entsteht das Sozialprodukt?** A

W 1.20: **Schwächen der BIP-Rechnung** B

W 1.21: **Wie wird die Verteilung des Sozialprodukts erfasst?** A

W 1.22: **Funktionelle Einkommensverteilung** A

W 1.23: **Unterscheidung „Lohnquote" und „Gewinnquote"** A

W 1.24: **Unterscheidung „Primär- und Sekundärverteilung"** A

W 1.25: **Wofür wird das Sozialprodukt verwendet?** A

W 1.26: **BIP** B

W 1.27: **Lorenzkurve** B

Ein kurzer Kompetenz-Check, bevor's weitergeht!

Kompetenz-Check

	☺	😐	☹
Ich kenne die Aufgaben der Volkswirtschaftlichen Gesamtrechnung.			
Ich kenne die verschiedenen Möglichkeiten, das BIP zu berechnen, und weiß, welche Art der Berechnung für welche Fragestellung angewendet wird.			
Ich kann den Prozess der Wertschöpfung erklären.			
Ich kann den Unterschied zwischen nominellem und realem BIP erklären.			
Ich kann Gründe nennen, warum das BIP nur eingeschränkt als Wohlstandsmaßstab geeignet ist.			
Ich kann erklären, was unter personeller Einkommensverteilung und funktioneller Einkommensverteilung verstanden wird.			
Ich kann erläutern, welchen Beitrag die einzelnen Wirtschaftssektoren zum BIP leisten und wie sich die Verwendung des Bruttosozialprodukts ungefähr verteilt.			

Lerneinheit 4

Begriff, Träger, Ziele und Aufgabenfelder der Wirtschaftspolitik

SbX
Alle SbX-Inhalte zu dieser Lerneinheit finden Sie unter der ID: 1140.

Den wirtschaftlichen Schwankungen kann der Staat nicht tatenlos zusehen, weil sonst erhebliche wirtschaftliche Probleme, wie zum Beispiel wachsende Arbeitslosigkeit, steigende Inflationsraten, eine stagnierende Wirtschaft usw., auftreten würden. Der Staat und andere Akteure versuchen daher, mithilfe gezielter Maßnahmen Einfluss auf das Wirtschaftsgeschehen zu nehmen.

Lernen

SbX ID: 1141

1 Wirtschaftspolitik und wirtschaftspolitisches Handeln

Wirtschaftspolitik

Als **Wirtschaftspolitik** bezeichnen wir die **Summe aller Maßnahmen,** durch die der **Wirtschaftsprozess** mit geeigneten Mitteln **in Richtung bestimmter Zielsetzungen beeinflusst** werden soll.

SbX
Alle Grafiken dieser Lerneinheit unter der ID: 1141.

Die Entwicklung der hochindustrialisierten Volkswirtschaften hat gezeigt, dass die **Selbststeuerungskräfte der Marktwirtschaft nicht ausreichen,** um **Krisen aus eigener Kraft zu bewältigen.** Deshalb müssen der Staat oder andere Akteure (wie z. B. die Notenbank oder die Interessenverbände) in den Wirtschaftsprozess eingreifen. Dadurch soll eine gegebene wirtschaftliche Situation so verändert werden, dass bestimmte Ziele durch den Einsatz geeigneter Mittel erreicht werden.

2 Träger der Wirtschaftspolitik

Wer aber betreibt nun wirklich Wirtschaftspolitik und ist somit Träger wirtschaftspolitischer Maßnahmen? In der nachfolgenden Übersicht werden nicht nur die zentralen Entscheidungsträger der Wirtschaftspolitik vorgestellt, sondern auch jene Institutionen bzw. Organisationen erfasst, die sehr wesentlich wirtschaftspolitische Entscheidungen beeinflussen bzw. mitgestalten.

Entscheidungsträger der Wirtschaftspolitik in Österreich sind nicht nur öffentlich-rechtliche Instanzen, sondern auch eine Reihe anderer Institutionen:

- Auf **staatlicher Ebene** sind der Nationalrat, die Landtage, die Bundesregierung bzw. die einzelnen Landesregierungen und die **politischen Parteien** wirtschaftspolitische Entscheidungsträger.
- Für die Versorgung der Wirtschaft mit Zahlungsmitteln und die Erhaltung der Stabilität des Euros sind die **Europäische Zentralbank** (EZB) und die **Oesterreichische Nationalbank** (OeNB) verantwortlich.
- Die **Sozialpartner** (= die Gewerkschaften auf der Arbeitnehmerseite und die Wirtschaftskammern auf der Arbeitgeberseite) haben ebenfalls einen wichtigen Anteil an der Wirtschaftspolitik. Vor allem die jährlichen Lohn- und Gehaltsverhandlungen haben wirtschaftspolitische Auswirkungen.

Seit dem EU-Beitritt Österreichs (im Jahr 1995) kommt auch dem **EU-Rat** bzw. dem **EU-Parlament** im Hinblick auf wichtige nationale Wirtschaftsagenden (z. B. die Wettbewerbspolitik) eine zentrale Stellung zu.

- Seit dem EU-Beitritt Österreichs (im Jahr 1995) kommt auch dem **EU-Rat** bzw. dem **EU-Parlament** im Hinblick auf wichtige Wirtschaftsagenden (z. B. die Wettbewerbspolitik) eine zentrale Stellung zu.
- Zwei weitere wichtige internationale Organisationen, die die Wirtschaftspolitik eines Landes nachhaltig beeinflussen können, sind der **Internationale Währungsfonds** (IWF), der Staaten mit Krediten in Krisenzeiten beisteht, und die **Welthandelsorganisation** (WTO), die sich für die weltweite Abschaffung von Zöllen einsetzt.

Entscheidungsträger der Wirtschaftspolitik

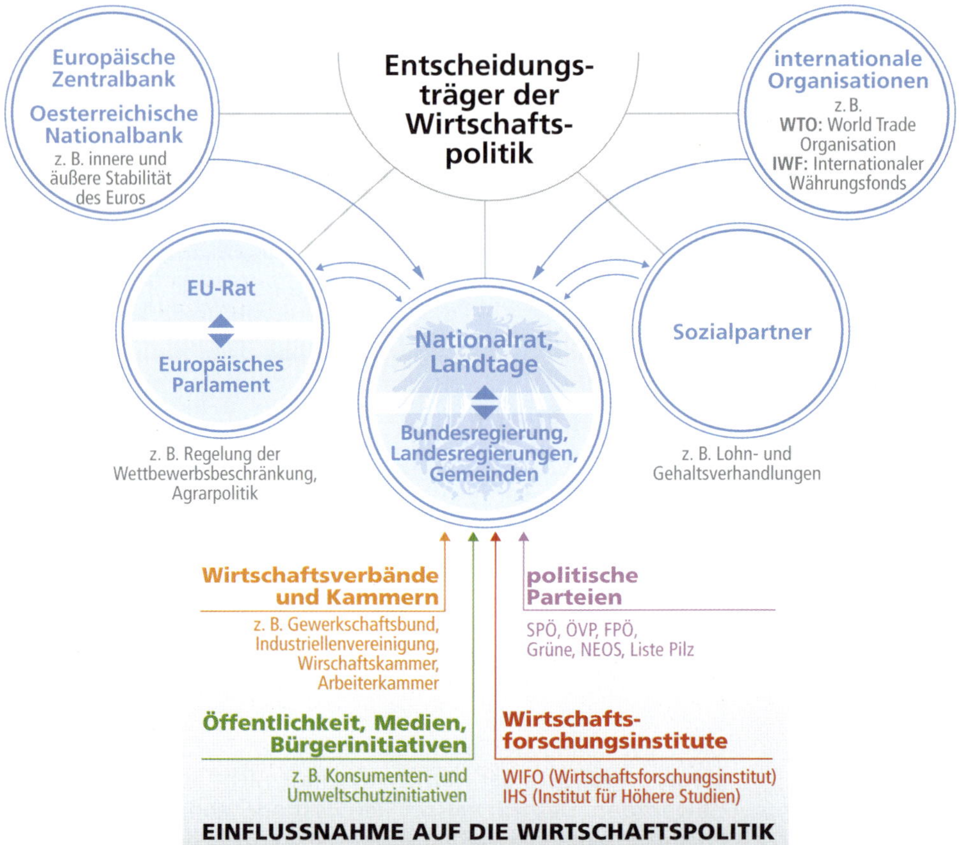

Sozialpartnerschaft: Dialog zwischen den Arbeitgeberverbänden (Industriellenvereinigung, Wirtschaftskammer) und den Arbeitnehmerverbänden (z. B. Gewerkschaften, Arbeiterkammer) mit dem Ziel, Interessensgegensätze auszugleichen und Arbeitskonflikte – z. B. Streiks – zu vermeiden. Die Sozialpartner spielen z. B. bei den jährlichen Lohnverhandlungen – dem Aushandeln der Kollektivverträge – die wichtigste Rolle.

Aber auch die **Interessenverbände** der **Arbeitgeber** (Wirtschaftskammern, Landwirtschaftskammern und Vereinigung der österreichischen Industrie) und der **Arbeitnehmer** (Arbeiterkammern und Österreichischer Gewerkschaftsbund) haben großen Einfluss auf die österreichische Wirtschaftspolitik. Denn viele Funktionäre dieser Interessenvertretungen üben gleichzeitig politische Funktionen in Parteien bzw. in der Regierung aus.

Nicht zu unterschätzen ist auch der Einfluss der **Fachexperten** der **Wirtschaftsforschungsinstitute,** die zu aktuellen politischen und wirtschaftlichen Problemen Konzepte und Lösungen erarbeiten, die dann den politisch Verantwortlichen die Entscheidungen erleichtern sollen.

3 Ziele der Wirtschaftspolitik

Magisches Vieleck der Wirtschaftspolitik: Ausdruck dafür, dass mehrere teilweise im Konflikt zueinander stehende gesamtwirtschaftlichen Ziele gleichzeitig erreicht werden sollen.

Die Wirtschaftspolitik zielt darauf ab, ein **gesamtwirtschaftliches Gleichgewicht** herbeizuführen. Dabei werden vorrangig die **folgenden Ziele** angestrebt, die als **magisches Vieleck der Wirtschaftspolitik** bezeichnet werden:

Ziele der Wirtschaftspolitik

Stabilität des Geldwertes (Preisniveau)

Beim Ziel der Preisniveaustabilität geht es nicht um die Stabilität einzelner Preise, sondern der Durchschnitt aller Preise soll möglichst unverändert bleiben. Das Ziel gilt laut Europäischer Zentralbank (EZB) als erreicht, wenn das Preisniveau im Vergleich zum Vorjahr um nahe, aber unter zwei Prozent steigt.

Hoher Beschäftigungsgrad

Als Maßstab für die Zielerreichung werden die Arbeitslosenrate (Zahl der Arbeitslosen in Prozent der erwerbstätigen Personen insgesamt) und das Verhältnis der Zahl der offenen Stellen zur Zahl der Arbeitslosen herangezogen.

Das Ziel „Vollbeschäftigung" gilt bei einer Arbeitslosenrate von unter drei Prozent als verwirklicht.

Angemessenes Wachstum

Gemessen wird das Wirtschaftswachstum anhand der jährlichen Zuwachsrate des realen Bruttoinlandsprodukts (BIP). Das BIP ist ein Maß für die wirtschaftliche Leistungskraft eines Landes.

Das Wachstumsziel gilt als erreicht, wenn das reale Bruttoinlandsprodukt angemessen wächst.

Außenwirtschaftliches Gleichgewicht

Österreichische Unternehmen exportieren ihre Güter und Dienstleistungen ins Ausland. Gleichzeitig werden aber auch aus dem Ausland Güter und Dienstleistungen importiert. Alle diese Vorgänge zwischen einzelnen Ländern werden in der Zahlungsbilanz statistisch erfasst.

Wirtschaftspolitisch wird ein ausgeglichenes Verhältnis von Exporten und Importen, also ein Gleichgewicht zwischen Zahlungseingängen und Zahlungsausgängen, angestrebt.

Gerechte Einkommens- und Vermögensverteilung

Der Wohlstand eines Landes hängt nicht nur von der Höhe des Volkseinkommens, sondern auch von dessen Verteilung auf die einzelnen Menschen ab.

Allgemeines Ziel der Umverteilung ist es, die Einkommens- und Vermögensverteilung in einer Volkswirtschaft gleichmäßiger bzw. „gerechter" zu gestalten, wobei es keine allgemeingültige Definition von Gerechtigkeit gibt.

Ausgeglichener Staatshaushalt

Ziel des Staates soll ein ausgeglichener Staatshaushalt sein. Das bedeutet, dass jedes Jahr nur so viel ausgegeben wird, wie auch Einnahmen zur Verfügung stehen. Es dürfen daher keine zusätzlichen Kredite aufgenommen werden um zusätzliche Ausgaben zuzulassen.

Schutz der Umwelt

In den letzten Jahrzehnten gewinnt das Ziel, der Nachwelt eine intakte Umwelt zu hinterlassen, immer mehr an Bedeutung.

Erreichbarkeit der wirtschaftspolitischen Ziele (Zielharmonie und Zielkonflikte)

Je nachdem, wie viele Ziele in den gesamtwirtschaftlichen Zielkatalog einbezogen sind, spricht man vom **„magischen" Vier-, Fünf, Sechs- oder Vieleck.** Magisch deshalb, weil es schon der Kunst eines Magiers (sprich Zauberers) bedürfte, alle Ziele gleichmäßig zu erreichen. Die Bezeichnung soll auch zum Ausdruck bringen, dass wirtschaftspolitische Ziele nie für sich allein stehen können, sondern in gegenseitiger Beziehung stehen, wobei folgende zwei Möglichkeiten von Beziehungen vorliegen können:

- **Vereinbarkeit der Ziele (Zielharmonie)**
  Die Verwirklichung eines Zieles begünstigt auch die Erfüllung eines anderen.

Beispiel

- Beschließt ein Staat ein Konjunkturprogramm, so erhöht sich die gesamtwirtschaftliche Nachfrage. Die Wirtschaft wächst und damit werden zusätzliche Arbeitsplätze geschaffen.

- **Konkurrenz der Ziele (Zielkonflikt)**
  Die Annäherung an ein Ziel ist mit der Entfernung von einem anderen Ziel verbunden.

Beispiel

- Der Schutz der heimischen Landwirtschaft führt zu höheren Preisen für landwirtschaftliche Produkte.

Es ist also praktisch unmöglich, alle Ziele gleichzeitig zu erreichen.

Warum ist das Verhältnis zwischen den wirtschaftspolitischen Zielen kompliziert und von zusätzlichen Faktoren abhängig?

Häufig wird z. B. von einer Konkurrenz der Ziele „Vollbeschäftigung" und „Preisstabilität" ausgegangen. Das hieße, ein Mehr an „Beschäftigung" würde zulasten der „Preisstabilität" gehen. Ob nun tatsächlich ein Zielkonflikt vorliegt, hängt entscheidend von der wirtschaftlichen Lage und den gewählten Instrumenten der Wirtschaftspolitik ab.

So ist es bei bestehender Massenarbeitslosigkeit durchaus denkbar, dass eine Erhöhung der Staatsausgaben zu einer Beschäftigungszunahme führt, ohne das Ziel der Preisstabilität zu gefährden. Dabei spielt das Verhalten der Wirtschaftsteilnehmer – in diesem Fall der Gewerkschaften – eine große Rolle. Fordern nämlich die Gewerkschaften bei einer Verbesserung der Arbeitsmarktlage höhere Löhne, so wird das die Inflation anheizen.

Ob ein Zielkonflikt vorliegt oder nicht, hängt darüber hinaus auch davon ab, welches wirtschaftspolitische Instrument zum Einsatz kommt. Über die Eignung bzw. Wirkungsweise wirtschaftspolitischer Instrumente bestehen aber sehr gegensätzliche Ansichten. So versprechen sich die Vertreter der sogenannten Angebotspolitik von einer Lohnsenkung positive Auswirkungen sowohl auf die Beschäftigung als auch auf die Preisstabilität. Die Verfechter einer sogenannten Nachfragepolitik bestreiten diese Zusammenhänge heftig.

Quelle: Sperber, H., Wirtschaft verstehen – nutzen – ändern, 2002, gekürzt

4 Aufgabenfelder der Wirtschaftspolitik

Den Gesamtbereich der Wirtschaftspolitik unterteilt man, wie die nachfolgende Tabelle zeigt, in die Handlungsfelder „Ordnungspolitik", „Strukturpolitik" und „Prozesspolitik".

Aufgabenfelder der Wirtschaftspolitik

	Ordnungspolitik	Strukturpolitik	Prozesspolitik
Handlungsfeld	Festlegung der rechtlichen, sozialen und wirtschaftlichen Rahmenbedingungen für wirtschaftliches Handeln; Gestaltung der Wirtschaftsordnung	wirtschaftliche Unterstützung bestimmter Regionen und Wirtschaftszweige; Ausgleich von Einkommen und Vermögen	Stabilisierung der gesamtwirtschaftlichen (= konjunkturellen) Entwicklung im Rahmen der bestehenden Wirtschaftsordnung
Beispiele	Wettbewerbspolitik, Sozialpolitik und Arbeitsrecht, Gesundheitspolitik, Umweltschutzpolitik, Konsumentenschutzpolitik	Regionalpolitik/Raumplanung, Infrastrukturpolitik, Arbeitsmarktpolitik, Bildungspolitik, Einkommensverteilung	Geld-/Währungspolitik, Budget-/Fiskalpolitik, Konjunkturpolitik, Wachstumspolitik, Umweltpolitik
Zeithorizont	eher langfristig angelegt	eher mittelfristig angelegt	eher kurzfristig angelegt
Zielsetzung/ Beeinflussung	beeinflusst vorrangig das Handeln und Verhalten der Unternehmen und Haushalte	beeinflusst vorrangig die Entwicklung von Regionen, Branchen und Bevölkerungsgruppen	zielt vorrangig auf die Stabilisierung wichtiger volkswirtschaftlicher Größen (z. B. BIP, privater Konsum)

Quelle (in Anlehnung an): Burkard, K.-J.: Wirtschaftspolitik vor der Haustür. In: Unterricht Wirtschaft, Heft 9/2002.

Die **Ordnungspolitik** legt langfristig und grundlegend die Rahmenbedingungen fest, die für alle wirtschaftlichen Aktivitäten gelten sollen. Dazu gehören alle Regelungen, die die rechtliche Ordnung (z. B. Wettbewerbsrecht, Eigentumsordnung) und die institutionelle Ordnung (z. B. Sozialversicherungssystem, Geld- und Währungsordnung) betreffen.

Die **Strukturpolitik** hat die Aufgabe, volkswirtschaftliche Strukturen zu erhalten (z. B. Maßnahmen zum Schutz bedrohter Wirtschaftszweige) bzw. die volkswirtschaftlichen Strukturen zu verändern (z. B. Förderung von Unternehmensgründungen in strukturschwachen Regionen).

Die **Prozesspolitik** beeinflusst kurzfristig und zielgerichtet den Wirtschaftsprozess. Zur Prozesspolitik zählen vor allem die Konjunktur-, Wachstums-, Geld-, Fiskal- und Außenwirtschaftspolitik, mit deren Hilfe versucht wird, das Auf und Ab der Wirtschaft (= Konjunkturzyklus) zu stabilisieren.

Üben

SbX ID: 1142

A B C D E

Ü 1.12: Erreichbarkeit der wirtschaftspolitischen Ziele D

Die einzelnen wirtschaftspolitischen Ziele stehen in unterschiedlicher Beziehung zueinander. Einige der Zielsetzungen begünstigen einander, andere schließen einander eher aus.

a) Nennen sie mindestens zwei Beispiele für wirtschaftspolitische Ziele, die sich einander begünstigen (Zielharmonie).

b) Nennen Sie mindestens zwei Beispiele für wirtschaftspolitische Ziele, die miteinander konkurrieren. (Zielkonflikt).

Begründen Sie ihre jeweiligen Überlegungen.

SbX
Ü 1.13
mit automatischer Aufgabenkontrolle.
ID: 1142

Ü 1.13: Ordnungs-, Struktur- und Prozesspolitik C

Den Gesamtbereich der Wirtschaftspolitik unterteilt man in die Handlungsfelder Ordnungs-, Struktur- und Prozesspolitik. Ordnen Sie die angeführten Beispiele dem jeweiligen Handlungsfeld zu (bitte ankreuzen!).

	Ordnungspolitik	Strukturpolitik	Prozesspolitik
a) Die Europäische Zentralbank (EZB) ist von den Weisungen der Regierungen unabhängig.			
b) Die Österreichische Kontrollbank übernimmt im Auftrag des Staates das Risiko für Exportgeschäfte.			
c) Im Südburgenland wird die Ansiedelung eines Industriebetriebes gefördert.			
d) Die EZB senkt den Leitzinssatz, um die Geldnachfrage zu beleben.			
e) Der Staat erhöht die Einkommensteuer, um die private Nachfrage zu dämpfen.			

Sichern

SbX ID: 1143

SbX
ID: 1143

Im SbX finden Sie eine Sammelmappe mit Zusammenfassungen zu allen Kapiteln und Lerneinheiten.

Wissen

SbX ID: 1144

A B C D E

SbX
ID: 1144

Möglichkeiten zur Kompetenzüberprüfung im SbX

Wiederholungsfragen | Aufgaben mit automatischer Aufgabenkontrolle | Einfache Fallbeispiele

W 1.28: **Wirtschaftspolitik** A

W 1.29: **Wirtschaftspolitisches Handeln** A

W 1.30: **Entscheidungsträger der Wirtschaftspolitik** A

W 1.31: **Wirtschaftspolitische Ziele** A

W 1.32: **Bereiche der Ordnungspolitik** A

W 1.33: **Ziele der Strukturpolitik** A

W 1.34: **Ziele der Prozesspolitik** A

Ein kurzer Kompetenz-Check, bevor's weitergeht!

Kompetenz-Check

	☺	😐	☹
Ich kann erklären, was man unter dem Begriff „Wirtschaftspolitik" versteht.			
Ich kann aufzeigen, warum wirtschaftspolitisches Handeln notwendig ist.			
Ich kann erläutern, wer für die Wirtschaftspolitik in Österreich verantwortlich ist.			
Ich kann die Ziele, die im Rahmen der Wirtschaftspolitik angestrebt werden, nennen und beschreiben.			
Ich kann die Aufgabenfelder bzw. Arbeitsbereiche der Wirtschaftspolitik aufzählen und erläutern.			
Ich kann anhand ausgewählter Beispiele beschreiben, mithilfe welcher Einzelmaßnahmen die Wirtschaft beeinflusst werden kann.			

2 UNTERNEHMEN UND IHRE BETRIEBLICHE LEISTUNGSERSTELLUNG

Worum geht's in diesem Kapitel?

Unternehmen bieten Produkte und Leistungen an, um Bedürfnisse von Menschen zu erfüllen. Sie produzieren entweder selbst (so wie zum Beispiel eine Bäckerei) oder sie kaufen und verkaufen wieder, d.h., sie handeln mit Waren, die ein anderes Unternehmen erzeugt hat (wie zum Beispiel ein Lebensmittelgeschäft, ein Supermarkt). Außerdem gibt es Unternehmen, die keine Waren, sondern Dienstleistungen anbieten, wie Friseure, Banken, Nachhilfeinstitute oder Steuerberater.

Wenn ein Unternehmen langfristig bestehen will, muss es seine Ziele genau kennen und laufend Entscheidungen treffen, wie es diese Ziele am besten erreichen kann. Welche Überlegungen dazu notwendig sind und wie ein Unternehmen diese Aufgaben erfüllen kann, ist Gegenstand der Betriebswirtschaft.

Wenn wir uns Jeans kaufen, eine DVD in einem Webshop bestellen oder Bargeld bei der Bank beheben, nutzen wir das vielfältige Angebot verschiedener Unternehmen. Wie dieses Angebot entsteht und was Unternehmen konkret tun, um erfolgreich zu sein, sehen wir häufig nicht.

Kompetenzen, die Sie erwerben

Mit der Bearbeitung dieses Kapitels erwerben Sie die **Kompetenzen** für die **Bereiche Wirtschaft und betriebliche Leistungserstellung.**

Sie können

- **Betriebsarten unterscheiden,**
- **die Wechselwirkungen zwischen Betrieb und Umfeld interpretieren und Konsequenzen daraus ableiten,**
- **unternehmerische, ökonomische, ökologische und soziale Wechselwirkungen darstellen,**
- **Sachverhalte aus unterschiedlichen Perspektiven (Arbeitnehmerin und Arbeitnehmer, Unternehmerin und Unternehmer, Konsumentin und Konsument) bewerten,**
- **die betrieblichen Leistungsfaktoren sowie deren Zusammenspiel und Stellenwert in Unternehmen analysieren und bewerten.**

A B C D E

In diesem Kapitel finden Sie Übungsaufgaben, praxisbezogene Fallbeispiele und Aufgaben zur Lernkontrolle zur Überprüfung Ihrer Kompetenzen auf den Handlungsebenen A **Wiedergeben,** B **Verstehen,** C **Anwenden** und D **Analysieren & Interpretieren.**

Dieses Kapitel umfasst folgende Lerneinheiten:

1 Unternehmen als Wirtschaftsteilnehmer

2 Die Ziele der Wirtschaftsteilnehmer

3 Die betriebliche Leistungserstellung

Lerneinheit 1

Unternehmen als Wirtschaftsteilnehmer

SbX
Alle SbX-Inhalte zu dieser Lerneinheit finden Sie unter der ID: 1210.

Vor zwei Jahren hat die HAK-Absolventin Mariana Ilicic gemeinsam mit einer guten Freundin, der Schneidermeisterin Monika Huber, die Modeboutique MODA NOVA eröffnet. Neben einer kleinen Kollektion, die nach eigenen Entwürfen selbst hergestellt wird, verkauft das Unternehmen auch verschiedene Markenprodukte anderer Produzenten.

Die Kundinnen der Boutique MODA NOVA sind junge, modebewusste Damen. Die beiden Gründerinnen der Boutique bemühen sich, stets die aktuellste Mode anzubieten und den Geschmack der Kundinnen zu treffen, um konkurrenzfähig zu sein. Schließlich wollen sie mit ihrem Unternehmen Gewinne erzielen. Einerseits, weil sie von den Einkünften aus ihrem Unternehmen leben müssen, andererseits, um den Bankkredit, mit dem sie die Einrichtung der Boutique und der Werkstätte finanziert haben, pünktlich zurück zu zahlen.

Innerhalb des Unternehmens ist die Arbeit zwischen den beiden Unternehmensgründerinnen klar aufgeteilt: Monika Huber kümmert sich um die Herstellung, Mariana Ilicic kümmert sich um den Verkauf und um die Büroarbeiten. Seit einem halben Jahr beschäftigen die beiden Unternehmerinnen einen Mitarbeiter im Verkauf und eine Mitarbeiterin im Büro.

Lernen

SbX ID: 1211

A B C D E

SbX
Alle Grafiken dieser Lerneinheit unter der ID: 1211.

1 Was genau ist ein Unternehmen?

Man unterscheidet die Begriffe „Unternehmen", „Betrieb" und „Firma". In der Umgangssprache werden diese Begriffe in sehr ähnlichen Bedeutungen verwendet. Ist dies richtig oder bestehen Unterschiede zwischen den Begriffen?

Das Unternehmen

Unternehmen

Das Unternehmensgesetzbuch (UGB) bezeichnet Unternehmen als „jede auf Dauer angelegte Organisation selbständiger wirtschaftlicher Tätigkeit, mag sie auch nicht auf Gewinn gerichtet sein." (§ 1 UGB)

Unternehmen nehmen (ebenso wie die privaten Haushalte und der Staat) am Wirtschaftsgeschehen teil. Gegen Bezahlung erbringen die Unternehmen Leistungen für andere Wirtschaftsteilnehmer.

Beispiele

Modeboutique MODA NOVA:

- Mariana und Monika sind Unternehmerinnen: Sie produzieren und handeln mit modischer Bekleidung.

Andere Unternehmen:

- Ein Gärtner züchtet Obst und Gemüse und verkauft die Erzeugnisse auf einem Markt.
- Eine Süßwarenfabrik erzeugt Schokolade und verkauft sie an eine Schokothek.
- Ein Kaufhaus bietet seinen Kunden Möbel und Textilien an.
- Ein Busunternehmer transportiert Fahrgäste.
- Ein Wellnesshotel bietet Urlaubsaufenthalte an.

Ein Unternehmen wirtschaftet für den Bedarf Dritter und nicht für den eigenen Bedarf. Haushalte wirtschaften für den eigenen Bedarf und sind deshalb keine Unternehmen.

Beispiele

- Nach der Obsternte wird zu Hause Marmelade gekocht. Die Familie isst die Marmelade selbst. Ein Marmeladehersteller verarbeitet ebenfalls Obst. Jedoch verkauft er die Marmelade an andere, entweder an private Haushalte oder an andere Unternehmen wie Supermärkte oder Hotels.
- Die Schneidermeisterin Monika Huber macht Kleider für ihre Kundinnen. In diesem Fall arbeitet sie als Unternehmerin. Für diese Leistung wird sie von ihren Kundinnen bezahlt. Schneidert sie ein Kleid für ihre Tochter, so geschieht dies im Rahmen des privaten Haushalts.

Der Betrieb

In den Betrieben werden die Leistungen für andere Wirtschaftsteilnehmer erstellt. Die Leistung des Friseurs wird zum Beispiel im Friseursalon erbracht. Der Friseursalon ist ein Betrieb. Betriebe können je nach Art und Größe sehr unterschiedlich sein. Sie lassen sich nach folgenden Kriterien unterscheiden:

Betriebstypen

Oft wird diskutiert, ob nicht viele gemeinwirtschaftliche Betriebe in privatwirtschaftlicher Form wirtschaftlicher geführt werden könnten.

Eine weitere Unterscheidung ist nach dem Ziel der wirtschaftlichen Tätigkeit möglich:

- **privatwirtschaftliche Betriebe**
  Wichtigstes Ziel ist die Gewinnerzielung, also die Rentabilität.
- **gemeinwirtschaftliche Betriebe**
  Wichtigstes Ziel ist die Bedarfsdeckung unter Beachtung der Wirtschaftlichkeit (z. B. Krankenhäuser, Schulen).

Die Firma

Firma

Das **Unternehmensgesetzbuch (UGB) definiert Firma** als „den in das Firmenbuch eingetragenen Namen eines Unternehmers, unter dem er seine Geschäfte betreibt und die Unterschrift abgibt".

Beispiel

- SPAR Österreichische Warenhandels-Aktiengesellschaft

Ist ein Unternehmer nicht in das Firmenbuch eingetragen (z. B. ein Kleinunternehmen wie etwa ein Straßenbuffet), hat er rechtlich gesehen keine Firma. In der Umgangssprache wird aber häufig der Begriff „Firma" für jedes Unternehmen verwendet.

Ü 2.1: Wer führt ein Unternehmen? B

a) Die Eltern kochen und waschen für ihre Kinder und lernen mit ihnen.
Führen die Eltern ein Unternehmen?

b) Dieselben Eltern betreiben eine Bienenzucht und verkaufen den Honig an umliegende Geschäfte.
Kann man in diesem Fall sagen, dass die Eltern ein Unternehmen führen?

Ü 2.2: Den Begriff „Firma" erklären B

Herr Müller sagt: „Mein Unternehmen heißt ‚Franz Müller – Spezialschlosserei, eingetragener Unternehmer'. Ich stelle Sicherheitsschlösser her."

Erklären Sie an diesem Beispiel den Begriff „Firma".

Ü 2.3: „Firma" und Umgangssprache B

Die Boutiquenbesitzerin Mariana Ilicic sagt: „Heute gehe ich eine halbe Stunde später in die Firma." Hat sie den Begriff „Firma" richtig verwendet?

2 Was das Unternehmen zum Arbeiten braucht

Damit ein Unternehmen seine Leistung erbringen kann, also Produkte und Dienstleistungen für andere erstellen kann, braucht es menschliche Arbeitskraft und betriebliches Vermögen. Die menschliche Arbeitskraft und das Vermögen werden auch als **Produktionsfaktoren** bezeichnet.

Beispiel

- Um modische Bekleidung produzieren und anbieten zu können, leiten Mariana und Monika das Unternehmen MODA NOVA und arbeiten auch selbst mit. Außerdem beschäftigen sie noch einen Mitarbeiter und eine Mitarbeiterin. Weiters haben die beiden verschiedene Scheren, Nähmaschinen, Stoffe und Geld in der Kassa.

Produktionsfaktoren

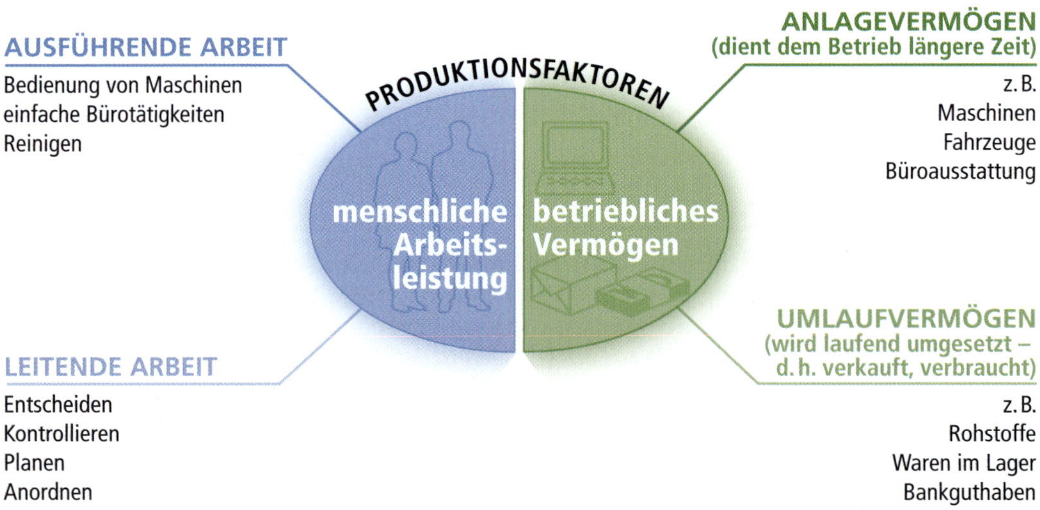

Die menschliche Arbeitsleistung

Der Mensch ist der wichtigste Leistungsfaktor in einem Unternehmen. Die Menge und Qualität der menschlichen Arbeit hängen von der Leistungsfähigkeit und dem Leistungswillen (der Motivation) ab.

Wie die folgende Grafik zeigt, ist **Leistungsfähigkeit allein zu wenig, wenn die Motivation fehlt. Menschen arbeiten, um ihre Bedürfnisse zu befriedigen.**

Leistungsfähigkeit und Motivation

Man kann folgende Bedürfnisse unterscheiden:

Existenz- und Sicherheitsbedürfnisse

- Bedürfnis nach Nahrung, Kleidung, Wohnung
- Bedürfnis nach Sicherheit des Arbeitsplatzes, nach Sicherheit vor Not im Alter und bei Krankheit (soziale Sicherheit)

Leistungsfähigkeit und Motivation sind von verschiedenen Faktoren abhängig.

Diese Bedürfnisse werden befriedigt durch:

- leistungsgerechte Entlohnung
- Sozialleistungen (betriebliche und staatliche Kranken- und Altersversorgung; Werks- oder Sozialwohnungen, Werksküchen, Freizeiteinrichtungen etc.)
- äußere Arbeitsbedingungen (Größe, Ausstattung, Beleuchtung, Lärmschutz, Temperatur, Belüftung, Sicherheit bei der Arbeit)
- Arbeitszeitregelung (Höchstarbeitszeit pro Tag bzw. pro Woche etc.)

Maßnahmen zur Bedürfnisbefriedigung

Alle Maßnahmen zur Befriedigung der Existenz- und Sicherheitsbedürfnisse verringern die Unzufriedenheit der Arbeitenden.

Sie führen aber meist nicht dazu, dass sie mit der Arbeit besonders zufrieden sind oder dass ihr Leistungswille zunimmt.

Wichtig ist daher auch die Befriedigung der anderen Bedürfnisse:

Soziale Bedürfnisse

Arbeitsbedingungen, die den persönlichen Kontakt verhindern (z. B. Fließbandarbeit, großer Lärm), vermindern den Leistungswillen.

- Bedürfnis, mit anderen Arbeitskollegen reden zu können
- Bedürfnis, Mitglied einer Gruppe zu sein

Bedürfnis nach Anerkennung und Wertschätzung

- Bedürfnis, von Mitarbeitern und Vorgesetzten anerkannt zu werden (Lob für erbrachte Leistungen ist für viele Menschen mindestens ebenso motivierend wie Geld.)

Bedürfnis nach persönlicher Entfaltung

Die Arbeitenden sollen die Möglichkeit bekommen, in den ihnen ständig übertragenen Arbeitsbereichen soweit wie möglich nicht nur ausführende, sondern auch leitende Aufgaben zu übernehmen.

- Bedürfnis, seinen Fähigkeiten entsprechend eingesetzt zu werden
- Bedürfnis, Verantwortung zu tragen und mitbestimmen zu dürfen
- Bedürfnis, seine Arbeit soweit wie möglich selbst gestalten zu können

Zusammenfassend kann man sagen:

Jeder Betrieb kann nur dann Leistungswillen von seinen Mitarbeitern erwarten, wenn er ihnen die Möglichkeit gibt, auch die Bedürfnisse nach Anerkennung, sozialem Kontakt und nach persönlicher Entfaltung zu erfüllen. Nur in Zeiten wirtschaftlicher Krisen reicht die Befriedigung der Existenz- und Sicherheitsbedürfnisse aus.

Selbstverständlich sind die Bedürfnisse nach Anerkennung, sozialem Kontakt und persönlicher Entfaltung nicht bei allen Menschen im gleichen Ausmaß vorhanden. Verantwortliche Vorgesetzte werden jedoch versuchen, diese Bedürfnisse in ihren Mitarbeitern zu wecken und durch eine geeignete Organisation der Arbeit auch zu erfüllen.

Ü 2.4: Arbeit im Elektronikmarkt B

Eine Verkäuferin in einem Elektronikmarkt sagt: „Meine Arbeit macht mir Spaß." Was könnte der Grund dafür sein?

Ü 2.5: Sachbearbeiter in der Buchhaltung B

Ein Unternehmen nimmt einen Absolventen der Handelsakademie mit ausgezeichnetem Schulerfolg als Sachbearbeiter in der Buchhaltung auf. Er muss alle Buchungsbelege nach Nummern sortieren und ablegen. Obwohl er über ausgezeichnete Buchhaltungskenntnisse verfügt, macht er viele Fehler und legt zahlreiche Belege falsch ab. Was könnte die Ursache sein?

Ü 2.6: Übersetzerin B

Eine Übersetzerin beherrscht zwei Fremdsprachen fließend und wird von einem App-Entwicklungs-Unternehmen gut dafür bezahlt, Texte von Websites und von verschiedenen Apps zu übersetzen. Sie arbeitet allein in einem winzigen Büro und schickt die fertig übersetzten Texte per E-Mail an einen Kollegen. Nach einiger Zeit kündigt sie und nimmt einen schlechter bezahlten Job als Fremdenführerin von Touristengruppen an. Was könnte der Grund dafür sein?

Ü 2.7: Buslenker B

Welche Möglichkeiten hat ein Buslenker im öffentlichen Stadtverkehr, seine Bedürfnisse nach Anerkennung, sozialem Kontakt und persönlicher Entfaltung zu befriedigen?

Das Vermögen des Unternehmens

Die menschliche Arbeitskraft wird erst dann wirksam, wenn das Unternehmen über Vermögen verfügt. Die folgende Übersicht zeigt, was zum Vermögen des Unternehmens zählt.

Betriebliches Vermögen

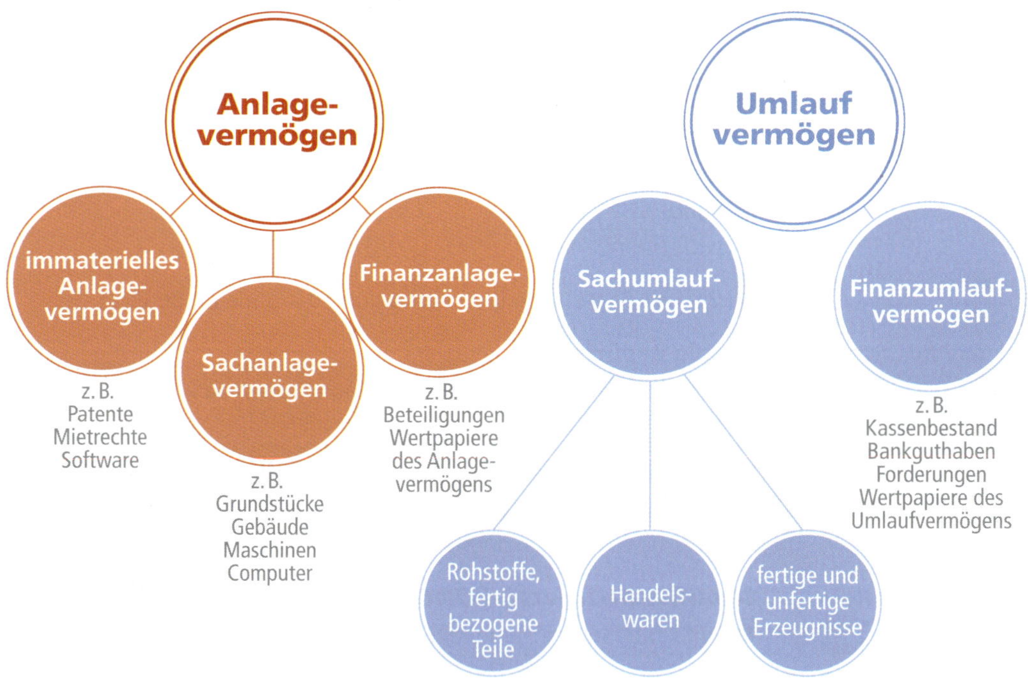

Anmerkungen: **Handelswaren** sind Waren, die von Unternehmen eingekauft und ohne Be- und Verarbeitung wieder verkauft werden. **Fertige und unfertige Erzeugnisse** sind Produkte, die der Betrieb selbst herstellt und die den Produktionsprozess vollständig bzw. erst teilweise durchlaufen haben.

Ü 2.8: Vermögensgüter im Straßenbuffet C

Sie wollen ein Straßenbuffet (einen Imbissstand) eröffnen. Welche Vermögensgüter werden Sie benötigen? Versuchen Sie, eine möglichst vollständige Liste aufzustellen.

Ü 2.9: Anlagevermögen oder Umlaufvermögen B

Ein Computerhändler kauft Computer. Handelt es sich dabei um Anlagevermögen oder um Umlaufvermögen? (Achtung!)

3 Mit welchen Partnern sich das Unternehmen abstimmt

Ein Unternehmen hat viele Partner mit unterschiedlichen Interessen. Die meisten Unternehmen sind gewinnorientiert, d. h., sie müssen mehr verdienen, als sie selbst ausgeben. Das gelingt nur dann, wenn die Unternehmen ihre Handlungen mit ihren Partnern abstimmen.

Partner des Unternehmens

In der Marktwirtschaft werden die Beziehungen zwischen einem Unternehmen und seinen Partnern häufig durch Verträge geregelt.

Die Grafik zeigt die vielen Partner eines Unternehmens und die verschiedenen Ansprüche, die sie an das Unternehmen stellen. Diese unterschiedlichen Ansprüche und Interessen der Partner führen immer wieder zu Konflikten.

Das folgende Beispiel zeigt die unterschiedlichen Interessen verschiedener Partner eines Betriebes auf.

Beispiel

Fünftagewoche im Gastgewerbe:

- Für die **Mitarbeiter** in gastgewerblichen Betrieben stellt die Fünftagewoche eine wesentliche Verbesserung ihrer Arbeitsbedingungen dar. Möglicherweise werden zusätzliche Arbeitsplätze geschaffen.
- Für die **Eigentümer** ergeben sich höhere Kosten, da mehr Personal eingestellt werden muss, oder geringere Umsätze, da ein zweiter Ruhetag pro Woche anfällt.
- Für die **Kunden** ergeben sich entweder höhere Preise, wenn die Gastwirte die Kosten weitergeben, und/oder schlechtere Leistungen, wenn die Restaurants an zwei Tagen geschlossen sind.
- Für die **Lieferanten** ergibt sich möglicherweise eine Verringerung des Absatzes, wenn die Gastwirte zwei Tage in der Woche sperren.
- **Kreditgeber** (z. B. Banken) können ihre Kredite verlieren, wenn sich die wirtschaftliche Situation einzelner Betriebe stark verschlechtert.

In der ökosozialen Marktwirtschaft versucht daher der Staat, durch Gesetzgebung und Wirtschaftspolitik einen Interessenausgleich herbeizuführen. Wie das Beispiel zeigt, gibt es im Einzelfall immer zahlreiche Unzufriedene.

Ü 2.10: Anliegen und Interessen der Partner von MODA NOVA D

Die Eigentümerinnen der Boutique MODA NOVA planen, künftig auch Kindermode anzubieten. Welche unterschiedlichen Anliegen und Interessen der Partner von MODA NOVA sind von dieser Überlegung betroffen?

4 Wie Unternehmen arbeiten

Die Anliegen und Interessen der Partner eines Unternehmens müssen im Unternehmen bearbeitet werden. In sehr kleinen Unternehmen kümmert sich der Unternehmer um diese Aufgaben alleine. In größeren Unternehmen sind dafür **eigene Abteilungen** eingerichtet. Jede Abteilung kümmert sich dann um einen Teilbereich **der betrieblichen Aufgaben.** Die in der folgenden Übersicht genannten Teilbereiche werden in der Betriebswirtschaftslehre als **Funktionen** bezeichnet.

Betriebliche Funktionen

Das **Rechnungswesen** hat als betriebliche Funktion einen besonderen Stellenwert. Es bildet alle Vorgänge im Unternehmen ab **und** liefert wichtige Informationen für viele Entscheidungen im Unternehmen.

Beschreibung der betrieblichen Funktionen:

Management	Das Management kümmert sich um die Unternehmensführung. Die Manager/innen planen und kontrollieren, organisieren und führen ihre Mitarbeiter/innen. **Beispiel:** ● Regelmäßig setzen sich Mariana Ilicic und Monika Huber zusammen, um sich darüber zu einigen, welche Kollektion sie im nächsten Jahr anbieten wollen, wer am besten welche Aufgaben erledigt, ob sie weitere Mitarbeiter/innen benötigen usw.
Marketing und Verkauf (Absatz)	Marketing meint die Marktorientierung des gesamten Unternehmens: Nur was die Kunden brauchen und wünschen, kann verkauft werden. Marketing und Verkauf sind daher dafür zuständig, dass diejenigen Produkte und Dienstleistungen erstellt werden, die sich die Kunden wünschen, und dass sie den Kunden präsentiert und an sie verkauft werden können. **Beispiel:** ● In der Boutique MODA NOVA beobachtet Mariana Ilicic aktuelle Modetrends, gestaltet das Schaufenster und die Warenpräsentation im Geschäft möglichst attraktiv und versucht, ihre Kundinnen bestens zu beraten.
Beschaffung	Was in einem Unternehmen erzeugt, verarbeitet und verkauft wird, muss vorher eingekauft werden. Die Beschaffung (Materialwirtschaft) ist für die Versorgung des Unternehmens zuständig. **Beispiel:** ● Gemeinsam mit Monika Huber kauft Mariana Ilicic Stoffe, Knöpfe und Nähzubehör ein, um Kleider herstellen zu können. Außerdem kaufen die beiden von bekannten Markenherstellern fertige Kleider, die sie in ihrem Geschäft weiterverkaufen.

Produktion	Bei der Produktion geht es um die Frage, wie die Güter und Dienstleistungen am besten erstellt werden und was man dazu braucht. **Beispiel:** ● Wenn Monika Huber ein Kleid herstellt, hat sie zuerst eine Idee, wie das Kleid aussehen könnte. Dann macht sie eine Skizze und in weiterer Folge eine Schnittzeichnung, schließlich schneidet sie die Stoffe aus und vernäht die Einzelteile.
Investition und Finanzierung	Bei der Investition geht es darum, zu entscheiden, welche Vermögensgüter angeschafft werden sollen. Bei der Finanzierung geht es darum, zu prüfen, ob dafür ausreichend Mittel zur Verfügung stehen. **Beispiel:** ● Mariana Ilicic plant genau, wie viel Geld zur Verfügung steht, um alle Rechnungen der Lieferanten oder die Gehälter der Mitarbeiter/innen bezahlen zu können. Außerdem muss sie entscheiden, ob noch weiteres Anlagevermögen angeschafft werden soll.
Personal	Der Bereich Personal ist für die Versorgung des Unternehmens mit qualifiziertem Personal zuständig. Außerdem kümmert sie sich um die Motivation und Führung der Mitarbeiter. **Beispiel:** ● Seit kurzem beschäftigt die Boutique MODA NOVA zwei Mitarbeiter/innen. Mariana Ilicic hat sie ausgewählt und versucht, sie in dem Unternehmen entsprechend ihrer Qualifikationen einzusetzen.
Rechnungswesen	Das Rechnungswesen bildet das Geschehen im Unternehmen auf Zahlenebene ab. **Beispiel:** ● Mariana Ilicic führt sehr genaue Aufzeichnungen darüber, welche Rechnungen zu bezahlen sind. Außerdem erstellt sie einmal im Jahr eine Zusammenstellung über alle Zahlungseingänge und Zahlungsausgänge. Diese Informationen unterstützen die beiden Unternehmerinnen bei Entscheidungen.

Üben

SbX ID: 1212

A B C D E

Ü 2.11: Unternehmer/in laut UGB B

Entscheiden Sie in den folgenden Fällen, ob die genannten Personen aufgrund ihrer Tätigkeit Unternehmer/in im Sinn des UGB sind. Kreuzen Sie an und begründen Sie Ihre Entscheidung.

	Unternehmer/in		Begründung
	Ja	Nein	
a) Frau Maier gibt seit einigen Jahren in ihrer Freizeit mehreren Schülern regelmäßig Nachhilfe in Rechnungswesen für 25 Euro/Stunde.			
b) Herr Neuhold ist Eigentümer einer Buchhandlung in der Grazer Innenstadt.			
c) Frau Reich schreibt Romane, die sie gegen Honorar an einen Verlag verkauft.			

	Unternehmer/in		Begründung
	Ja	Nein	
d) Herr Ernst mäht für seine Nachbarin gelegentlich unentgeltlich den Rasen.			
e) Frau Klug ist Apothekerin. Sie ist Inhaberin einer Apotheke in Innsbruck.			
f) Auch Herr Salbe ist Apotheker. Er arbeitet als Angestellter von Frau Klug in deren Apotheke.			

Ü 2.12: Betrieb und Firma C

Überlegen Sie, welche Betriebe Ihre Bedürfnisse in folgenden Bereichen erfüllen:

a) Freizeitgestaltung und Unterhaltung

b) Kommunikation mit Ihren Freunden

c) Bildung bzw. Weiterbildung

Nennen Sie konkrete Beispiele. Haben diese Betriebe auch eine Firma? Wenn ja, wie lautet sie?

SbX Ü 2.13 mit automatischer Aufgabenkontrolle. ID: 1212

Ü 2.13: Betriebstypen C

Ordnen Sie die nachstehenden Betriebe nach den Kriterien in der Grafik Betriebstypen zu. Tragen Sie die richtigen Buchstaben für die jeweilige Betriebsart in die Tabelle ein.

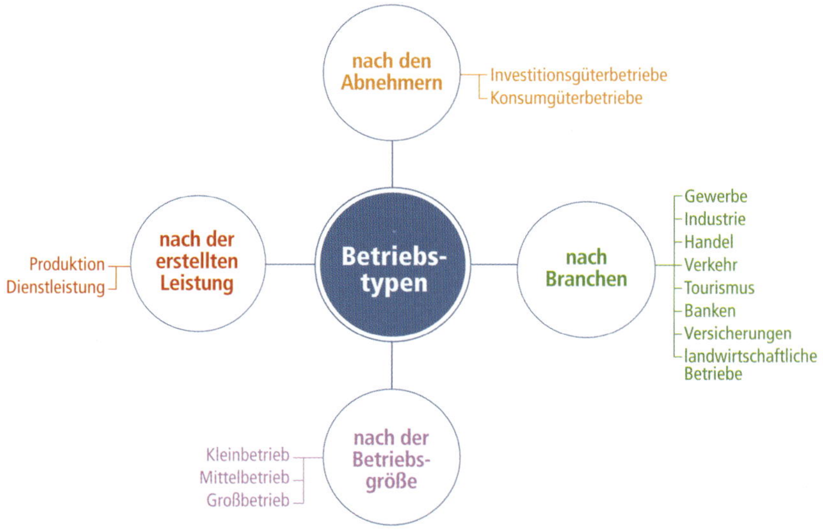

	Nach erstellter Leistung P = Produktion D = Dienstleistung	Nach Branche G = Gewerbe I = Industrie H = Handel VK = Verkehr T = Tourismus B = Banken VS = Versicherung L = landw. Betrieb	Nach Betriebsgröße K = Kleinbetrieb M = Mittelstand G = Großbetrieb	Nach Abnehmern I = Investitionsgüterbetrieb K = Konsumgüterbetrieb
Schuhmacher mit zwei Gehilfen				
Versicherung				
Warenhaus				
ÖBB				
Installateurbetrieb mit 20 Mitarbeitern				
Bauer mit 20 Milchkühen				
Autofabrik für Pkw				

Ü 2.14: **Produktionsfaktoren I** D

Kann ein Unternehmen seine Leistung nur mit einem Produktionsfaktor erbringen?

Ü 2.15: **Arbeitszufriedenheit** C

Mariana Ilicic und Monika Huber sagen: „Unsere Arbeit macht uns Spaß." Was ist der Grund dafür?

Ü 2.16: **Unternehmen Bäckerei** C

Eine Grazer Bäckerei stellt mit 89 Mitarbeitern/Mitarbeiterinnen täglich 40 verschiedene Gebäckstücke in unterschiedlicher Stückzahl her.

a) Welche Partner könnte diese Bäckerei haben?

b) Welche Anliegen und Interessen haben die Partner dieser Bäckerei?

c) Welche Konflikte könnte es zwischen den Partnern und der Bäckerei geben?

d) Welche Abteilungen braucht die Bäckerei, um die Anliegen und Interessen der Partner zu bearbeiten?

e) Was machen die verschiedenen Abteilungen dieser Bäckerei?

f) Welche Leistungsfaktoren setzt das Unternehmen ein?

Ü 2.17: **Entscheidungen in einer Tischlerei** C

Überlegen Sie, welche Entscheidungen ein Tischler in den Funktionsbereichen Marketing, Beschaffung und Personal treffen muss.

Sichern

SbX ID: 1213

SbX ID: 1213

Im SbX finden Sie eine Sammelmappe mit Zusammenfassungen zu allen Kapiteln und Lerneinheiten.

Wissen

SbX ID: 1214

A B C D E

SbX ID: 1214

Möglichkeiten zur Kompetenzüberprüfung im SbX

Wiederholungsfragen | Aufgaben mit automatischer Aufgabenkontrolle | Einfache Fallbeispiele

W 2.1: **Unternehmen, Betrieb, Firma** B

W 2.2: **Unternehmen** B

W 2.3: **Produktionsfaktoren II** B

W 2.4: **Maßnahmen zur Verbesserung der Arbeitszufriedenheit** B

W 2.5: **Vermögensgüter in einer Tischlerei** B

W 2.6: **Partner von Unternehmen** A

W 2.7: **Planung im Unternehmen** B

W 2.8: **Funktionsbereiche im Unternehmen** A

Ein kurzer Kompetenz-Check, bevor's weitergeht!

Kompetenz-Check

	☺	😐	☹
Ich kann die Begriffe „Unternehmen", „Betrieb" und „Firma" mit Beispielen erklären und voneinander unterscheiden.			
Ich kann verschiedene Partner eines Unternehmens nennen und ihre Interessen am Unternehmen bestimmen.			
Ich kann Betriebe nach verschiedenen Kriterien einteilen.			
Ich kann die betrieblichen Produktionsfaktoren sowie die besondere Stellung des Menschen als Leistungsfaktor erklären.			
Ich kann erklären, wovon die Leistungsfähigkeit und der Leistungswille von Mitarbeiterinnen und Mitarbeitern abhängen.			
Ich kann die Bedeutung und die Einteilung des Betriebsvermögens erklären.			
Ich kann die betrieblichen Leistungsbereiche und deren Zusammenhang darstellen.			
Ich kann anhand eines Beispiels die verschiedenen Bereiche (Abteilungen) eines Unternehmens beschreiben.			

Lerneinheit 2
Die Ziele der Wirtschaftsteilnehmer

SbX
Alle SbX-Inhalte zu dieser Lerneinheit finden Sie unter der ID: 1220.

Der Staat hebt Steuern ein und bezahlt damit unter anderem den Straßenbau, Krankenhäuser oder Schulen. Als Unternehmerin möchte Mariana Ilicic möglichst wenig Steuern zahlen, weil sie mit ihrer Boutique MODA NOVA wettbewerbsfähig sein will. Als Private erwartet sie für ihre Kinder eine sehr gute Ausbildung in einer öffentlichen Schule. Als Konsumentin möchte Mariana Ilicic möglichst preisgünstig Lebensmittel einkaufen. Schließlich soll noch Geld für die Befriedigung anderer Bedürfnisse übrig bleiben. Als Unternehmerin hingegen wird sie eher hohe Preise verlangen, um einen möglichst hohen Gewinn zu erzielen.

Wir Wirtschaftsteilnehmer haben also ein Problem: In unseren unterschiedlichen Rollen streben wir unterschiedliche Ziele an. Dabei kann es zu Konflikten kommen.

Lernen

SbX ID: 1221

A B C D E

SbX
Alle Grafiken dieser Lerneinheit unter der ID: 1221.

1 Ziele eines Unternehmens

Ein Unternehmen soll möglichst lange existieren. Da sich das Umfeld eines Unternehmens immer wieder verändert, müssen laufend Entscheidungen getroffen werden, um sich an das Umfeld anzupassen. Diese Entscheidungen betreffen alle Funktionsbereiche eines Unternehmens.

Beispiele

- Ist eine Maschine veraltet, muss sich ein Unternehmen für eine neue Maschine entscheiden.
- Wenn ein Unternehmen ins Ausland exportierten möchte, muss es sich für einen vielversprechenden Markt entscheiden.

Zunächst strebt ein Unternehmen **einzelwirtschaftliche Ziele** an. Das sind Ziele, die für das Unternehmen und seine Existenz von Bedeutung sind, ohne Berücksichtigung der Interessen von anderen Wirtschaftsteilnehmern. Für gewöhnlich bestehen die einzelwirtschaftlichen Ziele eines Unternehmens darin, rentabel zu sein, wirtschaftlich zu produzieren, liquide zu sein und sich an den Bedürfnissen des Markts zu orientieren.

Einzelwirtschaftliche Ziele

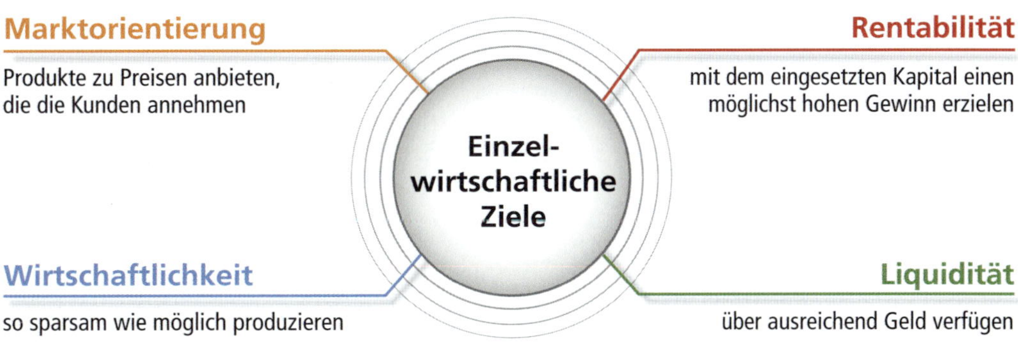

Marktorientierung als Leitvorstellung

Soll ein Unternehmen dem Wettbewerb standhalten, so muss es „marktorientiert" planen und handeln, d. h., es muss

- solche Produkte produzieren und zu solchen Preisen anbieten, die den Bedürfnissen der Kunden am besten entsprechen und
- mögliche Bedürfnisse seiner Kunden auffinden bzw. wecken.

Das Ergebnis ist eine große Produktvielfalt am Markt, die den Markt jedoch unübersichtlich macht.

Für ein Unternehmen ist es wesentlich, auch die zukünftige Marktentwicklung im Voraus zu erkennen.

Beispiel

Reiseveranstalter

- Das Angebot der Reiseveranstalter an Urlaubsmöglichkeiten nimmt ständig zu. Vom Zimmer mit Frühstück am Bauernhof bis zum All-inclusive-Cluburlaub in der Karibik, vom Badeurlaub im Inland bis zum Bildungsurlaub in China oder zum Abenteuerurlaub mit Überlebenstraining ist alles möglich. Besonders Kreuzfahrten auf immer größeren Luxuslinern boomen zurzeit.

  Für zukünftige Entwicklungen sind Prognosen zu erstellen:
  - Welche Urlaubsformen nehmen zu, welche ab (z. B. Abnahme von Badeurlauben wegen des „Ozonlochs" und der stärkeren Sonneneinstrahlung, Zunahme der Bildungsurlaube)?
  - Welche Länder werden billiger, welche teurer?
  - Welche Regionen sind politisch stabil, in welchen ist das Reisen gefährlicher?
  - Welche Transportformen werden bevorzugt (Auto, Flugzeug)?
  - Wie entwickeln sich die Transportkosten (Treibstoffpreise, Flugpreise)?

Rentabilität

Unternehmer wollen für ihr Kapital einen **angemessenen Gewinn** erzielen („Kapitalverzinsung"). Die Rentabilität drückt diesen Gewinn in Prozent des eingesetzten Kapitals aus. Erhält man z. B. derzeit für längerfristige, größere Spareinlagen 1 bis 2 % an Zinsen, so müsste sich das Kapital in Unternehmen eigentlich höher verzinsen, da die Investition in ein Unternehmen wesentlich risikoreicher ist („Risikoprämie").

Funktionen des Gewinns

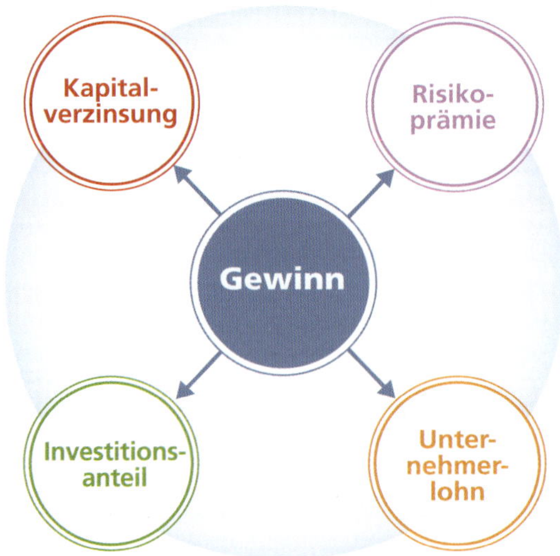

Gewinne eines Unternehmens sind mehr als nur Verzinsung des investierten Kapitals und Abgeltung des Risikos. Sie dienen auch der Finanzierung weiterer Investitionen („Investitionsanteil"), wie z. B. der Modernisierung der Anlagen, der Finanzierung der Forschung und der Entwicklung neuer Produkte.

In kleineren Unternehmen, in denen der Unternehmer nicht angestellt ist, enthält der Gewinn auch die Abgeltung für die Arbeitsleistung des Unternehmers („Unternehmerlohn").

Werden **Verluste** erzielt, ist der **Bestand des Unternehmens** langfristig **gefährdet.** Davon sind alle Partner des Unternehmens betroffen: Arbeitsplätze im Unternehmen gehen verloren, Lieferanten verlieren Aufträge, Banken verlieren die gewährten Kredite, der Staat verliert Abgaben oder er muss zur Sicherung der Arbeitsplätze Subventionen gewähren.

Wirtschaftlichkeit

Die materiellen Güter und Dienstleistungen sollen mit dem geringstmöglichen Mitteleinsatz („so sparsam wie möglich") produziert werden („Wirtschaftlichkeitsprinzip"). Gelingt dies nicht, wird das Unternehmen im Wettbewerb unterliegen und daher auch keine angemessene Rentabilität erzielen.

Beispiel

- Ein Hersteller von Stofftieren bemüht sich, den Verschnitt beim Zuschneiden der Stofftiere möglichst gering zu halten, d.h. aus einer bestimmten Menge Stoff möglichst viele Stofftiere herzustellen.

Liquidität

Jedes Unternehmen muss über ausreichend Geld verfügen, um seine Zahlungsverpflichtungen zu erfüllen.

Ü 2.18: Entscheidungen in einem Friseurbetrieb C

Überlegen Sie, was ein Friseur tun könnte, um

a) marktorientiert zu entscheiden,

b) die Rentabilität zu erhöhen,

c) die Wirtschaftlichkeit seines Unternehmens zu verbessern und

d) die Liquidität zu sichern.

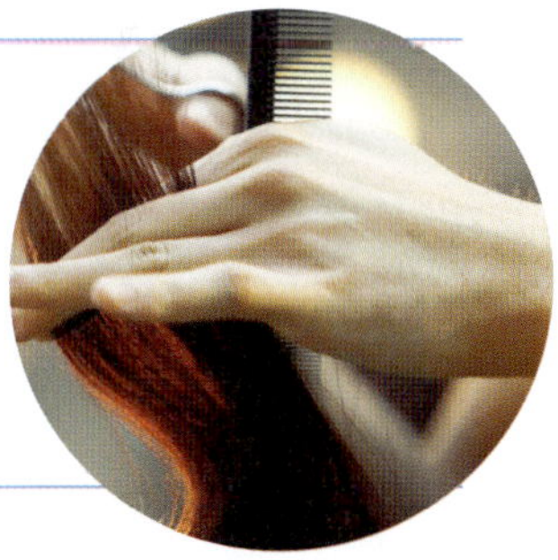

2 Ziele des Staats

Neben den einzelwirtschaftlichen Zielen gibt es auch **volkswirtschaftliche Ziele,** die der Staat vorgibt. Sie sind für alle Menschen eines Landes (einer „Volkswirtschaft") von Bedeutung.

Ziele der Volkswirtschaft in einer **ökosozialen Marktwirtschaft** sind,

- die Grundbedürfnisse aller Bürger (nach Nahrung, Wohnung, sozialer Sicherheit, Bildung, Gesundheit) zu erfüllen,
- jene materiellen Güter und Dienstleistungen, die über die Grundbedürfnisse hinaus erzeugt werden, „gerecht" zu verteilen,
- die Umwelt (Luft, Wasser, Boden, Rohstoffe) auch für die Nachkommen zu erhalten.

Zwischen diesen volkswirtschaftlichen Zielen und den einzelwirtschaftlichen Zielen von Unternehmen gibt es zahlreiche Konflikte.

Beispiele

- Sozialpolitik
  Kündigungsschutz für Schwangere, Einstellungspflicht für Menschen mit Behinderung, Arbeitszeitbegrenzungen wie Höchstarbeitszeit pro Tag und pro Woche, Einschränkung von Nacht- und Sonntagsarbeit, Zahlungen für die Sozialversicherung der Arbeitnehmer etc. erhöhen die Kosten der Betriebe und mindern daher die Rentabilität und die Wirtschaftlichkeit. Die Bestimmungen schützen jedoch die wirtschaftlich Schwachen.
- Umweltpolitik
  Entsorgungsvorschriften für Gefahrenstoffe (z.B. Motoröle, Farben- und Lackreste), Abgasvorschriften (z.B. CO_2-Grenzwerte) etc. erhöhen die Kosten der einzelnen Betriebe, entsprechen aber den volkswirtschaftlichen Zielsetzungen.

3 Zielkonflikte in größeren Wirtschaftsräumen

Noch komplizierter wird es in größeren Wirtschaftsräumen, wie etwa der Europäischen Union oder gar der „Weltwirtschaft". Schon innerhalb einer Volkswirtschaft sind die einzelnen Wirtschaftsteilnehmer oft nicht bereit, auf einzelwirtschaftliche Vorteile zugunsten von volkswirtschaftlichen Zielsetzungen zu verzichten. Im Bereich der Weltwirtschaft geht es jedoch auch darum, auf volkswirtschaftliche Vorteile zugunsten ärmerer Länder zu verzichten.

Beispiele

- Eigentlich müsste man auf viele Rohstoffe, z. B. auf Kaffee, hohe Abgaben einheben und diese den Produktionsländern zuführen, da die Preise für die Landwirte und die Löhne für die Landarbeiter in den Entwicklungsländern weitaus geringer sind als die Preise von Fertigprodukten. Die Verschuldung dieser Länder steigt daher ständig an. Derartige Abgaben sind jedoch innerhalb der entwickelten Volkswirtschaften kaum durchzusetzen.
- Betriebsansiedlungen in den ehemaligen Ostblockländern (z. B. in Rumänien oder Bulgarien) helfen diesen Ländern, die Umwandlung ihrer Wirtschaft zu einer ökosozialen Marktwirtschaft schneller durchzuführen. Sie gefährden jedoch Arbeitsplätze (z. B. in der österreichischen Textil- oder Nahrungsmittelindustrie).
- Andererseits gibt es viele soziale und umweltpolitische Schutzvorschriften in anderen Ländern nicht (z. B. geringere Löhne, weniger Urlaub, längere Arbeitszeiten in den wirtschaftlich aufstrebenden asiatischen Ländern wie China, Vietnam, Taiwan, Südkorea). Die Unternehmen dieser Länder haben daher einzelwirtschaftliche Vorteile und gefährden ganze Industriezweige in Ländern mit besserer Sozialpolitik und besseren Umweltschutzvorschriften.

4 Welche Ziele verfolgt der Konsument?

Schließlich sorgt die Wirtschaft für die Befriedigung der Bedürfnisse der Letztverbraucher. Die Frage ist daher: Ist der Letztverbraucher bereit, Einschränkungen in Kauf zu nehmen, damit volkswirtschaftliche Ziele besser erreicht werden, oder handelt er auch „einzelwirtschaftlich", d. h., versucht er, seinen persönlichen Nutzen zu maximieren?

Beispiele

- Konsumentenvertreter begrüßen Preissenkungen durch erhöhte Konkurrenz, gleichzeitig werden jedoch heimische Textilbetriebe oder die Landwirtschaft durch den Preisdruck geschädigt.
- Autobesitzer wehren sich gegen Erhöhungen der Abgaben auf Treibstoff und die Mautpflicht auf Autobahnen und vermehren die Umweltbelastung durch Abgase.
- Zweithausbesitzer wehren sich gegen Beschränkungen und Abgaben auf Zweitwohnsitze und begünstigen die Zersiedelung der Landschaft.

Üben

A B C D E

Ü 2.19: Wirtschaftliche Ziele I C

Diskutieren Sie folgende Aussagen:

a) Unternehmen sollten keine Gewinne machen, sondern ihre Preise nur so berechnen, dass sie gerade die Kosten decken.

b) Solange noch so viele Menschen auf der Welt hungern, sollte man keine unnötigen Produkte wie Kunststofftennisschläger, Spieluhren oder Computerspiele erzeugen.

c) Für Umweltschutz sollte der Staat keine Zuschüsse bezahlen. Es wäre besser, jedem Unternehmen die strengsten Umweltschutzmaßnahmen vorzuschreiben.

d) Unternehmen, die keine Gewinne erzielen, sollte man sofort zusperren. Warum müssen gut geführte Unternehmen Zuschüsse an schlecht geführte Unternehmen leisten?

Sichern

SbX ID: 1223

SbX ID: 1223

Im SbX finden Sie eine Sammelmappe mit Zusammenfassungen zu allen Kapiteln und Lerneinheiten.

Wissen

SbX ID: 1224

A B C D E

SbX ID: 1224

Möglichkeiten zur Kompetenzüberprüfung im SbX

Wiederholungsfragen | Aufgaben mit automatischer Aufgabenkontrolle | Einfache Fallbeispiele

W 2.9: **Wirtschaftliche Ziele II** B

W 2.10: **Rentabilität** B

W 2.11: **Test: Einzelwirtschaftliche und volkswirtschaftliche Ziele** B

W 2.12: **Fallbeispiel: Möbeleinzelhandel** D

W 2.13: **Fallbeispiel: Nobelboutique** D

Ein kurzer Kompetenz-Check, bevor's weitergeht!

Kompetenz-Check

	☺	😐	☹
Ich kann verschiedene Ziele eines Unternehmens, die es anstrebt, um langfristig existieren zu können, nennen und erklären.			
Ich kann einzelwirtschaftliche und volkswirtschaftliche Ziele nennen sowie beschreiben und daraus entstehende Zielkonflikte ableiten.			
Ich kann die zum Teil vorhandenen Widersprüche zwischen einzelwirtschaftlichen und volkswirtschaftlichen Zielen beschreiben und diskutieren.			
Ich kann an Beispielen zeigen, dass auch der Konsument meist auf seinen einzelwirtschaftlichen Vorteil achtet und damit in Widerspruch zu den volkswirtschaftlichen Zielen gerät.			
Ich kann die Bedeutung von Beschaffung und Absatz für den Erfolg eines Unternehmens anhand von Beispielen analysieren.			

Lerneinheit 3

Die betriebliche Leistungserstellung

SbX
Alle SbX-Inhalte zu dieser Lerneinheit finden Sie unter der ID: 1230.

Die Damenboutique MODA NOVA bietet neben einer kleiner Kollektion, die in der eigenen Werkstätte hergestellt wird, Modelle renommierter Modeproduzenten an und führt Typ- und Stilberatungen durch. Innerhalb des Unternehmens ist die Arbeit zwischen den beiden Geschäftsführerinnen klar aufgeteilt: Eine kümmert sich um die Herstellung, die andere kümmert sich um den Verkauf und um die Büroarbeiten. Seit einiger Zeit beschäftigen die beiden Unternehmerinnen eine Mitarbeiterin im Büro und einen Verkäufer, der auch als Typ- und Stilberater ausgebildet ist.

Lernen

SbX ID: 1231

A B C D E

SbX
Alle Grafiken dieser Lerneinheit unter der ID: 1231.

1 Der Wertschöpfungsprozess der Unternehmen

Wertschöpfungsprozess der Unternehmen

Unternehmen erbringen Leistungen für ihre Kunden. Sie produzieren Güter, handeln mit Waren oder erstellen Dienstleistungen. Damit stiften Unternehmen einen Nutzen für ihre Kunden, für den die Kunden bezahlen. Diesen Vorgang bezeichnet man auch als Wertschöpfung bzw. Wertschöpfungsprozess. Unabhängig von der Art des Betriebs lässt sich der Wertschöpfungsprozess in drei Phasen gliedern:

WERTSCHÖPFUNGSPROZESS DER UNTERNEHMEN

Input ▶ Leistungserstellung ▶ Output

Beispiele

Input	Leistungserstellung	Output
Bäckerei – Produktionsbetrieb		
• Bäckergesellen • Rezepte • Backöfen • Mehl	• Teig anrühren • Backwaren formen – z. B. Semmeln • Brot backen	• Brot • Semmeln
Elektrogeschäft – Handelsbetrieb		
• Verkäufer/innen • Regale • Staubsauger, Rasierapparate, Kaffeemaschinen, Dampfgarer etc.	• Ware in die Regale schlichten und präsentieren • Ware lagern • Kunden beraten	• passender Rasierapparat für einen bestimmten Kunden
Fluglinie – Dienstleistungsbetrieb		
• Flugpersonal • Bodenpersonal • Flugzeuge • Passagiere und Fracht	• Passagiere einchecken • Passagiere zum Ziel bringen • Fracht transportieren • Flugzeuge warten	• transportierte Passagiere bzw. Fracht

Der Input wird über den Beschaffungsmarkt und über den Arbeitsmarkt bezogen.

Häufig werden Informationen ebenfalls als wichtiger Leistungsfaktor betrachtet.

Der Output wird über den Absatzmarkt verkauft.

Der **Input** besteht aus den Leistungsfaktoren „menschliche Arbeit" und „betriebliches Vermögen". Sie werden von den Partnern des Unternehmens bezogen und ermöglichen es dem Unternehmen, die Leistungserstellung vorzunehmen.

Zur optimalen Kombination der Leistungsfaktoren benötigt das Unternehmen zusätzlich Informationen. Diese umfassen das Wissen, die Erfahrung und das Know-how der Mitarbeiter sowie der vor- und nachgelagerten Unternehmen wie beispielsweise der Lieferanten oder Händler.

Beim **Output** handelt es sich um die Ergebnisse der betrieblichen Leistungserstellung, d. h. um alle produzierten Güter, gehandelten Waren oder erstellten Dienstleistungen. Sie werden an die Kunden des Unternehmens verkauft.

Die **Leistungserstellung** umfasst alle Aktivitäten, durch die aus dem Input ein Output hervorgebracht wird.

Ü 2.20: **Leistungsfaktoren I** C

Überlegen Sie für die Damenboutique MODA NOVA, worin der Input, die Leistungserstellung und der Output besteht.

2 Prozesse und Funktionen in Unternehmen

Bei der Leistungserstellung sind viele Aufgaben zu erledigen. Diese Aufgaben werden auch als **Prozesse** bezeichnet. Prozesse fallen in verschiedenen Bereichen eines Unternehmens an. Man spricht auch davon, dass im Unternehmen verschiedene **Funktionen** bei der Leistungserstellung erfüllt werden müssen.

Prozesse in Unternehmen

Prozesse im Unternehmen

Der Begriff **Prozess** hat viele Bedeutungen. In der Betriebswirtschaft sind vor allem die **„Bewegung"**, der **„Verlauf"** bzw. die **„Entwicklung"** betrieblicher Aktivitäten gemeint.

Innerhalb eines Unternehmens lassen sich verschiedene Arten von Prozessen unterscheiden.

Geschäftsprozesse

Geschäftsprozesse sind das Kernstück der Leistungserstellung. Durch sie vollzieht sich die Tätigkeit des Unternehmens. Geschäftsprozesse sind unmittelbar auf die Stiftung von Kundennutzen ausgerichtet und somit wertschöpfende Prozesse. Sie weisen folgende Merkmale auf:

- Geschäftsprozesse **beginnen** bei den **Lieferanten** und **enden** bei den **Kunden.**
- **Geschäftsprozesse schaffen** einen konkreten **Wert,** d. h., durch diese Prozesse entsteht die **Wertschöpfung.**
- Geschäftsprozesse sind eine **logische Abfolge von Aufgaben,** die bei der Erbringung der betrieblichen Leistung zu verrichten sind. Die **aneinandergereihten Prozesse** lassen sich als Prozesskette oder **Wertkette eines Unternehmens** darstellen.
- Die einzelnen Geschäftsprozesse haben einen klaren Anfang und ein klares Ende. Sie **verbrauchen** somit **Zeit.**

Vielfach wird die Zeit ebenfalls als wichtiger Wettbewerbsfaktor betrachtet.

Beispiel

Geschäftsprozesse: Beispiel Orangensaft

- Bestellt eine durstige Kundin ein Glas Orangensaft in einer Saftbar, so fallen dabei unter anderem folgende Geschäftsprozesse an:

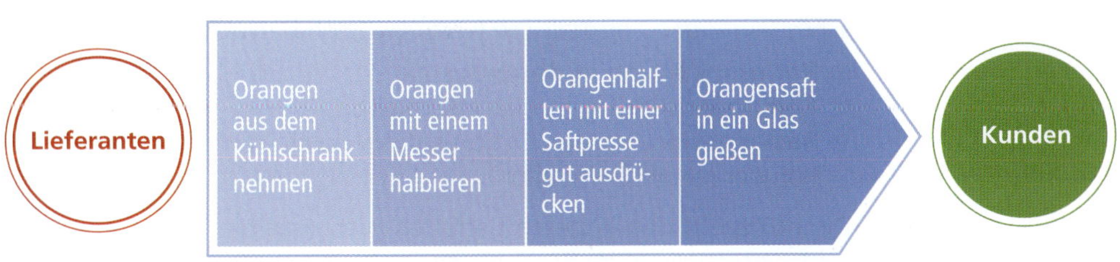

Managementprozesse

Managementprozesse umfassen alle Managementaufgaben, die dazu dienen, die Ziele des Unternehmens zu erreichen. Dazu zählen die Planung und Kontrolle sowie die Organisation und Führung. Managementprozesse verleihen der betrieblichen Tätigkeit Orientierung, geben die Entwicklungsrichtung für das Unternehmen vor und schaffen auf diese Weise die Rahmenbedingungen für die wertschöpfenden Geschäftsprozesse.

Beispiel

- Die Planung, welche Säfte angeboten werden sollen und ob dieses Angebot erfolgreich vermarktet werden kann, stellt für eine Saftbar einen Managementprozess dar.

Unterstützungsprozesse

Unterstützungsprozesse ermöglichen die Durchführung der Geschäfts- und Managementprozesse.

Beispiel

- Die Auswahl eines Mitarbeiters/einer Mitarbeiterin, die Bereitstellung von Vermögen (Kühlschrank, Messer, Orangenpresse, Gläser, Orangen) und von Informationen ist nötig, damit ein Glas Orangensaft hergestellt werden kann.

Funktionen in Unternehmen

Innerhalb eines Unternehmens lassen sich verschiedene Arten von **Funktionen** unterscheiden. Diese Funktionen sind spezialisierte **Teilbereiche des Unternehmens,** die für die **Erledigung der anfallenden Prozesse** verantwortlich sind.

Funktionen in Unternehmen

Marketing ist nicht alleine auf den Absatzmarkt beschränkt. **Marketinginstrumente** werden **auf allen Märkten** eingesetzt. Das heißt, es gibt auch ein **Beschaffungsmarketing,** ein **Finanzmarketing** oder ein **Personalmarketing.**

Das **Marketing** ist eine zentrale Funktion des Unternehmens. Angesichts zunehmender Wettbewerbsintensität ist es die Aufgabe des Marketings, den Absatz der Güter, Waren und Dienstleistungen zu sichern und die Nachfrage anzuregen.

Die Funktion des **Managements** besteht darin, das Unternehmen so zu gestalten, zu lenken und weiterzuentwickeln, dass es langfristig wettbewerbsfähig bleiben kann.

Die **übrigen Funktionsbereiche** leisten nötige Beiträge dazu, dass Unternehmen ein vermarktungsfähiges Angebot hervorbringen können.

3 Trends in der Leistungserstellung

Jedes Unternehmen ist vielfältigen Einflüssen seines Umfelds ausgesetzt. Rationalisierung, Outsourcing, Globalisierung sowie der Einsatz von Informations- und Kommunikationstechnologien sind Schlagwörter unserer Zeit. Mit diesen Tendenzen müssen sich alle Unternehmen auseinandersetzen.

Rationalisierung

Die Leistungsfaktor „menschliche Arbeit" wird zunehmend durch den Leistungsfaktor „betriebliches Vermögen" ersetzt. Die wesentlichsten Entwicklungen sind:

- **Roboterisierung in der Industrie,**
- **Computerisierung in allen Bereichen,**
- **Rationalisierung der Organisation** durch Verringerung der Hierarchiestufen und Reduktion der reinen „Verwalter".

Die beiden letzten Aspekte betreffen nicht nur die industrielle Produktion, sondern auch die Leistungserstellung im Bürobereich.

Beispiele

- Wegfall von Schreibbüros: Sachbearbeiter schreiben mit computergespeicherten Textbausteinen selbst.
- Wegfall der reinen Dateneingabe in den Computer, z. B. durch computerlesbare Belege (bei Überweisung) oder Direkteingabe (z. B. durch Scannererfassung bei der Inventur, Electronic Banking, Bestellung über das Internet etc.)
- Erhöhung der Schnelligkeit von Kalkulationen durch Tabellenkalkulationsprogramme

Man rechnet im Durchschnitt damit, dass die Wirtschaft jährlich um ca. 2 bis 4 % wachsen muss, damit das Angebot an Arbeitsplätzen gleich bleibt.

Outsourcing

Unter Outsourcing versteht man, dass Leistungen, die Unternehmen bisher selbst erbracht haben, an andere Unternehmen vergeben werden.

Beispiele

In der Autoindustrie beträgt der Anteil der Zulieferer bereits 60 % der Gesamtkosten.

Outsourcing

- Outsourcing von EDV-Leistungen an Rechenzentren
- Outsourcing der Reinigung an Reinigungsfirmen
- Outsourcing von Teilen der Buchhaltung an Wirtschaftstreuhänder
- Outsourcing von Teilen der Produktion (z. B. in der Autoindustrie die Erzeugung von Einspritzpumpen für Dieselmotoren, die Erzeugung von Sitzüberzügen etc.) an Zulieferfirmen

Globalisierung

Die Verbesserung der Transport- und Nachrichtensysteme und der Abbau der Handelshemmnisse führen dazu, dass große Firmen Leistungen dort erstellen lassen, wo es für sie am wirtschaftlichsten ist.

Beispiele

Globalisierung der Wirtschaft bedeutet weltweite Nutzung von betrieblichen Leistungen und weltweites Verlagern von Produktionsstätten.

Globales Outsourcing

- Fluggesellschaften verlagerten ihr Rechnungswesen nach Indien.
- Berühmte Modemarken produzieren nur mehr in Asien.
- Argentinische Fleischproduzenten schlachten und verarbeiten ihre Rinder direkt auf den Transportschiffen.
- Aber auch kleinere österreichische Firmen verlagern Teile der Produktion in die angrenzenden Länder mit geringerem Lohnniveau, z. B. in die Slowakei, nach Tschechien oder Ungarn.
  So ist etwa ein Großteil der österreichischen Schiproduktion an internationale Konzerne verkauft und in benachbarte Staaten (z. B. Slowenien) ausgelagert worden.

Durch die Globalisierung der Weltwirtschaft steigt auch die Abhängigkeit der Volkswirtschaften voneinander.

Beispiele

Globale Auswirkungen von Krisen

- Weit entfernte weltwirtschaftliche Krisenherde beeinflussen fast alle Volkswirtschaften.
  So wurde z. B. durch den Golfkrieg (1991), den Irakkrieg (2003) und durch Terroranschläge der internationale Tourismus getroffen, da die Reisetätigkeit abnahm.
  Jede politische Krise in den arabischen Ländern kann den Ölpreis verändern und damit auf viele Wirtschaftszweige durchschlagen (indirekt durch die Erhöhung der Transportkosten, der Stromkosten, da Strom teilweise mit Erdöl erzeugt wird, aber auch direkt – z. B. in der Kunststofferzeugung).
- Im Herbst 2008 leitete der Zusammenbruch amerikanischer Großbanken eine weltweit wirksame Finanzkrise ein, die negative Auswirkungen auf die gesamte Weltwirtschaft hat.
- Umweltprobleme sind global wirksam (z. B. schadhafte Atomkraftwerke, Abholzung des Regenwaldes, CO_2-Anstieg, Abnahme der Ozonschicht).

E-Business

Immer öfter setzen Unternehmen computerunterstützte **Informations- und Kommunikationstechnologien (IuK-Technologien)** wie Internet oder Mobilfunk zur Unterstützung ihrer Prozesse ein. Dies betrifft sowohl die Abwicklung der innerbetrieblichen Prozesse als auch die Beziehungen zu den Kunden und Lieferanten. Die systematische Verwendung von IuK-Technologien bewirkt somit Wettbewerbsvorteile. Dies lässt sich mithilfe von drei Argumenten begründen:

- Deutlich mehr Informationen können bearbeitet, übertragen und gespeichert werden. Dadurch sinken die Kosten.
- Die Abwicklung der innerbetrieblichen Prozesse kann vereinfacht, beschleunigt, optimiert und automatisiert werden. Dadurch verbessert sich die Wirtschaftlichkeit.
- Mithilfe von IuK-Technologien können die Beziehungen zu den Kunden und Lieferanten intensiviert und zielorientiert gestaltet werden.

Beispiel

- Scanner-Kassen im Lebensmitteleinzelhandel erfassen genau, wie viele Artikel zu welcher Tageszeit gekauft werden. Mit diesen Informationen können die Händler die Lagerbestände der Artikel steuern. Werden darüber hinaus auch Kundenkarten eingesetzt, sind die mit Scanner-Kassen erhobenen Informationen auch für kundenindividuelle Marketing-Maßnahmen wie Newsletter oder SMS sehr nützlich.

Nachhaltigkeit

Diese Definition von Nachhaltigkeit wird auch als Brundtland-Definition bezeichnet. Sie wurde im Jahr 1987 von den Vereinten Nationen formuliert.

Immer öfter wird von Unternehmen gefordert, nachhaltig zu handeln. Die gängigste Auffassung über Nachhaltigkeit meint: „Eine nachhaltige Entwicklung ist eine Entwicklung, welche den Bedürfnissen der heutigen Generation entspricht, ohne die Möglichkeiten zukünftiger Generationen zu gefährden, ihre eigenen Bedürfnisse zu befriedigen."

In der Regel werden **drei Dimensionen von Nachhaltigkeit** unterschieden und als Nachhaltigkeitsdreieck dargestellt:

Nachhaltigkeitsdreieck

- Durch die ökonomische Nachhaltigkeit soll ein stabiler Wohlstand für alle Wirtschaftsteilnehmer auf der Basis eines stabilen Wirtschaftswachstums gewährleistet werden.
- Die ökologische Nachhaltigkeit zielt auf die Erhaltung von Natur, Umwelt und natürlichen Ressourcen ab.
- Die soziale Nachhaltigkeit ist darauf ausgerichtet, einen menschengerechten Umgang in der Gesellschaft zu pflegen.

Die Symbolisierung als Dreieck zeigt, dass Nachhaltigkeit nur erreicht werden kann, wenn die drei Dimensionen gemeinsam berücksichtigt werden.

Beispiel

- Die SPAR Österreich-Gruppe greift das Thema Nachhaltigkeit auf ihrer Website wie folgt auf: „Die Zukunft liegt uns von SPAR am Herzen. Und wir haben es in der Hand, sie für nachfolgende Generationen zu gestalten. Mit zahlreichen Aktionen setzen wir von SPAR Zeichen für Klima und Umwelt, Gesundheit und Gesellschaft."

  Quelle: www.spar.at

4 Die Leistungserstellung mit Kennzahlen prüfen

Kennzahlen zeigen, ob ein Unternehmen erfolgreich arbeitet. Sie helfen dem Management dabei, fundierte Entscheidungen im Unternehmen zu treffen. Im Zusammenhang mit der Leistungserstellung sind vier Kennzahlen aufschlussreich.

Kennzahlen erfolgreicher Leistungserstellung

$$\textbf{Produktivität} = \frac{\textbf{mengenmäßige Ausbringung (Output)}}{\textbf{mengenmäßiger Einsatz (Input)}}$$

$$\textbf{Wirtschaftlichkeit} = \frac{\textbf{wertmäßiger Ertrag}}{\textbf{wertmäßiger Einsatz}}$$

$$\textbf{Rentabilität in \%} = \frac{\textbf{Gewinn x 100}}{\textbf{Kapitaleinsatz}}$$

$$\textbf{Wertschöpfung} = \textbf{Marktleistung – Vorleistung}$$

Beispiel

Produktivität, Wirtschaftlichkeit, Rentabilität, Wertschöpfung

- Die **Produktivität** einer Aluminiumerzeugung könnte an vielen verschiedenen Produktivitätskennzahlen gemessen werden.
  Zum Beispiel:
  - Tonnen pro Jahr und Mitarbeiter
  - Energieverbrauch in kWh pro Tonne
  - Rohstoffverbrauch je Tonne

  Das Beispiel zeigt auch, dass bei Produktivitätskennzahlen manchmal Zähler und Nenner vertauscht werden.
- Die **Wirtschaftlichkeit** wäre das Verhältnis von wertmäßigem Einsatz zu wertmäßigem Ertrag, d. h. das Verhältnis von Ertrag pro Tonne Aluminium zum Aufwand. Ein Vorgang ist somit nicht „wirtschaftlich", wenn kein Gewinn erzielt wird. Das heißt jedoch, dass die Produktivität gering, die Wirtschaftlichkeit dennoch hoch sein kann und umgekehrt.
  Produziert man z. B. Aluminium in Ländern mit geringen Lohnkosten, niedrigen Energiepreisen und geringen Umweltauflagen, kann trotz niedrigerer Produktivität eine höhere Wirtschaftlichkeit erzielt werden. Andererseits kann das Werk einen hohen Produktivitätsstandard haben, jedoch sind die Aufwendungen so hoch, dass die Produktion „unwirtschaftlich" ist.
- Die **Rentabilität** setzt den Überschuss der Erträge über die Aufwendungen, den Gewinn, zum eingesetzten Kapital in Beziehung. Erzielt unsere Aluminiumerzeugung mit einem Kapitaleinsatz von € 5 Milliarden einen Gewinn von € 400 Millionen pro Jahr, so beträgt die Rentabilität 8 %.
- Die **Wertschöpfung** ergibt sich aus dem Überschuss der Umsätze über die bezogenen Vorleistungen (z. B. Material, Energie, Miete). Sie zeigt den Wertzuwachs im Unternehmen an. Erzielt die Aluminiumerzeugung einen Umsatz von € 4 Milliarden und bezieht sie Vorleistungen in der Höhe von € 2,5 Milliarden, beträgt die Wertschöpfung € 1,5 Milliarden.

Immer häufiger wird die **Wertschöpfung** durch **Auslagerung (Outsourcing)** von Teilen der Produktion verringert, um Wirtschaftlichkeit und Rentabilität zu erhöhen (z. B. Zulieferungen aus Niedriglohnländern wie Vietnam oder Kambodscha in der Textilindustrie oder Auslagerung von EDV-gestützter Verwaltung nach Indien).

Vereinfacht entspricht die Summe der Wertschöpfung aller Unternehmen dem Bruttoinlandsprodukt einer Volkswirtschaft.

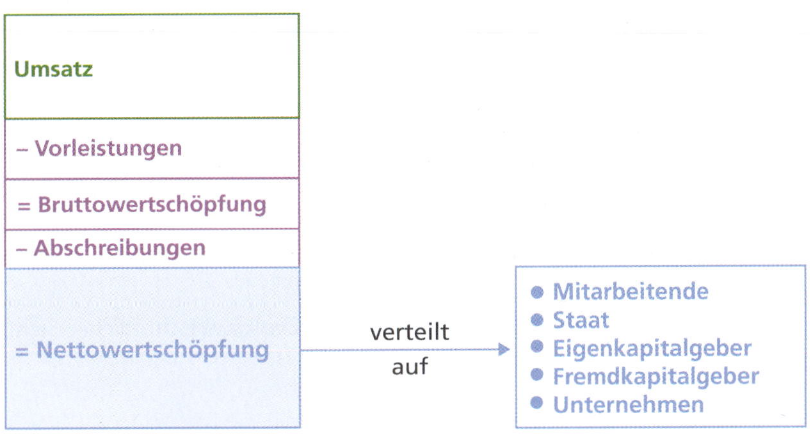

Wie das Beispiel zur Aluminiumerzeugung zeigt, ist die Berechnung einiger Kennzahlen in der Praxis nicht einfach.

- Werden in einem Unternehmen verschiedene Produkte erzeugt, z. B. viele verschiedene Typen von Pkw (z. B. Smart, Mercedes der A- und B-Klasse oder der S-Klasse), so kann die Produktivität nicht einheitlich gemessen werden.
- Berechnet man die Rentabilität, so kann man diese auf das Eigenkapital oder auf das Gesamtkapital beziehen. In der Praxis werden für die Berechnung auch verschiedene Gewinnbegriffe verwendet, z. B. der Gewinn vor und der Gewinn nach Steuern.

Üben

A B C D E

Ü 2.21: Prozesse und Funktionen C

Überlegen Sie am Beispiel eines Pizza-Zustellers:

a) Wie muss der Pizzazusteller seine Geschäftsprozesse organisieren, um die Kundenzufriedenheit sicherzustellen?

b) Welche betrieblichen Funktionen sind zur Leistungserstellung nötig?

Ü 2.22: Produzieren, Absetzen C

Zeigen Sie am Beispiel einer Modeboutique, dass man die Funktionen „Produzieren" und „Absetzen" im Dienstleistungsbereich oft nicht trennen kann.

Ü 2.23: Rationalisierung I C

Bringen Sie aktuelle Beispiele für den Arbeitsplatzabbau in Österreich und Deutschland durch Rationalisierungen und Outsourcing.

Ü 2.24: Globalisierung I D

Zeigen Sie, wie teilweise auch lokale Dienstleistungen (z. B. in der Gastronomie oder im Handel) von der Globalisierung betroffen sind.

Ü 2.25: E-Business I C

Mit welchen Argumenten würden Sie eine Modeboutique davon überzeugen, an die Kunden Kundenkarten auszugeben?

Ü 2.26: Nachhaltigkeit I D

Recherchieren Sie nach Maßnahmen von Unternehmen, die der Nachhaltigkeit dienen, und berichten Sie darüber.

Ü 2.27: Produktivitätsmessung C

Überlegen Sie am Beispiel eines Straßenfrächters, wie man die „Produktivität" messen könnte.

Ü 2.28: Kennzahlen der betrieblichen Leistung D

In einem Agrarland wird überlegt, einen Teil der Bananenproduktion zu vernichten, um die Preise erhöhen zu können. Welche Kennzahl wird dadurch verringert, welche erhöht?

Ü 2.29: Volkswirtschaftliche Betrachtung von Produktivität und Wirtschaftlichkeit D

Die Produktivität und Wirtschaftlichkeit von Arbeitskräften wird durch zahlreiche gesetzliche Schutzmaßnahmen eingeschränkt (Beschränkung von Überstunden, Zuschläge für Nacht- und Feiertagsarbeit, Mindesturlaub etc.). Manche Unternehmer behaupten, durch diese Maßnahmen würde die Wirtschaftlichkeit eingeschränkt.

Wie beurteilen Sie diese Behauptung aus volkswirtschaftlicher Sicht?

Ü 2.30: Wertschöpfung I C

Eine Maßschneiderei hat im vergangenen Jahr unter anderem folgende Aufzeichnungen geführt (Angaben in Euro):

- Umsatz € 500.000,–
- Material € 200.000,–
- Löhne und Gehälter € 120.000,–
- Miete € 20.000,–
- Rechtsberatung € 5.000,–
- Abschreibungen € 15.000,–
- sonstiger Aufwand (Energie, Versicherung, Reinigung etc.) € 10.000,–
- Fremdkapitalzinsen € 10.000,–

a) Wie hoch war die Wertschöpfung der Schneiderei in Euro im vergangenen Jahr? Überlegen Sie, was alles zu den „Vorleistungen" zählen wird.

b) Wie hoch war die Wertschöpfung in Prozent des Umsatzes?

c) Ist es leicht oder schwierig, die Produktivität dieser Schneiderei zu messen?

Sichern

SbX ID: 1233

SbX ID: 1233

Im SbX finden Sie eine Sammelmappe mit Zusammenfassungen zu allen Kapiteln und Lerneinheiten.

Wissen

SbX ID: 1234

A B C D E

SbX ID: 1234

Möglichkeiten zur Kompetenzüberprüfung im SbX

Wiederholungsfragen | Aufgaben mit automatischer Aufgabenkontrolle | Einfache Fallbeispiele

W 2.14: Wertschöpfungsprozess A

W 2.15: Leistungsfaktoren II A

W 2.16: Prozesse in Unternehmen B

W 2.17: Betriebliche Funktionen B

W 2.18: Rationalisierung II A

W 2.19: Outsourcing B

W 2.20: Globalisierung II B

W 2.21: E-Business II B

W 2.22: Nachhaltigkeit II B

W 2.23: Kennzahlen erfolgreicher Leistungserstellung B

W 2.24: Wertschöpfung II A

W 2.25: Kennzahlen der Leistungserstellung B

Ein kurzer Kompetenz-Check, bevor's weitergeht!

Kompetenz-Check

	☺	😐	☹
Ich kann den Wertschöpfungsprozess von Unternehmen beschreiben und anhand konkreter Beispiele analysieren.			
Ich kann Management-, Geschäfts- und Unterstützungsprozesse unterscheiden.			
Ich kann die betrieblichen Leistungsfaktoren sowie deren Zusammenspiel und Stellwert in Unternehmen analysieren und bewerten.			
Ich kann verschiedene Funktionsbereiche eines Unternehmens beschreiben.			
Ich kann die wichtigsten Tendenzen bei der betrieblichen Leistungserstellung beschreiben und deren Auswirkungen auf die Arbeitswelt erklären.			
Ich kann die Aspekte von nachhaltigem Handeln erklären.			
Ich kann die Bedeutung der wichtigsten Kennzahlen erfolgreicher Leistungserstellung einschätzen.			

3 VERTRÄGE

Worum geht's in diesem Kapitel?

Die Boutique MODA NOVA kauft Modeartikel von anderen Unternehmen und verkauft sie an ihre KundInnen. Das Geschäftslokal ist gemietet, das Geld für die notwendigen Umbauarbeiten haben die Geschäftsinhaberinnen teilweise mit einem Kredit (Darlehen) von der Bank aufgebracht. Zur Unterstützung des Geschäftsbetriebes gibt es zwei Mitarbeiter, die im Verkauf und im Büro arbeiten. Unternehmen wie zum Beispiel die Boutique MODA NOVA haben viele Partner: Lieferanten und Kunden sind meistens die wichtigsten Partner eines Unternehmens, es gibt aber noch andere. Ist das Geschäftslokal oder die Produktionsstätte gemietet, ist der Vermieter ein weiterer Partner. Die im Unternehmen angestellten Mitarbeiterinnen und Mitarbeiter sind ebenso Partner wie alle, die für das Unternehmen Leistungen erbringen.

Die Beziehungen zu den meisten Partnern werden durch Verträge geregelt. In den Verträgen wird genau festgehalten, welche Rechte und Pflichten die Vertragspartner haben. Welche Verträge für welche Beziehungen geschlossen werden, wie sie zustande kommen und erfüllt werden und was darin genau geregelt ist, wird in diesem Kapitel besprochen.

Kompetenzen, die Sie erwerben

Mit der Bearbeitung dieses Kapitels erwerben Sie die **Kompetenzen** für den **Bereich Rechtliche Grundlagen.**

Sie können

- **Bedingungen für das Zustandekommen von Verträgen erläutern,**
- **die Bedeutung und Konsequenzen von Verträgen erörtern,**
- **die Vertragstypen „Werkvertrag", „Dienstvertrag", „Kaufvertrag" sowie andere Vertragstypen (Mietvertrag, Versicherungsvertrag usw.) miteinander vergleichen,**
- **einen Dienstzettel lesen und Inhalte – aus Arbeitnehmerinnen- und Arbeitnehmersicht – erklären.**

A B C D E

In diesem Kapitel finden Sie Übungsaufgaben, praxisorientierte Fallbeispiele und Aufgaben zur Lernkontrolle zur Überprüfung Ihrer Kompetenzen auf den Handlungsebenen A **Wiedergeben,** B **Verstehen,** C **Anwenden** und D **Analysieren & Interpretieren.**

Dieses Kapitel umfasst folgende Lerneinheiten:

1 Wodurch ein Vertrag gekennzeichnet ist

2 Die wichtigsten Vertragsarten

Lerneinheit 1

Wodurch ein Vertrag gekennzeichnet ist

SbX
Alle SbX-Inhalte zu dieser Lerneinheit finden Sie unter der ID: 1310.

Kauft die Boutique MODA NOVA von einem anderen Unternehmen Ledergürtel ein, so muss genau geklärt sein, wie viele Gürtel in welcher Qualität (Länge, Material und Farbe) zu welchem Preis geliefert werden sollen. Um das zu klären, schließt MODA NOVA mit diesem Unternehmen einen Vertrag: In diesem Vertrag bestimmen die beiden Vertragspartner, welche Rechte und Pflichten sie gegenseitig haben. MODA NOVA hat das Recht auf Lieferung und verpflichtet sich, den vereinbarten Preis für die Gürtel zu bezahlen. Der Lieferant verpflichtet sich, die Gürtel in der vereinbarten Qualität und Menge zu liefern, und hat das Recht auf Bezahlung der Ware.

Lernen

SbX ID: 1311

1 Was ein Vertrag ist

In der Marktwirtschaft schließen Anbieter und Nachfrager Verträge ab.

Vertrag

Ein Vertrag ist eine **Vereinbarung zwischen** (mindestens) zwei **Vertragspartnern** über ihre **gegenseitigen Rechte und Pflichten.**

Der **Vertrag** ist ein wichtiges Element in der Marktwirtschaft.

Verträge können von Personen und Unternehmen abgeschlossen werden. Sie regeln die Geschäftsbeziehungen zwischen Unternehmen und ihren Partnern und sind ein wichtiges Element der Marktwirtschaft.

Je nachdem, was im Vertrag vereinbart wird, werden verschiedene Vertragsarten unterschieden. Folgende Vetragsarten sind im Gegenstand Betriebswirtschaft wichtig:

Vertragsarten

SbX
Alle Grafiken dieser Lerneinheit unter der ID: 1311.

Vertragspunkte

In jedem Vertrag werden mindestens folgende **fünf Vertragspunkte** geregelt:

Vertragspunkte	Kaufvertrag	Werkvertrag	Arbeitsvertrag	Mietvertrag	Versicherungsvertrag	Kreditvertrag
Wer bietet an?	Verkäufer	Auftraggeber	Arbeitgeber	Vermieter	Versicherer	Kreditgeber
Wer fragt nach?	Käufer	Auftragnehmer	Arbeitnehmer	Mieter	Versicherungsnehmer	Kreditnehmer
Was?	bestimmtes Produkt, z. B. Handy	bestimmte Leistung, z. B. Fahrradreparatur	bestimmte Arbeitsleistung, z. B. Tätigkeit als Ferialpraktikant	bestimmte Wohnung oder Geschäftslokal, z. B. Miete eines Geschäftslokals	bestimmtes Risiko, z. B. Diebstahlsversicherung	z. B. einmaliger Kredit
Wie viel?	z. B. 1 Stück	z. B. Bremsen reparieren	z. B. 40 Stunden pro Woche	z. B. 120 m²	z. B. bis zu einem Betrag von € 3.000,–	Kreditbetrag, z. B. € 100.000,–
Zu welchem Preis?	Kaufpreis, z. B. € 240,–	Reparaturpreis, z. B. € 100,–	Gehalt, z. B. € 250,– pro Woche	Miete, z. B. € 1.500,– pro Monat	Versicherungsprämie, z. B. € 120,– pro Jahr	Zinsen, z. B. 5 % pro Jahr

Was angeboten wird und zu welchem Preis etwas angeboten wird, bestimmt wesentlich den Wettbewerb in der Marktwirtschaft.

2 Wie ein Vertrag zustande kommt

Rechtliche Bedingungen von Verträgen

Ein Vertrag kommt gültig zustande, wenn folgende **fünf rechtlichen Bedingungen** gegeben sind:

Übereinstimmende Willenserklärung

Ein Vertrag kommt durch ein **Angebot (Antrag)** und die **Annahme des Angebots** zustande. Anbieter und Nachfrager müssen sich in Bezug auf **alle** Vertragspunkte einig sein. Die Einigkeit wird durch die übereinstimmende Willenserklärung ausgedrückt.

Übereinstimmende Willenserklärung

Eine übereinstimmende Willenserklärung ist die **eindeutige Zustimmung der Vertragspartner zum Vertragsinhalt.**

Formen der Willenserklärung

Ausdrücklich bedeutet in diesem Fall, dass ein oder beide Vertragspartner sprachlich zum Ausdruck bringen, dem Vertragsinhalt zustimmen zu wollen.

Die übereinstimmende Willenserklärung kann **ausdrücklich** oder **schlüssig** erfolgen:

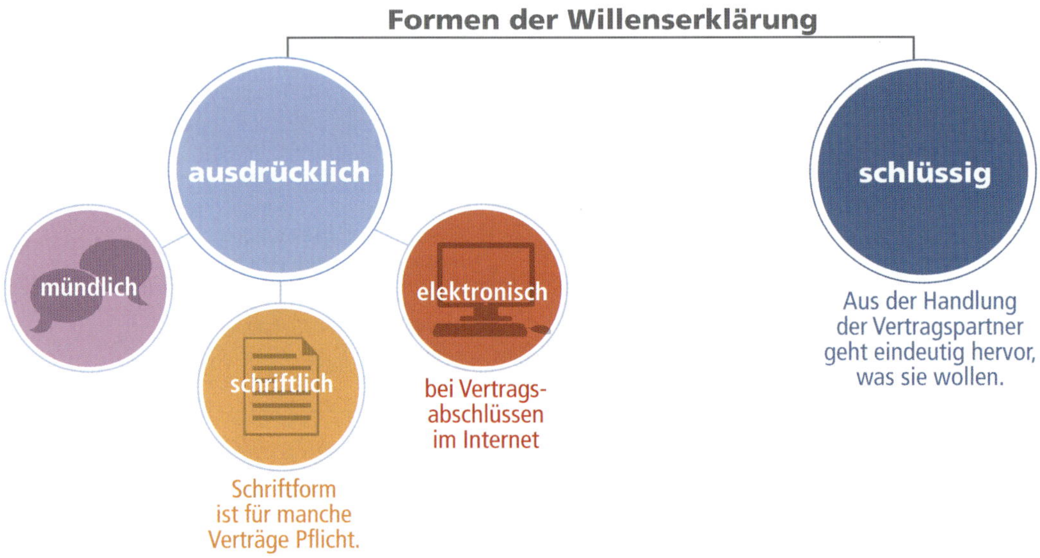

Beispiele

- **mündliche Willenserklärung**
  Sie gehen zum Friseur und sagen, dass Sie Ihre Haare gewaschen, geschnitten und geföhnt haben wollen. Der Friseur bittet Sie, Platz zu nehmen, damit er seine Arbeit beginnen kann. Die übereinstimmende Willenserklärung erfolgt mündlich.
- **schriftliche Willenserklärung**
  Sie kaufen ein neues Auto. Der Verkäufer bereitet einen schriftlichen Kaufvertrag vor, in dem alle Informationen über das Auto und der Kaufpreis enthalten sind. Verkäufer und Käufer unterschreiben den Kaufvertrag. Die übereinstimmende Willenserklärung erfolgt schriftlich.
- **Willenserklärung durch elektronischen Abschluss**
  Sie kaufen online ein Computerspiel, speichern es auf Ihrem Computer und bezahlen durch Überweisung von Ihrem Konto. Die übereinstimmende Willenserklärung kommt im E-Commerce (Electronic Commerce) sozusagen durch Mausklick zustande. Diese Form der Willenserklärung betrifft auch den sogenannten M-Commerce (Mobile Commerce), wenn Sie Musikdateien im iTunes-Store über das Mobiltelefon oder Smartphone kaufen.
- **Willenserklärung durch schlüssige Handlung**
  Sie kaufen im Supermarkt für eine Party ein. Bei der Kassa legen sie alles aufs Förderband, die Kassiererin scannt die Preise, Sie packen die Waren ein und geben ihr das Geld. Die übereinstimmende Willenserklärung erfolgt durch schlüssige Handlung.

Der **E-Commerce** umfasst den Kauf und Verkauf von Gütern (Dienstleistungen und digitalen Produkten) online, z. B. über das Internet.

Der **M-Commerce** umfasst den Kauf und Verkauf von Gütern (Dienstleistungen und digitalen Produkten) online mithilfe des Mobiltelefons.

Formfreiheit und Formvorschriften

Verträge können in beliebiger Form abgeschlossen werden. **Grundsätzlich gilt die Formfreiheit.**

Manche Verträge aber **müssen schriftlich** abgeschlossen werden, z. B.:

- **Kaufverträge über Liegenschaften,** das sind bebaute oder unbebaute Grundstücke: Dabei ist die Schriftform erforderlich, damit sich der Erwerber in das Grundbuch eintragen lassen kann. Die Unterschriften der Vertragspartner müssen von einem Notar oder durch ein Gericht beglaubigt werden.
- **Ratengeschäfte** nach dem Verbraucherkreditgesetz

Vertragspartner sind geschäftsfähig

Verträge kann nur abschließen, wer geschäftsfähig ist. Der Umfang der Geschäftsfähigkeit hängt vom Alter ab.

Geschäftsfähigkeit

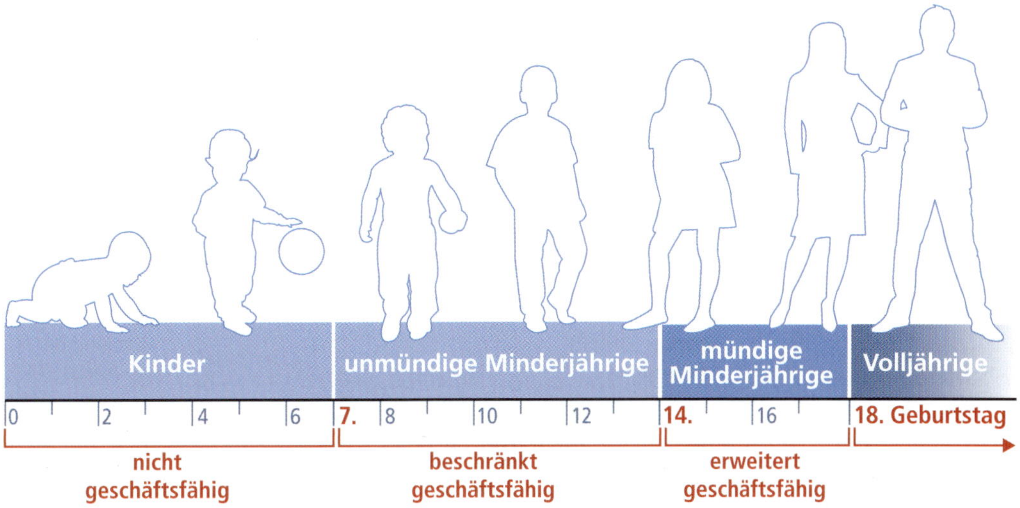

Kinder sind bis zu ihrem 7. Geburtstag nicht geschäftsfähig.

- Sie durfen keine Verträge abschließen, dürfen aber geringfügige Sachen erwerben (sich z. B. ein Eis oder eine Wurstsemmel kaufen).

Unmündige Minderjährige (7. bis 14. Geburtstag) sind beschränkt geschäftsfähig.

- Sie dürfen ebenfalls keine Verträge abschließen. Wie Nichtgeschäftsfähige können sie aber geringfügige Sachen kaufen und darüber hinaus zu ihrem Vorteil gemachte Versprechen annehmen, d. h., sie dürfen berechtigt werden, es dürfen sie aber keine Pflichten treffen (eine Schenkung, aus der sich für den Beschenkten keine Verpflichtungen ergeben, z. B. ein Wertkartenhandy, ist auch ohne Zustimmung der Erziehungsberechtigten rechtswirksam, nicht jedoch ein Haustier, weil es versorgt werden muss).

Mündige Minderjährige (14. bis 18. Geburtstag) sind erweitert geschäftsfähig.

- Sie können über das verfügen, was sie selbst verdient haben oder was ihnen überlassen wurde (Taschengeld, Geschenke etc.). Allerdings dürfen sie dabei ihren Lebensunterhalt nicht gefährden. Mündige Minderjährige können sich vertraglich zu Dienstleistungen verpflichten.

Volljährige (ab dem 18. Geburtstag) sind voll geschäftsfähig.

- Sie dürfen alle Verträge abschließen, wenn sie geistig voll handlungsfähig sind.

Vertragsinhalt ist erlaubt

Der Vertragsgegenstand muss erlaubt sein. Was im Vertrag vereinbart wird, darf nicht gegen ein Gesetz verstoßen. Ein Vertrag über den Handel von Drogen oder geschmuggelter Ware ist daher ungültig. Kauft ein Erwachsener im Supermarkt eine Flasche Rotwein, so ist das erlaubt. Kauft ein 14-jähriger Jugendlicher Wein, so verstößt das gegen das Gesetz und ist daher nicht erlaubt. Der Vertrag kommt nicht gültig zustande.

Vertragsinhalt ist möglich

Der Vertragsgegenstand muss möglich sein. Ein Mietvertrag, in dem die Donau vermietet wird, ist nicht möglich und daher ungültig.

Vertrag wird freiwillig abgeschlossen

Der Vertrag muss von beiden Seiten freiwillig abgeschlossen werden, er darf nicht durch List oder Drohung zustande gekommen sein. Der Getäuschte oder der Bedrohte kann den Vertrag anfechten.

3 Wie ein Vertrag erfüllt wird

Ist ein Vertrag gültig zustande gekommen, muss er auch erfüllt werden, d. h., die gegenseitig vereinbarten Rechte und Pflichten müssen eingehalten werden. Die **Erfüllung** erfolgt durch **Leistung und Gegenleistung.** Was die Leistung und Gegenleistung ist, hängt vom Vertrag ab:

Erfüllung von Verträgen

Vertragserfüllung	Kaufvertrag	Werkvertrag	Arbeitsvertrag	Mietvertrag	Versicherungsvertrag	Kreditvertrag
Leistung	Lieferung der Ware durch den Verkäufer	Erbringung der Leistung durch den Auftragnehmer	Erbringung der Arbeitsleistung durch den Arbeitnehmer	Überlassung einer Sache	Schutz vor einem Schaden	Überlassung von Geld
Gegenleistung	Bezahlung durch den Käufer	Bezahlung durch den Auftraggeber	Bezahlung durch den Arbeitgeber	Zahlung der Miete	Zahlung der Versicherungsprämie	Rückzahlung des Kredits samt Zinsen

Speziell beim Kaufvertrag sind die einzelnen Phasen von Zustandekommen und Erfüllung nicht immer deutlich zu erkennen.

Beispiel

Kauf im Selbstbedienungsladen
- Ein Kunde nimmt die Ware aus dem Regal und legt sie an der Kasse auf das Förderband (Kaufantrag und Gegenleistung),
- der Kassier nimmt Geld an der Kassa und überlässt die Ware dem Kunden (Annahme und Leistung).

4 Welche gesetzlichen Grundlagen für Verträge gelten

Ein gut funktionierendes **Rechtssystem** und **Vertragswesen** sind wichtig, damit die Marktwirtschaft gut funktioniert.

Das Zusammenleben der Wirtschaftsteilnehmer wird durch viele Gesetze geregelt. Für das Vertragswesen gelten vor allem die folgenden rechtlichen Grundlagen:

Wichtige rechtliche Grundlagen für Verträge	
Für alle Verträge!	Sonderregelungen für: • bestimmte Personengruppen oder • ein bestimmtes Sachgebiet
• **ABGB** = Allgemeines Bürgerliches Gesetzbuch	• **UGB** = Unternehmensgesetzbuch • **KSchG** = Konsumentenschutzgesetz • **ECG** = E-Commerce-Gesetz • **MRG** = Mietrechtsgesetz • **VersVG** = Versicherungsvertragsgesetz • **VKrG** = Verbraucherkreditgesetz • etc.

Die meisten gesetzlichen Regelungen können durch übereinstimmende Willenserklärung der Vertragsparteien abgeändert werden, einige jedoch nicht.

Zwingende und nachgiebige gesetzliche Regelungen

Gesetzliche Regelungen können sein:
- **zwingend** (D. h., sie können vertraglich nicht abgeändert werden.)
- **nachgiebig** (D. h., die Vertragspartner können sie einvernehmlich abändern.)

Vor allem im **Konsumentenschutzgesetz** sind viele Regelungen **zwingend,** um zu verhindern, dass sie zum Schaden des Konsumenten abgeändert werden können. Regelungen im ABGB und im UGB sind häufig „nachgiebig".

Die gesetzlichen Bestimmungen zu Verträgen sind sehr umfangreich und kompliziert. Hier werden sie nur so weit behandelt, wie sie für den Fachbereich von grundlegender Bedeutung sind.

Üben

SbX ID: 1312

ABCDE

SbX
Ü 3.1
mit automatischer Aufgabenkontrolle.
ID: 1312

Ü 3.1: Arten der Willenserklärung C

Geben Sie an, auf welche Art in den folgenden Fällen die Vertragspartner (A) und (B) ihren Willen zum Ausdruck bringen und ob es sich um eine übereinstimmende Willenserklärung handelt:

a) Herr Franz Schuster (A) möchte einen ÖAMTC-Schutzbrief (eine Art Reiseversicherung) für sich und seine Familie vereinbaren und schickt dazu ein vollständig ausgefülltes Antragsformular an den ÖAMTC (B). Wenige Tage später erhält er vom ÖAMTC einen Brief, in dem er sämtliche Schutzbriefunterlagen und eine Zahlungsanweisung zugeschickt bekommt.

Art der Willenserklärung bei Vertragspartner (A):

Art der Willenserklärung bei Vertragspartner (B):

Übereinstimmend? Ja Nein

b) Die 7-jährige Schülerin Franziska (A) nimmt in einer Bäckerei eine Packung Schnitten aus dem Regal und legt den genauen Geldbetrag neben die Kassa. Die Inhaberin der Bäckerei (B) nimmt den Geldbetrag und Franziska verlässt mit den Schnitten das Geschäft.

Art der Willenserklärung bei Vertragspartner (A):

Art der Willenserklärung bei Vertragspartner (B):

Übereinstimmend? Ja Nein

c) Die 14-jährige Antonia (A) hat zum Geburtstag Geld von ihrer Oma geschenkt bekommen. Sie geht damit zum Friseur (B) und sagt: „Ich möchte, dass Sie mir Strähnchen färben!" Der Friseur antwortet: „Ich kann dir gerne die Haare schneiden, aber Färben ist bei unter 16-Jährigen leider verboten!"

Art der Willenserklärung bei Vertragspartner (A):

Art der Willenserklärung bei Vertragspartner (B):

Übereinstimmend? Ja Nein

d) Der 19-jährige HAK-Absolvent Peter Mundschenk (A) unterzeichnet einen Vertrag, der ihm ermöglicht, ein Restaurant in einem Tennisclub zu betreiben. Auch die Eigentümerin des Restaurants (B) unterschreibt den Vertrag.

Art der Willenserklärung bei Vertragspartner (A):

Art der Willenserklärung bei Vertragspartner (B):

Übereinstimmend? Ja Nein

e) Für die Sanierung seiner Altbauwohnung reicht der Angestellte Peter Arwanger (A) verschiedene Kreditunterlagen bei der Erste Bank (B) ein und unterzeichnet den Kreditvertrag.

Art der Willenserklärung bei Vertragspartner (A):

Art der Willenserklärung bei Vertragspartner (B):

Übereinstimmend? Ja Nein

SbX
Ü 3.2
mit automatischer Aufgabenkontrolle.
ID: 1312

Ü 3.2: Geschäftsfähigkeit I C

Beurteilen Sie in den fünf Fällen von Ü 3.1 die Geschäftsfähigkeit der Vertragspartner (A). In welchem Ausmaß sind sie geschäftsfähig? Dürfen sie die jeweiligen Geschäfte abschließen?

	Ausmaß der Geschäftsfähigkeit	Darf Vertrag abschließen? Ja/Nein
a) Herr Franz Schuster (A)		
b) 7-jährige Schülerin Franziska (A)		
c) 14-jährige Antonia (A)		
d) 19-jähriger Peter Mundschenk (A)		
e) Angestellter Peter Arwanger (A)		

Ü 3.3: Geschäftsfähigkeit beim Abschluss eines Mietvertrags C

Die 17-jährige HAK-Schülerin Betty spielt in ihrer Freizeit in einer Band die Drums. Zu Hause darf sie nur drei Stunden pro Woche üben. Sie beschließt daher, für 120 Euro im Monat einen Übungsraum zu mieten. Betty hat monatlich 80 Euro Taschengeld zur Verfügung und einiges gespart. Kommt der Mietvertrag zustande, wenn ihn Betty ohne Zustimmung ihrer Eltern unterschreibt?

Ü 3.4: Geschäftsfähigkeit: Verpflichtung zu Dienstleistung C

In der Nachbarwohnung des 15-jährigen Gino lebt eine ältere Dame, die nicht mehr gut gehen und vor allem nicht mehr schwer tragen kann. Da sich Gino und seine Nachbarin schon seit vielen Jahren kennen, vereinbaren sie, dass Gino jeweils samstags Wochenvorräte an Getränken usw. für die Nachbarin einkauft und dafür monatlich 50 Euro erhält. Ist diese Vereinbarung gültig?

SbX
Ü 3.5
mit automatischer Aufgabenkontrolle.
ID: 1312

Ü 3.5: Zustandekommen von Kaufverträgen D

Entscheiden Sie, ob in den nachfolgenden Fällen ein Kaufvertrag zustande gekommen ist und begründen Sie Ihre Entscheidung.

a) Sie bestellen im Kaffeehaus Himbeereis mit Schlagobers. Der Kellner bringt Schokoladeeis ohne Schlagobers. Sie essen das Eis auf.

übereinstimmende Willenserklärung liegt vor …		Ja, weil …	
		Nein, weil …	
Geschäftsfähigkeit liegt vor …		Ja, weil …	
		Nein, weil …	
Geschäft möglich …		Ja, weil …	
		Nein, weil …	
Geschäft erlaubt …		Ja, weil …	
		Nein, weil …	
Geschäft freiwillig …		Ja, weil …	
		Nein, weil …	

b) Ein Versandhaus schickt einem Studenten unverlangt eine Flasche Rasierwasser zu. Der Student lässt das Rasierwasser ungeöffnet im Vorzimmer stehen.

übereinstimmende Willenserklärung liegt vor …		Ja, weil …	
		Nein, weil …	
Geschäftsfähigkeit liegt vor …		Ja, weil …	
		Nein, weil …	
Geschäft möglich …		Ja, weil …	
		Nein, weil …	
Geschäft erlaubt …		Ja, weil …	
		Nein, weil …	
Geschäft freiwillig …		Ja, weil …	
		Nein, weil …	

Ü 3.6: Zustandekommen eines Kaufvertrags C

Sie haben an einem Montainbikerennen teilgenommen und erhalten unverlangt ein Foto von Ihrem Zieleinlauf mit einer Zahlungsanweisung zugeschickt. Sie legen Kuvert und Foto zur Seite, weil Sie das Foto nicht haben möchten. Ist ein Kaufvertrag zustande gekommen? Begründen Sie Ihre Antwort!

Ü 3.7: Geschäftsfähigkeit II C

Erich ist 12 Jahre alt. Er erhält € 10,– Taschengeld pro Monat und manchmal von der Oma € 20,–.

a) Erich spart, bis er sich im Sportshop ein Fahrrad um € 110,– kaufen kann. Ist das Geschäft gültig?

b) Erich kauft nach der Schule einen Ball im Supermarkt um € 5,–. Ist dieses Geschäft gültig?

Begründen Sie Ihre Antworten!

Ü 3.8: Zustandekommen des Kaufvertrags C

Erichs Vater, Karl Zweimaier, betreibt eine Schlosserei mit fünf Arbeitern. Kommt in den folgenden Fällen ein Kaufvertrag zustande?

a) Herr Zweimaier erzählt, dass er heute das Eigentumsgeschäftslokal von seinem Nachbarn gekauft und den Kaufvertrag mit Handschlag abgeschlossen hat.

b) Herr Zweimaier bestellt bei einem Versandhaus eine neue Waschmaschine mit 45 cm Tiefe für das kleine Sommerhaus der Familie. Das Versandhaus liefert eine Waschmaschine mit 60 cm Tiefe ohne Aufpreis. Herr Zweimaier sendet die Waschmaschine zurück.

Ü 3.9: Geschäftsarten B

Was versteht man unter

a) E-Commerce?

b) M-Commerce?

Nennen Sie je zwei Beispiele zu diesen Geschäftsarten.

Sichern

SbX ID: 1313

SbX
ID: 1313

Im SbX finden Sie eine Sammelmappe mit Zusammenfassungen zu allen Kapiteln und Lerneinheiten.

Wissen

SbX ID: 1314

A B C D E

SbX ID: 1314

Möglichkeiten zur Kompetenzüberprüfung im SbX

Wiederholungsfragen | Aufgaben mit automatischer Aufgabenkontrolle | Einfache Fallbeispiele

W 3.1: **Vertrag** A

W 3.2: **Willenserklärung** B

W 3.3: **Geschäftsfähigkeit III** A

W 3.4: **Volle Geschäftsfähigkeit** A

W 3.5: **Erweiterte Geschäftsfähigkeit** B

W 3.6: **Rechtliche Grundlagen für Verträge** B

W 3.7: **Zwingendes und nachgiebiges Recht** B

W 3.8: **Verschiedene Kaufverträge** D

W 3.9: **Was ist ein Vertrag?** B

W 3.10: **Übereinstimmende Willenserklärung** B

W 3.11: **Bedingungen für einen gültigen Vertrag** C

Ein kurzer Kompetenz-Check, bevor's weitergeht!

Kompetenz-Check

	☺	😐	☹
Ich kann erklären, was ein Vertrag ist und was in einem Vertrag im Allgemeinen geregelt wird.			
Ich kann Beispiele dafür bringen, auf welche Art und Weise die Willenserklärung der Vertragspartner erfolgen kann.			
Ich kann in konkreten Fällen entscheiden, ob eine übereinstimmende Willenserklärung vorliegt oder nicht.			
Ich kann in konkreten Fällen entscheiden, ob ein Vertrag gültig zustande gekommen ist oder nicht, und diese Entscheidung begründen.			
Ich kann erklären, warum Verträge rechtliche Grundlagen brauchen, und kann wichtige Gesetze nennen.			

Lerneinheit 2

Die wichtigsten Vertragsarten

SbX
Alle SbX-Inhalte zu dieser Lerneinheit finden Sie unter der ID: 1320.

Die Boutique MODA NOVA schließt im Rahmen ihrer unternehmerischen Tätigkeit viele verschiedene Verträge ab. Sie kauft und verkauft Modeartikel, sie stellt Mitarbeiter an, sie lässt das EDV-System warten, sie mietet ihr Geschäftslokal und sie vereinbart mit einer Versicherung, dass sie im Fall eines Einbruchs in das Geschäftslokal den Schaden ersetzen würde. Es können also ganz unterschiedliche Verträge abgeschlossen werden: über den Kauf und Verkauf von Waren und Dienstleistungen oder über das Erbringen von Arbeitsleistungen. Ebenso kann ein Vertragspartner dem anderen etwas vermieten oder ihm eine Entschädigung bezahlen, wenn ein Schadensfall eintritt.

Lernen

SbX ID: 1321

1 Kaufvertrag

Kaufvertrag

Beim Kaufvertrag vereinbaren Verkäufer und Käufer, eine **Sache gegen Geld zu tauschen.**

SbX
Alle Grafiken dieser Lerneinheit unter der ID: 1321.

Zustandekommen und Erfüllung in der Praxis

Kaufverträge werden sehr häufig abgeschlossen. Oft ist uns das aber gar nicht bewusst, weil die meisten Kaufverträge ganz einfach abgeschlossen werden.

Beispiel

- Auf dem Weg ins Büro gehen Sie zu einem Bäcker und kaufen sich eine Semmel.
  Sie tauschen also Ihr Geld gegen die Semmel.

Der **Kaufvertrag kommt zustande,** wenn sich Verkäufer und Käufer über die Ware und den Preis einig werden. Sie müssen genau darin übereinstimmen, wie die Ware beschaffen ist, welche Menge gekauft bzw. verkauft wird und wie viel dafür bezahlt wird (ohne diese **übereinstimmende Willenserklärung** kommt der Kaufvertrag nicht zustande).

Beispiel

- Von einem Teil Ihres Ersparten möchten Sie sich ein neues Fahrrad kaufen. Sie finden im Fahrradgeschäft ein passendes Modell, das aber keinen Gepäckträger hat. Mit dem Verkäufer vereinbaren Sie, dass er noch einen Gepäckträger anbringt. Sie verpflichten sich, das Fahrrad am nächsten Tag abzuholen und zu bezahlen, und der Verkäufer verpflichtet sich, Ihnen das Fahrrad mit Gepäckträger am nächsten Tag zu übergeben.
  Sie und der Verkäufer haben damit einen Kaufvertrag über das Fahrrad abgeschlossen.

Der Kaufvertrag **wird erfüllt,** indem der Verkäufer die Ware liefert **(Leistung)** und der Käufer sie bezahlt **(Gegenleistung).**

Beispiel

- Am nächsten Tag gehen Sie wieder in das Fahrradgeschäft, nehmen das Fahrrad vom Verkäufer entgegen und bezahlen den vereinbarten Kaufpreis.
  Der Kaufvertrag wird durch die Übergabe des Fahrrads und die Bezahlung des Kaufpreises erfüllt.

Kaufverträge zwischen Unternehmen werden **meistens schriftlich abgeschlossen** oder zumindest von einer Seite **schriftlich bestätigt**. Das ist vor allem dann wichtig, wenn die gekaufte Ware nicht sofort, sondern erst nach der Übersendung einer Rechnung bezahlt wird. In einem Unternehmen muss nämlich jede Rechnung zunächst daraufhin geprüft werden, ob die in Rechnung gestellte Ware auch in der entsprechenden Menge und zum berechneten Preis bestellt und geliefert wurde.

Beispiel

Schriftlicher Kaufvertrag von MODA NOVA

- Mariana Illicic möchte ihr Sortiment um fetzige Handtaschen ergänzen. Nachdem sie sich Angebote verschiedener Hersteller angesehen hat, bestellt sie bei der Firma Bags & more per E-Mail je fünf Stück des Modells „Shopper" in den Farben Grün, Lila und Rot zum Preis von je 35,– Euro zuzügl. Versandkosten und Umsatzsteuer. Die Firma Bags & more bestätigt die Bestellung per Fax und sichert die Lieferung für die übernächste Woche zu. **Der Kaufvertrag über die Taschen ist schriftlich zustande gekommen.**

In manchen Fällen ist aber auch zwischen Unternehmen und Konsument ein schriftlicher Kaufvertrag üblich.

Beispiel

Schriftlicher Kaufvertrag zwischen Unternehmen und Konsument

- Herr Mustermann möchte eine neue Sitzgruppe kaufen, schaut sich bei Leiner nach den verfügbaren Modellen um und bestellt ein Set aus einer 3er-Bank, einer 2er-Bank und einem Fauteuil (Lehnsessel). Der Angestellte der Firma Leiner GmbH bereitet einen Kaufvertrag vor, in dem alles genau festgehalten wird. Dieser Kaufvertrag wird von Herrn Mustermann und dem Verkäufer unterschrieben. **Der Kaufvertrag über die Sitzgruppe ist schriftlich zustande gekommen.**

Gesetzliche Grundlagen des Kaufvertrags

Welche Gesetze im Einzelfall für Kaufverträge gelten, hängt davon ab, ob

- beide Vertragspartner Unternehmer sind,
- beide Vertragspartner Private sind bzw. nur der Käufer ein Unternehmer ist,
- der Verkäufer Unternehmer ist, der Käufer Privater.

Gesetzliche Grundlagen des Kaufvertrags

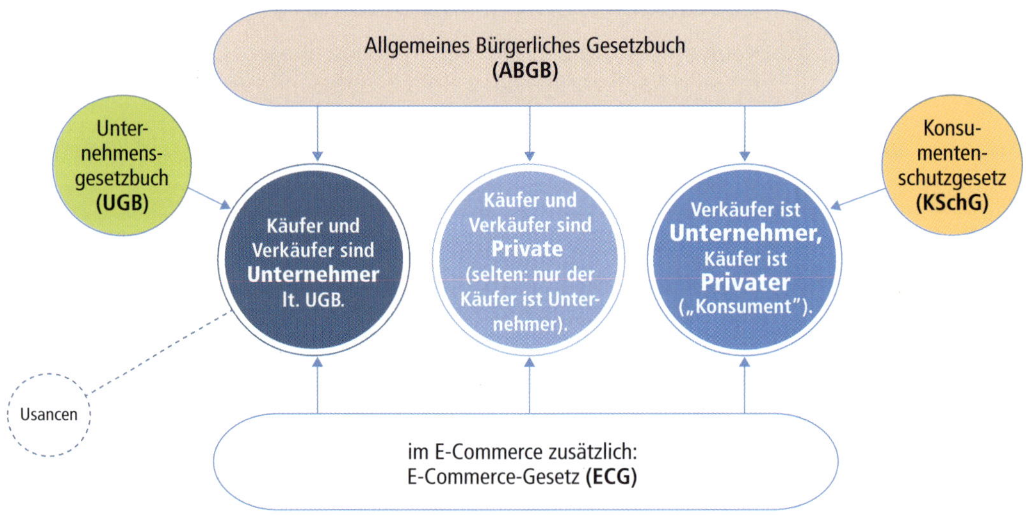

Usancen (Handelsbräuche) sind keine Gesetze, sondern Gepflogenheiten, die im Geschäftsverkehr zwischen Unternehmen in der Regel angewandt werden.

Das **Allgemeine Bürgerliche Gesetzbuch** (ABGB) gilt grundsätzlich **für alle Kaufverträge.**

Bei **Kaufverträgen im Internet** gilt **zusätzlich** europaweit das **E-Commerce-Gesetz (ECG).**

- Das ECG verpflichtet Unternehmen z. B., Name und Anschrift des Unternehmens und eine E-Mail-Adresse zur Kontaktaufnahme anzugeben, die allgemeinen Geschäftsbedingungen zum Download anzubieten und die technischen Schritte des Vertragsabschlusses zu erklären.

Bei **Verkäufen von Unternehmern an Privatpersonen** gelten das ABGB und das **Konsumentenschutzgesetz (KSchG).**

- Das KSchG schützt die Endverbraucher z. B. vor nachteiligen Vertragsbestandteilen.

Wird ein **Kaufvertrag zwischen Unternehmern** abgeschlossen, gelten das **ABGB** und **das Unternehmensgesetzbuch (UGB).**

- Das Unternehmensgesetzbuch (UGB) regelt, welche Pflichten der Unternehmer zu erfüllen hat, wenn er mit anderen Unternehmen Verträge abschließt. Es sieht in vielen Fällen strengere Regeln vor als das Konsumentenschutzgesetz (z. B., wenn der Käufer zu spät bezahlt).

Beispiel

Usance

- Es ist in einer Branche üblich, die Ware in Kisten zu 24 Flaschen zu liefern. Wird die Verpackung im Kaufvertrag nicht genau angegeben, dann gilt die Usance „Verpackung in Kisten zu 24 Flaschen".

2 Werkvertrag

Werkvertrag

Beim **Werkvertrag** vereinbaren die Vertragspartner, dass der **Auftragnehmer** eine bestimmte **Leistung** für den Auftraggeber **erbringt** und der **Auftraggeber diese Leistung bezahlt.**

Weitere Erläuterungen zum Werkvertrag finden Sie bei den „Neuen Selbständigen" auf Seite 73.

Wird ein **Vertrag über das Erbringen einer Dienstleistung** abgeschlossen, handelt es sich in der Regel um einen **Werkvertrag.** Die Person, die die Dienstleistung erbringt, wird **Auftragnehmer** genannt. Die Person, die die Dienstleistung in Auftrag gibt, wird **Auftraggeber** genannt. Der Auftragnehmer erhält das vereinbarte Entgelt nur dann, wenn er die Leistung laut Vertrag erbringt, er **„schuldet den Erfolg"**.

Beispiele

- Ein EDV-Dienstleistungsunternehmen wartet regelmäßig das Netzwerk eines Kunden.
- Ein Installateur repariert die Heizung eines Kunden.
- Die Steuerberaterin erstellt die Steuererklärungen für ihre Kunden.
- Eine Schneiderin näht ein Ballkleid für eine Kundin.

3 Arbeitsvertrag

Besonders ausführliche Regelungen gibt es im Rahmen der Arbeitsverträge. In diesem Bereich sind neben den allgemeinen vertragsrechtlichen Regelungen auch das Sozialversicherungsrecht und verschiedene besondere arbeitsrechtliche Gesetze zu berücksichtigen.

Welche Beschäftigungsformen gibt es?

Beschäftigungsformen

Beschäftigungsformen unterscheiden sich im Wesentlichen nach folgenden Gesichtspunkten:

- Welche Leistung schuldet der Dienstnehmer bzw. Selbständige dem Dienstgeber bzw. Auftraggeber?
- Wie „frei" ist der Dienstnehmer in der Ausführung der Arbeitsleistung?
- Mit welchen Arbeitsmitteln (Werkzeugen etc.) arbeitet der Dienstnehmer?
- Welche Ansprüche hat der Dienstnehmer?
- Wer muss sich um die Versteuerung des Einkommens und um die Abführung der Sozialversicherungsabgaben kümmern?

Dienstvertrag

Dienstvertrag

Beim Dienstvertrag verpflichtet sich der **Dienstnehmer,** für bestimmte oder für unbestimmte Zeit **Dienstleistungen für den Dienstgeber zu erbringen.** Der **Dienstgeber** verpflichtet sich **zur Zahlung der vereinbarten Vergütung.**

Der Dienstnehmer muss die Leistungen an einem vom Dienstgeber zu bestimmenden Ort innerhalb eines bestimmten Zeitrahmens („Arbeitszeit") persönlich erbringen und ist an die Weisungen des Dienstgebers gebunden. Der Dienstgeber trägt die Dienstgeberanteile der Sozialversicherung (Krankenversicherung, Pensionsversicherung etc.) und führt die Lohnabrechnung durch.

Der Dienstnehmer schuldet nur das „Bemühen", aber nicht den Erfolg.

Beispiele

Fehler oder Unfall bei der Arbeit:

- Ein Buchhalter macht Buchungsfehler, weil er nicht ausreichend ausgebildet ist.
- Ein Lkw-Fahrer mit wenig Fahrpraxis verschuldet einen Unfall beim Wenden.

In beiden Fällen kann der Dienstgeber eventuell kündigen, aber er muss den Lohn bzw. das Gehalt bis zum Ende des Dienstverhältnisses bezahlen.

Dienstzettel

Der Dienstzettel ist eine schriftliche Übersicht über die wesentlichen Rechte und Pflichten des Arbeitsverhältnisses. Der Dienstgeber ist verpflichtet, einen Dienstzettel auszustellen und dem Arbeitnehmer zu übergeben. Ausnahme: Das Arbeitsverhältnis dauert nicht länger als einen Monat oder es wurde ein schriftlicher Arbeitsvertrag ausgehändigt, der alle Mindestangaben eines Dienstzettels vollständig enthält.

Freier Dienstvertrag

Der freie Dienstvertrag ist ein Begriff des Sozialversicherungsrechts.

Der freie Dienstnehmer erfüllt die Aufgabe im Wesentlichen persönlich, kann sich jedoch in Ausnahmefällen vertreten lassen. Der freie Dienstnehmer verwendet die Betriebsmittel des Arbeitgebers. Er regelt den Arbeitsablauf selbst, schuldet jedoch wie der Dienstnehmer nur das „Bemühen" und nicht den Erfolg.

Beispiele

- Ein Schilehrer lehrt einen veralteten Fahrstil.
- Ein DJ wählt die Musik so schlecht aus, dass die Gäste ausbleiben.

In beiden Fällen kann der „Dienstgeber" zwar den Vertrag beenden, er muss aber für die aufgewendete Zeit das vereinbarte Entgelt bezahlen.

Der Vertragsnehmer ist nicht so stark an die **Weisungen** gebunden wie ein Dienstnehmer. Bei welchem Ausmaß an Weisungsgebundenheit **noch** ein **freier Dienstvertrag** vorliegt, ist umstritten.

Der Vertragsnehmer erhält, ebenso wie ein Dienstnehmer, ein **Entgelt** für sein Bemühen. Der Dienstgeber zahlt wie im Rahmen eines Dienstvertrags den Dienstgeberanteil der Sozialversicherung. Weiters rechnet und führt der Dienstgeber die Arbeitnehmeranteile des freien Dienstnehmers für den freien Dienstvertrag ab.

Der freie Dienstnehmer muss jedoch für die **Versteuerung** seiner Einkünfte selbst sorgen.

Der Vertragsnehmer hat **keinen gesetzlichen Urlaubsanspruch** und keinen Anspruch auf ein 13. und 14. Monatsgehalt. Er hat jedoch Anspruch auf Krankengeld von der Krankenkasse.

Die Abgrenzung zum Dienstvertrag ist schwierig und führt oft zu arbeitsrechtlichen Streitigkeiten und zu Streitigkeiten mit der Sozialversicherung. Dies gilt vor allem dann, wenn die Dienstzeit und der Dienstort vom Dienstgeber vorgeschrieben werden und die Weisungsgebundenheit hoch ist.

Dennoch sind freie Dienstverträge in vielen Fällen gängige Praxis (z. B. für Schilehrer, Fahrlehrer, DJs).

Probleme könnten sich ergeben, wenn man einem Schilehrer vertraglich genau vorschreibt, nach welcher Methode er unterrichten muss und welche Übungen er mit den Schülerinnen und Schülern machen muss, oder wenn ein DJ beigestellte Platten und CDs in einer bestimmten Reihenfolge auflegen muss.

Immer häufiger werden **Werkverträge** statt **Arbeitsverträge** abgeschlossen.

Dies ist für die Betroffenen nicht immer vorteilhaft. Es wird daher oft diskutiert, ob solche Werkverträge nicht eher freie Dienstverträge oder überhaupt Dienstverträge sind (z. B. bei einem Fahrradboten, der für einen Botendienst mit dem eigenen Fahrrad fährt).

Selbstverständlich könnte man diese Vertragsnehmer auch im Rahmen eines echten Dienstvertrags anstellen.

„Neue Selbständige" – Werkvertrag

Neue Selbständige erzielen ihre Einkünfte auf Werkvertragsbasis. Für sie gelten somit die Regelungen des Werkvertrags.

Beim Werkvertrag verpflichtet sich der „Werkunternehmer" (der Neue Selbständige), ein bestimmtes Werk für den „Werkbesteller" (den Auftraggeber) zu erbringen. Er erhält das Entgelt nur dann, wenn er die Leistung laut Vertrag erstellt, d. h., er „schuldet den Erfolg" (nicht nur das Bemühen).

Neue Selbständige verwenden daher überwiegend eigene Betriebsmittel.

Es gibt keine persönliche Arbeitspflicht, der Neue Selbständige kann sich jederzeit vertreten lassen. Er ist nicht an bestimmte Arbeitszeiten und -orte gebunden.

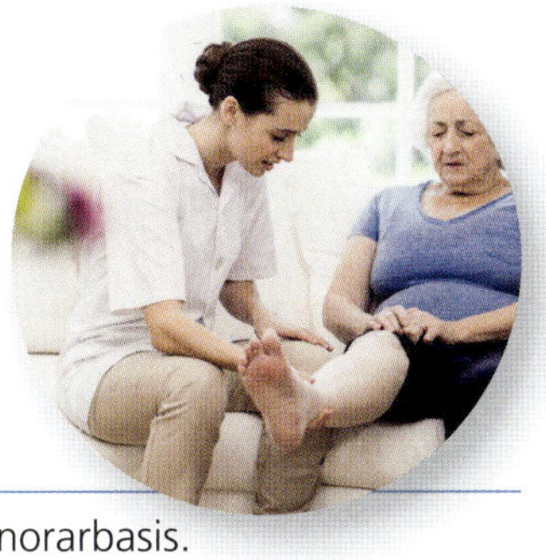

Neue Selbständige müssen sich über die Bezahlung der Sozialversicherungsbeiträge und um die Versteuerung ihrer Einkünfte selbst kümmern. Weiters haben sie keinen Urlaubsanspruch und keinen Anspruch auf Mutterschutz und Karenz sowie auf das 13. und 14. Monatsgehalt.

Beispiele

- Eine Physiotherapeutin betreut Kranke in deren Zuhause auf Honorarbasis.
- Ein Journalist schreibt Artikel und Beiträge für unterschiedliche Zeitungen nach Auftrag.

Geringfügig Beschäftigte

Geringfügig beschäftigt ist, wer bei regelmäßiger Beschäftigung (Dienstverhältnis für einen Monat oder für unbestimmte Zeit) nicht mehr als € 438,05 im Monat verdient (Stand 2018).

Regelmäßig geringfügig Beschäftigte haben Recht auf Urlaub, 13. und 14. Monatsgehalt sowie auf Entgeltfortzahlung im Krankheitsfall.

Unter der Geringfügigkeitsgrenze sind die Beschäftigten nur unfallversichert. Sie können sich aber freiwillig kranken- und pensionsversichern (€ 61,83 pro Monat, Stand 2018). Sie sind nie arbeitslosenversichert.

Lehrvertrag

Ein Lehrverhältnis ist eine besondere Form des Arbeitsvertrags, in der der Ausbildungszweck im Vordergrund steht.

Das Lehrverhältnis ist immer befristet (auf 2 bis 4 Jahre, je nach Ausbildungsdauer des Lehrberufs).

Der Lehrberechtigte (der Dienstgeber) muss

- einen Lehrvertrag mit dem Lehrling abschließen (Ist der Lehrling unter 18 Jahre alt, muss der Lehrvertrag auch von den gesetzlichen Vertretern, den Eltern, unterschrieben werden.),
- den Lehrling vor Beginn des Lehrverhältnisses bei der Sozialversicherung anmelden,
- den Lehrling innerhalb von 2 Wochen nach Beginn des Lehrverhältnisses bei der Berufsschule anmelden,
- dem Lehrling ein Exemplar des Lehrvertrags aushändigen,
- dem Lehrling eine monatliche Lehrlingsentschädigung auszahlen.

Der Lehrling muss

- verpflichtend die Berufsschule besuchen,
- alle Pflichten eines gewöhnlichen Arbeitnehmers befolgen.

4 Miet- und Pachtvertrag

Mietvertrag

Der **Vermieter überlässt dem Mieter** gegen Geld **eine Sache zum Gebrauch.**

Der Vermieter bleibt zwar Eigentümer der Sache, der Mieter darf sie aber verwenden. Wird zum Beispiel eine Wohnung vermietet, so bleibt sie zwar im Eigentum des Vermieters, darin wohnen darf aber der Mieter.

Beispiele

- Mietauto
- Schiausrüstung mieten (Ein „Schiverleih" trägt eigentlich eine falsche Bezeichnung, „Schivermietung" ist korrekt.)

Pachtvertrag

Der **Verpächter überlässt dem Pächter** gegen Geld **eine Sache und deren Ertrag zum Gebrauch.**

Der Vermieter bleibt auch beim Pachtvertrag Eigentümer der Sache, der Pächter darf sie aber verwenden und darüber hinaus Erträge erwirtschaften.

Beispiele

- Verpachtung eines Gasthauses, das vom Pächter weiterbetrieben wird
- Verpachtung eines Weingartens, der vom Pächter genutzt wird

5 Kreditvertrag

Kreditvertrag

Bei einem Kreditvertrag **verpflichtet sich der Kreditgeber, dem Kreditnehmer Geld für eine bestimmte Zeit zu überlassen.**

Der Kreditnehmer darf frei über das Geld verfügen, muss es aber wieder zurückzahlen.

Meist ist der Kreditgeber eine Bank, die dem Kreditnehmer einen bestimmten Geldbetrag überlässt. Der Kreditnehmer muss den Kredit zu einem späteren Zeitpunkt zurückzahlen und darüber hinaus Zinsen für die Überlassung des Gelds bezahlen.

Kreditverträge spielen in der Wirtschaft eine große Rolle. Unternehmen finanzieren über Kredite z.B. Investitionen in neue Maschinen, Privatpersonen finanzieren über Kredite größere Anschaffungen.

6 Versicherungsvertrag

Versicherungsvertrag

Beim Versicherungsvertrag **verpflichtet sich der Versicherungsgeber gegenüber dem Versicherungsnehmer,** bei Eintritt des Versicherungsfalls **den finanziellen Schaden auszugleichen.**

Unternehmen sind ebenso wie Menschen zahlreichen Gefahren und Risiken ausgesetzt. Sie können Verluste erleiden, wenn etwas gestohlen wird oder verdirbt, wenn Feuer ausbricht oder ein Blitz einschlägt oder wenn bei einem Hochwasser der Keller oder das ganze Haus überflutet ist.

Gegen das Risiko, dass solche Verluste eintreten, kann man einen Versicherungsvertrag mit einer Versicherung abschließen: Die Versicherung erhält Prämienzahlungen vom Versicherungsnehmer, übernimmt aber dafür das Risiko, für einen bestimmten Schaden aufzukommen, falls er eintritt. Viele Private, aber auch Unternehmen schließen Versicherungsverträge ab, um sich gegen verschiedene Risiken abzusichern.

Üben

SbX ID: 1322

A B C D E

SbX
Ü 3.10
mit automatischer Aufgabenkontrolle.
ID: 1322

Ü 3.10: Unterschiedliche Vertragsarten C

Welche Vertragsart liegt in folgenden Fällen vor?

a) Frau Müller geht zum Friseur und lässt sich eine Dauerwelle machen.

b) Herr Huber erwirbt einen gebrauchten Computer von der Studentin Frau Berger.

c) Frau Oberhammer vereinbart mit der Boutique Gabi, dass sie Freitag und Samstag von 9 bis 17 Uhr als Verkäuferin tätig ist.

d) Der 17-jährige Schüler Gruber führt täglich mit seinem Moped zwischen 5 und 7 Uhr im Auftrag einer Zeitung die Hauszustellung für Abonnenten durch (es sind mehrere Lösungen denkbar). Bitte begründen Sie Ihre Antwort.

e) Der Sportverein FC Oberbrunn überlässt Maria Kummer die Kantine mit der gesamten Einrichtung mit der Verpflichtung, bei jedem Heimspiel die Kantine zu betreiben.

f) Der Hausherr, Herr Grabmeier, überlässt einem Wohnungsmieter zusätzlich zwei Autoabstellplätze im Innenhof gegen ein monatliches Entgelt von € 80,–.

g) Hans ist bereits 18 Jahre alt und hat sich einen Kombi gekauft. Er vereinbart mit einer Bäckerei, dass er täglich Brot und Gebäck für Gasthäuser in der Umgebung zustellt.

SbX
Ü 3.11
mit automatischer Aufgabenkontrolle.
ID: 1322

Ü 3.11: Bestimmen von Vertragsarten C

Bitte stellen Sie bei den folgenden Beispielen fest, um welche Art des Vertrags es sich handelt:

	Art des Vertrags
a) Herr Franz Schuster möchte einen ÖAMTC-Schutzbrief (zum Schutz vor Risiken während einer Reise) für sich und seine Familie vereinbaren und schickt dazu ein vollständig ausgefülltes Antragsformular an den ÖAMTC.	
b) Die 7-jährige Schülerin Franziska (A) nimmt in einer Bäckerei eine Packung Schnitten aus dem Regal und legt den genauen Geldbetrag neben die Kassa.	
c) Die 14-jährige Antonia hat zum Geburtstag Geld von ihrer Oma geschenkt bekommen. Sie geht damit zum Friseur und will eine neue Frisur.	
d) Der 19-jährige HAK-Absolvent Peter Mundschenk unterzeichnet einen Vertrag, durch den er eine Kantine in einem Tennisclub betreiben darf.	
e) Zur Finanzierung von Sonnenkollektoren an ihrem Einfamilienhaus borgen sich Elfriede und Helmut Mayer Geld von der RLB Niederösterreich aus. Sie verpflichten sich, das Geld samt Zinsen wieder zurückzuzahlen. Nach der Unterzeichnung des Vertrags wird der Betrag auf ihr Konto überwiesen.	

Ü 3.12: Geringfügige Beschäftigung B

Eine Dienstnehmerin arbeitet regelmäßig jeden Freitag Abend und Samstag als Verkäuferin in einer Boutique und verdient im Monat € 250,– brutto.

Hat sie Anspruch auf ein 13. und 14. Monatsgehalt (Urlaubs- und Weihnachtsgeld)?

Hat sie Urlaubsanspruch?

Sichern

SbX ID: 1323

Im SbX finden Sie eine Sammelmappe mit Zusammenfassungen zu allen Kapiteln und Lerneinheiten.

Wissen

SbX ID: 1324

A B C D E

Möglichkeiten zur Kompetenzüberprüfung im SbX

Wiederholungsfragen	Aufgaben mit automatischer Aufgabenkontrolle	Einfache Fallbeispiele

W 3.12: **Rechtsvorschriften beim Kaufvertrag** B

W 3.13: **Übereinstimmende Willenserklärung beim Kaufvertrag** B

W 3.14: **Kaufverträge schriftlich abschließen** B

W 3.15: **Usancen** B

W 3.16: **Kaufvertrag und Werkvertrag** B

W 3.17: **Beschäftigungsformen** A

W 3.18: **Unterschied Werkvertrag und Dienstvertrag** B

W 3.19: **Kaufvertrag, Werkvertrag, freier Dienstvertrag** B

W 3.20: **Dienstvertrag, freier Dienstvertrag und Werkvertrag** B

W 3.21: **Vertragsarten** D

W 3.22: **Kreuzworträtsel: Verschiedene Vertragstypen** A

W 3.23: **Gesetzliche Grundlagen für Verträge** B

W 3.24: **Test: Gesetzliche Grundlagen und Zustandekommen von Kaufverträgen** B

W 3.25: **Fallbeispiel: Vertragsarten, Kaufvertrag, Geschäftsfähigkeit** D

W 3.26: **Fallbeispiel: Willenserklärung, Leistung und Gegenleistung** D

Kompetenz-Check

Ein kurzer Kompetenz-Check, bevor's weitergeht!

	☺	😐	☹
Ich kann erklären, was ein Kaufvertrag ist.			
Ich kann beschreiben, wie Kaufverträge abgeschlossen werden.			
Ich kann begründen, wann Kaufverträge gültig oder ungültig sind.			
Ich kann beschreiben, welche verschiedenen Vertragsarten im Hinblick auf den Vertragsgegenstand unterschieden werden können.			
Ich kann mit eigenen Worten erklären, um welche Art von Vertrag es sich bei den folgenden handelt: Kaufvertrag, Werkvertrag, Arbeitsvertrag, Miet- und Pachtvertrag, Kreditvertrag, Versicherungsvertrag.			
Ich kann aus einfachen Verträgen die wesentlichen Vertragsbestandteile und Bedingungen herauslesen und damit Fragen, die sich auf den Vertrag beziehen, beantworten.			

4 DER KAUFVERTRAG

Worum geht's in diesem Kapitel?

Kaufverträge zählen zu den wichtigsten und am häufigsten abgeschlossenen Vertragsarten im Wirtschaftsleben. Nahezu jeden Tag kaufen wir viele Dinge ein, ohne dass uns dabei überhaupt bewusst wird, dass wir dabei einen Vertrag abschließen: Eine Zeitung in der Trafik, ein Frühstücksweckerl beim Bäcker und Maroni auf dem Christkindlmarkt kaufen sind genauso Kaufverträge wie der Kauf einer Eigentumswohnung oder eines neuen Autos. Was in einem Kaufvertrag alles vereinbart werden muss oder vereinbart werden kann, ist Gegenstand dieses Kapitels.

Kompetenzen, die Sie erwerben

Mit der Bearbeitung dieses Kapitels erwerben Sie die **Kompetenzen** für den **Bereich Kaufvertrag, Rechtliche Grundlagen.**

Sie können

- **gesetzliche und kaufmännische Bestandteile in kaufvertragsrelevanten Schriftstücken bestimmen,**
- **die Wechselwirkungen zwischen Betrieb und Umfeld interpretieren und Konsequenzen daraus ableiten,**
- **Sachverhalte aus unterschiedlichen Perspektiven (Arbeitnehmerin und Arbeitnehmer, Unternehmerin und Unternehmer, Konsumentin und Konsument) bewerten.**

A B C D E

In diesem Kapitel finden Sie Übungsaufgaben, praxisbezogene Fallbeispiele und Aufgaben zur Lernkontrolle zur Überprüfung Ihrer Kompetenzen auf den Handlungsebenen A **Wiedergeben,** B **Verstehen,** C **Anwenden und** D **Analysieren & Interpretieren.**

Dieses Kapitel umfasst folgende Lerneinheiten:

1 Was im Kaufvertrag immer geregelt wird

2 Was im Kaufvertrag noch geregelt werden kann

3 Die Kommunikation des Unternehmens

4 Kaufverträge anbahnen

5 Kaufverträge abschließen

Lerneinheit 1

Was im Kaufvertrag immer geregelt wird

SbX
Alle SbX-Inhalte zu dieser Lerneinheit finden Sie unter der ID: 1410.

Als Konsumenten und Kosumentinnen kaufen wir ein bestimmtes Produkt, weil es preisgünstig ist oder uns besonders anspricht, z. B. einen Laptop, Kopierpapier oder eine bestimmte Schokolade. Handelt es sich jedoch um einen Vertrag zwischen zwei Unternehmen, kommen viele betriebswirtschaftliche Überlegungen ins Spiel. Wenn ein Elektrohändler wie Media Markt mehrere Hundert Laptops kauft, ein Unternehmen Kopierpapier für den Jahresbedarf erwirbt oder Eskimo Schokolade für die Eisverarbeitung benötigt, geht es nicht immer nur um den Preis oder um die Frage, ob ein Produkt ansprechend ist.

Im Kaufvertrag gibt es viele Möglichkeiten, diese Überlegungen zu regeln.

Lernen

SbX ID: 1411

1 Was ein Kaufvertrag enthalten muss (Übersicht)

Ein Kaufvertrag muss zumindest die folgenden **fünf gesetzlichen Bestandteile** aufweisen:

Gesetzliche Bestandteile des Kaufvertrags

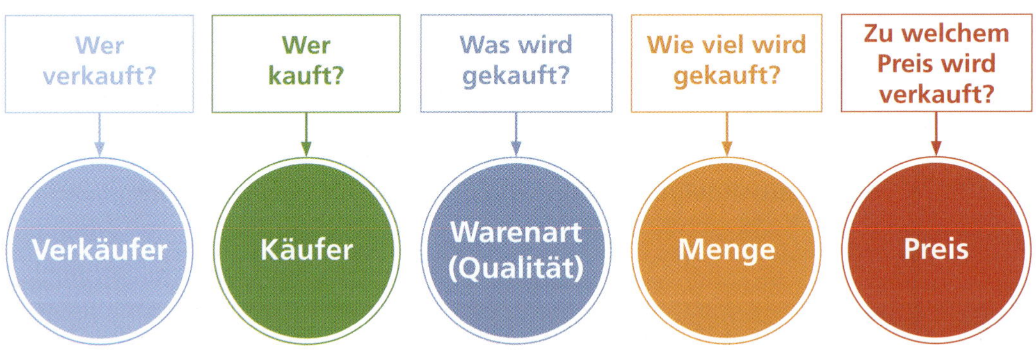

SbX
Alle Grafiken dieser Lerneinheit unter der ID: 1411.

Darüber hinaus gibt es häufig weitere ergänzende Bestandteile in Kaufverträgen, die zwar nicht gesetzlich verpflichtend, aber betriebswirtschaftlich sinnvoll sind. Sie werden in der nächsten Lerneinheit besprochen.

2 Warenart (Qualität)

Die Warenart bzw. die Qualität der Ware muss im Kaufvertrag festgelegt werden. Unter „Qualität" versteht man dabei nicht die Güte der Ware, sondern ihre Eigenschaften. In welcher Form die Qualität im Kaufvertrag festgelegt wird, hängt im Wesentlichen davon ab, ob es sich um **vertretbare** (fungible) oder um **nicht vertretbare** (nicht fungible) Waren handelt.

Vertretbar sind Waren, bei denen alle Ausführungen dieselben Merkmale besitzen.

Beispiel

Film-DVD:
- Jedes Exemplar einer bestimmten Film-DVD hat dieselben Eigenschaften.

Nicht vertretbar sind Waren, bei denen es sich um Einzelstücke mit ganz einzigartigen Merkmalen handelt.

Beispiel

Gebrauchtwagen:
- Ein Gebrauchtwagen mit einer bestimmten Kilometerleistung

Qualitätsfestlegung im Kaufvertrag

Besichtigung

Besichtigt werden müssen vor allem Waren, die es nur einmal gibt, z. B. gebrauchte Waren oder Waren mit kleinen Fehlern wie Porzellan 2. Wahl etc.

Im Kaufvertrag wird häufig auf die Besichtigung hingewiesen: „wie besichtigt".

Bei vertretbaren Waren wird häufig nicht die Ware selbst besichtigt, sondern eine Ware gleicher Marke oder gleichen Typs.

Beschreibung und Abbildung

Beschreibung und Abbildung ersetzen oft die Besichtigung (z. B. Kataloge im Versandhandel oder Abbildungen und Beschreibungen im Internet). Beschreibungen können messbare Eigenschaften betreffen (z. B. Stoff aus 100 % Baumwolle, Fettanteil bei Milchprodukten, Feingehalt bei Edelmetallen).

Beschreibungen können aber auch nicht messbare Eigenschaften betreffen (z. B. flauschiger Pullover). Beschreibungen sind auch bei vielen Dienstleistungen erforderlich (z. B. bei Urlaubsaufenthalten: ruhige Lage, reichhaltiges Buffet).

Muster und Proben

Muster (Proben) sind vergleichbare Ausführungen (Teilmengen) einer Ware, aus denen man die Qualität anderer Ausführungen oder der Gesamtmenge erkennen kann.

Beispiele

Muster und Proben:
- Fliesenmuster, Stoffmuster, Teppichmuster
- Kosmetikproben, Kostproben von Lebensmitteln, Weinproben

Kauf auf Probe:

Der Kauf wird abgeschlossen, jedoch ist der Käufer berechtigt, die Ware zurückzugeben, wenn sie seinen Qualitätsanforderungen nicht entspricht („bedingter Kauf").

Beispiel

Kauf im Versandhandel:

- Kauft man Kleider nach Katalogen im Versandhandel, so kann man Qualität und Passform prüfen und die Ware zurücksenden.

Marken

Vor allem bei Waren, bei denen den Konsumenten eine Qualitätsprüfung unmittelbar beim Kauf nicht möglich ist (z.B. Uhren, Haushaltsgeräte aller Art, diverse Lebensmittel), erfolgt die Orientierung vorwiegend anhand von Marken.

Markenartikel werden in **einheitlicher Aufmachung** und in **gleicher Qualität** angeboten.

Marken

„Unter Marken werden die besonderen Zeichen verstanden, die dazu dienen, zum Handelsverkehr bestimmte Erzeugnisse und Waren von anderen gleichartigen Erzeugnissen und Waren zu unterscheiden." (§ 1 Markenschutzgesetz)

Um Marken unverwechselbar zu machen, werden in den Markenzeichen („Logos") oft Namen, Bilder, Symbole etc. kombiniert.

Beispiele

Mobilfunkanbieter:

Markeneigentümer

Unterschieden werden Hersteller- bzw. Fabriksmarken und Handelsmarken.

Beispiele

Herstellermarke Zotter Schokolade

Handelsmarke der Billa AG

Markenschutz

- **In Österreich:** Eintragung in das Markenregister beim Patentamt in Wien, Schutzfrist 10 Jahre (Verlängerung über Antrag)
- **International:** Eintragung in das internationale Markenregister in Genf, Schutzfrist 20 Jahre (Verlängerung über Antrag)

Typen, Normen, Handelsklassen

Durch Typen, Normen und Handelsklassen werden bestimmte Produkteigenschaften in kurzer Form zusammengefasst.

Typen

Typen sind **Vereinheitlichungen** der Endprodukte industrieller Erzeugnisse.

Beispiel

Pkw:

- VW Golf Rabbit BlueMotion Technology TSI, 1,2 l, Trendline

Normen

Normen sind **allgemeingültige Richtlinien** aller Art, mit denen Formen, Maße, Materialeigenschaften etc. standardisiert werden, z. B. ÖNORM, DIN, ISO.

Beispiel

Papierformate:

- Papierformate A3, A4, A5 etc.

In Österreich werden Normen vom Österreichischen Normungsinstitut (ON) geschaffen – ÖNORM; in Deutschland legt der Deutsche Normenausschuss Normen fest – z. B. DIN.

Handelsklassen

Handelsklassen legen vor allem im Einzelhandel die **Qualität von Lebensmitteln** eindeutig fest.

Beispiele

Eier und Obst:

- Eier – Qualitätsklassen: extra, I, II, III (bezeichnen das Alter der Eier)
  Gewichtsgruppen: 1 (70 g und mehr) bis 7 (unter 45 g)
- Obst – Qualitätsklassen für Äpfel und Birnen: extra, 1, 2, Kochobst
  (Qualitätsklassen beschreiben Größe, Färbung, zulässige Verletzungen.)

Kennzeichnungspflicht

Wenn Waren in Handelsklassen eingeteilt sind, sind Verkäufer im Einzelhandel verpflichtet, diese Handelsklassen deutlich sichtbar an der Ware anzubringen.

Der Spezifikationskauf

Beim Spezifikationskauf kann der Händler, z. B. im Schuhgeschäft, auf kurzfristige Trends reagieren.

Der Spezifikationskauf ist eine Sonderregelung der Qualitätsfestlegung.

Im Kaufvertrag wird zunächst nur die Gattung der zu liefernden Ware festgelegt.

Dem Käufer steht das Recht zu, innerhalb vertraglich vereinbarter oder usancenüblicher Fristen die Qualitäten näher zu bestimmen („zu spezifizieren").

Der Spezifikationskauf wird häufig verbunden mit einer „Sukzessivlieferung". Das heißt, es können vom Käufer Teillieferungen abgerufen werden und dabei kann die Qualität näher spezifiziert werden.

Beispiel

Die **Kombination aus Spezifikationskauf und Sukzessivlieferung** wird auch als **Rahmenvertrag** bezeichnet. Dieser ist vor allem für große Unternehmen interessant.

Schuhe:

- Vereinbart wird die Abnahme von 1000 Paar Damenschuhen, abrufbar in 4 Teilmengen zu je 250 Paar in den Monaten April, Mai, Juni und Juli. Bei Abruf werden Modelle, Farben, Größen detailliert bestimmt.

- **Vorteile für den Käufer:**
  - verringerte Lagerhaltung
  - generelle Beschaffungssicherung
  - Entscheidung je nach Modetrend oder spezifischem Bedarf der Kunden erst lange nach Vertragsabschluss notwendig
  - Käufer kennt die Zuverlässigkeit, Pünktlichkeit und die Qualität der Ware des Verkäufers.
- **Vorteil für den Verkäufer:**
  - generelle Absatzsicherung

3 Menge

Schon beim Wursteinkauf heißt es oft: „Darf es etwas mehr sein?" Das bedeutet, dass die Mengen bei Kaufverträgen nicht immer genau eingehalten werden. Wurden die Mengen jedoch genau festgelegt, muss der Verkäufer nachfragen, ob der Käufer mit einer höheren oder niedrigeren Liefermenge einverstanden ist.

Mengenangaben im Kaufvertrag

Verträge mit genauer Mengenangabe
Die bestellte Menge muss mit der gelieferten Menge übereinstimmen. Einer Abweichung müssen beide Partner zustimmen.

Verträge mit ungefährer Mengenangabe
„Zirka-Verträge" berechtigen den Verkäufer, einen bestimmten Prozentsatz mehr oder weniger zu liefern. Die mögliche Abweichung wird entweder im Vertrag festgelegt (z. B. „2 % mehr oder weniger") oder durch Usancen geregelt.

Verträge mit ungefährer Mengenangabe werden abgeschlossen,

- wenn der Verkäufer zum Zeitpunkt des Vertragsabschlusses noch nicht weiß, welche Menge ihm selbst geliefert werden wird,
- zur besseren Ausnützung der Transportkapazitäten (Schiffsladeraum, Waggonfrachten etc.) und
- zur Vermeidung von Restbeständen.

Verträge ohne Mengenangabe
Der Käufer hat in der Regel die Ware vorher besichtigt und besitzt einen ungefähren Überblick über die Gesamtmenge.

Beispiele

- Kauf ganzer Ernten eines Anbaugebiets
- Kauf in Bausch und Bogen: Ein Antiquitätenhändler kauft einen gesamten Nachlass.

Berücksichtigung der Verpackung

Das Gewicht der Verpackung wird unterschiedlich berücksichtigt.

	Nettogewicht	Gewicht der Ware ohne Verpackung („nto.", „Reingewicht")
+	Tara	Gewicht der Verpackung („Ta", „Verpackungsgewicht")
=	Bruttogewicht	Gewicht samt Verpackung („bto.", „Rohgewicht")

Auf verpackten Waren finden sich meist Angaben des Nettogewichtes (z. B. bei Konserven, Marmeladen).

Will der Käufer das Gewicht kontrollieren, so ist dies nur dann leicht möglich, wenn die Ware unverpackt geliefert wird (z. B. Erze, Kohlen, Zuckerrüben, die in größeren Mengen, meist waggonweise, gehandelt werden).

Bei verpackter Ware ist es meist nicht möglich, die gesamte Sendung auszupacken.

Es gibt folgende Lösungsmöglichkeiten:

- **Es wird „brutto für netto" gerechnet,** d. h., kontrolliert und berechnet wird das Bruttogewicht (z. B. Großhandel von Kartoffeln in Säcken).
- **Es wird mit Erfahrungssätzen gearbeitet** (z. B. 1,5 kg pro Sack, 8 % des Gesamtgewichts für die Tara etc.
- **Es wird eine kleine Stichprobe ausgepackt und abgewogen.** Der Durchschnitt dieser Stichprobe wird dann für die gesamte Sendung verrechnet („Durchschnittstara").

Seit 2012 darf im Einzelhandel die Verpackung (z. B. das Papier bei der Wurst) nicht mehr mitgewogen werden.

4 Preis

Der Preis einer Ware kann ohne Umsatzsteuer (exkl. USt) oder mit Umsatzsteuer (inkl. USt) angegeben werden.

Preisangaben zwischen Unternehmern erfolgen meist ohne Umsatzsteuer. Trotzdem sollte immer angegeben werden, ob der genannte Preis die Umsatzsteuer enthält oder nicht. So kann man Missverständnisse ausschließen.

Der Nettopreis ist ohne USt, der Bruttopreis ist inkl. USt.

Preisangaben für Konsumenten

Preisangaben für Konsumenten müssen immer die Umsatzsteuer (Mehrwertsteuer) enthalten.

Die Preisfestsetzung im Kaufvertrag

Verträge mit festem Preis

Der Preis wird pro Mengeneinheit genau angegeben. Zu diesem Preis muss auch geliefert und abgerechnet werden.

Verträge mit freibleibendem Preis

- Basiskauf
  Der Preis wird im Kaufvertrag aufgrund einer bestimmten Basisqualität festgelegt. Weicht die Qualität der tatsächlich gelieferten Ware von der Basisqualität ab, so werden vertraglich vereinbarte Zu- oder Abschläge verrechnet (z. B. wenn die Trauben, die dem Weinproduzenten geliefert werden, weniger Zucker enthalten als vereinbart).
- Kostenschwankungsklauseln
  Kostenschwankungsklauseln ermöglichen es, zwischen Vertragsabschluss und Lieferung den vereinbarten Preis zu erhöhen, wenn einzelne Kosten steigen (z. B. steigende Löhne, steigende Rohstoffpreise).
- Indexklauseln
  Indexklauseln ermöglichen eine Preisanpassung entsprechend der Entwicklung eines zugrundeliegenden Index, z. B. Verbraucherpreisindex (VPI). Der Verbraucherpreisindex ist ein Maßstab für die allgemeine Preisentwicklung bzw. für die Inflation in Österreich.
  Indexverträge sind z. B. üblich bei Mietverträgen. Dabei wird der Mietpreis jährlich an die durchschnittliche Entwicklung der Mietpreise (Mietpreisindex) angepasst.

Preisabzüge und Preisnachlässe (Skonto und Rabatt)

Skonto

Skonto

Der Skonto ist ein Preisabzug für Zahlungen vor dem vereinbarten Zahlungstermin.

Wurde ein Kauf gegen spätere Zahlung abgeschlossen (Zielkauf), so ist es üblich, bei Zahlung innerhalb einer kurzen Frist nach Lieferung (Kassaspiro) einen Preisabzug zu gewähren.

Beispiel

- „Zahlbar nach Erhalt der Ware innerhalb von 90 Tagen ohne jeden Abzug oder innerhalb von 8 Tagen mit 3 % Skonto"
  Die Zahlungsfrist ist in diesem Fall 90 Tage, das Kassaspiro 8 Tage, der Preisabzug bei Zahlung innerhalb des Kassaspiros 3 %. Der Käufer darf einen Skonto vom Preis abziehen, wenn er 82 Tage vor dem Ende der Zahlungsfrist bezahlt.

Der Verkäufer gewährt den Skonto aus folgenden Gründen:

- **Zinsvergütung:** Der Verkäufer erhält sein Geld früher als vereinbart. Er erspart sich Kreditzinsen oder er kann sein Geld gewinnbringend anders verwenden.
- **Risikoprämie:** Zahlt der Käufer sofort, ist keine Gefahr gegeben, dass später nicht oder nur schleppend gezahlt wird – **„Dubiosenrisiko"**.
- **Verwaltungsaufwandvergütung:** Zahlt der Käufer früher, so erspart sich der Verkäufer die Überwachung des Geldeingangs und etwaige Mahnungen.
- **Verminderung des Geldwertrisikos:** Zahlt der Käufer früher, so vermindert sich das Risiko, dass infolge der Geldentwertung (Inflation) um den später eingehenden Geldbetrag weniger Ware nachgekauft werden kann.

Für den Käufer bedeutet der Skonto in der Regel eine hohe Jahresverzinsung.

Beispiel

- Zahlungsziel: 60 Tage, Kassafrist: 8 Tage, Skonto: 3 %.
  Das bedeutet, dass man für 52 Tage (60 – 8) 3 % Zinsen erhält.

Pro Jahr entspricht das folgender Verzinsung:

$$\frac{\text{Skonto in Prozent}}{\text{Zahlungsziel in Tagen} - \text{Kassafrist in Tagen}} \times 365 = \frac{3}{60 - 8} \times 365 = \text{ca. } 21\,\%$$

Zahlt der Käufer erst am 60. Tag und verzichtet er somit auf den Skontoabzug, so „kostet" der Lieferantenkredit ca. 21 %. Ein üblicher Bankkreditzinssatz wäre um vieles niedriger.

Rabatt

Rabatt

Rabatte sind Preisnachlässe, die sofort oder nachträglich aus verschiedenen Gründen gewährt werden können.

Die häufigsten Rabattarten sind:

- **Mengenrabatt:** wird für die Abnahme großer Mengen gewährt
- **Treuerabatt:** für Kunden, die eine bestimmte Ware nur bei einem Lieferanten beziehen oder die schon mehrere Jahre überwiegend bei diesem Lieferanten kaufen
- **Einführungsrabatt:** wenn eine neue Ware am Markt eingeführt werden soll
- **Ausverkaufsrabatt:** bei Ausverkäufen und Geschäftsauflösungen
- **Mängelrabatt:** für schadhafte, aber brauchbare Waren (z. B. bei kleinen Webfehlern, Kratzern)
- **Ausstellungsrabatt:** für Ausstellungsstücke (z. B. wenn kein original verpacktes Exemplar mehr vorhanden ist)

Üben

SbX ID: 1412

A B C D E

SbX
Ü 4.1 mit automatischer Aufgabenkontrolle. ID: 1412

Ü 4.1: Die Mengenangabe C

Ein Weinproduzent in der Wachau (Käufer) und der Landwirt Felix Traube (Verkäufer) haben im Kaufvertrag die folgende Regelung der Menge festgelegt: ca. 500 kg Trauben, Sorte Zweigelt, +/– 10 %.

a) Kreuzen Sie an, in welchen Fällen Felix Traube vertragskonform liefert (Mehrfachlösungen sind möglich).

Felix Traube liefert:

☐ 400 kg ☐ 500 kg
☐ 550 kg ☐ 450 kg

b) Wie nennt man Verträge mit dieser Art der Mengenangabe?

Ü 4.2: Vertretbare Waren C

Überlegen Sie, ob Autos wirklich vertretbar sind.

Ü 4.3: Qualitätsfestlegung bei einem Notebook C

Wie wird man bei einem Notebook die Qualität festlegen?

Ü 4.4: Warenqualität C

Sollten sich Ihrer Meinung nach jeder Händler und jeder Produzent bemühen, immer die beste Qualität anzubieten?

SbX
Ü 4.5 mit automatischer Aufgabenkontrolle. ID: 1412

Ü 4.5: Qualitätsfestlegung in Kaufverträgen C

In Kaufverträgen kann die Qualität auf folgende Arten festgelegt werden:

Besichtigung, Beschreibung und Abbildung, Marken, Normen, Typen, Handelsklassen, Muster, Proben

Bitte geben Sie an, in welcher Form die Qualität in folgenden Fällen zweckmäßig festgelegt werden wird. (Mehrfachlösungen möglich!)

a) Die Inhaberin eines Kleiderhauses will für die folgende Sommersaison Badeanzüge bestellen.
b) Die Schülerin Inge Bitterlich will ein Moped kaufen.
c) Ein Tischler will schriftlich Nägel bestellen.
d) Frau Maier will für ihren Mann eine Uhr kaufen.
e) Herr Huber möchte eine Konserve mit guter Marmelade einkaufen.
f) Frau Direktorin Kleiber will direkt bei einem Weinbauern Wein kaufen.

Ü 4.6: Der Skonto C

Auf einer Rechnung befindet sich der folgende Vermerk:

„30 Tage Ziel oder 2 % Skonto bei Bezahlung innerhalb von 10 Tagen"

a) Berechnen Sie die effektive Jahresverzinsung, der dieser Skonto entspricht!
b) Würden Sie aufgrund dieser Jahresverzinsung den Skonto in Anspruch nehmen oder nicht? Begründen Sie Ihre Antwort!
c) Muss die Abzugsmöglichkeit eines Skontos vereinbart sein oder nicht?

Ü 4.7: Wirkung von Rabatten C

Zwei Elektrohändler in der gleichen Straße führen folgende Werbeaktionen durch:

Händler A: 25 Prozent Rabatt auf Einbauherde!
Händler B: 30 Prozent Rabatt auf Unterhaltungselektronik!

a) Wieso sind so hohe Rabatte möglich?
b) Was wollen die Händler mit diesen Aktionen erreichen?

Ü 4.8: Rabatte C

a) Worin besteht der wesentliche Unterschied zwischen einem Rabatt und einem Skonto?
b) Geben Sie in den folgenden Fällen an, um welche Rabattart es sich handelt:
   - Eine neue Sorte Wachauer Marillenmarmelade kommt auf den Markt. Diese Sorte wird zwei Monate lang mit einem Preisnachlass von 25 % angeboten.
   - Sie kaufen für eine Privatparty 2000 belegte Brötchen und erhalten einen Preisnachlass von 10 %.
   - Sie kaufen bei einem Möbelhändler einen Gartentisch, der um 20 % verbilligt ist, weil dieser einen Kratzer auf der Tischplatte aufweist.

Ü 4.9: Einkauf auf Ziel C

Die Firma Berger kauft Elektrogeräte um € 11.000,–. Die Rechnung lautet auf 60 Tage Ziel.

Berger zahlt nach 10 Tagen und nimmt einen Preisabzug von 3 % vor.

a) Wie bezeichnet man diesen Preisabzug?
b) Aus welchen drei Gründen wird er gewährt?
c) Ist die Firma Berger berechtigt, diesen Preisabzug vorzunehmen? Begründen Sie Ihre Antwort.
d) Welcher effektiven Jahresverzinsung entspricht dieser Preisabzug?
e) Wie hoch ist der Rechnungsbetrag nach dem Preisabzug?

Ü 4.10: Qualität der Ware und Verpackung C

Petra Zweimaier geht einkaufen. Wie wird die Qualität bei den folgenden Einkäufen bestimmt und wie wird die Verpackung verrechnet?

a) Parmaschinken, der durch die Verkäuferin aufgeschnitten wird: Die Verkäuferin wickelt den Schinken in Papier.
b) Coca-Cola in 2-Liter-PET-Einwegflaschen
c) Almdudler in 1,5-Liter-PET-Mehrwegflaschen
d) Ovomaltine in Dosen
e) Tomaten, die Petra selbst in bereitgestellte Plastiksäckchen füllt und abwiegt: Die Waage druckt den Preiszettel aus.

Sichern

SbX ID: 1413

SbX ID: 1413

Im SbX finden Sie eine Sammelmappe mit Zusammenfassungen zu allen Kapiteln und Lerneinheiten.

Wissen

SbX ID: 1414

A B C D E

SbX ID: 1414

Möglichkeiten zur Kompetenzüberprüfung im SbX

Wiederholungsfragen | Aufgaben mit automatischer Aufgabenkontrolle | Einfache Fallbeispiele

W 4.1: Qualitätsbeschreibung A

W 4.2: Nicht vertretbare Waren B

W 4.3: Markenqualität B

W 4.4: Fabriks- und Handelsmarken B

W 4.5: Markenschutz A

W 4.6: Schutzfrist für Marken A

W 4.7: Mengenangabe in Kaufverträgen A

W 4.8: Verpackungsgewicht A

W 4.9: Berücksichtigung des Verpackungsgewichts A

W 4.10: Festlegung des Verpackungsgewichts B

Kompetenz-Check

Ein kurzer Kompetenz-Check, bevor's weitergeht!

	☺	😐	☹
Ich kann in konkreten Fällen entscheiden, auf welche Art die Qualität der Ware festgelegt werden kann.			
Ich kann in konkreten Fällen entscheiden, ob ein fester oder ein freiblei-bender Preis vereinbart werden soll.			
Ich kenne die wichtigsten Gründe für Preisnachlässe und wie sie genannt werden.			

Lerneinheit 2
Was im Kaufvertrag noch geregelt werden kann

SbX
Alle SbX-Inhalte zu dieser Lerneinheit finden Sie unter der ID: 1420.

Werden Waren nur bestellt und nicht gleich vollständig bezahlt und mitgenommen, sollten weitere Regelungen im Kaufvertrag getroffen werden. Wann und wo wird geliefert? Wann und wo geht die Ware in das Eigentum des Käufers über? Wer trägt die Kosten für die Lieferung? Wer haftet für Schäden beim Transport? Wie wird die Ware verpackt? Wann muss der Käufer die Ware bezahlen?

Lernen

SbX ID: 1421

A B C D E

SbX
Alle Grafiken dieser Lerneinheit unter der ID: 1421.

1 Überblick über mögliche Bestandteile des Kaufvertrags

Über die gesetzlichen Bestandteile hinaus werden in Kaufverträgen oft weitere **Regelungen zur Erfüllung des Vertrags** vereinbart. Dazu gehören vor allem:

- die **Lieferbedingungen:** Wann, wo und wie wird geliefert? Wer trägt die Kosten und das Risiko der Lieferung?
- die **Zahlungsbedingungen:** Wann und wo wird bezahlt?

Liefer- und Zahlungsbedingungen sollten immer eindeutig geregelt werden.

Oft werden auch die sogenannten **Nebenleistungen** des Verkäufers geregelt. Sie betreffen z. B. den Aufbau gelieferter Möbel und Kücheneinrichtungen, die Montage von Produktionsmaschinen oder die Einschulung in Computerprogramme.

Außerdem werden häufig **sonstige Vereinbarungen** in die **allgemeinen Geschäftsbedingungen (AGB)** des Verkäufers aufgenommen.

2 Die Lieferbedingungen

Die Lieferbedingungen regeln den Liefertermin, den Lieferort sowie den Kosten- und den Risikoübergang bei der Lieferung.

Lieferbedingungen

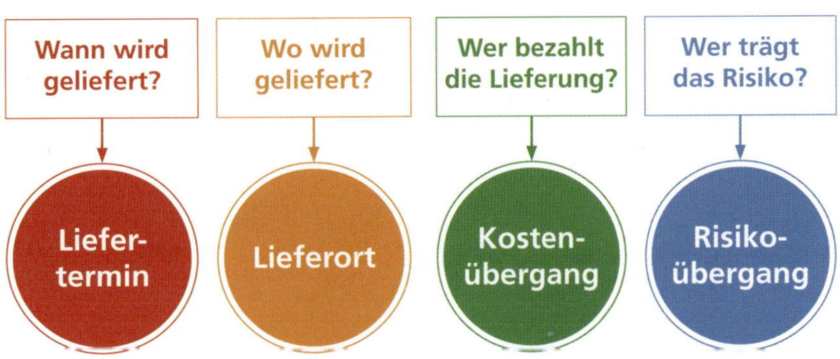

4 Der Kaufvertrag

Liefertermin – Erfüllungszeit der Lieferung

Liefertermin

Der Liefertermin ist der **Zeitpunkt, an dem der Verkäufer die Ware an den Käufer übergeben muss.**

Liefertermine in Kaufverträgen

Wurde im Kaufvertrag **kein Liefertermin vereinbart**, gilt **sofortige Lieferung (Promptgeschäft).**

Mögliche Vereinbarungen einer **späteren Lieferung** im Kaufvertrag sind:

Das Termingeschäft wird oft auch als Zeitgeschäft bezeichnet.

- **gewöhnliches Termingeschäft:** Es wird kein fixer Liefertermin vereinbart. Der Verkäufer verpflichtet sich aber, innerhalb einer angemessenen Frist zu liefern (z. B. „Lieferung innerhalb einer Woche" oder „Lieferung in Kalenderwoche 45").
- **Fixgeschäft:** Ein Fixgeschäft wird z. B. bei Hochzeiten oder Geschäftseröffnungen vereinbart. Der Verkäufer verpflichtet sich, zu diesem Termin fix zu liefern (z. B. „Lieferung am 31. Mai 20.. fix" oder „zur Büroeröffnung am 4. Juni um 17:00 Uhr"). Das heißt, entweder muss das Wort „fix" vorkommen oder die Tatsache, dass es sich um ein Fixgeschäft handelt, ergibt sich aus dem Zusammenhang.

SbX **Ü 4.11 mit automatischer Aufgabenkontrolle. ID: 1421**

Ü 4.11: Gewöhnliches Termingeschäft oder Fixgeschäft? B

Kreuzen Sie in den folgenden Fällen an, ob es sich um ein gewöhnliches Termingeschäft oder um ein Fixgeschäft handelt. Begründen Sie bitte Ihre Entscheidung!

Vereinbarter Liefertermin	Gewöhnliches Termingeschäft	Fixgeschäft	Begründung
Lieferung eines Bücherregals in der 36. Woche			
Lieferung von Regalen für eine Geschäftseinrichtung am 30. Juni fix			
Lieferung von Brötchen für eine Party am 30. Juni			
Lieferung von Tassen und Gläsern an ein Kaffeehaus bis Ende Juni			

Die Möglichkeit des **„Sukzessivkaufs"** haben Sie schon beim **Spezifikationskauf** kennengelernt.

Ein Sonderfall des Termingeschäfts ist der **Kauf auf Abruf.** Der Liefertermin wird im Kaufvertrag nicht genau festgelegt. Der Käufer erhält das Recht, die Ware innerhalb einer bestimmten Frist abzurufen (z. B. Lieferung auf Abruf bis Ende des Jahres).

Sonderregelung für Warenzusendungen an Konsumenten:

Innerhalb von höchstens 30 Tagen müssen zugesendet werden:

- in einem Onlineshop bestellte Waren (B2C)
- im traditionellen Versandhandel bestellte Waren (z. B. Quelle)

Die Frist kann vertraglich abgeändert werden.

Lieferort – Erfüllungsort der Lieferung

Lieferort

Der Lieferort ist **der Ort, an dem der Verkäufer dem Käufer die Ware übergeben muss.**

Ist der Lieferort im Kaufvertrag nicht geregelt, gilt die Handelsniederlassung des Verkäufers als Liefer- bzw. Erfüllungsort. Der Verkäufer ist verpflichtet, die Ware für den Käufer zur Abholung bereitzustellen.

Die Übergabe kann auf unterschiedliche Weise erfolgen:

- **körperlich:**
  Die Ware wird dem Käufer (oder dessen Bevollmächtigtem) tatsächlich übergeben.
- **elektronisch:**
  Herunterzuladende Waren und Güter (d. h. digitale Produkte und Informationen) werden durch den Download direkt über das Internet übergeben (z. B. Software, Bilder, Musik, Filme, Inhalte aus Datenbanken). Sie gelten mit der erfolgreichen Beendigung des Downloads auf den PC des Käufers als übergeben.
- **symbolisch:**
  Es werden nur die Papiere übergeben, die den Käufer berechtigen, über die Ware zu verfügen (z. B. Lagerschein, Frachtpapiere).

Am Erfüllungsort geht das **Eigentum der Ware** vom Verkäufer auf den Käufer über (Eigentumsübergang), d. h., der Käufer kann von der Übergabe an frei über die Ware verfügen.

Meist ist der Erfüllungsort auch der **Gerichtsstand,** d. h., am Erfüllungsort kann im Streitfall geklagt werden und es gilt das Recht des Erfüllungsorts.

Kostenübergang

Wird der Kostenübergang nicht gesondert vereinbart, so **trägt der Verkäufer alle Kosten** (Transportkosten, Lagerkosten, Versicherungskosten etc.) **bis zur Übergabe am Erfüllungsort.** Der Ort des Kostenübergangs kann jedoch gesondert vereinbart werden (vgl. den folgenden Text zu Kaufvertragsklauseln).

Risikoübergang

Mit der Übergabe der Ware am Liefer- bzw. Erfüllungsort geht **mit dem Eigentum der Ware auch das Risiko an den Käufer über.** Wird die Ware nach der Übergabe auf dem weiteren Transport beschädigt oder verdirbt sie, trägt das Risiko dafür der Käufer (vgl. den folgenden Text zu Kaufvertragsklauseln).

Kaufvertragsklauseln

Kaufvertragsklauseln sind Kurzformulierungen zur Regelung der Lieferbedingungen.

Kaufvertragsklauseln klären eindeutig, wo die **Kosten des Transports** auf den Käufer übergehen. Außerdem regeln sie, wo **das Eigentum** und damit **das Risiko,** dass die Sache beschädigt oder gestohlen wird, auf den Käufer übergehen. Die Bedeutung ist durch Usancen geregelt.

In diesem Abschnitt werden nur jene Klauseln besprochen, die im Inlandsgeschäft verwendet werden.

Grundsätzlich unterscheidet man **Einpunkt- und Zweipunktklauseln,** abhängig davon, ob die **Kosten** und das **Risiko** der Ware **an einem Ort oder an verschiedenen Orten** vom Verkäufer **auf den Käufer übergehen.**

Risiko- und Kostenübergang

Risiko- und Kostenübergang

an einem Ort (Einpunktklausel)

näher beim **Verkäufer**	näher beim **Käufer**
„ab"	**„frei"**
ab Lager (des Verkäufers)	frei Lager (des Käufers)
ab Station	frei Wien-West

an verschiedenen Orten (Zweipunktklausel)

„frachtfrei"

Eigentums- und Risikoübergang:
bei Übergabe an den ersten Frachtführer (z. B. Eisenbahn, Straßenfrächter)

Kostenübergang: beim genannten Ort
„frachtfrei Käufers Lager"
„frachtfrei Wien-West"

a) Einpunktklauseln

Kosten und Risiko der Ware gehen an einem Ort vom Verkäufer auf den Käufer über: z. B. „ab Lager", „frei Haus".

- **Lieferklausel „ab" („ex")**
  „Ab Werk" oder „ab Lager" ist die günstigste Regelung für den Verkäufer. Lieferort ist das Geschäft/Lager des Verkäufers, d. h., **der Käufer trägt die Kosten und das Risiko für den Transport** der Waren ab dem Geschäft/Lager des Verkäufers.

  Wird die Ware im Lager beschädigt, geht das zulasten des Verkäufers. Der Käufer trägt aber das Risiko, wenn die Ware auf dem Transport beschädigt wird.

- **Lieferklausel „frei" („free")**
  „Frei Haus" oder „frei Lager" ist die günstigste Regelung für den Käufer. Der Verkäufer muss die Kosten und das Risiko für den Transport der Waren bis zum genannten Ort tragen. Zerbricht z. B. während des Transports eine Glasplatte, geht das zulasten des Verkäufers.

Beispiel

Lieferklauseln „ab" und „frei":

Verkauf von E-Gitarren und Verstärkern

Verkäufer: Musikhandels GmbH, Graz **Käufer:** Music Entertainment GmbH, Linz

Die Kaufvertragsklauseln könnten z. B. lauten:
„ab Lager", „ab Station Graz", „frei Waggon, Graz", „frei Bahnhof Linz", „frei Haus"
Kosten- und Eigentumsübergang erfolgen immer am genannten Ort.

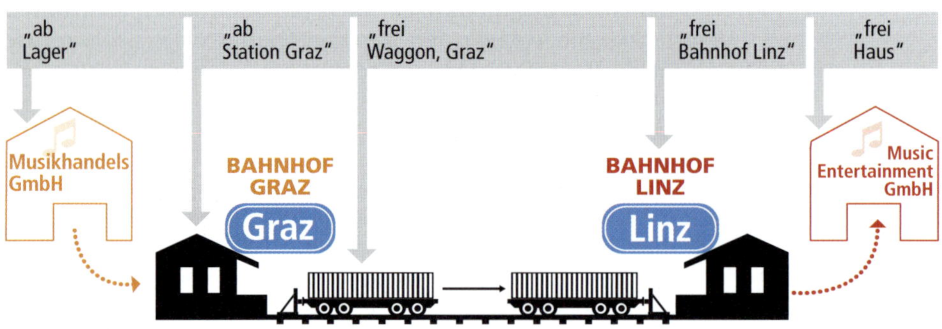

Anmerkungen:
Bei „frei Waggon, Graz" trägt der Verkäufer noch das Risiko und die Kosten der Waggonverladung.
Bei „frei Bahnhof Linz" trägt der Käufer bereits Kosten und Risiko der Entladung.

b) Zweipunktklauseln

Kosten und Risiko gehen an verschiedenen Orten vom Verkäufer auf den Käufer über.

- **Lieferklausel „frachtfrei"**
  Eigentum und Risiko gehen **bei Übergabe an den ersten Frachtführer** (z. B. Eisenbahn, Straßenfrächter) **auf den Käufer über.**

  Der Kostenübergang erfolgt beim genannten Ort (z. B. „frachtfrei Käufers Lager").

Beispiel

Lieferklausel „frachtfrei“:

Verkäufer: Musikhandels GmbH, Graz; Käufer: Music Entertainment GmbH, Linz;
Klausel: frachtfrei Bahnhof Linz

- **Eigentums- und Risikoübergang:** bei der Übergabe an den ersten Frachtführer
  Das heißt, werden die Waren mit eigenem Lkw zum Bahnhof gebracht, erfolgt der Eigentumsübergang bei der Übergabe an die Bundesbahn.
  Lässt man die Waren durch einen Straßenfrächter zum Bahnhof bringen, erfolgt der Eigentumsübergang schon bei der Übergabe an dieses Transportunternehmen.
- **Kostenübergang:** am genannten Bestimmungsort – Bahnhof Linz

Ü 4.12: Eigentums- und Kostenübergang bei Klausel „frachtfrei“ C

Ein Grazer Sportartikelhändler kauft von einer Salzburger Schifabrik 500 Paar Schi mit der Klausel „frachtfrei versichert, Graz Hauptbahnhof“.

Während des Transports wird ein Teil der Sendung gestohlen.

a) Wer muss sich mit der Bundesbahn bzw. mit der Versicherung wegen des Schadens auseinandersetzen?

b) Bei der Übernahme in Graz wird festgestellt, dass die Fracht noch nicht bezahlt wurde. Der Grazer Sportartikelhändler muss € 545,– an Frachtkosten nachzahlen. Was wird der Grazer machen?

c) Wer trägt die Kosten für die Zustellung vom Grazer Hauptbahnhof in das Lager des Sportartikelhändlers?

d) Wo geht das Eigentum an der Ware vom Verkäufer auf den Käufer über?

Die Verpackung

Die Verpackung der Ware ist oft ein wesentlicher Bestandteil der ordnungsgemäßen Lieferung. Verpackungen haben wichtige Funktionen, sie belasten aber auch die Umwelt und verteuern die Produkte.

a) Funktionen der Verpackung: Wozu werden Waren verpackt?

- Schutz der Ware
  - gegen Einwirkungen von außen (Druck, Schlag, Stoß, Feuchtigkeit)
  - gegen Verlust (z. B. durch Ausrinnen)
- **Erhöhung der Transport- und Lagerfähigkeit**
  - durch Verpackungen, die ohne Umpacken von Haus zu Haus geliefert werden können
  - durch Verpackungen, die platzsparend gelagert werden können
- **Erhöhung der Verkaufsfähigkeit („Aufmachung“)**
  - z. B. durch Geschenkpackungen, Klarsichtpackungen, Mehrzweckpackungen (Packung kann auch für andere Zwecke verwendet werden – z. B. Geschenkkorb.)

b) Wie wird die Verpackung im Kaufvertrag geregelt?

- Art der Verpackung
  Viele Waren müssen für die Lieferung gegen Schäden durch Druck, Schlag oder Stoß besonders geschützt werden. Dafür sorgt eine sichere Verpackung. Empfindliche Geräte werden z. B. in der Kartonverpackung durch Styropor- oder Pappschablonen besonders geschützt. Glaswaren oder Porzellan können durch Styroporflocken oder anderes Füllmaterial gegen Bruch gesichert werden.

Beispiele

- seetüchtige Verpackungen für die Versendung von optischen Spezialgeräten
- stoß- und schlagsichere Verpackung für die Versendung von Porzellan mit der Bahn

In solchen Fällen sollte die Verpackung im Kaufvertrag gesondert geregelt werden.

Wurde im Kaufvertrag nichts vereinbart, so hat der Verkäufer die Verpackung „mit der Sorgfalt eines ordentlichen Unternehmers" auszuwählen. Das heißt, er darf nicht eine beliebige Verpackung wählen, sondern eine, die mit hoher Wahrscheinlichkeit ausreichenden Schutz bietet.

- Kosten der Verpackung
  Rechtlich muss der Käufer die Verpackung immer dann bezahlen, wenn keine besondere Vereinbarung getroffen wurde.
  In der Praxis ist die Verpackung meist im Preis inbegriffen.

c) Verpackungen aus ökologischer Sicht

Auch wenn Verpackungen z. T. wichtige Funktionen erfüllen und daher aus betriebswirtschaftlicher Sicht sinnvoll sind, sind sie aus ökologischer Sicht sehr kritisch zu betrachten.

- hoher Anteil von Kunststoffen bei der Verpackung
  Kunststoffe können leicht verarbeitet werden und sind gut formbar. Sie können daher genau der Form der Ware angepasst werden, die Verpackungen sind daher klein und leicht. Bei transparentem Kunststoff ist die Ware außerdem gut sichtbar und trotzdem durch die Verpackung gut geschützt. Aus Sicht des Umweltschutzes wäre ein höherer Anteil von Papier- (Karton-) und Glasverpackungen wünschenswert.
- fabriksverpackte Ware statt Verpackung durch den Einzelhändler
  Viele Waren werden nicht mehr im Geschäft verpackt, sondern bereits in Fabriksverpackung weiterverkauft, z. B. Fleisch, Wurst und Käse. So kann der Einzelhändler Kosten bei der Bedienung der Kunden sparen, die Kunden können rascher einkaufen und erhalten hygienisch und sicher verpackte Ware. Dafür haben sie weniger Wahlmöglichkeiten im Hinblick auf die Menge als in der persönlichen Bedienung.
- hoher Anteil von Einwegverpackungen
  Mehrwegverpackungen (z. B. Pfandflaschen) sparen Rohstoffe und verringern den Abfall. Dafür fallen Kosten für den Rücktransport und die Reinigung an. Einwegverpackungen sind häufig aus Kunststoff und damit auch leichter als z. B. Glas. Die meisten Getränke sind in Packungen oder Kunststoffflaschen abgefüllt.

Als Konsument können Sie wesentlich zur Reduktion der Müllberge beitragen.

d) Verpackungsverordnung

Die Verordnung über die Vermeidung und Verwertung von Verpackungsabfällen (VerpackVO) von 1996 legt eine **Rücknahmeverpflichtung von Verkaufs-, Um- und Transportverpackungen** fest. Es besteht die **Verpflichtung,** die zurückgenommenen **Verpackungen** entweder **wiederzuverwenden oder zu verwerten.**

Für **Letztverbraucher** besteht eine **Rückgabepflicht,** die aber nur selten eingehalten wird.

Nebenleistungen des Verkäufers

Zur Erfüllung eines Kaufvertrags durch den Verkäufer können bestimmte Nebenleistungen gehören. Die Nebenleistungen werden im Kaufvertrag geregelt. Sie können im Preis enthalten oder mit einem gesonderten Preis verrechnet werden.

Beispiele

- Aufbau von Möbeln, die in Teilen geliefert werden
- Einbau und Anschluss von Küchengeräten (Kühlschrank, Herd)
- Mitnahme von Altgeräten (defekte Waschmaschine)
- Montage von Produktionsmaschinen
- Erläuterung der wichtigsten Funktionen beim Autokauf

3 Die Zahlungsbedingungen

Wenn die Waren nicht gleich bezahlt und mitgenommen werden, müssen zusätzlich zu den Lieferbedingungen auch die Zahlungsbedingungen vereinbart werden. Die Zahlungsbedingungen umfassen den Zahlungstermin und den Zahlungsort.

Zahlungsbedingungen

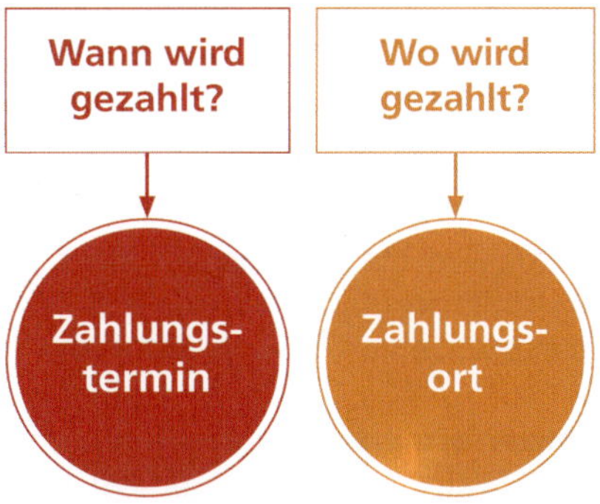

Zahlungstermin – Erfüllungszeit der Zahlung

Es wird zwischen der **Vorauszahlung,** der **Sofortzahlung (prompte Zahlung)** und der **späteren Zahlung (Kauf auf Ziel)** unterschieden. Zusätzlich gibt es Sonderformen der Zahlung wie **Anzahlung** und **Ratenzahlung.**

a) Vorauszahlung

Volle Vorauszahlung des Kaufpreises kommt z. B. fast immer im **Onlineshopping** vor.

Beispiel

- Bezahlt wird mit der Kreditkarte direkt beim Einkauf, die Waren werden daran anschließend zugesendet; allerdings erfolgt auch die tatsächliche Abbuchung des bezahlten Betrags vom Konto des Käufers erst nach einiger Zeit mit der Monatsrechnung.

b) Prompte Zahlung (Kassakauf)

Prompte Zahlung kann der Verkäufer verlangen, wenn der Zahlungszeitpunkt vertraglich nicht vereinbart wurde.

In der Wirtschaftspraxis werden Geschäfte gegen prompte Zahlung (Kassageschäfte) auf zwei Arten abgewickelt:

- **Zahlung Zug um Zug bei Übergabe der Ware**

Beispiele

- Sie kaufen bar Semmeln beim Bäcker = Barkauf im Geschäft des Verkäufers.
- Sie haben telefonisch Pizza bestellt und bezahlen beim Pizzaboten = Zustellung durch den Verkäufer oder dessen Personal mit sofortigem Inkasso.
- Sie haben beim Versandhaus T-Shirts bestellt und bezahlen an den Postboten = Zustellung durch einen Dritten gegen Nachnahme, d. h., die Ware wird nur ausgefolgt, wenn der „Nachnahmebetrag" bezahlt wird.

- **prompte Zahlung nach Übersendung der Rechnung**
  Es handelt sich in diesem Fall nicht mehr um ein Kassageschäft im engeren Sinn, da bei Lieferung nicht bezahlt wird. Die Rechnung langt entweder mit der Sendung beim Käufer ein oder sie kommt (oft erheblich) später.

  Die Rechnung trägt dann den Vermerk „zahlbar sofort nach Erhalt", „zahlbar innerhalb von 8 Tagen" oder Ähnliches.

4 Der Kaufvertrag

c) Spätere Zahlung (Zielkauf)

Der Zielkauf ist zwischen Unternehmen gängige Praxis.

Vereinbart werden **Zielfristen** wie „zahlbar innerhalb von 30 Tagen nach Lieferung", manchmal auch „zahlbar innerhalb von … Tagen ab Rechnungsdatum".

Der **Verkäufer** trägt Dubiosen- und Geldwertrisiko, Zinsaufwand und Verwaltungsaufwand. Der **Käufer** erhält zusätzliche Fremdfinanzierung.

Zielfristen bei späterer Zahlung hängen weitgehend von der Branche ab. In manchen Branchen können die Zielfristen sogar Jahre betragen (z. B. für Investitionsgüter wie Kraftwerksanlagen).

- **Kassafrist (Kassarespiro)**
  Häufig wird die Zahlung auf Ziel mit der Angabe eines Kassarespiros (Kassafrist) verknüpft. Innerhalb der Kassafrist (meist 8 oder 14 Tage) kann der Käufer mit Skontoabzug (meist 2 oder 3 %) zahlen.

d) Sonderformen

- **Anzahlung**
  Der Kaufpreis wird teilweise im Voraus bezahlt (vgl. Vorauszahlung).

  Vorteile für den Verkäufer:

  - teilweise Finanzierung durch den Käufer
  - gewisse Sicherheit, dass der Käufer die Ware übernehmen wird

  Wird der Vertrag aus Verschulden des Verkäufers nicht erfüllt, muss er die Anzahlung zurückgeben. Übernimmt der Käufer die Ware aus seinem Verschulden nicht, so hat es der Verkäufer leichter, Schadenersatz zu bekommen. Der Verkäufer muss jedoch jenen Teil der Anzahlung zurückgeben, der den nachgewiesenen Schaden übersteigt.

- **Angeld**
  Wird eine teilweise Vorauszahlung des Kaufpreises ausdrücklich als Angeld bezeichnet, so hat dies folgende Rechtswirkung:

  - Übernimmt der Käufer aus seinem Verschulden die Ware nicht, so verbleibt das Angeld beim Verkäufer.
  - Liefert der Verkäufer aus seinem Verschulden nicht, so muss er dem Käufer den doppelten Betrag des Angelds zurückerstatten.

Ratenzahlung und Teilzahlung

In manchen Fällen besteht die Möglichkeit, den **Kaufpreis in Teilbeträgen bzw. in Raten zu bezahlen** (z. B. im Versandhandel, beim Möbelkauf). Damit soll auch solchen Personen, die zum Zeitpunkt des Kaufvertragsabschlusses nicht über ausreichend Geld verfügen, **wie bei einem Kredit** der Abschluss eines Kaufvertrags ermöglicht werden.

Das **Verbraucherkreditgesetz (VKrG)** soll Konsumenten vor unüberlegten Ratengeschäften schützen. Es kommt zur Anwendung, wenn ein Unternehmer einem Konsumenten einen Kredit gewährt, zum Beispiel in Form einer Vereinbarung von Ratenzahlungen.

Das VKrG beinhaltet Bestimmungen zu

- umfassenden **Informationspflichten** des Kreditgebers (Verkäufers), **bevor** eine Ratenvereinbarung abgeschlossen wird (z. B. wie hoch die Belastungen des Käufers durch die Raten sein werden),
- den **Angaben, die jedenfalls in den Ratenvereinbarungen** enthalten sein müssen (siehe gelber Kasten auf der nächsten Seite),
- dem **Rücktrittsrecht des Käufers** von der Ratenvereinbarung,
- der **Prüfung der Kreditwürdigkeit** des Käufers durch den Kreditgeber (Verkäufer),
- der **Werbung für Ratenvereinbarungen.**

Das VKrG gilt nur für Kredite mit einem **Gesamtkreditbetrag von zumindest 200 Euro und einer Gesamtlaufzeit von mehr als 3 Monaten.** Die **Bestimmungen des VKrG sind zwingend,** d. h., sie dürfen nicht zum Nachteil des Konsumenten vertraglich abgeändert werden.

Zwingende Angaben bei Ratengeschäften

Folgende Angaben muss die Ratenvereinbarung jedenfalls enthalten:

- Sollzinssatz (z. B. 19,8 % pro Jahr, 19,8 % p. a.)
- effektiver Jahreszinssatz: Muss der Käufer neben den Sollzinsen noch weitere Kosten tragen (Gebühren), dann sind alle Kosten der Ratenzahlung als Jahreszinssatz auszudrücken, z. B. 21,7 % p. a.
- Gesamtbetrag, der zu bezahlen ist: z. B. Kaufpreis € 299,90, Kaufpreis mit Raten: € 373,08
- Anzahl und Höhe der Raten: 26 Monatsraten, 1. bis 25. Rate € 14,00, 26. Rate € 23,08
- Angaben zu den Bedingungen über die Änderungen des Sollzinssatzes und sonstiger Entgelte
- Angaben zum Recht auf vorzeitige Rückzahlung oder zum Anspruch auf Entschädigung

Rücktrittsrecht des Käufers

Der Konsument kann von einem Kreditvertrag und damit auch von einer Ratenzahlungsvereinbarung innerhalb von 14 Tagen ohne Angabe von Gründen zurücktreten. Die Frist für die Ausübung des Rücktrittsrechts beginnt grundsätzlich mit dem Tag zu laufen, an dem der Vertrag über die Ratenzahlung abgeschlossen wurde. Der Rücktritt muss nicht schriftlich erfolgen, aus Beweisgründen ist die Schriftform jedoch ratsam.

Schuldforderung des Verkäufers bei Zahlungsverzug

Ratenzahlungen müssen pünktlich erfolgen.

Der Kreditgeber kann sich in der Ratenvereinbarung das Recht vorbehalten, die gesamte noch ausstehende offene Schuld zu fordern („Terminsverlust"), wenn der Konsument mit einer Ratenzahlung mindestens sechs Wochen in Verzug ist. Dazu muss der Kreditgeber dem Konsumenten den Terminsverlust androhen und eine Nachfrist von zumindest zwei Wochen für die offene Ratenzahlung setzen.

Ü 4.13: Ratenzahlung – gesetzliche Bestimmungen D

Gerda, Studentin, kauft bei einem Möbelhändler eine Sitzgarnitur auf Raten. In der schriftlichen Ratenvereinbarung finden sich neben der Adresse der Käuferin und des Verkäufers und der genauen Beschreibung der Sitzgarnitur nur noch folgende Angaben:

- Preis inkl. USt € 1.800,–
- Zahlungsbedingungen: Anzahlung € 200,–
- 72 Monatsraten zu je € 32,–

Gegen welche Bedingungen des Verbraucherkreditgesetzes wird verstoßen?

Zahlungsort – Erfüllungsort der Zahlung

Zahlungsort

Der Erfüllungsort der Zahlung ist **der Ort, an dem der Käufer Zahlung zu leisten hat.** Dieser **Zahlungsort ist der Wohnort bzw. der Geschäftssitz des Verkäufers.**

Geldschulden sind Bringschulden. Der Käufer (Schuldner) muss daher dafür sorgen, dass der Geldbetrag am Fälligkeitstag beim Verkäufer (Gläubiger) eingelangt ist.

Regelung für Unternehmer und Regelung für Konsumenten

- Diese Regelung gilt, wenn der Käufer (Schuldner) Unternehmer ist. In diesem Fall sollte die Überweisung schon ein paar Tage vor dem Fälligkeitstag veranlasst werden.
- Eine **Ausnahme besteht bei Verbrauchergeschäften.** Ist der Käufer (Schuldner) Konsument, reicht es, wenn er am Fälligkeitstag eine **Überweisung** tätigt, auch wenn die Gutschrift auf dem Konto des Zahlungsempfängers (Verkäufers) erst ein paar Tage später erfolgt.

Wann eine Rechnung fällig ist, wird in der Regel beim Abschluss des Kaufvertrags vereinbart und ist oft **auf der Rechnung** selbst **vermerkt:**

- Lautet die Regelung auf einen bestimmten Tag (z. B. „fällig am 31. August 20 . ."), dann kann die Fälligkeit eindeutig bestimmt werden.
- Lautet die Vereinbarung z. B. „fällig nach Rechnungserhalt", dann ist oft unklar, an welchem Tag die Rechnung tatsächlich fällig wird. Der Verkäufer kann auch nicht wissen, an welchem

Der Erfüllungsort der Zahlung ist meist auch der Gerichtsstand, bei dem im Streitfall geklagt werden kann.

Tag der Käufer die Rechnung tatsächlich erhalten hat. Für gewöhnlich gilt in solchen Fällen die Rechnung spätestens 2–4 Tage nach Erhalt der Rechnung als fällig.

- Auch „zahlbar innerhalb von 14 Tagen" könnte als Zahlungsbedingung vereinbart sein. Diese 14-Tage-Frist bezieht sich in der Regel auch auf den Erhalt der Rechnung.

Bei einer Überweisung muss der Käufer (Schuldner) die Überweisungskosten (z. B. Überweisungsspesen) bezahlen.

4 Sonstige Vertragsbestandteile und das „Kleingedruckte"

Sonstige Vertragsbedingungen

Häufig werden in den Kaufvertrag Vertragsbedingungen aufgenommen, die die Vertragserfüllung durch den Käufer bzw. durch den Verkäufer begünstigen sollen. Wichtige „sonstige Vertragsbedingungen" sind:

- **Eigentumsvorbehalt**
  Wird eine Ware mit Eigentumsvorbehalt verkauft, so kann der Käufer sie zwar benützen, sie bleibt jedoch weiterhin Eigentum des Verkäufers.

  Der Eigentumsvorbehalt dient zur Sicherung der Forderung bei Zielverkäufen.

  Der Eigentumsvorbehalt erlischt,
  - wenn die Ware vom Käufer weiterverkauft wird oder
  - wenn die Ware verarbeitet wird (z. B. Stoffe zu Kleidern, Holz zu Möbeln).

- **Umtauschrecht**
  Grundsätzlich besteht kein Umtauschrecht, d. h., ein Umtauschrecht muss vereinbart werden.

  Bei Geschäften mit Konsumenten wird jedoch meist im „Kulanzweg" (sozusagen als Kundendienst) umgetauscht.

  Manchmal wird der Umtausch ausdrücklich ausgeschlossen (z. B. bei Ausverkaufsware).

- **Konventionalstrafen (Pönale)**
  Ist die genaue Einhaltung des Vertrags für den Käufer (Auftraggeber) besonders wichtig, so wird ein Pönale vereinbart (z. B. wenn eine Geschäftseinrichtung rechtzeitig geliefert werden soll, wenn Bauarbeiten pünktlich fertiggestellt werden sollen).

  Der Verkäufer (Leistende) muss das Pönale bezahlen und den Vertrag trotzdem erfüllen.

  Das Pönale ist ein pauschalierter Schadenersatz. Das heißt, der Käufer muss nicht nachweisen, dass ihm ein Schaden entstanden ist, er erhält auf jeden Fall das Pönale, wenn der Verkäufer (der Leistungsverpflichtete) nicht rechtzeitig oder nicht vertragsgerecht liefert.

  Erscheint dem Verkäufer das vereinbarte Pönale zu hoch, so kann er bei Gericht „Mäßigung" beantragen.

- **Stornogebühr (Reuegeld)**
  Manchmal wird in Verträgen vereinbart, dass die Vertragspartner gegen Zahlung eines Reuegelds („Stornogebühr") vom Vertrag zurücktreten können. Das heißt, es ist nur das Reuegeld zu bezahlen, der Vertrag muss jedoch nicht mehr erfüllt werden.

  Erscheint dem Verkäufer das vereinbarte Reuegeld zu hoch, so kann er bei Gericht „Mäßigung" beantragen.

- **Verzugszinsen**
  Zahlt der Käufer nicht rechtzeitig, darf der Verkäufer den Käufer zusätzlich zur offenen Rechnung mit Verzugszinsen belasten. Der Zahlungsverzug durch den Käufer wird in Kapitel 5, Lerneinheit 4 besprochen.

- **Gewährleistung und Garantie (Hinweis)**
  Gewährleistung und Garantie regeln die Rechtsansprüche des Käufers bei Lieferung einer mangelhaften Ware. Gewährleistungs- und Garantieansprüche werden in Kapitel 5, Lerneinheit 3 im Zusammenhang mit der Lieferung mangelhafter Ware besprochen.

Allgemeine Geschäftsbedingungen (AGB)

Allgemeine Geschäftsbedingungen

Allgemeine Geschäftsbedingungen sind **vorformulierte Bedingungen,** die **für alle Verträge** gelten, die ein Unternehmen mit seinen Partnern abschließt.

Bei vielen Verträgen sind **allgemeine Geschäftsbedingungen (AGB)** Vertragsbestandteil. Sie müssen **ausdrücklich in den Vertrag aufgenommen** werden. Häufig finden sie sich „klein gedruckt" auf der Rückseite von Bestellscheinen, Rechnungen oder in der Beilage zu Verträgen.

- Beim Onlineshopping muss der Käufer auf die AGB besonders hingewiesen werden. Die AGB können
  - direkt im Bestellformular stehen (der Käufer kann dann durch den Text durchscrollen) oder
  - durch Anklicken eines entsprechenden Links im Bestellformular am Bildschirm erscheinen.

Die allgemeinen Geschäftsbedingungen sind häufig so abgefasst, dass dem Vertragspartner möglichst viele Pflichten aufgebürdet werden und dem eigenen Unternehmen möglichst viele Rechte bleiben. Deshalb ist es sehr wichtig, die AGB auch tatsächlich zu lesen, bevor man einen Kaufvertrag abschließt!

Beispiele

- Aus einem Kaufvertrag über ein Auto:
  Der Käufer kann bei einer Lieferverzögerung, soweit sie acht Wochen nicht überschreitet, vom Vertrag nicht zurücktreten und auch keinen wie immer gearteten Schadenersatz geltend machen.
- Aus einer Buchungsbestätigung für eine Reise:
  Erfolgt der Rücktritt vom Reisearrangement bis 30 Tage vor Reiseantritt, so ist eine Stornogebühr von 30 % zu bezahlen. Erfolgt der Rücktritt bis 10 Tage vor Reiseantritt, beträgt die Stornogebühr 60 %. Erfolgt der Rücktritt später, ist der volle Reisepreis zu bezahlen. Macht der Reisende eine Ersatzperson namhaft, ist eine Umbuchungsgebühr von 15 % zu entrichten.

Die allgemeinen Geschäftsbedingungen dürfen nicht völlig unüblich (außergewöhnlich) sein, sonst sind sie nicht gültig.

Welche Bedingungen der AGB zulässig sind und welche z. B. „gegen die guten Sitten" verstoßen, ist ein schwieriges rechtliches Problem, das nur im Einzelfall entschieden werden kann.

Ü 4.14: Gültigkeit von AGB C

In den allgemeinen Geschäftsbedingungen einer Firma, die Haushalt-Öltanks verkauft, findet sich folgende Bestimmung: „Die Firma haftet nicht für Schäden, die durch das Auslaufen von Heizöl infolge von Fehlern im Material oder in der Verarbeitung entstehen."

Ein privater Käufer hat durch Unterschrift zur Kenntnis genommen, dass für die Lieferung des Öltanks die AGB des Lieferanten gelten. Er hat die AGB jedoch nicht gelesen.

Ist diese Bestimmung gültig?

Ü 4.15: Eigentumsvorbehalt C

Eine Ware wurde am 25. Oktober geliefert. Am 16. November traf die Rechnung beim Käufer ein. Auf dieser entdeckt der Käufer eine Klausel über einen Eigentumsvorbehalt an der gelieferten Ware. Es war weder bei mündlichen Vertragsverhandlungen noch in irgendeiner Weise schriftlich ein Eigentumsvorbehalt vereinbart worden.

Ist die Klausel wirksam?

Ü 4.16: Umtausch von Ware C

Sie kaufen im Sommerschlussverkauf ein T-Shirt. Auf dem Kassazettel ist aufgestempelt „Umtausch ausgeschlossen". Sie sind der Meinung, Sie können trotzdem im Verlauf der nächsten drei Tage umtauschen.

a) Haben Sie recht?
b) Wie wäre die Rechtslage, wenn der Stempelaufdruck nicht auf dem Kassazettel wäre?

Üben

SbX ID: 1422

A B C D E

SbX
Ü 4.17
mit automatischer Aufgabenkontrolle.
ID: 1422

Ü 4.17: Kaufvertragsklausel C

Eine Gemüsekonservenfabrik in Wels liefert eine Sendung Delikatessgurken in Gläsern per Bahnfracht nach Klagenfurt.

Die Sendung wird mit eigenem Lkw zum Bahnhof Wels gebracht.

Die Kaufvertragsklausel lautet „frachtfrei Klagenfurt Hauptbahnhof".

Auf dem Bahntransport werden, vermutlich durch Nachlässigkeit, alle Gläser in einer Kiste zerbrochen.

Beantworten Sie zu diesem Beispiel die folgenden Fragen:

a) Wo erfolgt der Eigentumsübergang? (Bitte kreuzen Sie an.)
   - ☐ bei Verlassen des Lagers in Wels
   - ☐ bei Übergabe an die Bahn in Wels
   - ☐ nach Ankunft der Ware in Klagenfurt
   - ☐ bei der Einfahrt in das Lager in Klagenfurt

b) Wer muss sich mit den Bundesbahnen über das Verschulden beim aufgetretenen Schaden auseinandersetzen?

   ☐ Käufer ☐ Verkäufer

   Begründen Sie Ihre Antwort!

c) Wer trägt die Transportkosten?

   bis zum Bahnhof Wels:

   ☐ Käufer ☐ Verkäufer

   für die Bahnfracht:

   ☐ Käufer ☐ Verkäufer

   vom Bahnhof Klagenfurt bis zum Lager:

   ☐ Käufer ☐ Verkäufer

Ü 4.18: AGB, Liefer- und Zahlungsbedingungen beim Onlineshopping C

Die HAK-Schülerin Petra Zweimaier bestellt mit Zustimmung ihres Vaters in einem Onlineshop einen DVD-Rekorder um € 480,–. Die Bestellung wird elektronisch bestätigt.

a) In welcher Form werden Petra Zweimaier vermutlich die allgemeinen Geschäftsbedingungen des Onlineshops zu Kenntnis gebracht?

b) Innerhalb welcher Zeit muss die Lieferung erfolgen, wenn keine besonderen Vereinbarungen getroffen wurden?

c) Reicht es aus, wenn der Onlineshop im Ratenbrief den Kassapreis, die Anzahlung, die Anzahl und die Höhe der Raten, den Sollzinssatz und den Gesamtbetrag angibt, oder muss auch der effektive Jahreszinssatz des Ratenkredits angegeben werden?

Ü 4.19: Liefer- und Zahlungsbedingungen, Reuegeld und Pönale C

Schlossermeister Zweimaier vergrößert sein Unternehmen. Er bestellt bei der Technika Handels GmbH verschiedene neue Maschinen zur Metallverarbeitung. Als Liefertermin wird im Kaufvertrag die 26. Woche festgelegt. Als Zahlungstermin wurde vereinbart: „8 Tage ab Rechnungsdatum abzüglich 3 % Skonto oder innerhalb von 60 Tagen netto Kassa".

a) Kann sich Herr Zweimaier darauf verlassen, dass er die Werkzeuge tatsächlich in der 26. Woche erhält?

b) Wie hätte man den Liefertermin vereinbaren müssen, um die Sicherheit der rechtzeitigen Lieferung zu erhöhen?

c) Welche zusätzlichen Vereinbarungen hätte man treffen können, damit die Sicherheit der rechtzeitigen Lieferung erhöht wird?

d) Nehmen Sie an, Herr Zweimaier benötigt die Maschinen dringend. Wäre die Vereinbarung eines Reuegelds im Kaufvertrag eine Lösung gewesen?

e) Unter welchen Umständen wäre es sinnvoll gewesen, wenn Herr Zweimaier die Maschinen nicht zu einem bestimmten Liefertermin, sondern auf Abruf bestellt hätte?

f) Der Betrieb von Herrn Zweimaier ist in Graz, die Technika Handelsgesellschaft hat ihren Sitz in Wien. Wer muss die Transportkosten von Wien nach Graz bezahlen, wenn im Kaufvertrag nichts vereinbart wurde?

g) Nehmen Sie an, es wurde die Klausel „frachtfrei Graz Hauptbahnhof" vereinbart. Auf dem Transport mit den Bundesbahnen wird eine Maschine beschädigt. Wer muss sich mit den Bundesbahnen über den Schadenersatz auseinandersetzen?

h) Das Rechnungsdatum ist der 28. Juni. Herr Zweimaier erteilt den Überweisungsauftrag am 4. Juli und zieht 3 % Skonto ab. Die Technika Handelsgesellschaft fordert den Skonto nach, weil der Betrag infolge einer Fehlbuchung durch die Bank erst am 12. Juli auf ihrem Konto eingetroffen ist. Ist die Technika Handelsgesellschaft im Recht?

i) Nehmen Sie an, der Gesamtpreis der Maschinen und Werkzeuge beträgt € 21.000,– (ohne USt). Herr Zweimaier vereinbart die Bezahlung in 24 Raten. Muss ein Ratenbrief ausgestellt werden?

j) Nehmen Sie an, im Kaufvertrag findet sich die Vereinbarung, dass die Ware bis zur vollständigen Bezahlung im Eigentum der Technika Handelsgesellschaft bleibt. Warum werden derartige Vereinbarungen getroffen?

Ü 4.20: Kosten für die Verpackung C

Ein Wiener Importeur von Heilmittelspezialitäten fragt in den USA um den Preis einer Spezialschlankheitsnahrung an. Der amerikanische Exporteur nennt einen Preis von USD 100,– pro Karton mit 50 Dosen. Es werden 100 Kartons bestellt.

Auf der Faktura werden USD 120,– für seetüchtige und feuchtigkeitsabweisende Verpackung gesondert berechnet.

Welche Aussage ist richtig? (Bitte anhaken!)

a) Die Forderung besteht zu Recht, da sich Preisangaben ohne weitere Vereinbarungen immer als Preis ohne Verpackung verstehen.

b) Die Forderung besteht zu Unrecht, da die Preiserstellung bei einem Überseegeschäft auf jeden Fall inklusive seetüchtiger Verpackung erfolgen muss.

c) Die Forderung wird zu Unrecht erhoben, da die Spezialverpackung vom Käufer nicht verlangt wurde.

SbX
W 4.21
mit automatischer Aufgabenkontrolle.
ID: 1422

Ü 4.21: Erfüllungsort der Zahlung B

Welche der folgenden Aussagen bezüglich des Erfüllungsorts der Zahlung sind richtig und welche sind falsch, wenn im Kaufvertrag keine Regelung getroffen wurde?
Stellen Sie die falschen Aussagen richtig!

a) Der Schuldner muss dem Gläubiger den Geldbetrag übersenden.

☐ Richtig ☐ Falsch, richtig ist:

b) Bei einem Verbrauchergeschäft (Käufer ist Konsument) gilt der Rechnungsbetrag nur dann als rechtzeitig gezahlt, wenn er am Fälligkeitstag beim Gläubiger einlangt.

☐ Richtig ☐ Falsch, richtig ist:

c) Überweisungsgebühren gehen zulasten des Schuldners.

☐ Richtig ☐ Falsch, richtig ist:

d) Als Zahlungsort gilt der Wohnort bzw. der Geschäftssitz des Schuldners.

☐ Richtig ☐ Falsch, richtig ist:

Ü 4.22: Kauf auf Raten C

Welche der folgenden Geschäfte unterliegen den Bestimmungen des Verbraucherkreditgesetzes? (Mehrfachlösungen möglich!)

a) Ein Elektrohändler verkauft an ein Hotel eine Waschmaschine gegen Anzahlung und 6 Raten.

b) Ein Hobbysportler kauft für sein privates Training Trainingsanzüge und Laufschuhe gegen Anzahlung und 6 Monatsraten.

c) Ein Fitnesstrainer kauft für seinen Unterricht Trainingsanzüge und Laufschuhe gegen Anzahlung und 6 Monatsraten.

d) Ein privater Briefmarkensammler kauft von einem anderen eine seltene Briefmarke gegen 10 Monatsraten.

Ü 4.23: Pönale C

In einem Kaufvertrag wird für den Fall, dass der Verkäufer nicht rechtzeitig liefert, ein Pönale von € 500,– vereinbart.

Da der Liefertermin überschritten wird, zahlt der Verkäufer das Pönale und erklärt den Vertrag für aufgelöst. Beantworten Sie die folgenden Fragen und begründen Sie Ihre Antwort!

a) Handelt der Verkäufer in diesem Fall völlig richtig?

b) Kann ein im Kaufvertrag vereinbartes Pönale herabgesetzt werden, auch wenn ein Vertragspartner dagegen ist?

Sichern

SbX ID: 1423

SbX ID: 1423

Im SbX finden Sie eine Sammelmappe mit Zusammenfassungen zu allen Kapiteln und Lerneinheiten.

Wissen

SbX ID: 1424

A B C D E

SbX ID: 1424

Möglichkeiten zur Kompetenzüberprüfung im SbX

Wiederholungsfragen	Aufgaben mit automatischer Aufgabenkontrolle	Einfache Fallbeispiele

W 4.11: Bedingungen für Liefertermin und Erfüllungsort A

W 4.12: Warenübergabe A

W 4.13: Kaufvertragliche Regelung des Erfüllungsorts B

W 4.14: Termingeschäft und Fixgeschäft A

W 4.15: Klauseln „ab Lager" und „frei Lager" A

W 4.16: Risikoübergang bei der Klausel „frachtfrei" A

W 4.17: Erfüllungsort der Zahlung A

W 4.18: Bedeutung des Erfüllungsorts der Zahlung B

W 4.19: Kosten der Zahlung A

W 4.20: Angeld und Anzahlung B

W 4.21: Gerichtsstand A

W 4.22: Anzahlung B

W 4.23: Verbraucherkreditgesetz B

W 4.24: Funktionen der Verpackung B

W 4.25: Allgemeine Geschäftsbedingungen A

W 4.26: Gültigkeit von allgemeinen Geschäftsbedingungen B

W 4.27: Eigentumsvorbehalt A

W 4.28: Umtausch A

W 4.29: Reuegeld und Pönale B

W 4.30: Quiz: Liefertermin, Kosten- und Risikoübergang B

W 4.31: Quiz: Liefer- und Zahlungsbedingungen im Kaufvertrag B

W 4.32: Quiz: Die Verpackung im Kaufvertrag und sonstige Vertragsbestandteile B

W 4.33: Die Erfüllungszeit der Lieferung, der Liefertermin B

W 4.34: Die Klauseln im Kaufvertrag A

W 4.35: Lieferbedingungen B

W 4.36: Liefertermin und Zahlungstermin B

W 4.37: Fallbeispiel: Merkur GmbH Schuhgroßhandel (Kaufvertrag für Damenschuhe) D

W 4.38: Fallbeispiel: Copy Shop Zagl (Kaufvertrag sowie Renovierung und Einrichtung einer Filiale) D

Ein kurzer Kompetenz-Check, bevor's weitergeht!

Kompetenz-Check

	☺	😐	☹
Ich kann aufgrund der Kaufvertragsregelungen entscheiden, wo die Transportkosten und wo das Risiko vom Verkäufer auf den Käufer übergehen.			
Ich kenne die wichtigsten Funktionen der Verpackung.			
Ich kenne die Bedeutung von allgemeinen Geschäftsbedingungen für den Abschluss und die Erfüllung von Kaufverträgen.			
Ich kann erkennen und begründen, wann Kaufverträge gültig oder ungültig sind.			

Lerneinheit 3

Die Kommunikation des Unternehmens

SbX
Alle SbX-Inhalte zu dieser Lerneinheit finden Sie unter der ID: 1430.

Jedes Unternehmen hat Partner mit unterschiedlichen Anliegen und Interessen. Die Unternehmenskommunikation dient dem Austausch von Informationen mit den internen und externen Partnern des Unternehmens.

Gegenüber den externen Partnern gilt die Unternehmenskommunikation als gelungen, wenn das Selbstbild des Unternehmens mit den Eindrücken von Kunden und Lieferanten übereinstimmt. Dafür müssen die Botschaften des Unternehmens richtig formuliert und gestaltet sein.

Lernen

SbX ID: 1431

SbX
Bildschirmpräsentation zu den Inhalten dieser Lerneinheit unter der ID 1431.

1 Geschäftsbriefe

Vor dem Schreiben

Vor dem Schreiben von Geschäftsbriefen sind einige wichtige Fragen zu klären:

- Was wollen Sie mit Ihrem Brief erreichen?
- Mit welchen Argumenten überzeugen Sie den Empfänger?
- Mit welchen Gegenargumenten müssen Sie rechnen?
- Welche Bedeutung hat der Empfänger für das Unternehmen?

Je präziser die Fragen beantwortet werden können, desto einfacher ist es, einen Geschäftsbrief zu formulieren.

Beispiele

- Eine Bäckerei plant, einen neuen Kuchen anzubieten, und benötigt dafür Lieferanten für Schoko-Chips. Ziel ist es, möglichst viele günstige Angebote zu bekommen. Dies wird erreicht, indem einem möglichen Lieferanten gute Absatzchancen eröffnet werden.
- Da ein Schuhproduzent Visitenkarten für seine Mitarbeiterinnen und Mitarbeiter benötigt, hat er bei verschiedenen Herstellern um Angebote ersucht.

  Ziel der Visitenkartenhersteller wird es sein, den Schuhproduzenten von ihrem jeweiligen Angebot zu überzeugen. Dies wird erreicht, indem das Angebot für die Visitenkarten der Anfrage des Schuhproduzenten nach Visitenkarten möglichst genau entspricht oder sogar besser ist als das, was der Schuhproduzent erwartet.
- Eine Kundin beschwert sich, dass sie ein günstiges Angebot für eine Sonnenbrille nicht mehr erhalten hat, weil die Sonnenbrille bereits ausverkauft war. Ziel bei der Beantwortung dieser Beschwerde wird es sein, die verärgerte Kundin zu beschwichtigen und ihr eine Alternative anzubieten, die für sie attraktiv genug ist.

Bestandteile eines Briefes

Beim Schreiben von Geschäftsbriefen gibt es vieles zu beachten.

Neben der Beachtung der ÖNORM A1080 – „Richtlinien für die Textgestaltung" – ist bei der Erstellung eines Geschäftsbriefes auf die folgenden Bestandteile zu achten:

Briefkopf

- Unternehmensbezeichnung und Adresse, im Regelfall mit Logo
- Telefon- und/oder Faxnummer, Internet- und E-Mail-Adresse

Anschrift des Empfängers mit postdienstlichem Vermerk, Behandlungs- und Bearbeitungsvermerk

- **Postdienstliche Vermerke** geben an, wie der Brief befördert werden soll (z. B. Einschreiben, Priority).
- **Behandlungs- und Bearbeitungsvermerke** geben an, wie der Brief zu behandeln bzw. zu bearbeiten ist (z. B. dringend, persönlich, vertraulich, streng vertraulich).

Bezugszeichen

Bezugszeichen helfen z. B. bei späteren Rückfragen herauszufinden, wer den Brief geschrieben hat.

Formulierungen wie „Ihr Schreiben vom ..." oder „Stellungnahme" sind für den Betreff nicht ausreichend.

Betreff

Der Betreff soll **in kurzer Form auf den Inhalt des Schreibens hinweisen.** Das Wort Betreff wird nicht geschrieben.

Anrede

Ist der Ansprechpartner bekannt, wird er im Brief mit seinem Titel und Namen angesprochen. Ist der Ansprechpartner nicht bekannt, kann die Anrede weggelassen werden. Die allgemeine Anrede „Sehr geehrte Damen und Herren" sollte nach Möglichkeit nicht verwendet werden.

Brieftext

Der Brieftext soll dem Leser eine schnelle Orientierung bieten. Eine logische Gliederung und übersichtliche Anordnung der Inhalte ist daher wichtig. Das wird erreicht durch: Absätze, Fettschrift, Unterstreichen, Einrücken, Zentrieren, Aufzählungs- und Gliederungszeichen.

Ebenso wie das Layout, der Briefbeginn und der Brieftext ist auch das Briefende wichtig. („Der erste Eindruck entscheidet, der letzte Eindruck bleibt haften.")

Grußformel

Folgende Grußformeln sind üblich:

- Freundliche Grüße
- Mit freundlichen Grüßen

Unterschrift

Der Brief wird entweder eigenhändig oder im Auftrag einer anderen Person unterschrieben. Bei Geschäftsbriefen, die per E-Mail versendet werden, wird die Unterschrift oft eingescannt.

Beilagen

Die Beilagen werden am Ende des Briefes vermerkt. Dieser Vermerk ermöglicht es dem Leser, sofort zu kontrollieren, ob alle Beilagen vorhanden sind.

Die **Firmenzusatzdaten** werden im **Briefkopf** oder in der **Fußzeile** angegeben.

Firmenzusatzdaten

Wenn vorhanden, müssen folgende Daten im Geschäftsbrief enthalten sein:

- **Firmenbuchnummer und Firmenbuchgericht**

  Ist ein Unternehmen in das Firmenbuch eingetragen, müssen nach dem Firmenbuchgesetz neben der Gesellschaftsform und dem Sitz der Gesellschaft die **Firmenbuchnummer** und das **Firmenbuchgericht** ersichtlich sein (z. B. Firmenbuchnummer: FN 71325 g; Firmenbuchgericht: Handelsgericht Wien).

- **UID – Umsatzsteuer Identifikationsnummer**

  Jeder umsatzsteuerpflichtige österreichische Unternehmer benötigt eine **Umsatzsteuer-Identifikationsnummer (UID),** die er vom Finanzamt erhält (z. B. ATU21485610).

Allgemeines Aufbauschema für die Geschäftskorrespondenz

0. Betreff – *Worum geht es in diesem Brief?*

Der Betreff soll den Leser rasch informieren.

Beispiele

- Wir suchen Lieferanten für unser neues Produkt.
- Wir haben die passenden Visitenkarten für Sie.
- Wir haben ein neues Angebot für Sie.

Sie sehen, der Betreff kann auch länger formuliert sein, also nicht nur „Anfrage" oder „Angebot"!

1. Anlass des Schreibens – *Warum schreibe ich?*

Der Briefanfang soll im ersten Satz verdeutlichen, warum der Brief geschrieben wurde. Wenn möglich, verweisen Sie auf bisher geführte Telefonate, vorausgegangene Briefe etc.

Beispiele

- Wir beabsichtigen, eine neue Kuchensorte anzubieten, und suchen dafür einen verlässlichen Lieferanten für Schoko-Chips.
- Vielen Dank für Ihr Interesse an unseren Visitenkarten.
- Heute haben wir Ihre E-Mail erhalten. Die Nachfrage nach der vergünstigten Sonnenbrille „Maizie" war überraschend hoch. Wir bedauern, dass Sie unser Angebot nicht mehr erhalten konnten.

2. Eigenes Anliegen/Entscheidung – *Was will ich erreichen? Wie entscheide ich über das Anliegen meines Geschäftspartners?*

In diesem Teil eines Geschäftsbriefes verdeutlichen Sie, was Sie vom Empfänger wollen bzw. wie Sie über ein Anliegen des Empfängers entschieden haben. Formulieren Sie Ihre Absicht so klar wie möglich, um Missverständnisse zu vermeiden.

Beispiele

- Wir gehen davon aus, dass wir im kommenden Jahr 1000 Tonnen Schoko-Chips benötigen werden.
- Den Auftrag für individuelle Visitenkarten übernehmen wir gerne für Sie. Wir garantieren beste Druckqualität und termingerechte Lieferung frei Haus.
- In der nächsten Woche bieten wir das Modell „Catherine" um 40 % günstiger an. Gerne reservieren wir Ihre neue Sonnenbrille in der Filiale Linzer Straße.

3. Begründung – *Wie begründe ich mein Anliegen? Wie begründe ich meine Entscheidung?*

Begründungen sind nötig, wenn sich das eigene Anliegen oder die eigene Entscheidung von dem Anliegen oder der Entscheidung des Geschäftspartners unterscheidet.

Beispiel

- Sie haben um ein Angebot für 2-färbige Visitenkarten ersucht. Wir bieten Ihnen auch eine günstige Variante mit 4-färbigem Druck an. Sie haben dadurch mehr grafische Möglichkeiten und können z. B. auch Farbbilder einfügen.

4. Erwartete Reaktion – *Was erwarte ich? Was soll der Empfänger tun?*

Beispiel

- Bitte schicken Sie uns bis Ende der nächsten Woche eine aktuelle Preisliste, Ihre Liefer- und Zahlungsbedingungen sowie Ihre allgemeinen Geschäftsbedingungen.

5. Mögliche Folgen – *Was passiert, wenn der Empfänger nicht wie erwartet reagiert?*

Informieren Sie den Empfänger klar und deutlich über die möglichen Folgen, wenn er nicht tut, was Sie erwarten.

Beispiel

- Da die Nachfrage nach unseren Visitenkarten sehr hoch ist, gilt dieses Angebot nur bis 21. März 20… . Bitte entscheiden Sie rasch.

6. Werbende Schlussformel – *Wie beende ich den Brief?*

Beenden Sie den Brief mit einer positiven und persönlichen Formulierung. Beziehen Sie sich dabei nochmals kurz auf Ihr Anliegen.

Beispiele

- Wir freuen uns auf Ihr Angebot.
- Wir freuen uns auf Ihre Bestellung.
- Wir hoffen, unsere Vorgangsweise ist in Ihrem Sinne.

Die 6 „Ks" für den guten Stil in der Geschäftskorrespondenz

- **klar**
  Schreiben Sie verständlich. Fremdwörter, komplizierte Formulierungen und „Schachtelsätze" sollten vermieden werden.

Beispiel

- **schlecht:** Wir möchten die Sitzbezüge der Restaurantstühle möglicherweise neu beziehen lassen und suchen dafür eventuell passende Stoffe.
- **besser:** Bitte schicken Sie uns Ihren neuen Musterkatalog über das gesamte Stoffsortiment.

- **komplett**
  Führen Sie alle Informationen an, die der Empfänger braucht. Zu Rückfragen durch den Empfänger sollte es gar nicht erst kommen.

Beispiel

- **schlecht:** Wir werden Ihre Bestellung bald ausliefern.
- **besser:** Wir liefern Ihre Bestellung am 18. Februar 20.. aus.

- **konkret**
  Geben Sie Fakten an, wenn Fakten verfügbar sind. Führen Sie diese in der Form von Aufzählungen oder Tabellen übersichtlich an.

Beispiel

- **schlecht:** Unsere Rabatte sind je nach Bestellmenge unterschiedlich; wenn Sie 100 Stück bestellen, gewähren wir 5 %, bei 200 Stück gewähren wir 10 % und bei über 300 Stück erhalten Sie 15 % Preisnachlass.
- **besser:** Unsere Mengenrabatte für den Artikel 100-10-85 (Kunstblumenset XL) betragen:

Bestellmenge	Rabatt
ab 100 Stück	5 %
ab 200 Stück	10 %
über 300 Stück	15 %

- **kurz**
  Bringen Sie die Aussage auf den Punkt. Die meisten Geschäftsbriefe sind zu lang.

Beispiel

- **schlecht:** Das Gartenhaus ist aus Fichtenholz gezimmert, die Bretter sind grundiert, der Lack ist wasserlöslich, farblos und glänzt. Die Bezeichnung des Gartenhauses ist „Sommerfreude" und es ist in der Größe 2 × 3 Meter lieferbar.
- **besser:** Das Gartenhaus „Sommerfreude", Grundriss 2 × 3 Meter, ist aus Fichtenholz, grundiert, wasserlöslicher, klarer Hochglanzlack.

- **korrekt**
  Achten Sie auf Grammatik und Rechtschreibung.

Beispiel

- **schlecht:** Wir sind gleich schnell bei der Lieferung als wie die Kongurenz.
- **besser:** Wir liefern ebenso schnell wie die Konkurrenz.

- **konstruktiv**
  Beachten Sie den Standpunkt des Empfängers. Was könnte er wollen? Was könnte er beabsichtigen? Und bleiben Sie höflich.

Beispiel

- **schlecht:** Außerdem erwünschen wir den Besuch von einem Vertreter.
- **besser:** Wir freuen uns auf den Besuch Ihres Vertreters.

Beispiel

Bestandteile eines Briefes und Aufbauschema

Briefkopf →

ADT-VIENNA
www.adt-vienna.at

ADT-VIENNA GMBH · DRORYGASSE 30, 1030 WIEN · TEL. +43 1 72 44 06 · FAX: +43 1 72 44 07 · E-MAIL: office@adt-vienna.at

Anschrift →

Franz Urbaner KG
EDV-Großhandel
Linzer Straße 19
3002 Purkersdorf

Bezugszeichen →

Datum: 20 . .-09-12
Zeichen: B-Kä
Bearb.: Herr Bernd Berger
Telefon: 01 72 44 06-240

Betreff (0) → **Fehlerhafte Lieferung vom 12. August 20..**

Anrede → Sehr geehrter Herr Braun!

Brieftext (1) → Mit heutiger Post erhielten wir eine Lieferung Toner entsprechend unserem Bestellschein Nr. 43 vom 2. August 20...

(2) → Sie lieferten uns jedoch anstelle der unter der ldf. Nr. 2 angeführten 20 Stück Toner Magenta (Art.-Nr. 27MX) weitere 20 Stück Toner Gelb (Art. Nr 27GX).

(3) → Da wir einerseits die bestellten 20 Stück Toner Magenta dringend benötigen und andererseits für die gelieferten 20 Stück Toner Gelb derzeit keine Verwendung haben, ersuchen wir um Umtausch der Artikel.

(4) → Senden Sie uns bitte rasch die fehlenden 20 Stück Toner Magenta zu. Die zu viel gelieferten Toner Gelb werden wir Ihnen auf Ihre Kosten retournieren.

Grußformel → Mit freundlichen Grüßen

ADT-VIENNA GMBH

Unterschrift → Bernd Berger

Bernd Berger
Einkaufsabteilung

Beilagen → Kopie der Bestellung
Kopie des Lieferscheins

Firmenzusatzdaten →

Bankverbindungen: Bank Austria, IBAN: AT551200000057522485, BIC: BKAUATWW
Firmenbuchnummer: FN 82318z, HG Wien – UID-Nr.: ATU11468131

2 E-Mails richtig nutzen

E-Mails werden immer wichtiger. Gegenüber dem Geschäftsbrief weisen sie einige Vorteile für die rationelle Unternehmenskommunikation auf:

- E-Mails sind kostengünstiger.
- Sie sind schneller.
- Sie können vom Empfänger sofort weiterbearbeitet oder beantwortet werden.
- Mehrere Empfänger können gleichzeitig dieselbe Nachricht erhalten.

Wenn mit E-Mails nicht nur einfache Textnachrichten versendet werden sollen, können auch Dateien als Anhang mitgeschickt werden. Auch die Versendung von Bild- oder Audiodateien ist leicht möglich.

Formulierung von E-Mails

Eine E-Mail muss ebenso sorgfältig formuliert und wohlüberlegt aufgesetzt werden wie ein individuell gestalteter Geschäftsbrief.

Üben

SbX ID: 1432

A B C D E

SbX
Ü 4.24 mit automatischer Aufgabenkontrolle. ID: 1432

Ü 4.24: **Aufbauschema** C

Ordnen Sie die abgebildeten Textpassagen nach dem allgemeinen Aufbauschema für Geschäftsbriefe. Nummerieren Sie die Kästchen.

	Wir empfangen in dieser Geschäftsstelle oft wichtige Kunden. Daher ist eine repräsentable Gestaltung unter Einbeziehung unseres Corporate Designs besonders wichtig.
	Unsere Geschäftsstelle in Wien soll umgebaut werden.
	Bitte erstellen Sie bis zum 19. Feb. 20.. ein Konzept für die Neugestaltung.
	Neugestaltung unserer Geschäftsstelle
	Sollte uns Ihr Konzept zusagen, beauftragen wir Sie auch mit dem Umbau unserer zweiten Geschäftsstelle in Salzburg.
	Ihr Team sollte den gesamten Umbau planen und koordinieren. Die Arbeiten müssen bis zum Ende des 2. Quartals abgeschlossen sein.

Sichern

SbX ID: 1433

SbX
ID: 1433

Im SbX finden Sie eine Sammelmappe mit Zusammenfassungen zu allen Kapiteln und Lerneinheiten.

Wissen

SbX ID: 1434

A B C D E

SbX
ID: 1434

Möglichkeiten zur Kompetenzüberprüfung im SbX

Wiederholungsfragen	Aufgaben mit automatischer Aufgabenkontrolle	Einfache Fallbeispiele

W 4.39: **Aufbauschema** A

W 4.40: **Briefstil** A

W 4.41: **E-Mail** A

W 4.42: **Quiz: Bestandteile eines Geschäftsbriefes** B

Ein kurzer Kompetenz-Check, bevor's weitergeht!

Kompetenz-Check

	☺	😐	☹
Ich kann die Bestandteile eines Geschäftsbriefes nennen und beschreiben.			
Ich kann das allgemeine Aufbauschema für die schriftliche Kommunikation beschreiben.			
Ich kann die Regeln des guten Briefstils in konkreten geschäftlichen Schreiben anwenden.			

SbX
Alle SbX-Inhalte zu dieser Lerneinheit finden Sie unter der ID: 1440.

Lerneinheit 4

Kaufverträge anbahnen

Wenn Mariana Ilicic – eine der Eigentümerinnen der Boutique MODA NOVA – morgens ihr Büro betritt, stapelt sich auf ihrem Schreibtisch bereits die Post. Da finden sich unter anderem Informationen, wie viele Blusen, Röcke und T-Shirts am Vortag verkauft wurden bzw. noch auf Lager sind, außerdem Anfragen von Kunden und Angebote von Lieferanten. Diese Informationen braucht das Unternehmen, bevor ein Kaufvertrag abgeschlossen wird. Das heißt, das Unternehmen klärt zunächst intern, wie viel es verkaufen könnte und daher beschaffen muss. Schließlich kommuniziert das Unternehmen mit Kunden und Lieferanten, um Kaufverträge anzubahnen. Die Initiative zum Abschluss eines Kaufvertrags kann sowohl von Lieferanten als auch von Kunden ausgehen.

Lernen

SbX ID: 1441

A B C D E

1 Auf der Suche nach Lieferanten

Bei der Suche nach Lieferanten muss die Materialwirtschaftsabteilung die folgende Frage klären:

Beschaffungsplanung
Lieferantenauswahl

Von wem könnte was und wie viel, wann und zu welchen Bedingungen eingekauft werden?

Die erforderlichen Informationen können auf verschiedene Weise besorgt werden.

SbX
Alle Grafiken dieser Lerneinheit unter der ID: 1441.

Informationen über Geschäftspartner sind vorhanden

Über bereits bekannte Geschäftspartner gibt es in der Regel Aufzeichnungen im Unternehmen. Diese Informationen werden in einer Lieferantendatei gespeichert.

Ü 4.25: Analyse einer Lieferantendatei C

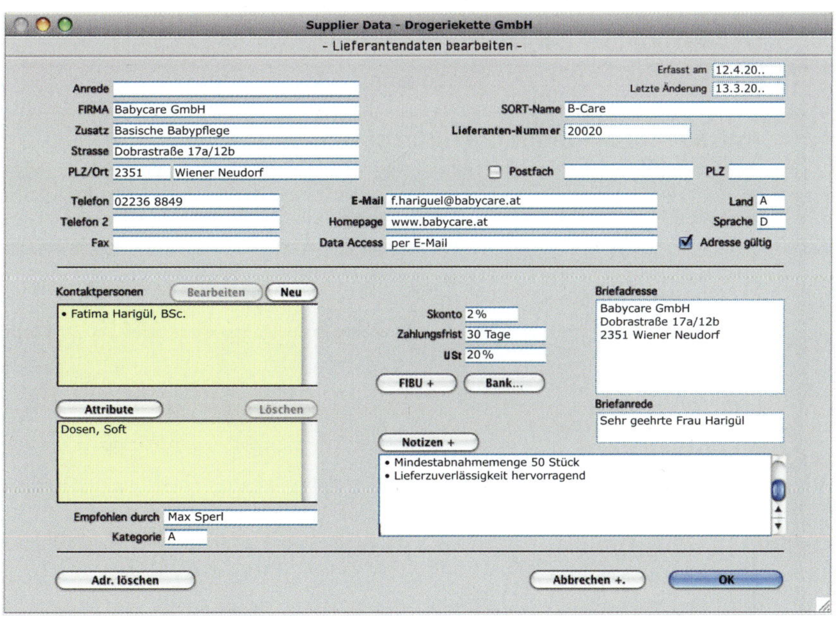
Supplier Data - Drogeriekette GmbH
- Lieferantendaten bearbeiten -
Erfasst am 12.4.20..
Letzte Änderung 13.3.20..
Anrede
FIRMA Babycare GmbH
Zusatz Basische Babypflege
Strasse Dobrastraße 17a/12b
PLZ/Ort 2351 Wiener Neudorf
SORT-Name B-Care
Lieferanten-Nummer 20020
Postfach
PLZ
Telefon 02236 8849
Telefon 2
Fax
E-Mail f.hariguel@babycare.at
Homepage www.babycare.at
Data Access per E-Mail
Land A
Sprache D
Adresse gültig
Kontaktpersonen Bearbeiten Neu
• Fatima Harigül, BSc.
Attribute Löschen
Dosen, Soft
Empfohlen durch Max Sperl
Kategorie A
Skonto 2%
Zahlungsfrist 30 Tage
USt 20%
FIBU + Bank...
Notizen +
• Mindestabnahmemenge 50 Stück
• Lieferzuverlässigkeit hervorragend
Briefadresse
Babycare GmbH
Dobrastraße 17a/12b
2351 Wiener Neudorf
Briefanrede
Sehr geehrte Frau Harigül
Adr. löschen
Abbrechen +.
OK

4 Der Kaufvertrag

Aufgaben:

a) Wie lauten die Zahlungsbedingungen der Babycare GmbH?
b) Wie kann der Lieferant kontaktiert werden?
c) Welche weiteren Informationen sollten Ihrer Ansicht nach in der Lieferantendatei erfasst werden?

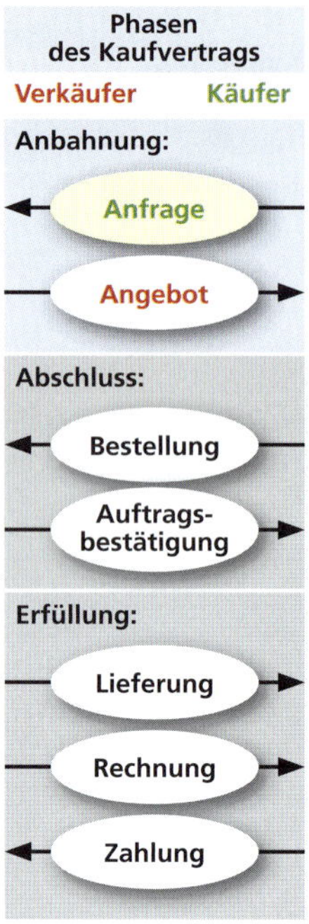

Informationen über Geschäftspartner müssen eingeholt werden

Auch dafür gibt es verschiedene Möglichkeiten.

(1) Anfrage

Die Anfrage ist eine wichtige Form der Informationsbeschaffung über Geschäftspartner.

- allgemeine Anfrage
  Einholung von allgemeinen Informationen, wie z. B. Preislisten oder Kataloge
  Hinweis: Allgemeine Anfragen dienen auch dazu, die vorhandenen Daten in einer Lieferantendatei regelmäßig zu aktualisieren.
- spezielle Anfrage
  Einholung von gezielten Informationen über die Qualität der Ware, die Liefer- und Zahlungsbedingungen für eine bestimmte Ware
- Rückfrage
  Einholung von Zusatzinformationen, wenn ein Angebot nicht komplett ist
- Gegenangebot
  Abänderung eines Angebots, wenn die angebotenen Bedingungen wie z. B. der Preis oder die Liefer- und Zahlungsbedingungen nicht den Vorstellungen des Käufers entsprechen

(2) Internetrecherche

Zu vielen Unternehmen erhält man wichtige Informationen durch deren Websites. Die Websites können entweder über Suchmaschinen (z. B. **www.google.at**) oder über eigene Branchenverzeichnisse (z. B. **www.wlw.at, www.herold.at**) angesteuert werden. Auch die Wirtschaftskammer **(www.wko.at)** liefert wertvolle Informationen.

Auch für Konsumenten lohnt es sich, die Preise verschiedener Internetanbieter zu vergleichen. Hilfreich dabei sind Preisvergleichsdienste wie:
www.geizhals.at
www.preisauskunft.de
www.mysimon.com

(3) Professionelle Lieferantensuche

Mittlerweile bieten spezialisierte Unternehmen Recherchedienste im Internet an (z. B. **www.beschaffungswelt.de**).

Mit Lieferanten kommunizieren

Anfragen sind keine ausreichende Willenserklärung des Nachfragenden zum Abschluss eines Kaufvertrags. Die Beweissicherung durch Schriftstücke ist daher nicht nötig.

(1) Telefonische Anfrage

Handelt es sich um eine allgemeine Anfrage, reicht ein Telefonat in der Regel aus.

(2) Anfrage per E-Mail

Häufig kommt für eine Anfrage eine E-Mail infrage.

Beispiel

Anfrage für Angebot über Bürosessel:

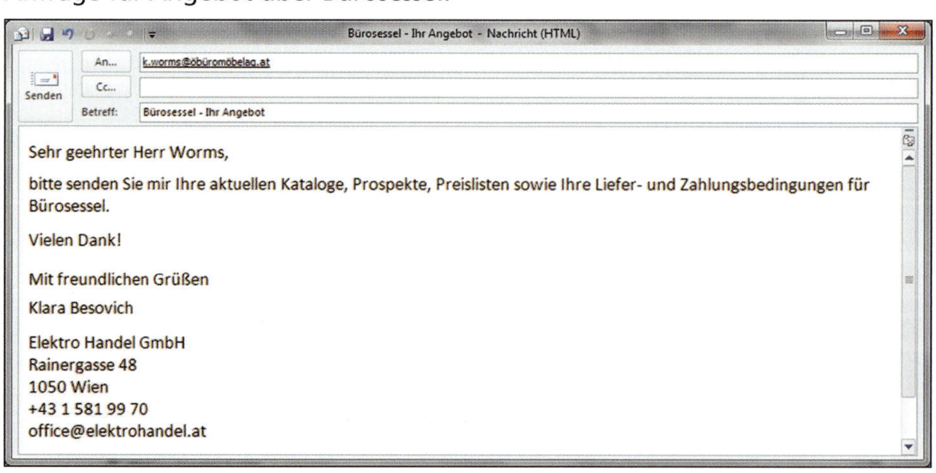
Bürosessel - Ihr Angebot - Nachricht (HTML)

Senden
An... k.worms@öbüromöbelag.at
Cc...
Betreff: Bürosessel - Ihr Angebot

Sehr geehrter Herr Worms,

bitte senden Sie mir Ihre aktuellen Kataloge, Prospekte, Preislisten sowie Ihre Liefer- und Zahlungsbedingungen für Bürosessel.

Vielen Dank!

Mit freundlichen Grüßen

Klara Besovich

Elektro Handel GmbH
Rainergasse 48
1050 Wien
+43 1 581 99 70
office@elektrohandel.at

(3) Anfrage in Form eines Briefes

Eine Anfrage wird in der Form eines Briefes gestellt, wenn umfangreichere Informationen nötig sind oder eine E-Mail nicht möglich ist.

Ü 4.26: Analyse einer Anfrage C

Die Boutique MODA NOVA plant, Einkaufstaschen aus Baumwolle mit Motiven aus den 4 Jahreszeiten bedrucken zu lassen. Die Entwürfe dafür liegen bereits vor.

Boutique MODA NOVA OG
1020 Wien, Kleine Sperlgasse 14
Tel.: +43 1 235 28 19
Fax: +43 1 235 28 19 04
E-Mail: office@modanova.at

Selma Print GmbH
Taborstraße 11c
1020 Wien

Datum: 20..-01-14
Telefon: +43 1 235 28 19
E-Mail: office@modanova.at

Bitte um Angebot für bedruckte Einkaufstaschen

Wir beabsichtigen,unsere Einkaufstaschen aus Baumwolle mit Motiven der vier Jahreszeiten bedrucken zu lassen. Die Motiventwürfe haben wir in Originalgröße beigelegt. Bitte erstellen Sie uns auf der Grundlage der folgenden Daten ein schriftliches Angebot.

Pro Quartal benötigen wir:

Einkaufstaschen:	200 Stück, Größe 60 x 120 cm
	400 Stück, Größe 40 x 60 cm
	300 Stück, Größe 20 x 30 cm
Druckqualität:	Mehrfarbendruck laut Muster, gekennzeichnet mit „Frühling", „Sommer", „Herbst" und „Winter"

Die Lieferung der Taschen erwarten wir frei Haus und fix am:

Frühlingstaschen:	1. April 20..
Sommertaschen:	1. Juli 20..
Herbsttaschen:	1. Oktober 20..
Wintertaschen:	2. Jänner 20..

Für weitere Fragen stehen wir gerne telefonisch zur Verfügung.
Wir freuen uns auf Ihr Angebot.

Mit freundlichen Grüßen

Mariana Ilicic

MODA NOVA

Unterlagen
12 Motiventwürfe

Aufgaben:

a) Suchen Sie im folgenden Brief die einzelnen Teile laut Aufbauschema heraus und nummerieren Sie diese.

b) Welche Teile fehlen? Sind die fehlenden Teile nötig?

c) Entspricht dieser Brief den 6 „Ks" gut geschriebener Geschäftsbriefe? Begründen Sie Ihre Ansicht.

d) Wer schreibt an wen?

e) Welche Reaktion erwartet der Absender dieses Briefes?

2 Angebote erstellen

Zur Vorbereitung des Angebots widmet sich die Marketingabteilung der Frage:

Angebote vorbereiten

An wen könnte was und wie viel, wann und zu welchen Bedingungen verkauft werden?

Arten des Angebots

Auch für Konsumenten sind die unterschiedlichen Arten von Angeboten wichtig.

Arten von Angeboten

Angebote des Verkäufers können nach verschiedenen Überlegungen unterschieden werden:

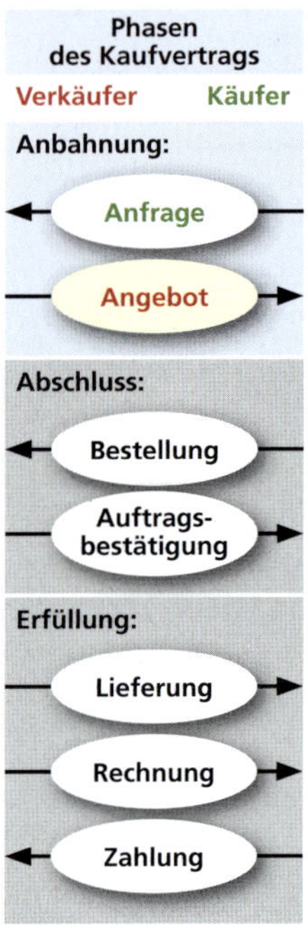

(1) Verlangtes und unverlangtes Angebot

Mit einem verlangten Angebot reagiert der Verkäufer auf eine Anfrage des Käufers. Das Angebot sollte daher auf die Anliegen des Kunden eingehen.

Beim unverlangten Angebot liegt keine Anfrage des Käufers vor. Diese Angebote brauchen daher eine besondere Begründung (z. B. Hinweis auf ein neues Produkt oder ein Sonderangebot).

(2) Bindendes Angebot

Bei einem bindenden Angebot verpflichtet sich der Anbieter (Verkäufer), zu den beschriebenen Konditionen zu liefern. Ein solches Angebot weist folgende Merkmale auf:

- Das Angebot muss alle gesetzlichen Bestandteile eines Kaufvertrags aufweisen: bestimmter Verkäufer, bestimmter Käufer, Warenart (Qualität), Menge, Preis (Prospekte, Rundschreiben etc. gelten daher nicht als Angebote im rechtlichen Sinn).
- Es muss erkennbar sein, dass der Anbieter verkaufen will.
- Das Angebot muss dem Empfänger persönlich zugehen (z. B. Brief im Briefkasten, E-Mail im Posteingang).
- Es enthält keinen Hinweis, dass es sich um ein freibleibendes Angebot handelt (z. B. „Wir bieten freibleibend an …").

Erfolgt auf ein bindendes Angebot eine Bestellung, so gilt der Kaufvertrag als abgeschlossen.

Bindungsdauer von Angeboten

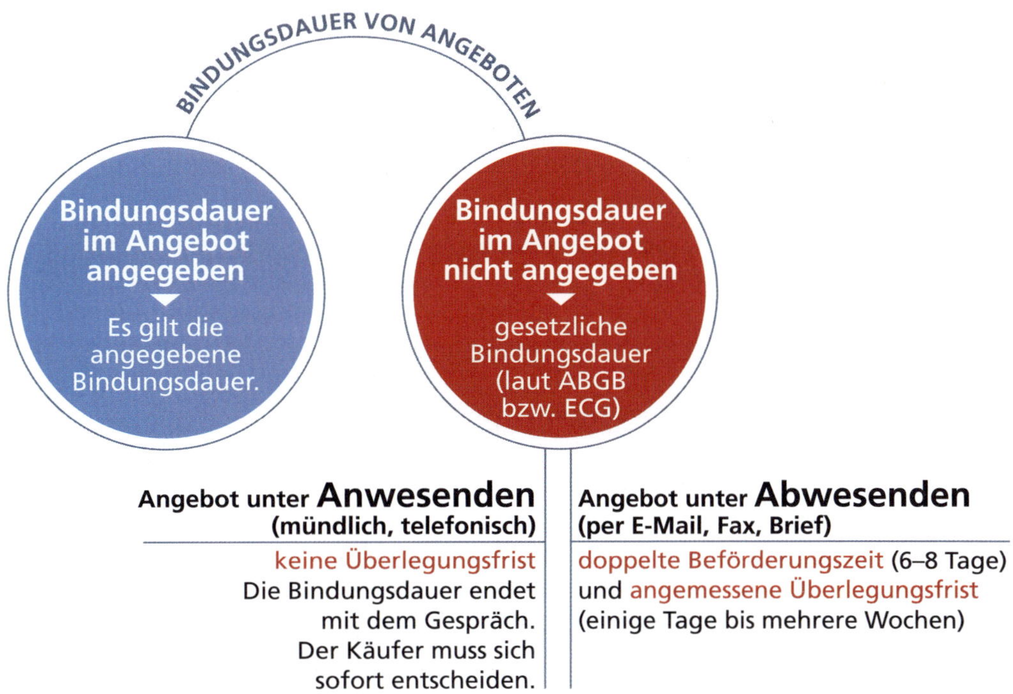

Ist die Bindungsdauer im Angebot nicht angegeben, ist es oft schwierig, festzustellen, welche Regelung für die Bindungsdauer tatsächlich gilt.

Zu berücksichtigen ist einerseits die Überlegungsfrist und andererseits die Form, in der das Angebot erstellt wird:

Bindungsdauer

Überlegungsfrist
Abhängig vom Inhalt des Angebots. Für einfache Güter (z. B. DVD-Player) beträgt sie nur einige Tage, für teure, komplizierte Produkte (z. B. Einbau einer Musikanlage in einer Diskothek) bis zu mehreren Wochen.

+

Form der Kommunikation	
Brief	doppelter Postweg (6–8 Tage)
E-Mail	–
Telefon	• Ein Telefonat gilt als Angebot unter Anwesenden. • Ein Angebot auf der Mailbox oder auf dem Anrufbeantworter gilt als Angebot unter Abwesenden.
persönlich	Ein persönlich gegebenes Angebot ist ein Angebot unter Anwesenden.

(3) Freibleibendes Angebot

Mit einem freibleibenden Angebot bindet sich der Anbieter (Verkäufer) nicht. Das heißt, er ist von der Pflicht befreit, zu den beschriebenen Konditionen liefern zu müssen. Dazu verwendet man eine „Freizeichnungsklausel".

Beispiele

- „Solange der Vorrat reicht"
- „Ich biete Ihnen unverbindlich an …"
- „Ich biete Ihnen freibleibend an …"

(4) Angebotsähnliche Formen

Werbeprospekte, Kataloge, Waren in der Auslage oder Inserate in Zeitungen sind keine Angebote, sondern angebotsähnliche Formen. Zumindest ein Merkmal eines Angebots fehlt.

Angebote wirksam formulieren

(1) Angebote per E-Mail

Angebote jeder Art können als E-Mail versendet werden. Umfangreichere Informationen werden als Attachment mitgesendet.

Ü 4.27: Analyse eines Angebots I C

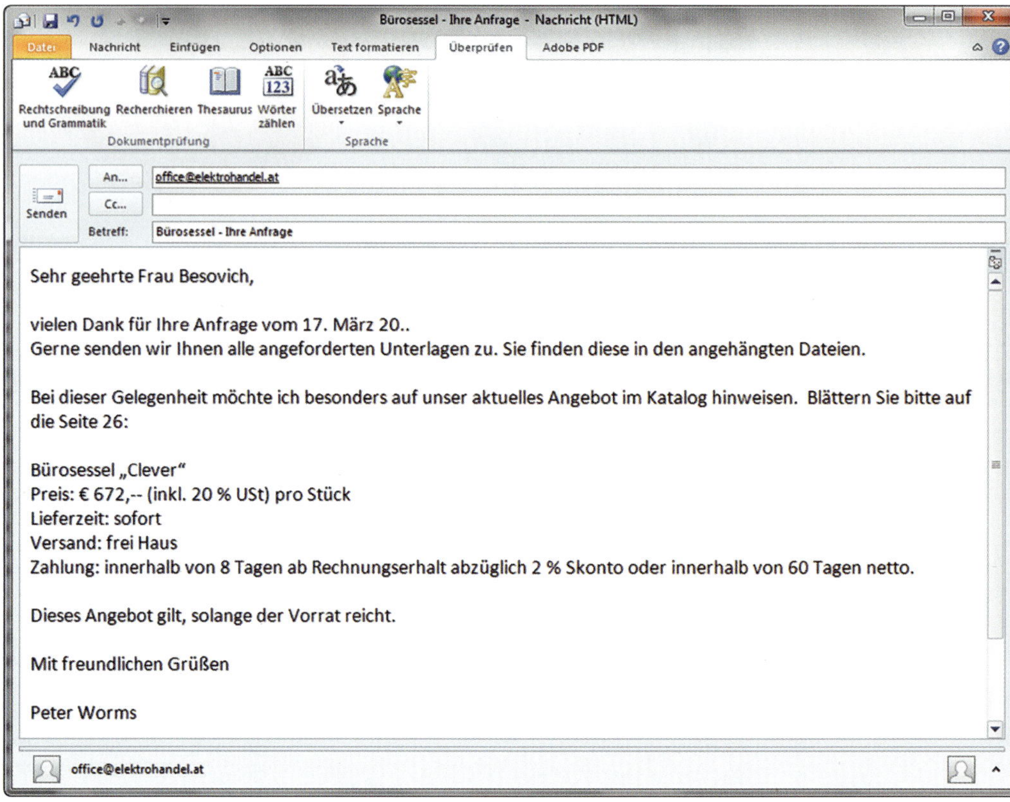
Bürosessel - Ihre Anfrage - Nachricht (HTML)

An... office@elektrohandel.at

Cc...

Betreff: Bürosessel - Ihre Anfrage

Sehr geehrte Frau Besovich,

vielen Dank für Ihre Anfrage vom 17. März 20..
Gerne senden wir Ihnen alle angeforderten Unterlagen zu. Sie finden diese in den angehängten Dateien.

Bei dieser Gelegenheit möchte ich besonders auf unser aktuelles Angebot im Katalog hinweisen. Blättern Sie bitte auf die Seite 26:

Bürosessel „Clever"
Preis: € 672,-- (inkl. 20 % USt) pro Stück
Lieferzeit: sofort
Versand: frei Haus
Zahlung: innerhalb von 8 Tagen ab Rechnungserhalt abzüglich 2 % Skonto oder innerhalb von 60 Tagen netto.

Dieses Angebot gilt, solange der Vorrat reicht.

Mit freundlichen Grüßen

Peter Worms

office@elektrohandel.at

Aufgaben:

a) Suchen Sie in der folgenden E-Mail die einzelnen Teile laut Aufbauschema heraus und nummerieren Sie diese.
b) Welche Teile fehlen? Sind die fehlenden Teile nötig?
c) Um welche Art von Angebot handelt es sich in diesem Fall? Begründen Sie Ihre Ansicht.
d) Warum formuliert der Anbieter dieses Angebot als freibleibendes Angebot? Begründen Sie Ihre Ansicht.

Nicht alle österreichischen Haushalte verfügen über einen Internetzugang. Angebote an Konsumenten werden daher noch häufig in der Form eines Briefes verfasst.

(2) Angebote in Form eines Briefes

Ein Angebot als Brief ist nur nötig, wenn eine E-Mail nicht möglich ist.

Ü 4.28: Analyse eines Angebots II C

Selma Print GmbH
Taborstraße 11c, 1020 Wien
Tel.: +43 1 214 7232, Fax: +43 1 214 72 32 25
E-Mail: office@selmaprint.at

Frau
Mariana Ilcic
Boutique MODA NOVA
Kleine Sperlgasse 14
1020 Wien

Datum: 20..-01-17
Telefon: +43 1 214 72 32
E-Mail: office@selmaprint.at

Ihre Einkaufstaschen im Mehrfarbendruck

Sehr geehrte Frau Ilicic,

vielen Dank für Ihre Anfrage. Hier unser Angebot für Ihre Print-Einkaufstaschen:

Einkaufstaschen:	€ 1,20/Stück für die Größe 60 x 120 cm - € 0,90/Stück für die Größe 40 x 60 cm € 0,75/Stück für die Größe 20 x 30 cm Alle Preise exkl. USt
Lieferzeit:	Wie gewünscht, werden die Lieferungen frei Haus zu den genannten Terminen erfolgen.
Zahlung:	Innerhalb von 10 Tagen abzüglich 3 % Skonto oder innerhalb von 30 Tagen netto.

Bitte überzeugen Sie sich selbst von der Druckqualität. Wir haben 4 Mustertaschen beigelegt.

Mit freundlichen Grüßen

Selma Bartha

Selma Print GmbH

4 Mustertaschen

Aufgaben:

a) Suchen Sie im folgenden Brief die einzelnen Teile laut Aufbauschema heraus und nummerieren Sie diese.

b) Welche Teile fehlen? Sind die fehlenden Teile nötig?

c) Um welche Art von Angebot handelt es sich in diesem Fall? Begründen Sie Ihre Ansicht.

d) Warum wird das Angebot in diesem Fall als Brief und nicht als E-Mail versendet?

Üben

SbX ID: 1442

ABCDE

SbX Ü 4.29 mit automatischer Aufgabenkontrolle. ID: 1442

Ü 4.29: Arten des Angebots C

Um welche Angebotsform handelt es sich in den folgenden Fällen? Ordnen Sie zu und kreuzen Sie die jeweilige Angebotsform an.

	Unverlangtes Angebot	Verlangtes Angebot	Bindendes Angebot	Freibleibendes Angebot	Angebotsähnliche Form
a) Auf Anfrage der Massimo GmbH bietet die Buchbinderei Alois Mayer an, 100 Stück Bücher um je € 10,– zu binden. Die Massimo GmbH hat 10 Tage Zeit, sich zu entscheiden.					
b) Der Taschengroßhändler Alexander Huber hat einen Restposten Rucksäcke in China gekauft und bietet diese ausgewählten Kunden aus der Kundendatei „solange der Vorrat reicht" um € 5,– pro Stück an.					
c) Sie erhalten einen Werbefolder der Firma Hofer als Postwurfsendung. Besonders günstig ist ein Flachbett-Scanner um € 50,– pro Stück.					
d) Nach einem Telefonat mit der Kundin Franziska Berger schicken Sie der Angestellten ein unverbindliches Angebot über den Einbau einer automatischen Rollmarkise. Der Preis dafür beträgt € 479,–.					

SbX Ü 4.30 mit automatischer Aufgabenkontrolle. ID: 1442

Ü 4.30: Bindungsdauer von Angeboten C

Wie lange sind die folgenden Angebote gültig? Ordnen Sie zu und kreuzen Sie die jeweils geltende Regelung an.

	Bindungsdauer laut Angebot	Keine Überlegungsfrist	Doppelte Beförderungszeit und angemessene Überlegungsfrist
a) Als Mitarbeiter/in der Materialwirtschaftsabteilung der Lichtplan GmbH erhalten Sie ein schriftliches Angebot über 1000 italienische Deckenleuchten à € 450,–. Eine Bindungsdauer ist im Angebot nicht enthalten.			
b) Im Verkaufsgespräch mit einem Fahrradhändler erhalten Sie 10 % Rabatt für ein Fahrrad mit Lackschäden.			

Ü 4.31: Spielwarengroßhandel (Anfrage) C D

Ihr Unternehmen:

Spielwarengroßhandlung Friedrich Zirngast GmbH, Rotenturmstraße 15, 1010 Wien,
Tel. +43 1 843 54 60, E-Mail: f.zirngast@spielwaren.at

Sachverhalt und Arbeitsunterlagen:

- Auszug aus einem Bericht des Reisenden Gerhard Popper vom 16. Mai 20.. . Er ist für das Gebiet Niederösterreich-West zuständig. Durch einen handschriftlichen Vermerk erteilt der Abteilungsleiter Pichler eine Arbeitsanweisung.

> 10. Die Konkurrenz bietet seit kurzem wieder die verschiedensten Spielwaren aus Holz mit großem Nachdruck und steigendem Erfolg an. Gefragt sind vor allem Bausteine für Kleinstkinder. Wir sollten daher das Sortiment für diese Artikel unbedingt erweitern. Es besteht sonst die Gefahr, dass auch bei anderen Artikeln unser Marktanteil verlorengeht.
>
> *Sofort Angebot bei Körbler & Co. einholen. Versuch des Aufbaus einer geschäftlichen Zusammenarbeit.*
> *20.. -05-22 Pichler*

- Ausschnitt aus der Fachzeitschrift „Holzindustrie"

> **Spielwarenfabrik Körbler & Co. GmbH**
>
> Holzspielwarenerzeugung
> Alleegasse 137, 3910 Zwettl
> URL http://www.koerbler.spielwaren.at
> Tel. +43 2822 34 70, E-Mail: office@koerbler.spielwaren.at

Aufgaben:

a) Betriebswirtschaftliche Analyse D
- Welche Informationen benötigen Sie?
- Mit welchen Argumenten werden Sie versuchen, günstige Angebote zu erhalten?

b) Betriebswirtschaftslehre – Schriftverkehr C
- Entwerfen Sie die Anfrage als E-Mail in einem Mailprogramm (einschließlich E-Mail-Adresse und Betreff). Drucken Sie die versandbereite E-Mail oder einen Screenshot davon aus.
- Wann (Datum) werden Sie die E-Mail versenden?

Ü 4.32: Florians Catering e.U. (Angebot) C

Ihr Unternehmen:

Florians Catering e. U., Hauptstraße 45/5, 6850 Dornbirn, E-Mail: florian@naegele.at

Aufgaben:

a) Bei der Communicationsdesigns GmbH handelt es sich um einen Neukunden. Entwerfen Sie ein Angebot als Geschäftsbrief. Ansprechperson für die Menüvorbesprechung ist Frau Anja Saskin. Eventuelle fehlende Angaben sind zu ergänzen.

b) Wie lange ist die Bindungsfrist dieses Angebots? Begründen Sie Ihre Ansicht.

c) Welche Beilagen sollten diesem Schreiben beigefügt werden?

d) In welcher Form könnten die Beilagen übermittelt werden, wenn statt dem Brief eine E-Mail geschickt werden soll?

e) Welche Argumente sprechen in diesem Fall für die Angebotslegung in Form eines individuell verfassten Briefes?

Arbeitsunterlagen:

- Aktennotiz über ein Telefongespräch

Florians Catering e. U.

An	Abteilung
Fr. Anja Saskin	Verkauf

Telefonnotiz

Anruf von	Datum	Uhrzeit
Peter Wippel	12.04.20..	09:30
Firma	**Tel. Nr.**	**Fax Nr.**
Communicationsdesigns GmbH	0699 54 895 21	

☐ hat angerufen	☐ ruft wieder an	☐ erbittet Rückruf
☐ hat zurückgerufen	☐ möchte Sie treffen	☐ war hier

Nachricht:

Hr. Wippel möchte ein Angebot über ein Seminarcatering für ca. 15 Teilnehmer eines eintägigen Kommunikationsseminars am 25.06., das eine warme Mittagspausenverpflegung ohne Getränkeservice (wird vom Veranstaltungsort direkt übernommen) beinhaltet.

Lieferort: Seminarhotel Gruber, Messestraße 5, 3850 Dornbirn

Bitte HEUTE noch ein Anbot legen an:
Communicationsdesigns GmbH, 6900 Bregenz, Mariahilfstraße 15

Datum	Uhrzeit	Aufgenommen von
12.04.20..	09:40	Lisa Gruber

- Auszug aus dem Verkaufskatalog von Florians Catering und den AGBs

Klassisches Catering

Warmes Catering

Basisangebot (Bestell-Nr. C008) € 33,– pro Person

Sie können aus der beiliegenden Speisen- und Getränkeliste Ihr individuelles Catering selbst zusammenstellen.

Das Basisangebot beinhaltet:
- Vorspeise:
  - 4 verschiedene Vorspeisen (inkl. Suppe)
- Hauptspeise:
  - 4 verschiedene Hauptspeisen
- Desserts:
  - 4 verschiedene Desserts
- Getränke werden extra nach Verbrauch berechnet.

Menü wird durch Vorbesprechung festgelegt.
Alle Preise inkl. USt.

Allgemeines
Die Geschäftsbedingungen gelten für alle Lieferungen und Leistungen. Abweichende Regelungen bedürfen der Schriftform sowie unsere Zustimmung.

Zustellungskosten
Unsere Preise verstehen sich frei Kunde. Verpackungsmaterial ist im Preis inkludiert.

Lieferfristen
Die Lieferung der Cateringangebote erfolgt, falls im Bestellauftrag nicht anders vereinbart, mindestens vier Stunden vor Veranstaltungsbeginn.

Die Eventtickets werden binnen 14 Tagen nach Auftragseingang versendet.

Preise
Alle Preise inkl. USt. variieren je nach der Personenanzahl und der Größe des Caterings (nach individueller Vereinbarung).

Zahlungsbedingungen
Der Rechnungsbetrag ist innerhalb von 21 Tagen ab Rechnungsdatum mit 2 % Skonto oder 45 Tagen netto ohne Abzug zu begleichen.
Bei Nichteinhaltung der Zahlungsfristen müssen wir bankübliche Verzugszinsen und Mahngebühren berechnen.

Bearbeitungshinweis: Verwenden Sie für die E-Mail die Mailvorlage oder entwerfen Sie das Angebot als versandfertige E-Mail in einem Mailprogramm und drucken Sie die E-Mail als Screenshot aus.

Ü 4.33: Inge Neuner Büromax GmbH (Angebot) C

Ihr Unternehmen:

Inge Neuner Büromax GmbH, Hubertusweg 45, 2500 Baden,
E-Mail: office@bueromax.at

Aufgabe:

Entwerfen Sie ein Angebot als E-Mail, das an die wichtigsten Stammkunden des Unternehmens gesendet werden kann.

Sachverhalt und Arbeitsunterlagen:

Der Einkaufsleiter teilt Ihnen mit, dass er soeben eine günstige Ladung Kopierpapier gekauft hat. Diese ist bereits per Lkw zu Ihnen unterwegs und wird Anfang kommender Woche bei Ihnen im Lager eintreffen. Bei der Ladung handelt es sich um insgesamt 3 Paletten mit je 50 Kartons à 10 Packungen Kopierpapier der Marke „G-Connect", 80 g/m², white, 500 Blatt je Packung. Das Kopierpapier soll rasch weiterverkauft werden, da im Lager derzeit großer Platzmangel herrscht und eine Einlagerung der gesamten Liefermenge nur schwer möglich ist. Preis: € 9,99 je Karton exklusive USt, bei der Bestellung einer ganzen Palette wird ein Mengenrabatt von 10 % gewährt.

- Unterlagen für die E-Mail

  Beachten Sie bei der Erstellung Ihrer E-Mail auch das Memo des Einkaufsleiters.

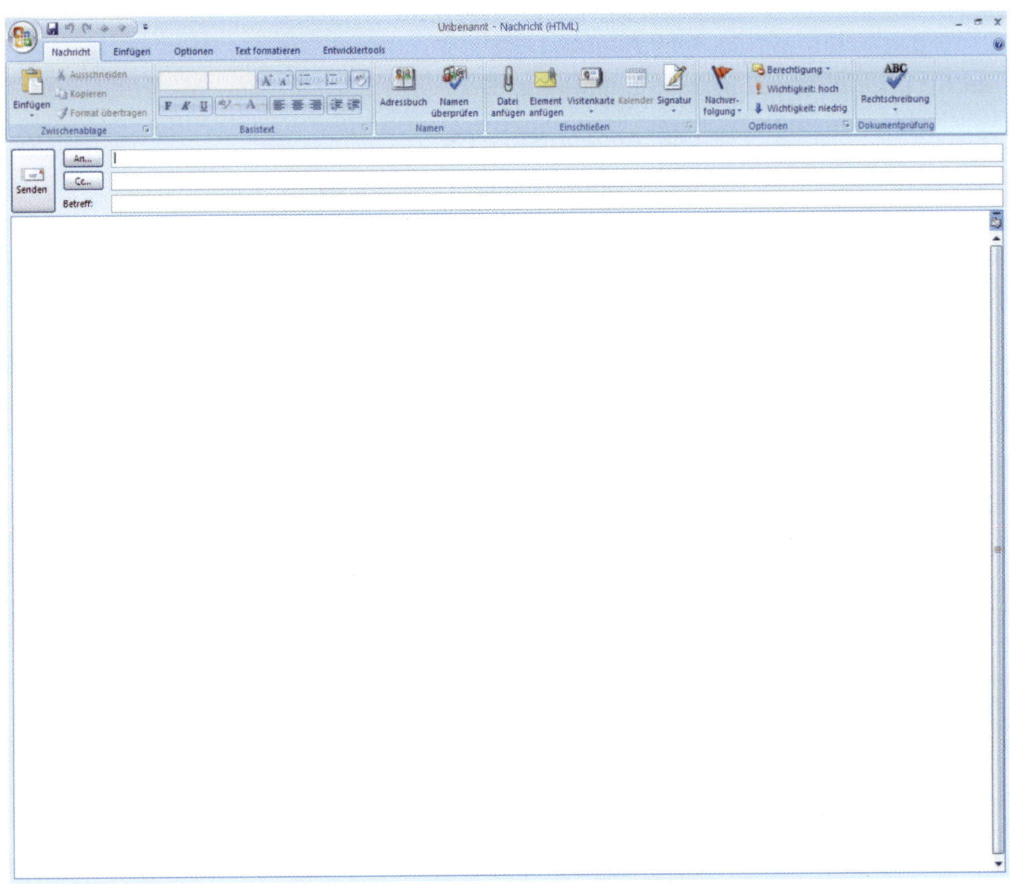

- Memo des Einkaufsleiters

> *Bitte Anbot-Mail an folgende Stammkunden versenden:*
>
> *office@uhle.at, bernd.kuhn@aon.at, lisa.pohl@edinger.at*
>
> *Bitte beachten Sie beim Versand, dass keiner der Stammkunden sieht, an wen das Mail noch gesendet wurde.*
>
> *Moritz Zuber*

Sichern

SbX ID: 1443

SbX ID: 1443

Im SbX finden Sie eine Sammelmappe mit Zusammenfassungen zu allen Kapiteln und Lerneinheiten.

Wissen

SbX ID: 1444

A B C D E

SbX ID: 1444

Möglichkeiten zur Kompetenzüberprüfung im SbX

Wiederholungsfragen	Aufgaben mit automatischer Aufgabenkontrolle	Einfache Fallbeispiele

W 4.43: **Informationsbeschaffung** A

W 4.44: **Angebot I** A

W 4.45: **Angebot II** A

W 4.46: **Angebotsfrist** A

W 4.47: **Bindungsdauer Angebot** B

W 4.48: **Freizeichnungsklausel** B

W 4.49: **Angebot III** B

W 4.50: **Postwurfsendung** B

W 4.51: **Angebotsähnliche Formen** A

W 4.52: **Anfrage: Regalsystem für Souvenirgeschäft** C

W 4.53: **Anfrage: Speisen und Getränke für Hochzeitsfeier** C

W 4.54: **Angebot für Autoreifen** D

W 4.55: **Quiz: Angebot und Bindungsdauer** B

W 4.56: **Arten von Angeboten** A

W 4.57: **Test: Kaufverträge anbahnen** B

W 4.58: **Fallbeispiel: Sportartikelhandel (Anfrage)** C D

W 4.59: **Fallbeispiel: H_2Ö GmbH (Angebot: Quellwasser und Biofruchtsaft für eine Konferenz in Graz)** C

W 4.60: **Fallbeispiel: Chocoletto GmbH (Angebot und Reaktion auf Kundenbeschwerde)** D

Ein kurzer Kompetenz-Check, bevor's weitergeht!

Kompetenz-Check

	☺	😐	☹
Ich kann Anfragen präzise stellen.			
Ich kann Angebote präzise und kundenwirksam formulieren.			
Ich kann die Bindungsfrist von Angeboten beurteilen bzw. präzise formulieren.			
Ich kann angebotsähnliche Formen von Angeboten im engeren Sinn unterscheiden und die Rechtsfolgen angeben.			

Lerneinheit 5

Kaufverträge abschließen

SbX
Alle SbX-Inhalte zu dieser Lerneinheit finden Sie unter der ID: 1450.

Wenn Sie privat etwas kaufen oder bestellen, dann werden Sie zuerst vergleichen, wo Sie diese Waren bzw. Dienstleistungen in der von Ihnen gewünschten Qualität am günstigsten bekommen.

Auch Unternehmen vergleichen und wählen die für sie besten Lieferanten aus. Bei der Bestellung ist dann auf alle gewünschten Details zu achten, um Missverständnisse, Rückfragen oder Fehllieferungen zu vermeiden.

Lernen

SbX ID: 1451

A B C D E

1 Die Bestellung vornehmen

SbX
Alle Grafiken dieser Lerneinheit unter der ID: 1451.

Wege zum Abschluss von Kaufverträgen

Der Abschluss eines Kaufvertrags erfolgt in mehreren Schritten. Die beiden wichtigsten Wege zum Abschluss sind:

Abschluss des Kaufvertrags

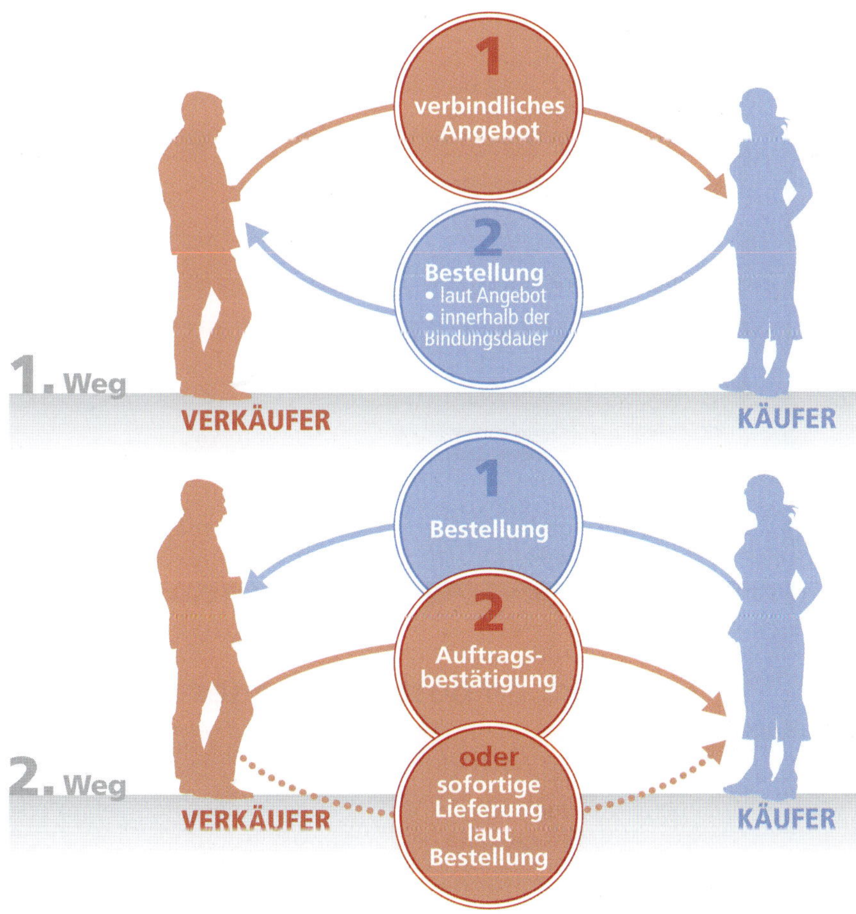

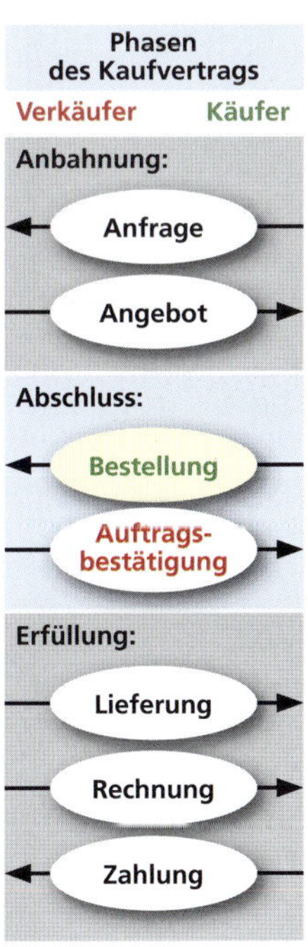

4 Der Kaufvertrag

Bestellungen durchführen

Die einzelnen Schritte können erfolgen:

- **mündlich (telefonisch)**
  Telefonische Bestellungen sind üblich, wenn Wiederholungsaufträge erteilt werden und über Qualität, Preis, Liefer- und Zahlungsbedingungen kein Zweifel herrscht. Mitgeteilt wird dann nur die gewünschte Menge.
- **elektronisch**
  Für elektronische Bestellungen stehen folgende Möglichkeiten zur Verfügung:
  - E-Mail
  - Webformular (z. B. im Onlineshopping).
- **mit Bestellschein**
  Im Versandhandel ist die Bestellung mit Bestellschein eine Alternative zum Webformular.
- **mit einem Brief**
  Da das Abfassen von Briefen aufwendig ist, Zeit kostet und daher teuer ist, werden Bestellungen selten mit Bestellbriefen durchgeführt.

Ü 4.34: Analyse einer Bestellung per E-Mail C

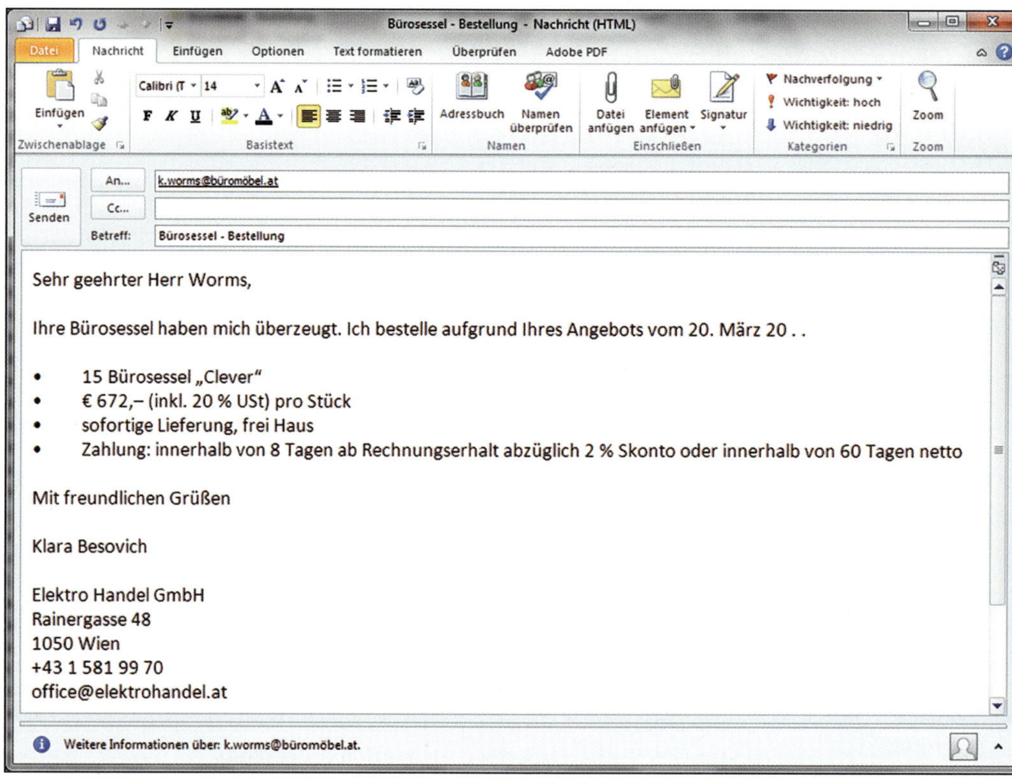

Bürosessel - Bestellung - Nachricht (HTML)

An...: k.worms@büromöbel.at
Cc...:
Betreff: Bürosessel - Bestellung

Sehr geehrter Herr Worms,

Ihre Bürosessel haben mich überzeugt. Ich bestelle aufgrund Ihres Angebots vom 20. März 20 . .

- 15 Bürosessel „Clever"
- € 672,– (inkl. 20 % USt) pro Stück
- sofortige Lieferung, frei Haus
- Zahlung: innerhalb von 8 Tagen ab Rechnungserhalt abzüglich 2 % Skonto oder innerhalb von 60 Tagen netto

Mit freundlichen Grüßen

Klara Besovich

Elektro Handel GmbH
Rainergasse 48
1050 Wien
+43 1 581 99 70
office@elektrohandel.at

Weitere Informationen über: k.worms@büromöbel.at.

Aufgaben:

a) Suchen Sie in der folgenden E-Mail die einzelnen Teile laut Aufbauschema heraus und nummerieren Sie diese.
b) Welche Teile fehlen? Sind die fehlenden Teile nötig?

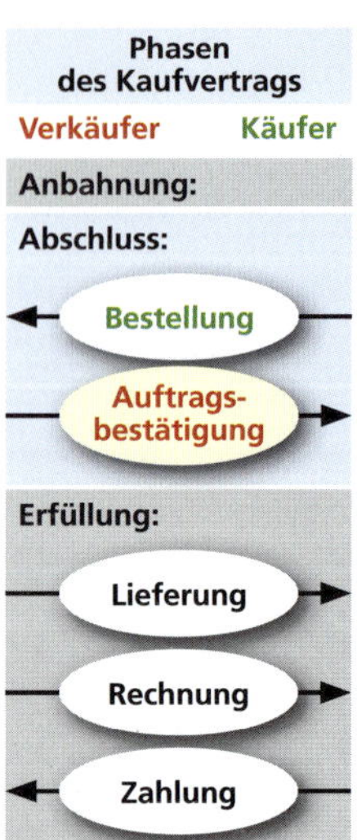

2 Bestellungen bestätigen oder ablehnen

Auftragsbestätigung

Nach der Bestellung kann der Verkäufer entweder sofort liefern oder eine Auftragsbestätigung schicken. Auftragsbestätigungen sind üblich, wenn

- der Bestellung kein bindendes Angebot vorausgegangen ist,
- die Bestellung vom Angebot wesentlich abweicht,
- die Bestellung mündlich (telefonisch) erteilt wurde.
- Bei Online-Bestellungen muss eine Auftragsbestätigung erteilt werden.

Die Versendung der Auftragsbestätigung erfolgt in der Regel als:
- automatisierte (computergenerierte) E-Mail im Onlineshopping
- individuell erstellte E-Mail

Die Auftragsbestätigung enthält folgende Punkte:
- ausdrückliche Bestätigung des Auftrags mit Hinweis auf die eingegangene Bestellung (z. B. „Wir bestätigen Ihre Bestellung vom …“)
- Die Vertragsbedingungen können wiederholt werden.

Kann der Verkäufer nicht liefern, sollte er den Besteller auf jeden Fall benachrichtigen.

Ü 4.35: Analyse einer Auftragsbestätigung C

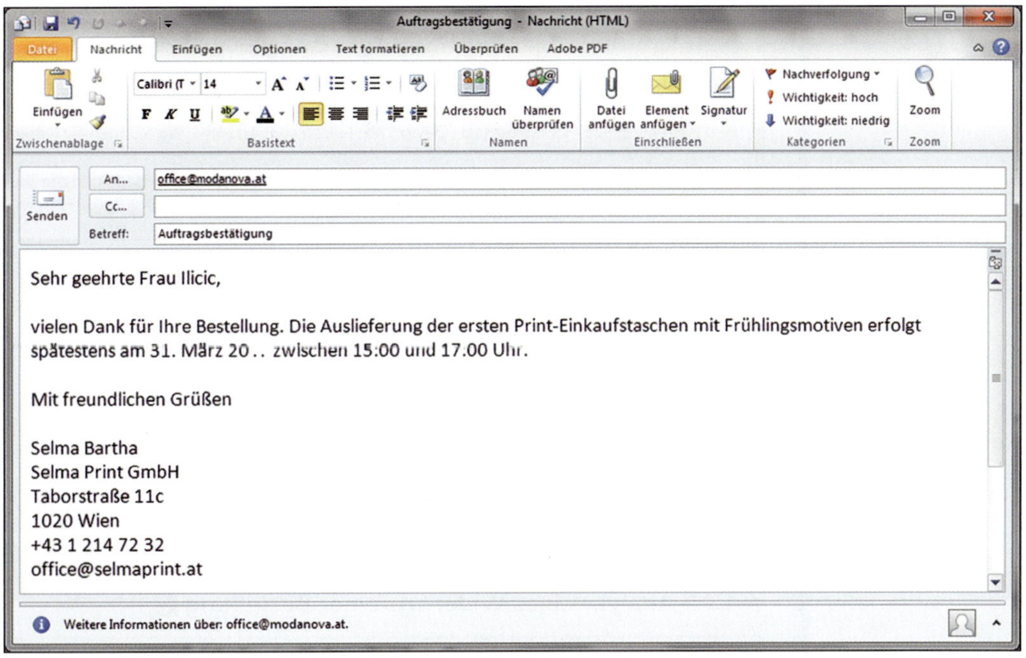

Aufgaben:

a) Suchen Sie in der folgenden E-Mail die einzelnen Teile laut Aufbauschema heraus und nummerieren Sie diese.

b) Welche Teile fehlen? Sind die fehlenden Teile nötig?

Schlussbrief

Schlussbriefe werden ausgestellt, wenn
- der Kaufvertrag erst nach längeren Verhandlungen zustande gekommen ist, um den Vertragsinhalt nochmals zusammenzufassen;
- es sich um ein umfangreiches Geschäft mit komplizierten Konditionen handelt.

Schlussbriefe werden meist vom Verkäufer ausgestellt und per Post oder als Attachment zu einer E-Mail versandt. Anschließend werden sie von beiden Vertragspartnern wechselseitig unterschrieben und zurückgesendet. Sowohl der Käufer als auch der Verkäufer bekommt daher ein Exemplar mit den Unterschriften beider Kaufvertragspartner.

Eine Bestellung ablehnen, widerrufen oder ändern

Trotz Bestellung innerhalb der Bindungsdauer kommt der Kaufvertrag nicht zustande, wenn
- der Käufer die Bestellung widerruft,
- der Käufer die Bestellung abändert,
- der Verkäufer die Bestellung ablehnt (z. B. bei einem freibleibenden Angebot),
- der Verkäufer die Auftragsbestätigung widerruft.

Die Änderung bzw. der Widerruf einer Bestellung oder einer Auftragsbestätigung muss spätestens gleichzeitig mit der Bestellung bzw. der Auftragsbestätigung beim Geschäftspartner ankommen, um zu verhindern, dass der Kaufvertrag zustande kommt.

Aufgrund der Übermittlungsgeschwindigkeit von E-Mails ist ein rechtzeitiger Widerruf einer per E-Mail versandten Bestellung oder Auftragsbestätigung kaum möglich.

Der Widerruf muss daher schnell erfolgen:

- telefonisch mit späterer schriftlicher Bestätigung
- per E-Mail

Ü 4.36: Analyse einer Ablehnung einer Bestellung C

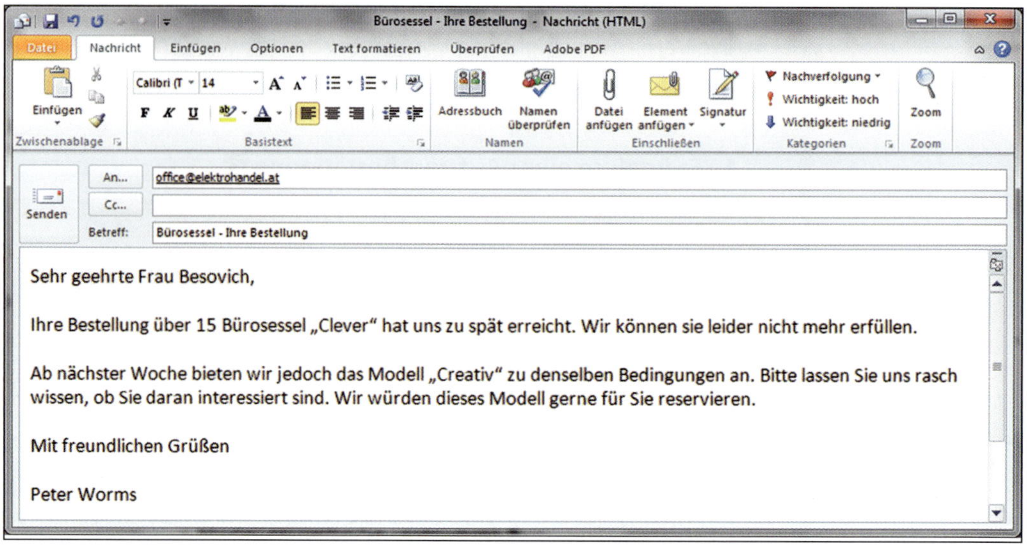

Bürosessel - Ihre Bestellung - Nachricht (HTML)

An... office@elektrohandel.at

Cc...

Betreff: Bürosessel - Ihre Bestellung

Sehr geehrte Frau Besovich,

Ihre Bestellung über 15 Bürosessel „Clever" hat uns zu spät erreicht. Wir können sie leider nicht mehr erfüllen.

Ab nächster Woche bieten wir jedoch das Modell „Creativ" zu denselben Bedingungen an. Bitte lassen Sie uns rasch wissen, ob Sie daran interessiert sind. Wir würden dieses Modell gerne für Sie reservieren.

Mit freundlichen Grüßen

Peter Worms

Aufgaben:

a) Suchen Sie in der folgenden E-Mail die einzelnen Teile laut Aufbauschema heraus und nummerieren Sie diese.
b) Welche Teile fehlen? Sind die fehlenden Teile nötig?
c) Warum bietet der Verkäufer in diesem Fall das Modell „Creativ" an? Begründen Sie Ihre Ansicht.

Ü 4.37: Analyse eines Widerrufs einer Bestellung C

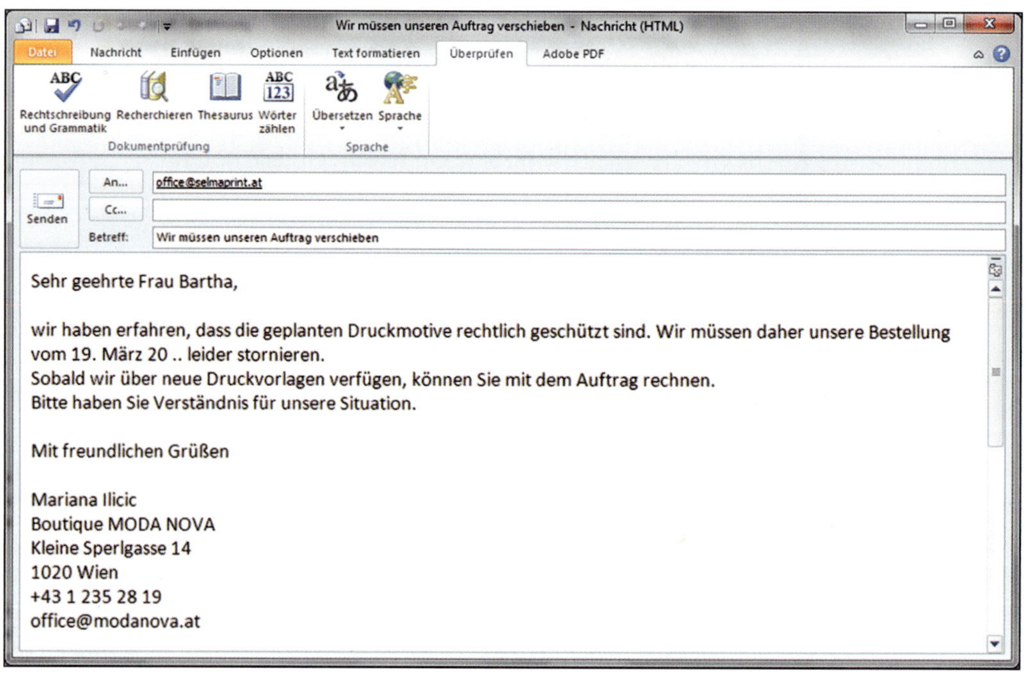

Wir müssen unseren Auftrag verschieben - Nachricht (HTML)

An... office@selmaprint.at

Cc...

Betreff: Wir müssen unseren Auftrag verschieben

Sehr geehrte Frau Bartha,

wir haben erfahren, dass die geplanten Druckmotive rechtlich geschützt sind. Wir müssen daher unsere Bestellung vom 19. März 20 .. leider stornieren.
Sobald wir über neue Druckvorlagen verfügen, können Sie mit dem Auftrag rechnen.
Bitte haben Sie Verständnis für unsere Situation.

Mit freundlichen Grüßen

Mariana Ilicic
Boutique MODA NOVA
Kleine Sperlgasse 14
1020 Wien
+43 1 235 28 19
office@modanova.at

Aufgaben:

a) Suchen Sie in der folgenden E-Mail die einzelnen Teile laut Aufbauschema heraus und nummerieren Sie diese.
b) Welche Teile fehlen? Sind die fehlenden Teile nötig?
c) Unter welchen Voraussetzungen würden Sie als Unternehmer den Widerruf einer Bestellung akzeptieren?

3 Bestellungen über das Internet

Onlineshopping (Internet-Shopping) im E-Commerce

Beim Onlineshopping unterscheidet man zwei Arten von Geschäftsbeziehungen:

- **B2B-(Business-to-Business-)Geschäftsbeziehungen**
  B2B-Geschäfte werden immer wichtiger. Häufig handelt es sich dabei um Bestellungen im Rahmen von bereits bestehenden Geschäftsbeziehungen.
  - Bestellungen können sowohl automatisch vorgenommen wie automatisch bestätigt werden.
  - Die Weiterleitung der Bestellung an die Auslieferung erfolgt ebenfalls elektronisch.
  - Die Rechnung kann elektronisch erstellt werden.
- **B2C-(Business-to-Consumer-)Geschäftsbeziehungen**
  Derzeit werden von Konsumenten vor allem folgende Produkte über das Internet bestellt:
  - digitale Produkte (downloadable Goods); das sind Produkte, die direkt über das Internet lieferbar sind (Musik, Computersoftware, Filme, Bilder, eBooks, Reisebuchungen, Karten für Veranstaltungen usw.)
  - Produkte, die standardisiert sind (Bücher, CD bzw. DVD, Kleidung, Computer und Computerzubehör usw.)

Welche Bedeutung hat der E-Commerce derzeit?

Der Bruttojahresumsatz im heimischen Internet-Einzelhandel steigt 2017 auf rund 3,6 Mrd. Euro, das entspricht bereits ca. 5 % des gesamten Einzelhandelsvolumens. Diese Entwicklung ist extrem dynamisch – der Umsatz ist in innerhalb von 5 Jahren um rund 30 % gestiegen.
Zalando.at gehört in Österreich zu einem der größten Onlineshops mit einem geschätzten E-Commerce-Umsatz von 174,3 Mio. Euro im Jahr 2016.

Der Ablauf der Bestellung im Internet

Im Internet bietet ein Unternehmen seine Produkte in einem Onlineshop an. Der Käufer kann direkt im Webformular des Onlineshops bestellen und bezahlen. Der Bestellungsablauf ist in verschiedenen Onlineshops unterschiedlich. Auf spezielle Darstellungen wird daher verzichtet.

Vorteile des Onlineshoppings

Vorteile für den **Käufer** sind:

- Die Preise können weltweit verglichen werden.
- Die elektronischen Kataloge bieten flexible Suchmöglichkeiten.
- Es kann rund um die Uhr bequem und zeitsparend bestellt werden.

Vorteile für den **Verkäufer** sind:

- Durch die elektronische Weiterverarbeitung der Bestellungen können Kosten gespart werden.
- Die Druckkosten für die gedruckten Kataloge entfallen, daher ist auch eine umfangreichere Produktbeschreibung möglich.
- Das Angebot kann jederzeit aktualisiert werden.

Hauptprobleme des Onlineshoppings

Viele Internetbenutzer nützen die Onlineshops nur zur Informationsbeschaffung. Bestellt und bezahlt wird aber auf traditionellem Weg.

Die Hauptprobleme des Onlineshoppings sind:

- **die Warenzustellung im Mailorder-Vertrieb**
  Der Transport ist langsam und teuer, Internetbesteller verlangen jedoch eine schnelle Lieferung und sind in der Regel nicht bereit, hohe Transportkosten (z. B. für Lieferungen aus dem Ausland) zu bezahlen. Nicht per Post zugestellte Waren können nur zu bestimmten Zeiten an Konsumenten geliefert werden, da die Ware übernommen werden muss.
- **die mangelnde Zahlungssicherheit**
  Üblich ist derzeit vor allem die Bezahlung per Kreditkarte. Dabei müssen dem Internetanbieter die Kreditkartendaten (Kreditkartennummer und Ablaufdatum der Kreditkarte) übermittelt werden. Viele Kunden fürchten, ihre Kreditkartendaten anzugeben, da dann jeder, der die Kreditkartendaten erfährt, selbst Internetbestellungen vornehmen könnte.

- **die Betrugsgefahr aufgrund der mangelnden Bekanntheit des Internetanbieters**
  Der Internetanbieter kann seine Website jederzeit wieder löschen. Hat der Käufer Waren bestellt und diese per Kreditkarte auch bereits bezahlt, wird die Bestellung aber nicht ausgeführt, kann es vor allem bei ausländischen Onlineshops sehr schwierig bis unmöglich sein, einen vertragswidrig handelnden Internetanbieter ausfindig zu machen.

Näheres zu den Gefahren der Internetbestellung für Konsumenten finden Sie z. B. unter **www.ombudsmann.at**.

Durch verschiedene Maßnahmen wird daher versucht, die Sicherheit im Onlineshopping zu erhöhen:

- Gemäß ECG und KSchG sind die Internetanbieter verpflichtet, ihren Firmennamen, ihre E-Mail-Adresse, ihre Postadresse, ihre UID, Einzelheiten der Bezahlung und der Lieferung (Versandkosten) auf der Website anzugeben.
- Internetanbieter, die das „Österreichische E-Commerce-Gütezeichen" auf ihre Website stellen dürfen, garantieren eine höhere Sicherheit für den Käufer. Näheres finden Sie unter **www.guetezeichen.at.**

Mobile Shopping

Beim Mobile Shopping kann der Käufer wie mit dem Computer z. B. mit einem Smartphone im Onlineshop einkaufen.

Beispiele

- Kino- und Theaterkarten
- Bahn-Tickets
- Flugreservierungen

4 Der Konsument hat viele Rechte

Der Konsument wird beim Abschluss von Kaufverträgen mit Unternehmen vor allem durch das Konsumentenschutzgesetz (KSchG) besonders geschützt. Das KSchG und das Fern- und Auswärtsgeschäfte-Gesetz (FAGG) enthalten u. a. Sonderregelungen für den Widerruf der Bestellung bei Haustürgeschäften sowie beim Onlineshopping und im Versandhandel.

Widerruf der Bestellung bei Haustürgeschäften („Auswärtsgeschäften")

(1) Was ist ein Haustürgeschäft lt. KSchG?

Haustürgeschäfte sind Geschäfte außerhalb der Geschäftsräumlichkeiten des Verkäufers, wobei der Verkäufer Unternehmer und der Käufer Konsument ist. Zu den Haustürgeschäften zählen auch die „Werbefahrten", Kosmetik-Partys und wenn der Konsument auf der Straße angesprochen und ins Geschäft gebracht wird.

Nicht als Haustürgeschäfte gelten Geschäfte bei Messe- und Marktständen, Zeitungsständen, Blumenständen etc.

(2) Wann hat der Käufer ein Rücktrittsrecht?

Der Käufer kann bei Haustürgeschäften ohne Angabe von Gründen zurücktreten, auch wenn er die Ware bereits übernommen, bezahlt und teilweise verbraucht oder benützt hat.

Der Käufer kann jedoch nicht zurücktreten, wenn es sich um ein sogenanntes Bagatellgeschäft mit geringem Warenwert (bis € 50,–) handelt.

(3) Wie lange kann der Käufer zurücktreten (Rücktrittsfristen)?

Der Käufer kann **innerhalb von 14 Tagen ab Erhalt der Ware bzw. bei Dienstleistungen nach Vertragsabschluss** zurücktreten.

Erfolgt **keine Rücktrittsbelehrung** durch den Unternehmer, dann kann der Käufer **innerhalb von einem Jahr und 14 Tagen** nach Erhalt der Ware bzw. bei Dienstleistungen nach Vertragsabschluss zurücktreten.

Wenn die Belehrung innerhalb von einem Jahr nachgeholt wird, endet die Frist 14 Tage nach Erhalt dieser Information.

Am besten eignet sich für den **Rücktritt von einem Haustürgeschäft** ein eingeschriebener Brief.

Die Rücksendekosten sind vom Käufer zu bezahlen, wenn er vom Unternehmer vor Bestellung darauf hingewiesen wurde.

(4) In welcher Form muss der Rücktritt erfolgen?

Der Rücktritt muss in keiner besonderen Form erfolgen, am besten erfolgt er allerdings in nachweisbarer (schriftlicher) Form.

(5) Was geschieht nach dem (rechtzeitigen) Rücktritt?

Hat der Käufer bereits bezahlt, dann muss der Verkäufer den Betrag zurückerstatten. Wurde die Ware bereits übergeben, dann kann sie der Käufer **innerhalb von 14 Tagen** zurücksenden.

Wurde die Ware teilweise verbraucht oder bereits benützt (z. B. Mixer), so kann der Verkäufer eine „angemessene" Wertminderung abziehen. Diese kann natürlich umstritten sein.

Widerruf der Bestellung beim Onlineshopping und im Versandhandel („Fernabsatz")

(1) Welche Rücktrittsfristen gelten?

Der Käufer hat das Recht, **innerhalb von 14 Tagen ab Erhalt der Ware vom Kaufvertrag bzw. bei Dienstleistungen ab Vertragsabschluss** zurückzutreten. Informiert der Lieferant den Kunden nicht spätestens bei Zusendung der Ware bzw. bei Dienstleistungen bei Vertragsabschluss über dieses Rücktrittsrecht, so verlängert sich die Frist auf **ein Jahr und 14 Tage.** Bei verspäteter Belehrung innerhalb eines Jahres endet die Frist 14 Tage nach Erhalt dieser Information.

(2) Wann hat der Käufer kein Rücktrittsrecht?

Von diesem Rücktrittsrecht bestehen einige Ausnahmen. Die wichtigsten sind:

- Hauslieferungen von Lebensmitteln (z. B. Pizza)
- Zeitungen und Zeitschriften (Bei Abonnements gilt jedoch das Rücktrittsrecht.)
- Freizeitdienstleistungen (Kino- und Theaterkarten, Hotelbestellungen)
- CDs, DVDs, Videos usw. und Software, sofern die Versiegelung vom Verbraucher aufgebrochen wurde
- Wertpapiergeschäfte und Wett- und Lotteriedienstleistungen
- nach Kundenwünschen angefertigte Waren (z. B. Maßanzug)

(3) Was geschieht nach dem (rechtzeitigen) Rücktritt?

Der Käufer muss die Ware **auf seine Kosten** zurücksenden, wenn er bereits bei der Bestellung darauf hingewiesen wurde. Der Verkäufer muss bereits geleistete Zahlungen (z. B. bei sofortiger Bezahlung mit Kreditkarte im Onlineshopping) rückerstatten. Viele Onlineshops übernehmen jedoch freiwillig die Kosten für die Rücksendung.

Wurde eine Ware bereits benützt oder teilweise verbraucht und der Käufer tritt zurück, kann der Verkäufer – wie beim Haustürgeschäft – eine „angemessene" Wertminderung verlangen.

Ü 4.38: Rücktritt vom Kaufvertrag C

Kann man in den folgenden Fällen vom Kauf zurücktreten? Ist ein Rücktritt möglich, geben Sie bitte die Rücktrittsfrist an.

a) Inges Vater bestellt auf der Welser Gartenmesse einen Patentrasensprenger. Die Zusendung soll in vier Wochen erfolgen. Inges Vater erhält die Durchschrift eines Bestellscheines ohne Rücktrittsbelehrung.

b) Hans kauft bei einem Vertreter an der Haustür ein Computerspiel. Der Vertreter lässt das Computerspiel gleich hier. Die Rechnung wird er später schicken. Kaufvertrag gibt es keinen, jedoch steht die Adresse der Firma auf der Packung. Die Rechnung wird € 276,– betragen. Hans ist 15 Jahre alt.
Wie wäre der Sachverhalt, wenn der Bruder von Hans (23 Jahre) die Bestellung unterschrieben hätte?

c) Frau Huber bestellt bei einem Pizza-Zustelldienst telefonisch eine Pizza.

d) Tamara bestellt mit ihrem Smartphone zwei Konzertkarten für ein Konzert in 3 Wochen.

e) Hannes bestellt in einem Onlineshop am 10. Oktober ein Snowboard. Am 22. Oktober wird das Snowboard zugestellt.
Kann Hannes überhaupt zurücktreten und wovon hängt es ab, wie lange die Rücktrittsfrist läuft?
Wie wäre der Sachverhalt, wenn Hannes nicht in einem Onlineshop, sondern mit einem Bestellschein bei einem Versandhändler bestellt hätte?

---

4 Der Kaufvertrag

Üben

A B C D E

Ü 4.39: Bestellung I C

Ihr Unternehmen:

Dienst & Volkert OG, Schulerstraße 12, 9900 Lienz, E-Mail: office@dienst-volker.at,
Tel. +43 732 28 412-0, Ihre Vorgesetzte: Maria Reicher

Aufgabe und Arbeitsunterlagen:

- E-Mail der Vorgesetzten

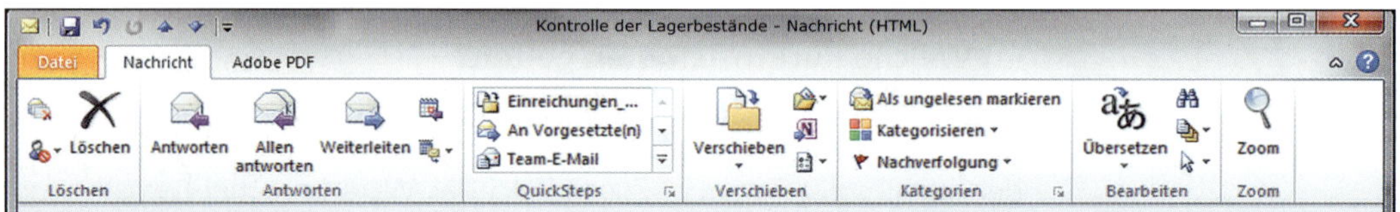

Von: reicher@dienst-volker.at
An: office@dienst-volker.at
Cc:
Betreff: Kontrolle der Lagerbestände
Gesendet: Do 14.04.20.. 15:03

Kontrollieren Sie bitte den Lagerbestand. Ist der Lagerbestand geringer als der Soll-Bestand, bestellen Sie bitte den Artikel per E-Mail beim entsprechenden Lieferanten. Die Bestellung soll einen Bedarf von 6 Wochen abdecken.

Unterschreiben Sie bitte in meinem Namen.

Freundliche Grüße

Maria Reicher

Maria Reicher
Dienst & Volkert OG
Schulerstraße 12
9900 Lienz
T: +43 732 284012-0
E: reicher@dienst-volker.at

- Auszug aus der Lagerbuchführung

DIENST & VOLKERT OG

LAGER SCHULERSTRASSE — Datum: 20 . .-04-14

APRIL – 16. WOCHE — Blatt 1

Artikel Nummer	Lager-bestand	Soll-bestand	Preis je EH in €	Inventur-wert in €	Verbrauch letzte Wo.	Durchschn. verbrauch
1001	201	130	18,72	3.762,72	53	55
1002	15	20	21,80	327,00	4	5
1003	836	800	12,15	10.157,40	200	205
1004	716	800	14,53	10.403,48	175	181
1005	81	50	8,89	720,09	20	21
1006	34	30	17,04	579,36	11	7
1007	115	100	23,60	2.714,00	25	28
1008	206	150	20,00	4.120,00	24	25
1009	365	250	18,81	6.865,65	113	98

- Ausschnitt aus der Lieferantendatei

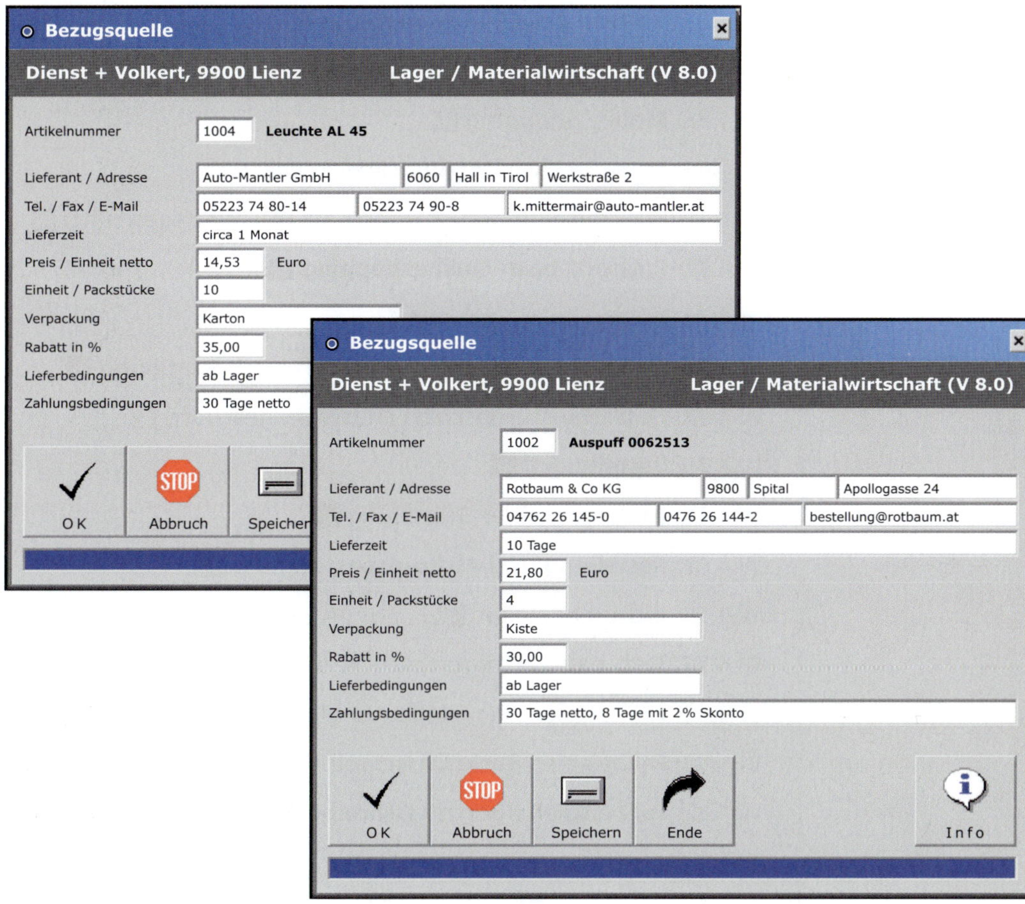

Sichern

SbX ID: 1453

SbX
ID: 1453

Im SbX finden Sie eine Sammelmappe mit Zusammenfassungen zu allen Kapiteln und Lerneinheiten.

Wissen

SbX ID: 1454

A B C D E

SbX
ID: 1454

Möglichkeiten zur Kompetenzüberprüfung im SbX

Wiederholungsfragen	Aufgaben mit automatischer Aufgabenkontrolle	Einfache Fallbeispiele

W 4.61: **Abschluss des Kaufvertrags** A

W 4.62: **Auftragsbestätigung** A

W 4.63: **Schlussbrief I** A

W 4.64: **Schlussbrief II** A

W 4.65: E-Commerce A

W 4.66: Vorteile des Onlineshoppings A

W 4.67: Probleme des Onlineshoppings A

W 4.68: Mobile Shopping A

W 4.69: Haustürgeschäft (Auswärtsgeschäft) A

W 4.70: Rücktritt vom Haustürgeschäft (Auswärtsgeschäft) A

W 4.71: Rücktritt beim Onlineshopping A

W 4.72: Kosten beim Rücktritt A

W 4.73: Quiz: Onlineshopping und Auftragsbestätigung B

W 4.74: Quiz: Haustürgeschäft (Auswärtsgeschäft) B

W 4.75: Bestellung II B

W 4.76: Änderung einer Bestellung C

W 4.77: Bestellung und Auftragsbestätigung B

W 4.78: Richtig bestellen A

W 4.79: Test: Kaufverträge abschließen B

W 4.80: Fallbeispiel: Chocoletto GmbH (Einkauf von Kakao) D

W 4.81: Fallbeispiel: Rücktrittsschreiben bei Haustürgeschäft (Auswärtsgeschäft) C

W 4.82: Fallbeispiel: Rücktrittsschreiben im Fernabsatz C

Ein kurzer Kompetenz-Check, bevor's weitergeht!

Kompetenz-Check

	☺	😐	☹
Ich kann die verschiedenen Wege beschreiben, die zum Abschluss eines Kaufvertrags führen.			
Ich kann Bestellungen vorbereiten und präzise und rechtlich einwandfrei bestellen.			
Ich kann Bestellungen bestätigen.			
Ich kenne die Besonderheiten bei Online-Bestellungen, deren Vorteile für Käufer und Verkäufer und die Hauptprobleme des Onlineshoppings.			
Ich kenne die besonderen Bestimmungen, die für Kaufvertragsabschlüsse im Internet und für Haustürgeschäfte, insbesondere für Konsumentengeschäfte, gelten und kann sie in konkreten Situationen anwenden.			
Ich kann Bestellungen rechtlich einwandfrei widerrufen bzw. auf den Widerruf von Bestellungen reagieren.			

5 ERFÜLLUNG DES KAUFVERTRAGS

Worum geht's in diesem Kapitel?

Wenn ein Kaufvertrag abgeschlossen wird, gehen Verkäufer und Käufer davon aus, dass der jeweilige Vertragspartner seine Pflichten wie vereinbart erfüllt. Der Verkäufer erfüllt den Vertrag, indem er die Ware in der vereinbarten Qualität an den Käufer übergibt oder liefert und ihm eine Rechnung ausstellt, die den richtigen Preis enthält und den vereinbarten Zahlungsbedingungen entspricht. Der Käufer erfüllt den Vertrag, indem er die Ware annimmt, gegebenenfalls überprüft, ob sie der Bestellung entspricht, und die Rechnung bzw. die übernommene Ware rechtzeitig bezahlt.

Bei der Erfüllung des Kaufvertrags kann es jedoch auf beiden Seiten auch zu Unregelmäßigkeiten bzw. Fehlern kommen, wenn Verkäufer oder Käufer ihre Leistungen mangelhaft, nicht fristgerecht oder überhaupt nicht erbringen.

Es ist daher für beide Vertragspartner wichtig, zu wissen, worauf sie bei der Erfüllung des Kaufvertrags achten müssen und welche Rechte sie haben, wenn der jeweilige Partner seine Pflichten nicht richtig erfüllt.

Kompetenzen, die Sie erwerben

Mit der Bearbeitung dieses Kapitels erwerben Sie die **Kompetenzen** für den **Bereich Kaufvertrag, Rechtliche Grundlagen.**

Sie können

- **alle Schritte zur ordnungsgemäßen Erfüllung des Kaufvertrags aus Sicht des Unternehmens und der Konsumentin und des Konsumenten umsetzen sowie situationsadäquat kommunizieren,**
- **die vertragswidrige Erfüllung des Kaufvertrags aus Sicht des Unternehmens und der Konsumentin und des Konsumenten analysieren sowie nötige Maßnahmen ableiten und situationsadäquat kommunizieren.**

A B C D E

In diesem Kapitel finden Sie Übungsaufgaben, praxisbezogene Fallbeispiele und Aufgaben zur Lernkontrolle zur Überprüfung Ihrer Kompetenzen auf den Handlungsebenen A **Wiedergeben,** B **Verstehen,** C **Anwenden,** D **Analysieren & Interpretieren** und E **Entwickeln.**

Dieses Kapitel umfasst folgende Lerneinheiten:

1 Wie Verkäufer und Käufer den Vertrag erfüllen

2 Wie der Käufer zahlen kann

3 Wenn der Verkäufer seine Pflichten nicht richtig erfüllt

4 Wenn der Käufer seine Pflichten nicht richtig erfüllt

SbX
Alle SbX-Inhalte zu dieser Lerneinheit finden Sie unter der ID: 1510.

Lerneinheit 1

Wie Verkäufer und Käufer den Vertrag erfüllen

Sie haben bei einem Möbelhaus ein Bücherregal in Birke natur bestellt. Sie haben die Bestellung unterschrieben und Ihnen wurde die Lieferung in drei Wochen zugesagt. Sowohl das Möbelhaus als auch Sie müssen den Kaufvertrag erfüllen. Das Möbelhaus muss rechtzeitig liefern und eine Rechnung senden, Sie müssen die Ware abnehmen und bezahlen. Kommt das Bücherregal ganz oder teilweise verpackt, werden Sie nicht sofort prüfen können, ob es Ihrer Bestellung entspricht. Das Beispiel zeigt: Bei der Erfüllung eines Kaufvertrags mit späterer Lieferung und Zahlung ist einiges zu berücksichtigen.

Lernen

SbX ID: 1511

A B C D E

1 Übersicht

Kaufen und Verkaufen sind mit Rechten und Pflichten verbunden. Ist der Kaufvertrag abgeschlossen, muss er auch von beiden Geschäftspartnern ordnungsgemäß erfüllt werden:

Pflichten bei der Erfüllung des Kaufvertrags

SbX
Alle Grafiken dieser Lerneinheit unter der ID: 1511.

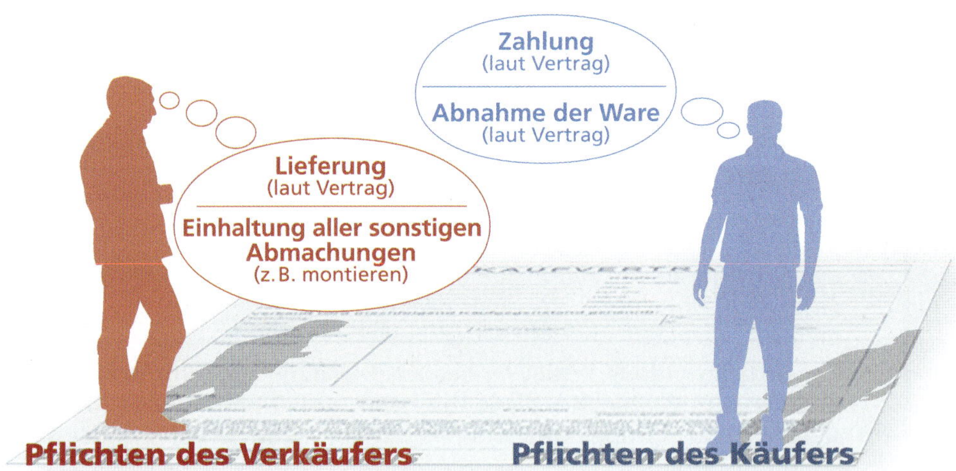

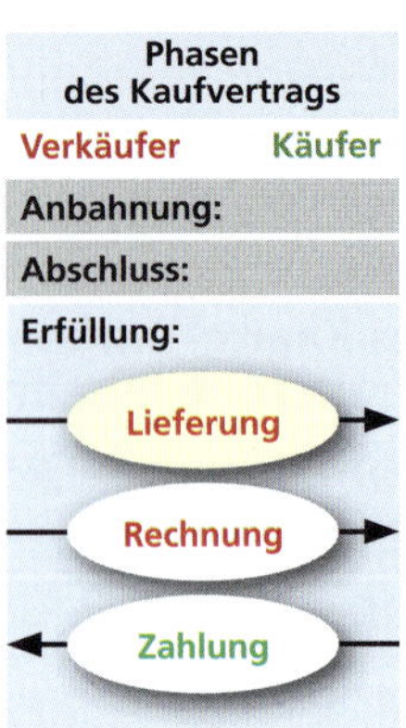

2 Die Ware liefern

Vor allem bei größeren Sendungen wird die Lieferung der Ware angekündigt (Versandanzeige), damit

- der Käufer Vorbereitungen für die Übernahme der Ware treffen kann (z. B. die Bereitstellung von Lagerräumen oder von Personal für das Ausladen),
- der Käufer Entscheidungen über den Weiterverkauf treffen kann,
- der Käufer eventuell Nachforschungen anstellen kann, wenn die Ware nicht rechtzeitig eintrifft.

Bei Sendungen von geringem Umfang oder geringem Wert sind Versandanzeigen nicht üblich.

Wenn vereinbart wurde, dass der Käufer die Ware abholt oder abholen lässt, wird der Käufer über die Bereitstellung der Ware informiert (Bereitstellungsanzeige).

Versand- und Bereitstellungsanzeigen werden entweder direkt bei der Auftragsbearbeitung ausgedruckt und gefaxt oder per Post bzw. per E-Mail versendet oder sie erfolgen telefonisch.

Ü 5.1: Versandanzeige E

Überlegen Sie mithilfe des „allgemeinen Aufbauschemas" (siehe Kapitel 4, Seite 104 f.), was in einer Versandanzeige angegeben sein sollte.

Versandwege

Im Kaufvertrag wird meist durch Kaufvertragsklauseln (ab, frei, frachtfrei) vereinbart, wer die Kosten und das Risiko des Transports trägt.

Bei längeren Transportwegen ist es auch sinnvoll, das Transportmittel festzulegen. Es gibt folgende Möglichkeiten, die selbstverständlich auch kombiniert werden können:

- Zustellung mit dem Fahrzeug des Verkäufers oder Abholung mit dem Fahrzeug des Käufers
- Transport durch Dritte, z. B.:
  - Post (derzeit nur bis 31,5 kg pro Paket)
  - Eisenbahn (ist umweltfreundlich, jedoch sind nicht alle Orte erreichbar)
  - Straßenfrächter mit Lkw (Ein Haus-zu-Haus-Transport ist möglich, jedoch werden die Straßen verstopft und die Umwelt stark belastet.)

Im Paketdienst konkurrieren private Paket- und Zustelldienste mit der Post, z. B.:

- DPD (Direct Parcel Distribution), **www.dpd.at**
- General Parcel Austria, **www.gls-group.eu**
- Hermes, **www.hermespaketshop.at**
- DHL, **www.dhl.at**
- UPS, **www.ups.com**

Wahl des Transportmittels

Auch wenn der Käufer die Transportkosten und das Risiko laut Vertrag tragen muss, wählt der Verkäufer häufig das Transportmittel aus oder beauftragt einen Spediteur. Der Verkäufer darf nicht irgendein Transportmittel auswählen, sondern muss **„mit der Sorgfalt eines ordentlichen Unternehmers"** einen günstigen Weg wählen.

Frachtführer und Spediteur

In der Umgangssprache werden Frachtführer oft auch Spediteure genannt, obwohl dies aus rechtlicher Sicht nicht richtig ist.

- Der **Frachtführer** führt den physischen Transport durch (z. B. die Post, die Bahn, die AUA, private Straßenfrächter).
- Der **Spediteur** ist der Vermittler zwischen dem Auftraggeber und dem Frachtführer, d. h., er führt den Transport nicht selbst durch. Er ist ein Spezialist für die Wahl eines sicheren, preisgünstigen Transportwegs und besorgt auch zahlreiche Nebenleistungen (Verzollung, Versicherung, Inkasso etc.).

Selbsteintritt

Manche Spediteure sind zugleich Frachtführer und führen einen Teil der Transporte selbst durch.

Begleitpapiere

Eine Lieferung wird immer von einem Dokument begleitet.

Als Begleitpapiere werden Papiere bezeichnet, die die Ware auf dem Transport begleiten. Dazu zählen der Lieferschein, die Frachtpapiere (vor allem Frachtbriefe) sowie sonstige Begleitpapiere (z. B. die Zollerklärung oder das Ursprungszeugnis).

Der Lieferschein

Stellt der Verkäufer die Ware selbst zu (z. B. mit dem eigenen Lkw), wird die Ware von einem **Lieferschein** auf dem Transport begleitet.

Der Formularsatz besteht zumindest aus zwei Teilen:

- dem **Lieferschein** → Dieser **bleibt beim Käufer.**
- dem **Gegenschein** → Auf ihm bestätigt der Käufer die Übernahme; **der Gegenschein bleibt beim Verkäufer.**

Die Lieferscheine werden von Fakturierungsprogrammen als EDV-Ausdrucke erstellt. Sie enthalten die Art und die Menge der Ware, zusätzlich meist auch das Bestelldatum und/oder die Auftragsnummer, nicht aber das Entgelt! Individuelle Formulierungen sind daher nicht erforderlich.

Die Frachtpapiere

Erfolgt die Lieferung durch einen Frachtführer, wird die Ware von einem Frachtpapier (Frachtdokument) auf dem Transport begleitet.

Beispiele

- beim Bahnversand von einem Eisenbahnfrachtbrief
- in der Binnenschifffahrt von einem Ladeschein
- beim Luftversand von einem Luftfrachtbrief

Die Frachtpapiere sind Formularsätze mit mehreren Durchschlägen. Sie werden auf einem Formular ausgedruckt oder über das Internet in einem Webformular erstellt.

Sonstige Begleitpapiere

Vor allem beim Versand ins Ausland wird die Ware neben dem Frachtdokument oft noch von weiteren Papieren begleitet.

Beispiele

- Zollerklärung
- Ursprungszeugnis
- Devisenerklärung (Exportvalutaerklärung)
- ausländische Einfuhrbewilligung

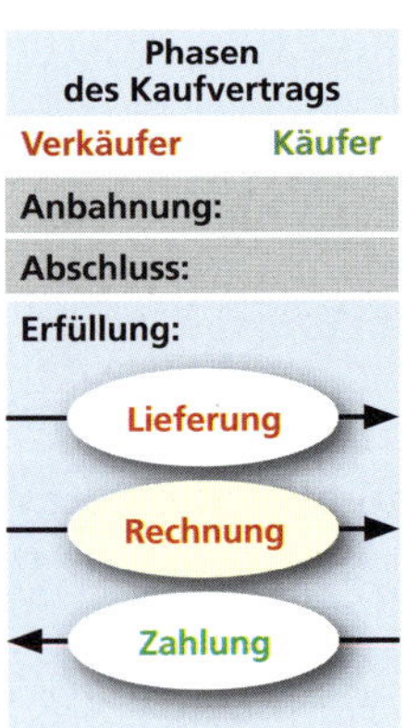

3 Die Rechnung erstellen

Die Rechnungslegung

Die Erstellung und Übersendung der Rechnung („Rechnungslegung") bildet die Grundlage für die Abrechnung der Lieferung (bzw. der erbrachten Leistung) mit dem Käufer. Preis, Nebenkosten, Preisnachlässe und Zahlungsbedingungen müssen dem Kaufvertrag entsprechen.

Rechnungen werden

- vom Computer ausgedruckt und per Post versendet oder
- elektronisch erstellt und versendet („elektronische Rechnung") – dies ist erlaubt, wenn der Empfänger zustimmt und die Echtheit und Unversehrtheit des Inhalts gewährleistet sind – oder
- direkt beim Einkauf ausgestellt (z. B. im Einzelhandel).

In EDV-Systemen zur Auftragsbearbeitung werden Versandanzeige, Lieferschein und Rechnung in einem Arbeitsgang erstellt.

Rechnungen sollten möglichst gleichzeitig mit der Ware oder zumindest bald nach der Lieferung oder Dienstleistung beim Käufer einlangen (Zeit ist hier tatsächlich Geld).

Die gesetzlichen Bestandteile der Rechnung (Übersicht)

Bei innergemeinschaftlichen Lieferungen (das sind Lieferungen in einen EU-Mitgliedstaat) entfallen die Begünstigungen für Kleinbetragsrechnungen.

Die Rechnung muss laut Umsatzsteuergesetz (UStG) folgende Bestandteile enthalten:

Gesetzliche Bestandteile der Rechnung:

	RECHNUNGSBETRAG	
	über € 400,– (inkl. USt)	bis € 400,– (inkl. USt) „Kleinbetragsrechnung"
1. Verkäufer (Name und Anschrift)	✓	✓
2. Umsatzsteuer-Identifikationsnummer (UID) des Verkäufers	✓	kann entfallen
3. Käufer (Name und Anschrift; bei Rechnungen über € 10.000,– inkl. USt auch die UID des Käufers)	✓	kann entfallen
4. Fortlaufende Rechnungsnummer	✓	kann entfallen
5. Ausstellungsdatum der Rechnung	✓	✓
6. Tag bzw. Zeitraum der Lieferung oder sonstigen Leistung (Lieferdatum)	✓	✓
7. Menge und Bezeichnung der Ware oder der sonstigen Leistung	✓	*✓
8. Entgelt ohne USt (Währung anführen)	✓	Endbetrag der Rechnung (inkl. USt)
9. Umsatzsteuersatz (oder Hinweis auf Steuerbefreiung)	✓	✓
10. Steuerbetrag	✓	kann entfallen

* kann durch Nr. 8 (Entgelt ohne USt) ersetzt werden

Umsatzsteuer-Identifikationsnummer (UID)

Die **Umsatzsteuer-Identifikationsnummer (UID)** wird vom Finanzamt an jeden umsatzsteuerpflichtigen österreichischen Unternehmer vergeben. Fehlt die UID des Verkäufers, dann verliert der Käufer den Vorsteuerabzug für diese Rechnung. (Dies gilt jedoch nicht für Kleinbetragsrechnungen.)

Die Angabe von „Verkäufer", „Käufer", „Menge und Bezeichnung der Ware" und die Steuersätze dürfen unter bestimmten Voraussetzungen durch Schlüsselzahlen oder Symbole angegeben werden.

Die Ware bzw. Leistung muss auf der Rechnung „handelsüblich" bezeichnet werden, z. B. würde für Kugelschreiber oder Kopierpapier die Bezeichnung „Schreibwaren" nicht ausreichen.

Preisabzüge

Vereinbarte Rabatte werden auf der Rechnung ausgewiesen und abgezogen. Die Umsatzsteuer wird erst vom verminderten Betrag berechnet und addiert.

Der Skonto wird in der Regel zunächst nicht abgezogen. Es ist ja bei Erstellung der Rechnung nicht bekannt, ob der Kunde innerhalb der Kassafrist zahlt.

Weitere Bestandteile der Rechnung

Neben den gesetzlich vorgeschriebenen Bestandteilen können Rechnungen noch viele weitere Bestandteile enthalten, die auf den vereinbarten Kaufvertrag hinweisen.

Beispiele

- Bestelldatum
- Vertreternummer
- Versandart
- Kaufvertragsklauseln
- Eigentumsvorbehalt
- Nebenkosten (z. B. Verpackung, Transportkosten)
- Zahlungsbedingungen
- Höhe der Verzugszinsen
- Reklamationsfrist
- Gerichtsstand

Ü 5.2: Rechnung B C

HARTMANN Vertriebs GmbH

2230 Gänserndorf, Angerer Straße 52

☎ +43 2282 26 60 DW, Fax +43 2282 26 60 81, ✉ office@hartmann.at
URL www.hartmann.at

MOOR-Baustoffe GmbH
Scheibser Straße 33
3250 Wieselburg

Rechnungsnummer	Rechnungsdatum	UID Verkäufer: ATU92246282
294529	20..-02-24	UID Käufer: ATU18819476
Ihre Bestellung vom 20..-02-10		Lieferdatum 20..-02-24

Menge	Artikelbezeichnung	Preis/St. €	Rab.	Gesamt €
10	FENSTER MI 10-12 RE	204,00	25,0	1.530,00
20	FENSTER MI 10-12 LI	204,00	25,0	3.060,00
15	FENSTER MI 11-12 RE	220,00	25,0	2.475,00
20	FENSTER MI 11-12 LI	220,00	25,0	3.300,00
30	FENSTER MI 12-13 RE	250,00	25,0	5.625,00
15	FENSTER MI 19-13	380,00	10,0	5.130,00
	Summe			21.120,00
	+ USt 20 %			4.224,00
	Gesamtbetrag			25.344,00

Wir danken für den uns erteilten Auftrag und fakturieren diesen aufgrund unserer Verkaufs- und Lieferbedingungen.

Auslieferungslager: 1140 Wien, Linzer Straße 18, Tel. +43 1 94 33 66
Zahlbar innerhalb von 14 Tagen ab Rechnungsdatum mit 2 % Skonto oder 30 Tage netto. Bei Zahlung unbedingt die Rechnungsnummer angeben.
Bei Zielüberschreitung werden 12 % p.a. Verzugszinsen berechnet.
Die Waren bleiben bis zur vollständigen Bezahlung unser Eigentum.
Zahlbar und klagbar in Korneuburg.

FN 18238m, LG Korneuburg
Erste Bank, IBAN AT472011104072667570, BIC GIBAATWW
Bank Austria, IBAN AT881200000079631800, BIC BKAUATWW

Aufgaben:

a) Wie lauten die Zahlungsbedingungen? B

b) Überprüfen Sie, ob die Rechnung dem Umsatzsteuergesetz entspricht und listen Sie alle Rechnungsbestandteile auf. C

4 Die Ware abnehmen

Der Käufer muss die gelieferten Waren abnehmen. Der Abnahmevorgang umfasst u. a. folgende Schritte:

(1) Die Annahme der Ware

Der Käufer muss die Ware am vereinbarten Ort und zur vereinbarten Zeit annehmen.

(2) Die Prüfung der Ware und der Rechnung

Sind beide Partner Unternehmer, so hat „der Käufer dem Verkäufer Mängel der Ware, die er bei ordnungsgemäßem Geschäftsgang nach Ablieferung durch Untersuchung festgestellt hat oder feststellen hätte müssen, binnen angemessener Frist anzuzeigen" (§ 377 UGB).

Die **Prüfung der Ware** erfolgt formell und materiell:

- Bei der **formellen Prüfung** werden sofort bei der Übernahme die Packstücke abgezählt und es wird kontrolliert, ob die Verpackung Schäden aufweist.
- Die **materielle Prüfung** ist je nach Warenart sehr verschieden. Man unterscheidet:
  - bloße Besichtigung (bei Möbeln, Spielwaren usw.)
  - Probelauf (bei technischen Geräten)
  - chemische Analyse (Lacke, Chemikalien, Treibstoffe usw.)
  - Prüfung physikalischer Eigenschaften, wie Festigkeit (Gewebe, Papier), Härte (Stahl)

Bei vielen Waren kann die materielle Prüfung nur in Form von Stichproben erfolgen, und zwar

- bei großen Mengen,
- weil die Ware durch die Prüfung unbrauchbar wird (z. B. Konserven) oder
- weil die Ware in der Fabriksverpackung weiterverkauft wird (z. B. Elektrogeräte).

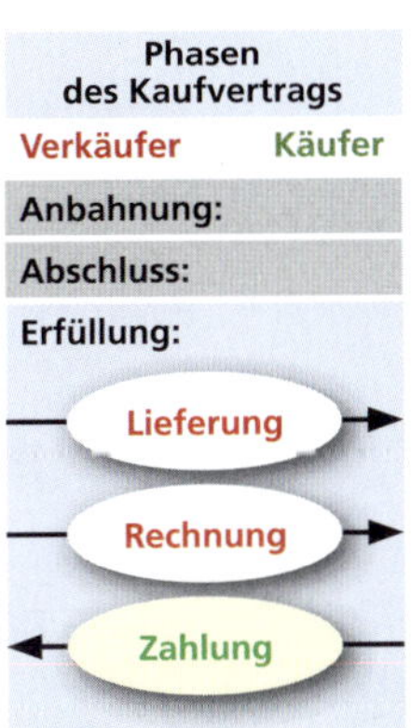

Bei der Rechnungskontrolle wird überprüft, ob Preis, Preisabzüge, Zahlungsbedingungen, Nebenkosten (Fracht, Verpackung etc.) und Gesamtbetrag dem Kaufvertrag entsprechen.

5 Die Rechnung bezahlen

Hat der Verkäufer den Vertrag erfüllt, muss der Käufer auch bezahlen.

Fällt die Prüfung der Ware und die Rechnungskontrolle zur Zufriedenheit des Käufers aus, so gibt er dies durch Stillschweigen zu erkennen. Er verpflichtet sich damit zur Zahlung, die er zur vereinbarten Zeit, am vereinbarten Ort und in der vereinbarten Art zu leisten hat.

Wie Zahlungen durchgeführt werden, wird in der folgenden Lerneinheit behandelt.

Üben

A B C D E

Ü 5.3: Versandwege: Transport mit dem eigenen Lkw oder durch Dritte D

Überlegen Sie, warum die Zustellung bzw. Abholung von Gütern mit dem eigenen Lkw (des Verkäufers oder des Käufers) zumindest bei längeren Zustell-(Abhol-)Wegen eher selten ist.

Ü 5.4: Transport in die Schweiz C

Die Siemens AG liefert einen Spezialtransformator zu einem Kraftwerksbau in die Schweiz. Die Lieferung wird für Ende März vereinbart.

a) Warum wird die Siemens AG den Schweizer Käufer rechtzeitig vom Abgehen des Transports durch eine Versandanzeige verständigen?

b) Warum, glauben Sie, hat der Schweizer Käufer eine Preiserstellung „frei Baustelle" verlangt?

c) Wer wird diesen Transport vermutlich durchführen?

Ü 5.5: Wahl des Transportmittels und Vereinbarungen im Kaufvertrag C

Ein österreichisches Unternehmen kauft eine Formpresse von einem Düsseldorfer Maschinenfabrikanten ab Werk. Da über die Versendungsart nichts vereinbart wurde, sendet der Maschinenfabrikant die 1800 kg schwere Presse mit dem Flugzeug.

Ist der Maschinenfabrikant dazu berechtigt?

Ü 5.6: Prüfung der Ware durch Unternehmer C

Einem Souvenirhändler werden während der Geschäftszeit drei Kartons mit bestellten Porzellanfiguren der Marke Augarten geliefert. Er packt die Figuren nicht sofort aus. Am nächsten Morgen ruft er den Lieferanten an und teilt ihm mit, dass er beim Auspacken nach Geschäftsschluss drei Figuren zerbrochen in der Verpackung vorgefunden habe.

Hat der Souvenirhändler die Ware rechtzeitig geprüft?

Ü 5.7: Prüfung der Ware in der Praxis D

Überlegen Sie, warum in der Praxis eine Prüfung der Ware durch den Unternehmer, der die Ware übernimmt, oft nicht möglich ist.

Ü 5.8: Rechnung C D

Ihr Unternehmen:

Otto Schwarzenberger GmbH, Kaiserallee 25, 3100 St. Pölten,
Tel. +43 2742 61 49-20, Fax +43 2742 61 49-01,
E-Mail: office@schwarzenberger.at, URL http://www.buero-schwarzenberger.at,
UID ATU76672084, FN 16312z, LG St. Pölten,
Erste Bank, IBAN AT472011100047400900, BIC GIBAATWW

Arbeitsunterlagen und Sachverhalt:

- Notiz über eine telefonische Bestellung

OTTO SCHWARZENBERGER GMBH
ALLES FÜR DAS BÜRO
3100 St. Pölten, Kaiserallee 25

Verteiler: *Verkauf*

AKTENNOTIZ ÜBER
TELEFONAT / ~~BESUCH~~

Anrufer / ~~Besucher~~
Ing. Andreas Eminger KG, Feuerschutztechnik
3133 Traismauer,
Theodor-Körner-Straße 14

Aufgenommen von: *Aumann*

Datum: *18. März 20..* Uhrzeit: *14:45*

Betreff:

Bestellung von

3000 St. Fensterkuvert C 5/6 links
5000 St. Selbstklebekuvert C 5/6
1500 St. Versandtaschen C 4

Aumann

- Auszug aus der Preisliste

Preise per 1000 Stück bei Abnahme von:

Nr.	ARTIKEL	1000	2000	5000	10000	20000
400501	Kuvert C 5/6, weiß (110 x 220 mm)	—	28,00	25,40	23,10	20,90
400510	Fensterkuvert C 5/6, weiß (110 x 220 mm), Fenster links	—	31,40	28,00	25,50	23,10
400511	Fensterkuvert C 5/6, weiß (110 x 220 mm), Fenster rechts	—	32,00	28,60	26,20	23,90
400520	Selbstklebekuvert C 5/6, weiß (110 x 220 mm)	—	35,20	32,00	29,10	26,50
400521	Selbstklebekuvert C 5/6, weiß (110 x 220 mm), Fenster links	—	37,40	34,20	30,90	28,20
400522	Selbstklebekuvert C 5/6, weiß (110 x 220 mm), Fenster rechts	—	38,50	35,30	31,80	28,90
400530	Versandtaschen C 5, orange (162 x 229 mm)	45,20	40,90	37,10	—	—
400531	Versandtaschen C 4, orange (229 x 324 mm)	117,40	104,90	97,10	—	—

Preise exklusive Umsatzsteuer. Lieferung ab Warenwert von € 200,00 frei Haus, darunter ab Lager St. Pölten.
Bestellungen unter € 50,00 werden gegen Nachnahme geliefert.
Zahlungsbedingungen: innerhalb von 14 Tagen mit 2% Skonto oder 30 Tage netto

Rechnungsnummer 4329-04, Rechnungs- und Lieferdatum 19. März 20.., zahlbar innerhalb von 14 Tagen mit 2 % Skonto oder 30 Tage netto, Verzugszinsen 12 % p. a., Eigentumsvorbehalt, zahlbar und klagbar in St. Pölten

Aufgaben:

a) Betriebswirtschaftliche Analyse D

- Welcher Umsatzsteuersatz ist zu berücksichtigen?
- Worin liegt die betriebswirtschaftliche Begründung für die gestaffelten Preise?
- Worin könnte die Begründung dafür liegen, dass ab einem Warenwert von € 200,– frei Haus, bei einem Warenwert darunter ab Lager St. Pölten geliefert wird?

b) Betriebswirtschaftslehre/Schriftverkehr C
Erstellen Sie die Rechnung.

Sichern

SbX ID: 1513

SbX
ID: 1513

Im SbX finden Sie eine Sammelmappe mit Zusammenfassungen zu allen Kapiteln und Lerneinheiten.

Wissen

SbX ID: 1514

A B C D E

SbX ID: 1514

Möglichkeiten zur Kompetenzüberprüfung im SbX

Wiederholungsfragen	Aufgaben mit automatischer Aufgabenkontrolle	Einfache Fallbeispiele

W 5.1: **Erfüllung des Kaufvertrags** A

W 5.2: **Versandanzeige/Bereitstellungsanzeige** A

W 5.3: **Versandwege** D

W 5.4: **Versand per Flugzeug** B

W 5.5: **Lieferschein** A

W 5.6: **Rechnungsausstellung** B

W 5.7: **Bestandteile der Rechnung** A

W 5.8: **Bestandteile der Rechnung, Kassazettel** B

W 5.9: **Rechnungseingang** B

W 5.10: **Rechnungsbetrag** B

W 5.11: **Warenprüfung I** A

W 5.12: **Warenprüfung II** A

W 5.13: **Quiz: Ordnungsgemäße Erfüllung des Kaufvertrags** B

W 5.14: **Ausstellung einer Rechnung** B

W 5.15: **Test: Kaufverträge erfüllen** B

W 5.16: **Fallbeispiel: Office-Online GmbH (Lieferschein)** C D

W 5.17: **Fallbeispiel: Elektrogroßhandel Albert Steger GmbH (Rechnung)** C D

Ein kurzer Kompetenz-Check, bevor's weitergeht!

Kompetenz-Check

	☺	😐	☹
Ich kenne die Rechte und Pflichten von Käufern und Verkäufern bei der Erfüllung von Kaufverträgen.			
Ich kann Lieferungen ankündigen und Versandwege vertragsgerecht auswählen.			
Ich kann Lieferscheine erstellen und überprüfen.			
Ich kann Rechnungen unter Berücksichtigung von Preisabzügen und der umsatzsteuerlichen Bestimmungen ausstellen und überprüfen.			
Ich kann Sendungen annehmen und überprüfen.			

Lerneinheit 2
Wie der Käufer zahlen kann

SbX
Alle SbX-Inhalte zu dieser Lerneinheit finden Sie unter der ID: 1520.

Es gibt immer noch viele Situationen, in denen bar bezahlt wird, z. B. beim Zeitungsverkäufer, bei Marktständen, im Eisgeschäft. Das „Plastikgeld" ist jedoch auf dem Vormarsch. Bankomatkarten und Kreditkarten werden von fast allen Einzelhandelsgeschäften und in vielen Restaurants angenommen. Viele Zahlungen erfolgen bargeldlos mithilfe der Banken. Daueraufträge und Einziehungsaufträge erleichtern wiederholte Zahlungen von Mieten, Stromrechnungen oder ORF-Gebühren. Auch Konsumenten erledigen ihre Bankgeschäfte mittels E-Banking.

Lernen

SbX ID: 1521

A B C D E

1 Übersicht

Zahlungsmethoden

SbX
Alle Grafiken dieser Lerneinheit unter der ID: 1521.

Über die unterschiedlichen Zahlungsmethoden gibt die folgende Grafik eine Übersicht:

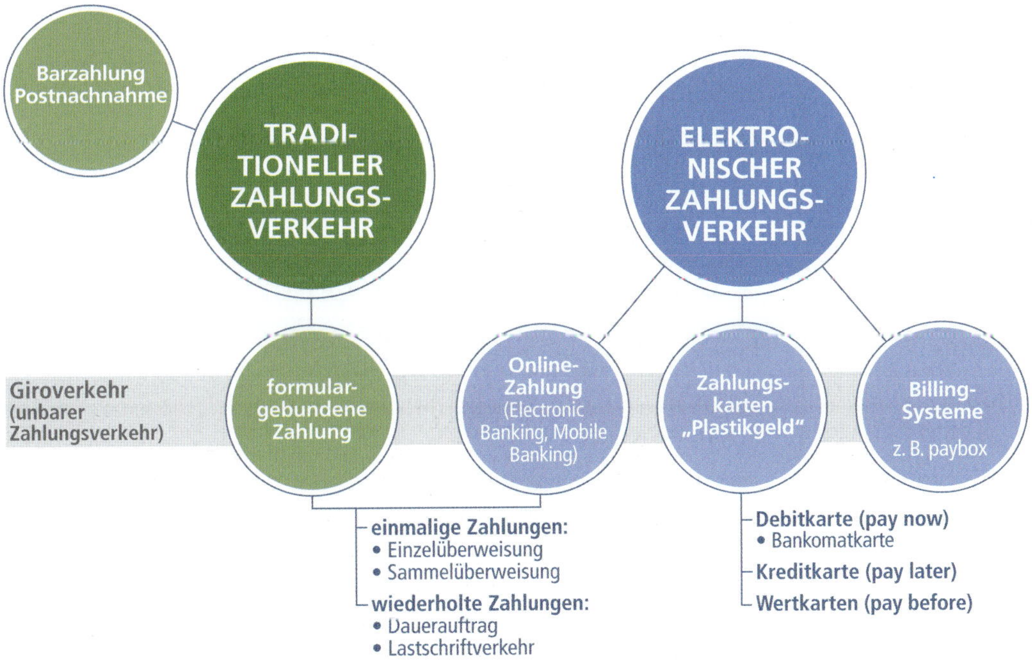

2 Bar bezahlen (einschließlich Nachnahme)

Zwischen Privaten (C2C) oder zwischen Unternehmen und Privaten (B2C) ist es üblich, Zahlungen bar abzuwickeln, wenn es sich um Beträge bis zu einigen hundert Euro handelt. Dabei sind Unternehmen verpflichtet einen **Registrierkassenbeleg** für jede erhaltene Zahlung auszustellen und dem Käufer auszuhändigen **(Belegerteilungspflicht).** Dieser Kassenbon ist gleichzeitig **Rechnung und Zahlungsbestätigung** und enthält einen Zahlungsvermerk, z. B. „gegeben bar".

Registrierkassenbelege müssen die folgenden Bestandteile aufweisen:

1. Bezeichnung des liefernden oder leistenden Unternehmens
2. Fortlaufende Nummer (zur Identifizierung des Geschäftsfalls einmalig vergeben)
3. Datum und Uhrzeit der Belegausstellung
4. Menge und handelsübliche Bezeichnung der Ware oder Dienstleistung
5. Betrag der Zahlung nach Steuersätzen getrennt
6. Maschinenlesbarer Code (z. B. QR-Code)

(1) Papierhandlung Reitmayer OG

2620 Neunkirchen, Hauptplatz 6

Telefon: 02636 22 84

UID-Nr: ATU75956565

RECHNUNG

Nr. 001444/35 (2) 10.04.20.. (3) 16:45

Bezeichnung	Preis	Stück	Betrag in EUR	MWSt
Ordner (4)	3,80 €	10	38,00 €	20
Magnettafel	41,70 €	2	83,40 €	20

Rechnungsbetrag (brutto) **121,40 €** (5)

Rechnungsbetrag (netto) 101,17 €

+10,00 % MWSt

+20,00 % MWSt 20,23 € (5)

Barzahlung

Wir danken für Ihren Einkauf!

(6)

Kassenidentifikationsnummer: 851296

Postnachnahmen

Die Postnachnahme hat vor allem im Fernabsatz große Bedeutung. Der Auftraggeber weist dabei die Post an, dem Käufer eine Postsendung (Brief oder Paket) zuzustellen. Die **Postsendung** wird aber nur gegen **sofortige Bezahlung ausgefolgt.** Der durch die Post einkassierte Geldbetrag wird anschließend dem Auftraggeber (Zahlungsempfänger)

- **auf** seinem **Konto gutgeschrieben** oder
- **bar ausbezahlt.**

An Gebühren sind das Beförderungsentgelt für die Sendung und ein Nachnahmeentgelt zu entrichten. Näheres über die Gebühren finden Sie unter **www.post.at** oder im Post-Tarifrechner (dieser ist auf jedem Postamt erhältlich).

3 Überweisungen, Daueraufträge, Lastschriften

Der Giroverkehr

giro (sprich: schiro) = italienisch für Kreis

Bei Überweisungen, Daueraufträgen und Lastschriften erfolgen **Zahlungen bargeldlos von Konto zu Konto.**

Im gesamten Zahlungsverkehr ist wesentlich **mehr Buchgeld als Bargeld** im Umlauf.

Beim Giroverkehr werden die Beträge vom Konto des Zahlers abgebucht und dem Konto des Empfängers gutgeschrieben. Das direkt über die Konten fließende Geld heißt **Buchgeld** (bzw. **Giralgeld**).

Um am Giroverkehr teilnehmen zu können, muss man **über ein Konto** (auch als Girokonto oder Kontokorrentkonto bezeichnet) **verfügungsberechtigt** sein.

Provisionen, Gebühren, Spesen

Spesenvergleiche finden Sie unter **www.arbeiterkammer.at.**

Die Kreditinstitute berechnen für die Kontoführung Provisionen (z.B. Kontoführungsprovision, Überziehungsprovision), Gebühren (z.B. Manipulationsgebühr) und Spesen (z.B. Buchungskostenbeitrag, Porto). Die meisten Institute bieten jedoch auch Pauschalregelungen an. (Ab einem bestimmten durchschnittlichen Kontostand ist die Kontoführung manchmal sogar kostenlos.)

Der Kontoauszug

Der Kontoauszug informiert den Kontoinhaber laufend über:

- die Zahlungsvorgänge
  - Einzahlungen (z. B. Gehalt bzw. Pension auf einem Privatkonto, Zahlung einer Ausgangsrechnung auf einem Geschäftskonto)
  - Auszahlungen (z. B. Telefonrechnung sowohl auf einem Privat- als auch auf einem Geschäftskonto)
- den aktuellen Kontostand

  Der aktuelle Kontostand ergibt sich aus dem alten Kontostand und den seither ausgeführten Ein- und Auszahlungen.

Überweisungen (Zahlungsanweisungen)

Mittels Überweisung (Zahlungsanweisung) werden im Giroverkehr **einmalige Zahlungen** durchgeführt.

Ablauf von Überweisungen (Zahlungsanweisungen)

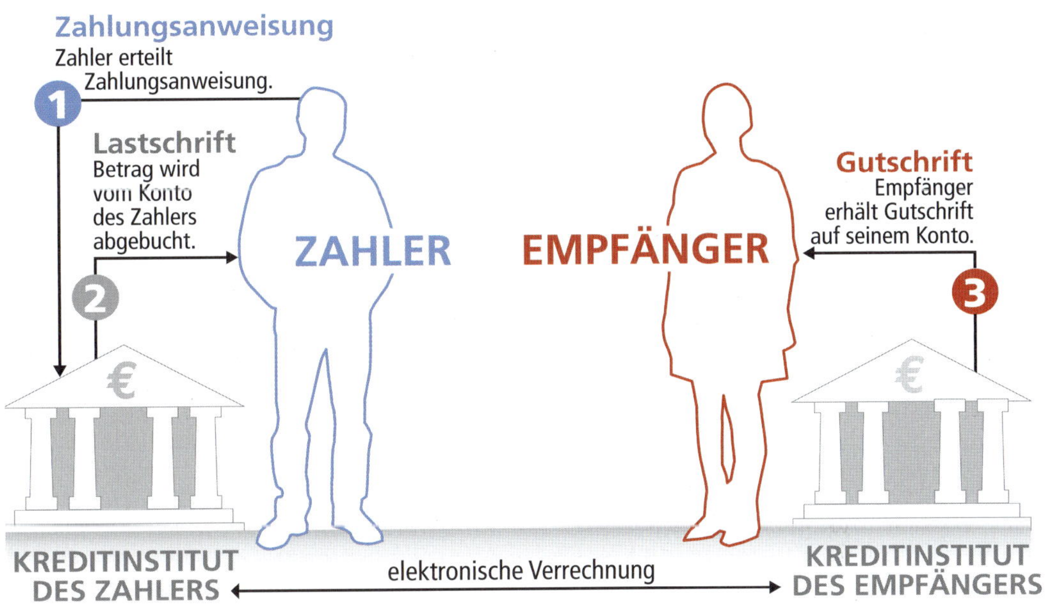

(1) Der Zahler erteilt eine Zahlungsanweisung.
(2) Der Betrag wird vom Konto des Zahlers abgebucht (Lastschrift).
(3) Der Empfänger erhält auf seinem Konto eine Gutschrift.

Einzelüberweisung mit der Zahlungsanweisung

Die Zahlungsanweisung wird auch in **Sonderausführungen** hergestellt (z. B. Zahlungsanweisungen mit Anhang für die 1. und 2. Mahnung usw.).

Eine Einzelüberweisung wird mit der Zahlungsanweisung durchgeführt. Sie ist bei allen Kreditinstituten vereinheitlicht und besteht aus zwei Teilen, der **Zahlungsanweisung (rot)** und der **Auftragsbestätigung (schwarz).**

- Hat der Gläubiger (Verkäufer) bereits einige Angaben vorgedruckt, muss der Zahler (Schuldner, Käufer) in der Regel nur noch seine IBAN, den BIC und seine Unterschrift einsetzen.
- Ist am Formular hingegen nichts vorgedruckt, dann liegen die beiden Teile meist übereinander. Beim Ausfüllen der Zahlungsanweisung (Original) wird mittels Durchschlag zugleich die Auftragsbestätigung (Durchschrift) ausgefüllt (vgl. Ü 5.9).

Der **Zahler (Auftraggeber)** behält die **Auftragsbestätigung** als Beleg für die durchgeführte Zahlung, der **Zahlungsempfänger** erhält die **Zahlungsanweisung.**

Worauf ist beim **Ausfüllen des Formulars** zu achten?

- Da die Belege soweit wie möglich computerunterstützt gelesen werden, ersuchen die Kreditinstitute, **schwarze oder blaue Kugelschreiber** zu verwenden (auf keinen Fall rot). Auch **gedruckter Text** sollte **schwarz** sein (wenn möglich **keine Stempel**).
- Lesen Sie den **Text auf allen Formularen** genau. Es ist dann leicht, die Formulare richtig auszufüllen.
- Füllen Sie den **Verwendungszweck genau aus.** Sie selbst und der Empfänger können dadurch erkennen, wofür gezahlt wurde und wie der Betrag zu verbuchen ist.

Unvollständige Zahlungsanweisungen

Unvollständig ausgefüllte Zahlungsanweisungen können vom Kreditinstitut nicht ordnungsgemäß bearbeitet werden. Für die Richtigstellung verrechnen die Geldinstitute zusätzliche Gebühren. Außerdem können sich die Zahlungen verzögern.

Ü 5.9: Einzelüberweisung mittels teilweise vorgedruckter Zahlungsanweisung B C

IBAN

am linken Rand des Felds beginnen; bei Handschrift für jede Ziffer nur ein Kästchen verwenden

BIC

am linken Rand des Felds beginnen; bei Handschrift nur ein Zeichen pro Kästchen

Beispiele:
- BAWAATWW für die BAWAG P.S.K.
- GIBAATWW für die Erste Bank
- BKAUATWW für die Bank Austria

Betrag

Handschrift: Kästchen in EUR- und Cent-Feld genau einhalten; **kein** Komma setzen; verbleibende **Leerkästchen** vor der ersten Ziffer des Betrags **entwerten**

Druckschrift: am linken Rand des Betragsfelds beginnen; Komma und Tausenderpunkt setzen

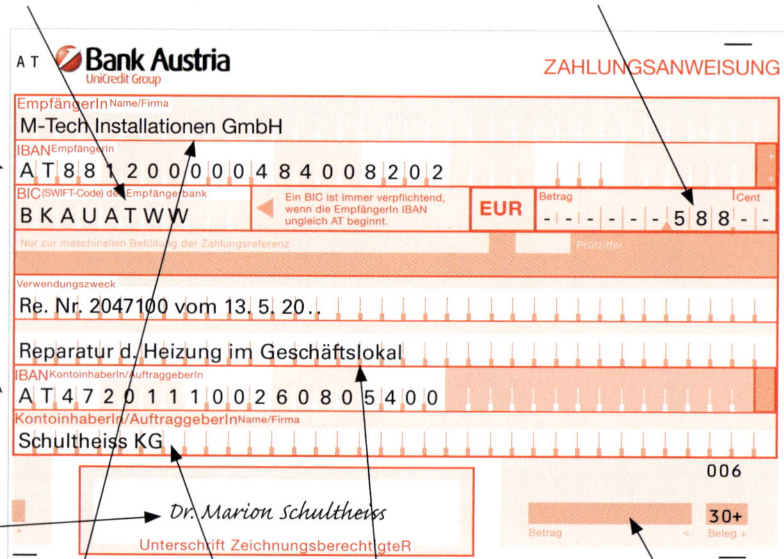
AT Bank Austria UniCredit Group — ZAHLUNGSANWEISUNG

EmpfängerIn Name/Firma: M-Tech Installationen GmbH

IBAN EmpfängerIn: AT881200000484008202

BIC (SWIFT-Code) der Empfängerbank: BKAUATWW — Ein BIC ist immer verpflichtend, wenn die EmpfängerIn IBAN ungleich AT beginnt.

EUR — Betrag: - - - - - - 5 8 8 — Cent: - -

Nur zur maschinellen Befüllung der Zahlungsreferenz — Prüfziffer

Verwendungszweck: Re. Nr. 2047100 vom 13. 5. 20..

Reparatur d. Heizung im Geschäftslokal

IBAN KontoinhaberIn/AuftraggeberIn: AT472011100260805400

KontoinhaberIn/AuftraggeberIn Name/Firma: Schultheiss KG

006

Dr. Marion Schultheiss

Unterschrift ZeichnungsberechtigteR

Betrag — 30+ Beleg

Unterschrift

auf jeden Fall im dafür vorgesehenen Kästchen beginnen und beenden

Empfänger/in, Auftraggeber/in, Verwendungszweck

Handschrift: in Blockbuchstaben ausfüllen und – falls erforderlich – so verständlich wie möglich abkürzen; nur ein Zeichen pro Kästchen

Druckschrift: Kästcheneinteilung spielt keine Rolle. Es können auch zwei Zeilen pro Formularzeile verwendet werden.

„Schreiben Sie keinesfalls in die Lesezone!"

Aufgaben:

a) Wer zahlt an wen welchen Betrag? B

b) Welchem Bankkonto wird der Betrag gutgeschrieben, von welchem Konto wird abgebucht? B

c) Beschreiben Sie den Geschäftsfall, der diesem Beleg zugrunde liegt. C

Die IBAN (International Bank Account Number) ist die internationale Darstellung der Kontonummer. Sie enthält Informationen über Staat, Kreditinstitut und Kontonummer sowie eine Prüfziffer.

Der BIC (Bank Identifier Code) ist die weltweit eindeutige Kurzbezeichnung der Bank.

Der Dauerauftrag

Daueraufträge eignen sich für **regelmäßig wiederkehrende Zahlungen in derselben Höhe und an denselben Empfänger.**

Beispiele

- Kreditrückzahlung
- Ratenzahlung
- Zahlung der Miete am 1. jedes Monats

Daueraufträge werden der kontoführenden Bank erteilt. Sie können unbefristet (bis auf Widerruf) oder befristet (z. B. letzte Zahlung am 5. Juli 20..) sein.

Die Erteilung von Daueraufträgen erfolgt am Schalter der Bank oder elektronisch.

Daueraufträge helfen also, **Zahlungstermine nicht zu vergessen,** und ersparen dem Zahler die regelmäßigen Überweisungen. Für den **Zahlungsempfänger** haben sie den Vorteil, dass **er sich** auf den **pünktlichen Eingang der Beträge verlassen** kann, wenn das Konto des Schuldners gedeckt ist. Vor allem Vermieter legen daher oft großen Wert darauf, dass der Mieter Daueraufträge für die Mietzahlungen erteilt.

Eine **Sonderform des Dauerauftrags ist der Sparabschöpfungsauftrag.** Durch diesen wird das Restguthaben, das sich zu einem bestimmten Termin noch auf einem Gehalts- oder Girokonto befindet, bis zu einer bestimmten Höhe automatisch auf ein Sparbuch übertragen. Vorteil: Das Sparbuch bietet eine höhere Verzinsung.

Der Lastschriftverkehr

Beim Lastschriftverkehr erhält der **Zahlungsempfänger** vom Zahlungspflichtigen die **Berechtigung** (Einzugsermächtigung), **Beträge** von dessen Konto bei Fälligkeit **eigenständig abzubuchen (einzuziehen). Der Zahlungsempfänger verfügt daher in gewissem Rahmen über das Konto des Zahlungspflichtigen!**

Der Lastschriftverkehr eignet sich, wenn

- beim **Zahlungsempfänger** ein **umfangreicher Zahlungsverkehr** besteht und
- beim **Zahlungspflichtigen wiederkehrende Zahlungen in ungleicher Höhe** und/oder zu **ungleichen Terminen** anfallen.

Beispiele

- Abbuchung monatlich unterschiedlich hoher Betriebskosten durch die Hausverwaltung
- Strom- und Gasrechnungen einschließlich der Jahresabrechnung
- Telefonrechnungen
- Rundfunkgebühren

Vorteile des Lastschriftverkehrs

Der **Zahlungsempfänger** kann sich auf einen **pünktlichen Eingang der Zahlungen verlassen** (soweit das Konto des Schuldners gedeckt ist) und er **erspart sich die Fälligkeitskontrolle, eventuelle Mahnungen und die Kosten für die Bearbeitung der Zahlungsanweisungen.**

Der **Zahlungspflichtige** erspart sich die Terminkontrolle und die Durchführung der einzelnen Überweisungen. Außerdem entstehen ihm **geringere Kosten,** da manche Unternehmen Zahlscheingebühren verrechnen.

Nachteile des Lastschriftverkehrs

Die einzelnen Lastschriften **erfolgen ohne Zutun des Zahlungspflichtigen** und sind nur mehr **nachträglich aus dem Kontoauszug** ersichtlich. Der Zahler muss die **abgebuchten Beträge** daher regelmäßig und **genau kontrollieren.**

Der Zahlungspflichtige kann jedoch einem **ungerechtfertigten Einzug widersprechen.** Die **Bank muss dann den Betrag** seinem Konto gebührenfrei und rückwirkend zum Datum der falschen Abbuchung wieder **gutschreiben.**

Eine Beschränkung der Höhe der Abbuchung ist bei Erteilung eines Einziehungsauftrags möglich.

Vertrauensverhältnis bei Lastschriftverkehr

Es muss ein bestimmtes Vertrauensverhältnis zwischen dem Zahlungspflichtigen und dem Empfänger bestehen, da der Empfänger über das Konto des Zahlers verfügen kann.

4 Elektronisch bezahlen

Die Abwicklung von Bankgeschäften mit dem Computer oder dem Smartphone löst den herkömmlichen, formulargebundenen Zahlungsverkehr mehr und mehr ab. Die Vorteile des elektronischen Zahlungsverkehrs liegen vor allem in der **Kostenersparnis.**

Derzeit gibt es vor allem folgende Möglichkeiten des elektronischen Zahlungsverkehrs:

Online-Zahlung

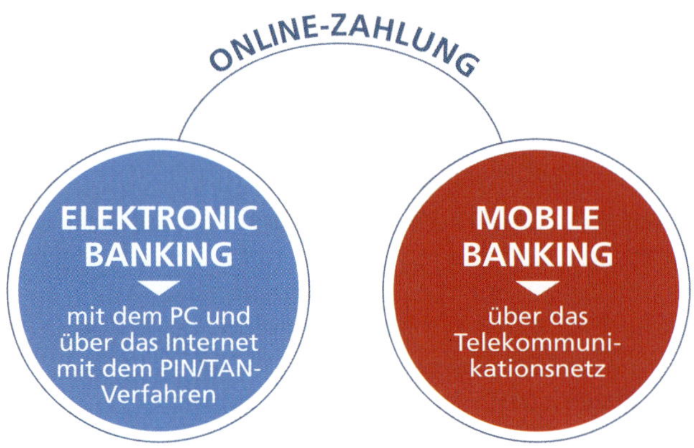

(1) Electronic Banking (E-Banking) mit PC und Internet

Im E-Banking werden die Zahlungen online über das Internet abgewickelt. Die Websites der Banken sind dazu mit einer speziellen Banking-Software ausgestattet. Der Zahlungspflichtige erhält über die Website einen Zugang zum Bankserver und kann so auf sein Bankkonto zugreifen und die Zahlungen durchführen.

Zur Teilnahme am E-Banking ist der Abschluss eines E-Banking-Vertrags (die Banken stellen diesen z. B. auf der Website zum Download zur Verfügung) erforderlich, damit das vorhandene Girokonto für E-Banking freigeschaltet wird.

Datensicherheit

Da die Daten über das Internet übertragen werden, kommt der Datensicherheit besondere Bedeutung zu. Sie wird erreicht durch:

- die **Legitimation** des Nutzers durch Benutzerkennung und PIN

  Einen Zugang zum Bankserver erhält man nur über einen **Login.** Bei diesem muss man sich durch Eingabe der **Benutzerkennung** (User-Identifikation) und der **PIN** (Persönliche Identifikationsnummer) legitimieren.

  Als PIN können Zahlen- und/oder Buchstabenkombinationen verwendet werden. Die PIN sollte nicht mit dem Kontoinhaber in Verbindung gebracht werden können. **Ungeeignet sind** daher z. B. **Geburtsdaten, Namen, Konto- bzw. Telefonnummern,** da diese zu leicht zu erraten sind.

- die **Autorisierung** jeder einzelnen Überweisung mit der TAN

  Für jede Überweisung ist eine **TAN** (Transaktionsnummer) einzugeben. Mit ihr wird die Überweisung „elektronisch unterschrieben". Die TAN ist ein Einweg-Passwort, das aus einer Zufallszahl/Buchstabenkombination besteht.

  Eine **TAN** kann für **eine Überweisung oder für mehrere Überweisungen,** die gleichzeitig erfolgen sollen, **verwendet werden.** Sie wird **nach Ausführung des Auftrags ungültig** und kann daher von einem Dritten nicht missbräuchlich für weitere Überweisungen verwendet werden.

  Die **TAN erhält man** entweder direkt bei der Zahlung in **einer SMS auf das Handy** („TAC-SMS") oder sie wird mit einem speziellen Kartenlesegerät generiert.

Vorteile des Electronic Banking

Auf den Bankserver kann rund um die Uhr an jedem Tag im Jahr zugegriffen werden (es gibt keine begrenzten Banköffnungszeiten, keine Sonn- und Feiertage). Außerdem können die Bankgeschäfte rasch und bequem erledigt werden:

- Es gibt keine Warteschlange vor dem Schalter, dem Kontoauszugsdrucker usw.
- Auf das Konto kann von zu Hause aus, vom Büro aus oder auch von unterwegs zugegriffen werden. Ein Kontoauszug kann direkt am eigenen Drucker ausgedruckt werden.

(2) Mobile Banking

Beim Mobile Banking (mobiles Online-Banking) wird die Verbindung zum Bankserver über das Telekommunikationsnetz hergestellt. Folgende Varianten sind derzeit von Bedeutung:

- Website
  Mit Smartphones können über die Websites der Banken die Zahlungen gleich wie mit dem PC über das Internet abgewickelt werden. Der Zahler erhält über sogenannte Internet-Zugriffspunkte einen vollständigen Zugang zum Bankserver.
- Mobile Banking-App
  Um Bankgeschäfte mit dem Smartphone noch einfacher durchführen zu können, bieten die Banken ihren Kunden Mobile Banking-Apps an. So können viele Bankgeschäfte, von der Kontostandsabfrage bis zur Überweisung, über das Smartphone durchgeführt werden. Manche Banken bieten bereits die Funktion an, sich mit Fingerprint in die Mobile Banking-App einzuloggen.

5 Mit Karten zahlen

Folgende Zahlungskarten gibt es:

Zahlungskarten

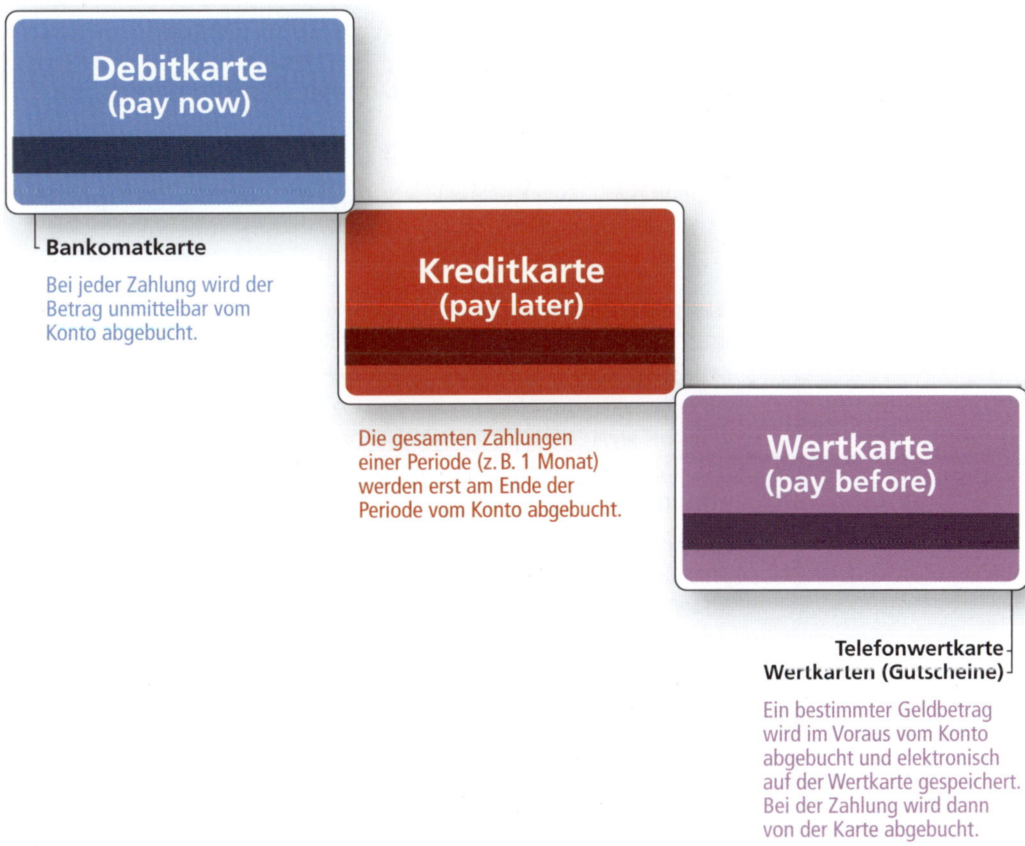

Bankomatkarte (Maestro-Karte)

Die Bankomatkarte ist eine Magnetstreifenkarte mit Chip, auf dem Daten gespeichert sind.

Beispiel

Für die Bankomatkarte muss meistens eine Gebühr entrichtet werden. Manche Banken bieten sie aber auch gratis an.

Bankomatkarte (Vorderseite)

Mit der Bankomatkarte kann man sowohl Bargeld abheben als auch bargeldlos bezahlen. Der Betrag wird sofort vom Konto abgebucht.

Mit der Bankomatkarte bekommt man eine PIN, die sowohl bei der Abhebung von Bargeld am Geldautomaten (Bankomaten) als auch bei der Bezahlung an einer Bankomatkasse eingegeben werden muss. Wer im Besitz der Bankomatkarte ist und die PIN kennt, kann an jedem Geldautomaten Bargeld abheben und an Bankomatkassen bezahlen.

Beachten Sie daher folgende **Sicherheitsvorkehrungen:**

Sicherheitsvorkehrungen

Lernen Sie die PIN auswendig und/oder **notieren** Sie sie **so,** dass **niemand einen Zusammenhang mit der Bankomatkarte herstellen kann.** Sie vermeiden dadurch den Missbrauch bei Verlust oder Diebstahl der Karte.

Geben Sie acht, dass bei der **PIN-Eingabe niemand unmittelbar hinter Ihnen steht** (und Ihnen über die Schulter schaut).

Kontrollieren Sie regelmäßig die Bankomatkarten-Abbuchungen auf Ihren Kontoauszügen.

Lassen Sie bei Verlust der Bankomatkarte Ihr **Konto sofort sperren!** Die entsprechenden Notruftelefonnummern sind auf jedem Bankomat angegeben.

- **Bargeldabhebung**
  Im Inland und in der Eurozone können an Geldautomaten (Bankomaten) pro Abhebung und Tag bis zu € 400,– abgehoben werden.
  Im Foyer der kontoführenden Bank können in der Regel höhere Beträge (z. B. bis zu € 3.000,–) abgehoben werden, wenn das Konto gedeckt ist, d. h., wenn ein ausreichendes Guthaben zur Verfügung steht oder ein entsprechender Kontoüberziehungsrahmen eingeräumt wird.

Bankomat

- **Bezahlung an der Bankomatkasse**
  Für die Bezahlung mit der Bankomatkarte wird das Limit von der jeweiligen Bank festgelegt.

Weitere Informationen zu den Funktionen der Bankomatkarte finden Sie unter **www.bankomatkarte.at.**

Kreditkarte

Die Kreditkarte ist neben der Bankomatkarte das zweite große Kartenzahlungssystem für Privatpersonen.

Beispiel

Beispiel für eine Kreditkarte

Die Kreditkarte wird zur **Bezahlung direkt am Point of Sale** (im Geschäft) sowie im **Onlineshopping** verwendet:

- Bei der Bezahlung direkt am Point of Sale stellt der Verkäufer einen speziellen **Kreditkartenleistungsbeleg** entweder elektronisch von einem „Point-of-Sale-Terminal" oder mit einer Handdruckmaschine (Imprinter) aus. Der Kreditkarteninhaber unterschreibt den Leistungsbeleg und bestätigt damit die Richtigkeit des bezahlten Betrags.
- Im **Onlineshopping** erfolgt die Bezahlung im **„unterschriftslosen Verfahren"**. Der Käufer gibt bei der Zahlung seine **Kreditkartennummer, das Ablaufdatum der Kreditkarte und die Kartenprüfnummer** (auf der Rückseite der Kreditkarte) in die Bestellmaske ein. Die Kreditkarte ist derzeit das am weitesten verbreitete Zahlungsmittel im Onlineshopping.

Kosten der Kreditkarte:

- Der **Kreditkarteninhaber** muss je nach Kreditkartenorganisation derzeit etwa € 20,– bis € 70,– pro Jahr bezahlen. Manche Online-Banken bieten Kreditkarten jedoch gratis an. Der mit der Kreditkarte bezahlte Betrag wird erst dann vom Konto abgebucht, wenn die Monatsrechnung eintrifft (etwa 4 bis 6 Wochen später). Zinsen werden dabei keine berechnet.
- Der **Verkäufer** muss je nach Umsatzhöhe derzeit 2 bis 4 % des Umsatzes an die Kreditkartenorganisation abführen. Diese Provision stellt zwar für den Verkäufer zusätzliche Kosten dar, andererseits sind aber die Käufer, die mit Kreditkarte bezahlen, meist zahlungskräftigere Kunden.

Weltweit gibt es derzeit vier große **Kreditkartenorganisationen:**

- VISA **(www.visaeurope.at)**
- MasterCard **(www.mastercard.at)**
- American Express **(www.americanexpress.at)**
- Diners Club **(www.dinersclub.at)**

VISA und MasterCard sind sowohl weltweit als auch in Österreich die beiden führenden Systeme.

Mit der Verwendung einer Kreditkarte sind mehrere **Gefahren** verbunden:

- **Verlustgefahr:**
  Solange die Kreditkarte nicht gesperrt ist, kann der Finder die Unterschrift fälschen und am Point of Sale einkaufen (in der Regel haftet der Inhaber aber nur bis zu einem bestimmten Betrag).
- **Verschuldungsgefahr:**
  Das einfache bargeldlose Einkaufen erhöht die Gefahr der Verschuldung. Man sollte sich daher Aufzeichnungen über die mit der Kreditkarte bezahlten Rechnungsbeträge machen und Belege sammeln.

- **Betrugsgefahr** bei Internetzahlungen mit dem unterschriftslosen Verfahren:
  Die Gefahr kann sich durch den Missbrauch der Kreditkartendaten durch betrügerische Internetanbieter oder durch die Ausspähung der Kreditkartendaten während der Online-Übermittlung mit anschließendem Missbrauch ergeben.

  Achten Sie daher bei Bezahlungen mit der Kreditkarte im Internet immer **darauf, dass** die entsprechende **Website verschlüsselt** ist. Sie erkennen diese **SSL-Verschlüsselung** z. B. an der Internetadresse, die mit https:// beginnt.

Wertkarten (Smartcards)

Bei den Wertkarten wird ein bestimmter Geldbetrag im Voraus vom Konto abgebucht und elektronisch auf der Wertkarte gespeichert. Bei der Zahlung wird dann vom Guthaben auf der Karte abgebucht.

Telefonwertkarte und sonstige Wertkarten (Gutscheine)

Telefonwertkarten können z. B. auf der Post, an Tankstellen, in Trafiken oder im Internet gekauft werden. Die Karten sind mit verschiedenen Guthaben erhältlich. Der Kartenverkäufer leitet den Kaufpreis an die jeweilige Telefongesellschaft weiter. Während des Telefonats mit dem Wertkartentelefon wird die Gesprächsgebühr abgebucht. Der aktuelle Kartenstand kann jederzeit telefonisch oder im Internet abgerufen werden. Viele Unternehmen (z. B. H&M) bieten Gutscheine in Form von Wertkarten an. Die Karten sind ebenfalls meist mit unterschiedlichen Guthaben erhältlich.

Billing-Systeme

Billing-Systeme ermöglichen eine Bezahlung direkt mit dem Mobiltelefon. Im Gegensatz zum Mobile Banking wird die Zahlung nicht über die Website der Banken abgewickelt.

Ein derzeit gängiges Billing-System ist „paybox" (mobile Geldbörse). Käufer und Verkäufer müssen dazu bei paybox registriert sein (paybox PIN). Es kann sowohl im Internet (Zahlungsoption „paybox") als auch offline (z. B. Einzelhandel, Taxi, Kino, Aufladung der Telefonwertkarte) bezahlt werden.

Üben

A B C D E

Ü 5.10: Rechnung, gesetzliche Bestandteile B

Ein Unternehmer zahlt im Restaurant für ein Essen für vier Personen € 156,–.

a) Er will das Essen als Geschäftsessen verrechnen. Welche Anforderungen muss die Rechnung in diesem Fall erfüllen?

b) Welche Rechnungsbestandteile muss diese Rechnung aufweisen?

Ü 5.11: Barinkasso C

Ein Handwerker repariert eine Heizung. Anschließend drängt er darauf, den Rechnungsbetrag sofort bar zu kassieren.

a) Welchen Grund könnte er dafür haben?

b) Welchen Beleg muss er ausstellen, wenn er € 480,– (inkl. 20 % USt) kassiert und die Reparatur für einen Unternehmer durchgeführt wurde?

Ü 5.12: Zahlung im Onlineshopping C

Ein Internetanbieter übersendet die in seinem Onlineshop bestellte Ware per Post.
Welche Zahlungsform wird er wählen, wenn der Käufer bei Übernahme der Ware bezahlen soll?

Ü 5.13: Abbuchungen kontrollieren B

Eine Stromrechnung wird ungerechtfertigterweise von Ihrem Konto abgebucht.

a) Wie können Sie dies feststellen?

b) Was können Sie tun?

Ü 5.14: Unterschied Dauerauftrag und Lastschriftverkehr B

Ein Rauchfangkehrer muss bei den Hausverwaltungen der von ihm betreuten Häuser vierteljährlich die Kehrgebühr einheben.

a) Wovon hängt es ab, ob sich dafür besser ein Dauerauftrag oder ein Lastschrifteinzug eignet?

b) Von wem geht die Initiative beim Dauerauftrag und von wem geht sie beim Lastschriftverkehr aus?

Ü 5.15: Überweisung C

Ihr Unternehmen:

Euro Shop Bau GmbH, Installationen, Ottakringer Straße 245, 1160 Wien,
Erste Bank, IBAN AT472011100046411310, BIC GIBAATWW

Arbeitsunterlage:

Sie erhalten folgende Rechnung für den Einkauf einer neuen Maschine:

Bolz
Befestigungstechnik

1030 WIEN, Franzosengraben 29 Tel. +43 1 31 26 26-0 E-Mail: office@bolz.com

Euro Shop Bau GmbH
Installationen
Ottakringer Straße 245
1160 Wien

RECHNUNG

NUMMER	RE-DATUM	LIEFERUNG	KUNDEN-NR	UID
327432	20..-03-09	20..-03-09	46756000	ATU84729294

POS.	ARTIKEL NR.	BEZEICHNUNG	MENGE	PREIS EUR	BETRAG EUR
010	178061	TP 400 MK*MEISSELHAMMER GERÄTE NR. 35560	1	1.662,00	1.662,00
020	606814	TP 19 SM36*SPITZMEISSEL	1	37,50	37,50
030	606798	TP 19 FM36*FLACHMEISSEL	1	37,50	37,50

SKONTO: 10 TAGE 2 % 90 TAGE NETTO KASSA

AKTIONSSONDERPREIS	**1.650,00**
20% UST	**330,00**
ENDSUMME	**1.980,00**

BEI ZAHLUNG UNBEDINGT RECHNUNGSNUMMER ANGEBEN.
BEI ZIELÜBERSCHREITUNG WERDEN 12 % p. a. VERZUGSZINSEN BERECHNET. ZAHLBAR UND KLAGBAR IN WIEN.
LIEFER- UND ZAHLUNGSBEDINGUNGEN UMSEITIG.
BAWAG P.S.K., IBAN AT866000000064520046, BIC BAWAATWW

Aufgabe:
Sie überweisen den Rechnungsbetrag am 17. März 20.. vom Konto der Euro Shop Bau GmbH bei der Erste Bank. Füllen Sie die Zahlungsanweisung aus.

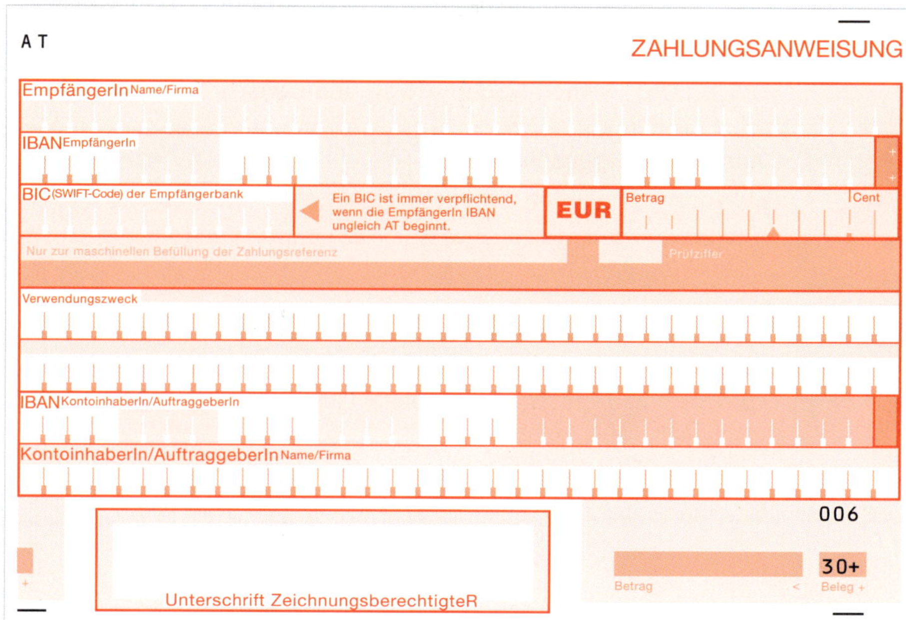

Sichern

SbX ID: 1523

SbX ID: 1523

Im SbX finden Sie eine Sammelmappe mit Zusammenfassungen zu allen Kapiteln und Lerneinheiten.

Wissen

SbX ID: 1524

A B C D E

SbX ID: 1524

Möglichkeiten zur Kompetenzüberprüfung im SbX

Wiederholungsfragen	Aufgaben mit automatischer Aufgabenkontrolle	Einfache Fallbeispiele

- W 5.18: **Belegerteilungspflicht** A
- W 5.19: **Registrierkassenbelege** A
- W 5.20: **Postnachnahme** A
- W 5.21: **Giroverkehr** A
- W 5.22: **Teilnahme am Giroverkehr** A
- W 5.23: **Kontoauszug** B
- W 5.24: **Zahlungsanweisung** A
- W 5.25: **Überweisungen** A
- W 5.26: **IBAN und BIC** A

W 5.27: **Vorteile des Dauerauftrags** A

W 5.28: **Verwendung von Restguthaben** A

W 5.29: **Dauerauftrag und Lastschriftverkehr** B

W 5.30: **Zahlungssicherheit I** A

W 5.31: **Zahlungssicherheit II** A

W 5.32: **Electronic Banking** B

W 5.33: **Vorteile des E-Banking** A

W 5.34: **Kartentypen** A

W 5.35: **Bankomatkarte** A

W 5.36: **Kreditkarte** B

W 5.37: **Kosten der Kreditkarte** A

W 5.38: **Kreditkartenakzeptanz** A

W 5.39: **Gefahren der Kreditkarte** A

W 5.40: **Zahlung beim Onlineshopping** A

W 5.41: **Zahlungsmethoden** B

W 5.42: **Überprüfung der Monatsrechnung** A

W 5.43: **Kreuzworträtsel: Zahlungsformen I** B

W 5.44: **Kreuzworträtsel: Zahlungsformen II** B

W 5.45: **Privatkauf eines Modemkabels** B

W 5.46: **Bezahlung einer Eingangsrechnung** B

W 5.47: **Test: Bargeldlos zahlen** B

W 5.48: **Test: Elektronischer Zahlungsverkehr** B

W 5.49: **Fallbeispiel: Kraus & Co. GmbH (Bezahlen einer Rechnung durch Überweisung)** C

Ein kurzer Kompetenz-Check, bevor's weitergeht!

Kompetenz-Check

	☺	😐	☹
Ich kann Barzahlungen, auch mithilfe der Post, abwickeln.			
Ich kenne die Bedeutung des Giroverkehrs für den Zahlungsverkehr.			
Ich kann ein Konto eröffnen.			
Ich kann das notwendige Formular für eine Überweisung ausfüllen.			
Ich kann einen Dauerauftrag und einen Lastschrifteinzug situationsgerecht einsetzen und kenne ihre jeweiligen Vor- und Nachteile.			
Ich kann die Möglichkeiten, die Vorteile und Gefahren von Electronic Banking und Mobile Banking beschreiben.			
Ich kann den Zahlungsverkehr elektronisch durchführen.			
Ich kann Sicherungsmöglichkeiten beim Electronic Banking und beim Mobile Banking situationsgerecht einsetzen.			
Ich kann die verschiedenen Arten von Zahlungskarten (Debitkarten, Kreditkarten, Wertkarten) unterscheiden und deren Vorteile und Gefahren beschreiben.			
Ich kann Vorsichtsmaßnahmen bei der Verwendung von Zahlungskarten ergreifen.			

SbX
Alle SbX-Inhalte zu dieser Lerneinheit finden Sie unter der ID: 1530.

Lerneinheit 3
Wenn der Verkäufer seine Pflichten nicht richtig erfüllt

Sie haben ein Gartenzelt bestellt, das Sie erstmalig bei einer Grillparty im August verwenden möchten. Als Liefertermin wurde Anfang Juli vereinbart, Mitte Juli ist die Anlage trotz mehrmaliger Telefonate mit dem Verkäufer noch nicht eingetroffen. Ende Juli wird das Zelt endlich geliefert, allerdings nicht in der bestellten Farbe Weiß, sondern in Grün. Sie akzeptieren die Lieferung trotzdem. Während eines Regenschauers bei der Grillparty stellt sich dann heraus, dass das Zelt nicht wasserdicht ist. Nun wollen Sie Ihre Ansprüche gegen den Lieferanten durchsetzen.

Lernen

SbX ID: 1531

A B C D E

SbX
Alle Grafiken dieser Lerneinheit unter der ID: 1531.

1 Fehler bei der Erfüllung von Kaufverträgen (Übersicht)

Bei der Erfüllung eines Kaufvertrags kann es sowohl aufseiten des Käufers als auch aufseiten des Verkäufers zu verschiedenen Fehlern kommen.

Die folgende Übersicht zeigt, welche Fehler auftreten können:

Fehler bei der Erfüllung des Kaufvertrags

Die Fehler des Verkäufers werden in dieser Lerneinheit, die Fehler des Käufers in der nächsten Lerneinheit besprochen.

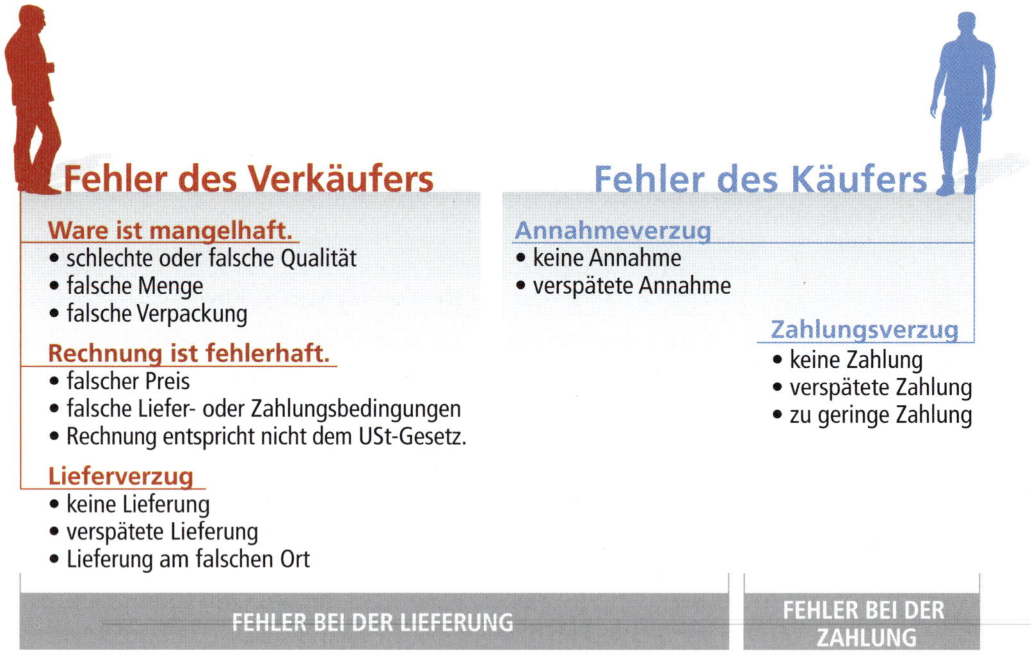

Rechtlich gesehen handelt es sich bei diesen Fehlern um Vertragsverletzungen durch vertragswidrige Erfüllung oder Nichterfüllung des Kaufvertrags.

Für Mängel, die bei Lieferung einer Ware bestehen, haftet der Verkäufer im Rahmen seiner Gewährleistung.

2 Mangelhafte Ware liefern

Arten von Mängeln

Ein Mangel liegt vor, wenn eine Ware

- die üblicherweise vorausgesetzten Eigenschaften nicht hat (z. B. wenn ein Mobiltelefon nicht läutet) oder
- dem nicht entspricht, was im Kaufvertrag vereinbart wurde (z. B. das Muster eines Kleides weicht vom Katalog ab).

Die Arten der Mängel werden nach verschiedenen Kriterien unterschieden:

Arten der Mängel

Nicht alle hier verwendeten Begriffe sind im Gesetz definiert. Sie sind jedoch in der Praxis üblich.

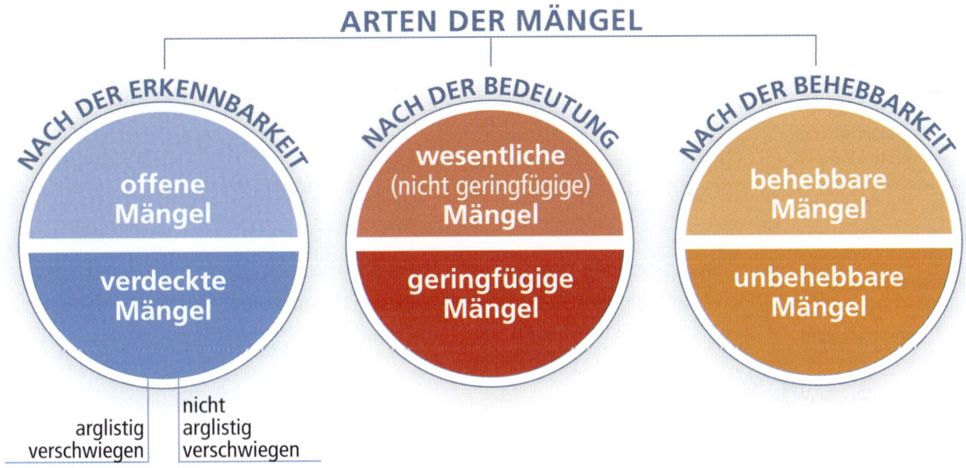

- **Offene Mängel** sind mit freiem Auge erkennbar oder werden bei Untersuchung der Ware festgestellt (z. B. gesprungener Spiegel, zerkratzte Tischplatte, Mokka statt Caffè latte).
- **Verdeckte Mängel** können auch bei Untersuchung der Ware nicht sofort festgestellt werden (z. B. ein T-Shirt verfärbt sich beim Waschen, die Klimaanlage im Auto kühlt nicht).
- **Arglistig verschwiegene Mängel** sind verdeckte Mängel, die dem Verkäufer bekannt waren und von ihm absichtlich verschwiegen wurden (z. B. ein Gebrauchtwagen wird als „unfallfrei" verkauft, obwohl er bereits einen größeren Schaden hatte).
- **Wesentliche (nicht geringfügige) Mängel** hindern den ordentlichen Gebrauch der Ware oder betreffen eine verlangte (vertraglich vereinbarte) Eigenschaft (z. B. „kochfeste" Wäsche geht beim Waschen ein; es wird ein weißes Smartphone geliefert, obwohl ein schwarzes bestellt wurde).
- **Geringfügige Mängel** hindern den ordentlichen Gebrauch der Ware nicht (z. B. Lackschäden beim Auto, Kratzer am Tiefkühlschrank) bzw. betreffen keine verlangte Eigenschaft.

Beispiel

- Kauft man eine CD und ist die Hülle gesprungen, so kann man die CD trotzdem spielen, der Mangel ist daher geringfügig. Will man die CD jedoch verschenken, dann ist die beschädigte Hülle ein wesentlicher Mangel.

- **Behebbare Mängel** liegen vor, wenn die mangelhafte Ware repariert oder ausgetauscht bzw. umgetauscht werden kann (z. B. ein ausgerissener Riemen beim Rucksack wird wieder angenäht).
- **Unbehebbare Mängel** können nicht beseitigt werden (z. B. verzogener Fahrradrahmen, Riss im Stoff eines maßgeschneiderten Ballkleids).

Mängel feststellen und bekanntgeben

Werden Mängel nicht rechtzeitig bekanntgegeben, verliert der Käufer seinen Anspruch auf Gewährleistung.

Um keine Fristen zu versäumen, sollten Mängel immer sofort nach ihrer Entdeckung gerügt werden, d. h. offene Mängel bei Übernahme der Ware, verdeckte Mängel, sobald man sie entdeckt hat.

Die Mitteilung des Mangels an den Verkäufer, die sogenannte **„Mängelrüge"**, ist nicht an eine bestimmte Form gebunden. Sie kann auch telefonisch, per Fax oder per E-Mail erfolgen. Bei größeren Mängeln bzw. in wichtigen Fällen sollte jedoch ein eingeschriebener Brief geschickt werden (Beweissicherung).

Auf alle Fälle muss der Mangel genau beschrieben werden. Allgemeine Redewendungen, wie „Die Ware entspricht nicht den Vertragsbedingungen", genügen nicht.

Folgende Unterscheidung ist wichtig:

Betrifft Unternehmer

Zur Erinnerung: Gelieferte Ware ist formell und materiell zu prüfen. Das haben Sie schon im Zusammenhang mit der ordnungsgemäßen Erfüllung des Kaufvertrags in Lerneinheit 1 kennengelernt.

Verkäufer und Käufer sind Unternehmer (Regelung laut UGB):

Sind beide Vertragspartner Unternehmer, so hat der Käufer die Pflicht zur Untersuchung der Ware, d. h., er muss Mängel, „die er bei ordnungsgemäßem Geschäftsgang nach Ablieferung [Anm.: der Ware] durch Untersuchung festgestellt hat oder feststellen hätte müssen, binnen angemessener Frist" anzeigen (§ 377 UGB).

Diese Formulierung nimmt darauf Rücksicht, dass Waren im Handel oft in derselben Verpackung weiterverkauft werden und erst beim Endverbraucher ausgepackt und geprüft werden (z. B. Elektrogeräte, Geschirr).

Betrifft Konsumenten

Auch Konsumenten sollten Mängel sofort melden, sobald sie sie festgestellt haben.

Verkäufer ist Unternehmer, Käufer ist Konsument oder beide sind Private (Regelung laut ABGB):

Nach dem ABGB gibt es keine Untersuchungspflicht wie im UGB. Der Mangel muss nur innerhalb der gesetzlichen Fristen gemeldet werden. Jedenfalls sollte der Mangel gemeldet (gerügt) werden, sobald er entdeckt wird.

Gewährleistung und Garantie

- Bei Geschäften mit Konsumenten dürfen diese Gewährleistungsfristen laut **KSchG** nicht verkürzt werden (außer bei Gebrauchtwaren).
- Bei Geschäften zwischen Unternehmern ist eine Verkürzung möglich. Ein Ausschluss der Gewährleistung ist bei Neuwaren aber in keinem Fall zulässig.

Gewährleistung

Im Rahmen der Gewährleistung haftet der Verkäufer für Mängel, die bereits bestanden, als die Sache (die Ware) übergeben wurde. Für diese Haftung gelten bestimmte Fristen (Gewährleistungsfristen).

- **Gewährleistung bei beweglichen Sachen:** Laut ABGB gilt für bewegliche Sachen (z. B. Schuhe, Handys, Geschirr) eine Gewährleistungsfrist von 2 Jahren.
- **Gewährleistung bei unbeweglichen Sachen:** Bei unbeweglichen Sachen (z. B. bei Bauten, beim Einbau von Zentralheizungen) gilt eine Frist von 3 Jahren ab Übergabe.
- **Beweislastumkehr:** Tritt der Mangel innerhalb von 6 Monaten ab der Übernahme auf, dann muss der Verkäufer beweisen, dass der Mangel bei der Übergabe noch nicht bestanden hat. Kann er das nicht beweisen, haftet er für den Mangel. Nach dieser Frist muss der Käufer beweisen, dass es sich um einen Gewährleistungsfall handelt und der Mangel nicht erst später aufgetreten ist.
- **Gewährleistung bei Montagefehlern und bei fehlerhaften Montageanleitungen:** Die Gewährleistung gilt auch für Montagefehler und für Mängel, die auf Fehler in der Montageanleitung zurückzuführen sind.

Beispiel

- Ist die Montageanleitung bei Selbstbaumöbeln mangelhaft und entsteht dadurch ein Schaden, dann haftet der Verkäufer für diesen Schaden.

- **Gewährleistung für Werbeaussagen:** Gegenüber dem Konsumenten haftet der Verkäufer auch für Werbeaussagen über Eigenschaften, die das Produkt angeblich haben soll.

Beispiel

- Geworben wurde mit der Aussage: „Der Wendekreis des Automodells ist der kleinste seiner Klasse und beträgt nur 7,5 m." Beträgt der Wendekreis tatsächlich 9 m, kann der Käufer dies bemängeln.

- **Arglistig verschwiegene Mängel:** Die Gewährleistungsfrist beträgt 30 Jahre.
- **Gewährleistung zwischen Privaten:** Bei Geschäften zwischen Privaten kann die Gewährleistung durch einen ausdrücklichen Hinweis ausgeschlossen werden (z. B. bei eBay-Versteigerungen oder beim Verkauf eines Gebrauchtwagens von privat zu privat). Dies gilt jedoch nicht für bekannte und bewusst verschwiegene Mängel oder falsche Angaben.

Garantie

Üblicherweise gewährt der Verkäufer eine über die gesetzliche Gewährleistung hinausgehende „Garantie", d. h., er verpflichtet sich, auch Mängel zu beheben, die durch den ordnungsgemäßen Gebrauch entstanden sind. Dadurch erübrigt sich die Diskussion, ob der Mangel schon bei der Übergabe bestanden hat oder nicht. Für Verschleißteile (z. B. Bremsbeläge beim Auto) wird die Garantie manchmal beschränkt (z. B. 2 Jahre oder 30 000 km).

Die rechtlichen Möglichkeiten des Käufers

In der Regel wird man kaum mehr als drei Verbesserungsversuche des Verkäufers zur Mängelbehebung zulassen müssen. Sicher ist es sinnvoll, dem Verkäufer den Rücktritt nach dem ersten oder zweiten Verbesserungsversuch schriftlich anzudrohen.

Grundsätzlich sieht das Gesetz für den Käufer einer mangelhaften Ware folgende Möglichkeiten vor:

- Verbesserung (Nachlieferung, Reparatur oder Austausch)
- Preisminderung
- Wandlung (d. h. Rücktritt vom Vertrag bzw. Auflösung des Vertrags)

Der Verkäufer hat zunächst das Recht zur Verbesserung oder zum Austausch.

Nur wenn beides unmöglich ist oder mehrmals nicht gelingt, kann der Käufer Preisminderung verlangen oder bei wesentlichen Mängeln vom Vertrag zurücktreten, d. h. den Vertrag auflösen.

Beispiel

- Eine blaue iPod Docking Station weist an der Vorderseite Absplitterungen auf. Der Mangel ist technisch nicht zu beseitigen. Der Verkäufer kann jedoch die Docking Station austauschen. Nur wenn eine gleichartige Docking Station (gleiche Farbe, gleiche Größe) nicht verfügbar ist, kann der Käufer zurücktreten, da er vermutlich die blaue Docking Station gut sichtbar aufstellen wollte.

Umstritten ist, wie oft der Verkäufer eine Verbesserung versuchen darf und wie viel Zeit er dafür zur Verfügung hat.

Beispiel

- Die Türe eines Neuwagens lässt sich trotz mehrerer Reparaturversuche nicht vollständig schließen und ist nicht wetterfest. Wie lange und wie oft muss man Reparaturversuche zulassen, bis man vom Kauf zurücktreten darf?

Bei geringfügigen, unbehebbaren Mängeln ist ein Rücktritt nicht möglich, allerdings kann eine Preisminderung gefordert werden.

Beispiel

- Eine Bücherwand wird montiert und weist nach der Montage an der Rückwand der obersten Fächer in 2,50 m Höhe einige Kratzer auf.

Ü 5.16: Mangelhafte Ware, Gewährleistung, Rechte des Käufers C

Ein Händler verkauft ein gebrauchtes Motorrad als „unfallfrei" und „in tadellosem Zustand", obwohl er das Motorrad mit gebrochenem Rahmen gekauft hat und den Rahmen schweißen ließ. Nach 4 Tagen bricht die Schweißnaht. Durch den Unfall ist der Käufer längere Zeit arbeitsunfähig.

a) Welcher Mangel lag hier vor?

b) Wie lange müsste der Händler für diesen Mangel Gewähr leisten?

c) Welche Ansprüche kann der Käufer aus rechtlicher Sicht an den Verkäufer stellen?

Ü 5.17: Rechte des Käufers, Praxislösung C

Sie kaufen bei einem Buchhändler einen Kriminalroman. 8 Monate später stellen Sie beim Lesen fest, dass 32 Seiten in der Mitte des Buchs fehlen.

a) Welcher Mangel liegt vor?

b) Welche rechtlichen Möglichkeiten haben Sie?

c) Wie wird der Fall in der Praxis gelöst werden?

Produkthaftung (Hinweis)

Die Produkthaftung ist in einem eigenen Gesetz geregelt.

„Produkthaftung" bedeutet, dass der Hersteller oder der Importeur für Schäden haftet, die durch ein fehlerhaftes Produkt an Personen oder Sachen, d. h. nicht am Produkt selbst, entstehen.

Beispiel

- Bei einer neuen Waschmaschine tritt aufgrund eines Produktionsfehlers Wasser aus. Durch den Wasseraustritt werden Parkett- und Teppichböden in der Wohnung beschädigt. Für diese Schäden haftet der Hersteller oder der Importeur im Rahmen der Produkthaftung. Der Schaden an der Waschmaschine selbst ist durch die Gewährleistung und/oder Garantie gedeckt.

Tritt ein Schaden ein, haftet der Hersteller auch dann, wenn er am Fehler des Produkts keine Schuld trägt.

Der Schriftverkehr bei der Lieferung mangelhafter Ware

Die Mängelrüge des Käufers

Auch beim **Verfassen einer Mängelrüge** sollten Sie sich folgende Punkte klarmachen:

- Was wollen Sie erreichen?
- Wie wollen Sie den Empfänger überzeugen?
- Mit welcher Antwort bzw. welcher Reaktion müssen Sie rechnen?
- Welche Bedeutung hat der Empfänger für Sie?

Allgemeines Aufbauschema	Mängelrüge
1 Anlass des Schreibens →	• Empfang der Ware bestätigen • Mangel genau beschreiben
2 eigenes Anliegen →	• Erwartungen/Forderungen an den Verkäufer bzw. Ersuchen um Vorschläge
3 Begründung →	• Bei nicht eindeutigen Fällen oder umfangreichen Forderungen ist eine Begründung erforderlich.
4 erwartete Reaktion →	• Hoffnung auf schnelle Regelung
5 mögliche Folgen →	• Was geschieht, wenn der Verkäufer den Vorschlägen nicht zustimmt oder nicht bis zu einem bestimmten Termin antwortet?

Form der Mängelrüge

Telefonische Mängelrügen sollte man zusätzlich **schriftlich bestätigen,** um im Streitfall einen Beleg zu haben (Telefonnotiz bzw. Aktenvermerk).

- **telefonisch, per Fax, per E-Mail,** wenn
  - ein einfacher Fall vorliegt (z. B. wenn statt Briefkuverts mit Firmenaufdruck unbedruckte Kuverts geliefert wurden)
  - ein dringender Fall vorliegt (z. B. wenn überreifes Obst geliefert wurde, das zu verfaulen droht)
- **eingeschriebener Brief,** wenn ein schwieriger und wirtschaftlich bedeutender Fall vorliegt (z. B. Lieferung einer Wagenladung Fischkonserven, bei der sich Stichproben als verdorben erweisen)

Ü 5.18: Mängelrüge (E-Mail-Text) B C

Betreff: Skihosen – Mängelrüge

Heute erhielten wir die bestellten

50 Stück Skijacken, Gr. S, M und L
50 Stück Skihosen, Gr. S, M und L.

Wir mussten leider feststellen, dass

15 Stück der Skihosen

Webfehler haben.

Bei je 5 Stück der Größe S und M sind diese Fehler so deutlich sichtbar, dass wir diese Hosen nicht verkaufen können. Bitte liefern Sie rasch Ersatz.

Bei 5 Stück der Größe L sind die Fehler nicht sofort sichtbar. Wir könnten diese Ware als zweite Wahl verkaufen. Sie müssten uns allerdings einen Preisnachlass von 20 % gewähren.

Wir ersuchen um sofortige Nachlieferung und um Zusendung einer Gutschrift bzw. einer korrigierten Rechnung.

Mit freundlichen Grüßen

Aufgaben:

a) Welche Arten von Mängeln liegen vor? C
b) Welche Forderungen stellt der Käufer? B
c) Wie werden die Forderungen begründet? C
d) Welche Teile des Aufbauschemas wurden berücksichtigt? B

Die Stellungnahme des Verkäufers

Die Stellungnahme des Verkäufers zu einer Mängelrüge erfordert viel Fingerspitzengefühl.

Die Stellungnahme soll

- in einem höflichen Ton gehalten sein, selbst wenn die Bemängelung nach der Meinung des Verkäufers zu Unrecht erfolgte;
- darauf abzielen, den Käufer als Kunden zu halten.

Es gibt zwei Möglichkeiten:

- Die Bemängelung wird anerkannt.
- Die Bemängelung wird abgelehnt.

Der Verkäufer wird die Bemängelung ablehnen, wenn er davon überzeugt ist, dass er die Ware vertragsgerecht geliefert hat und ihn kein Verschulden trifft.

Wird vermutet, dass die Mängelrüge völlig unbegründet ist und dass der Käufer nur eine Verbesserung der Konditionen erreichen will, wird der Verkäufer höflich, aber sehr strikt ablehnen.

Ist unklar, wen die Schuld trifft, oder ist die Auslegung des Kaufvertrags nicht eindeutig, muss der Sachverhalt vor der Ablehnung genau untersucht werden.

Manchmal wird es ratsam sein, dem Käufer eine gemeinsame Untersuchung bzw. eine Untersuchung durch eine dritte Stelle (z. B. durch einen Sachverständigen) anzubieten.

- Vor allem bei der **Ablehnung einer Bemängelung** ist genau zu überlegen, wie man vorgehen soll, um den Kunden zu halten.
- Sind **Schäden** beim Transport aufgetreten, ist zusätzlich zu prüfen, wer laut Kaufvertrag das Transportrisiko tragen muss.

Allgemeines Aufbauschema	Antwort auf Mängelrügen
1 Anlass des Schreibens	● Bezug auf die Mängelrüge. Bedauern, dass die Mängel aufgetreten sind
2 Entscheidung (Stellungnahme zum Anliegen des Partners)	a) Anerkennung der Mängelrüge: ○ Entschuldigung, eventuell mit Begründung ○ Einigungsvorschlag bzw. Annahme des Vorschlags des Kunden b) Ablehnung der Mängelrüge: ○ Ablehnung
3 Begründung	● Eine Begründung ist vor allem erforderlich: ○ bei Ablehnung bzw. ○ wenn man die Forderungen nicht vollständig anerkennt.
4 erwartete Reaktion	a) Bei Anerkennung des Mangels: ○ Bitte um Verständnis b) Bei Ablehnung bzw. bei teilweiser Ablehnung: ○ Bitte, die Rechtslage zu akzeptieren bzw. dem Einigungsvorschlag zuzustimmen
5 mögliche Folgen	● Vor allem bei teilweiser oder vollständiger Ablehnung: Kulanzangebot, Rabatte auf die nächste Lieferung etc.

Beispiele

Anerkennung einer Mängelrüge (Antwort zu Ü 5.18)

Betreff: Skihosen – Ihre Beanstandung vom 10. März 20..

Wir bedauern sehr, dass ein Teil der am 10. März gelieferten Skihosen fehlerhaft war, und entschuldigen uns.

Wegen zahlreicher Krankheitsfälle mussten wir in der Endkontrolle kurzfristig Hilfskräfte einsetzen. Diese haben leider die Webfehler übersehen.

Schicken Sie uns bitte jene 10 Stück Skihosen, die für Sie unbrauchbar sind, auf unsere Kosten zurück. Wir haben die Ersatzware bereits versendet.

Für die restlichen 5 Stück, die kleine Fehler aufweisen, gewähren wir Ihnen 20 % Preisnachlass. Eine Gutschrift erhalten Sie zusammen mit der Ersatzware.

Wir hoffen, dass Sie mit dieser Regelung zufrieden sind, und danken im Voraus.

Wir erwarten weitere Aufträge, die wir gewissenhaft ausführen werden.

Mit freundlichen Grüßen

Ablehnung einer Mängelrüge (E-Mail-Text)

Betreff: Porzellangeschirr, Ihre Bemängelung vom 22. August 20..

Wir bedauern, dass unsere Sendung mit Porzellangeschirr bei Ihnen beschädigt angekommen ist. Der Schaden kann jedoch nur durch unsachgemäßen Transport zustande gekommen sein. Unsere Verpackungen sind widerstandsfähiger, als es vorgeschrieben ist.

Die Ware wurde ab Werk geliefert. Sie tragen daher das Transportrisiko. Wir ersuchen Sie, sich wegen des Schadensersatzes an die Post zu wenden.

Außerdem sind wir bereit, die von Ihnen als beschädigt gemeldete Ware auf Ihren Wunsch hin mit einem Kulanzrabatt von 20 % nachzuliefern.

Wir hoffen, dass Ihnen dieses Angebot zeigt, dass wir an einer weiteren Zusammenarbeit mit Ihnen sehr interessiert sind.

Mit freundlichen Grüßen

3 Fehlerhafte Rechnungen

Auch Rechnungen können Fehler enthalten. Deshalb ist es in der Praxis sehr wichtig, Rechnungen genau zu kontrollieren.

Folgende Fehler können auftreten:

- Die Rechnung weist schlechtere Bedingungen auf als vereinbart wurden.

Beispiele

- höhere Preise
- geringere Preisabzüge
- schlechtere Zahlungsbedingungen

- Die Rechnung entspricht nicht den Bestimmungen des Umsatzsteuergesetzes.
- Die Rechnung weist Rechenfehler auf.

Berechtigungsverlust Vorsteuerabzug

Entspricht die Rechnung nicht den Bestimmungen des USt-Gesetzes, verliert der Käufer die Berechtigung, die Umsatzsteuer als Vorsteuer zurückzufordern!

Der Käufer beanstandet die Rechnung

Liegt der Fehler eindeutig beim Verkäufer (z. B. Rechenfehler, Verstoß gegen das Umsatzsteuergesetz), wird meist ein Telefongespräch genügen.

Zu einer schriftlichen Beanstandung kommt es nur, wenn Meinungsverschiedenheiten bestehen (z. B. bezüglich der Rabattsätze, der Gültigkeit von Preislisten zum Zeitpunkt der Bestellung).

Aufbau des Schreibens

- Bezug auf die beanstandete Rechnung
- genaue Bezeichnung und Beschreibung des Fehlers mit Hinweisen oder Beilage der vereinbarten Bedingungen
- Bitte um Richtigstellung

Um die Rechnung zu berichtigen, stellt der Verkäufer meist eine neue Rechnung aus. Manchmal wird auch ein Korrekturbeleg übersandt (z. B. eine Gutschrift für einen zusätzlichen Rabatt).

Ü 5.19: Beanstandung einer Rechnung (Brieftext) C

Ihre Rechnung Nr. 223-679

Bei der Kontrolle Ihrer Rechnung Nr. 223-679 vom 20. Nov. musste ich leider zwei Fehler feststellen.

1. Sowohl in Ihrem Angebot als auch in meiner Bestellung enthielten die Preise auch die Zustellung. Sie verrechneten aber unter Pos. 4 für den Transport € 88,37, zuzüglich € 17,67 USt.
2. Ich bestellte aufgrund der Preisliste vom Herbst 20. . . Diese enthält unter der Nr. 16 738 Sporttaschen. Für Bestellungen über 50 Stück ist ein Rabattsatz von 15 % angeführt. Sie berücksichtigten aber bei der Pos. 2 der Rechnung nur 10 %.

Ich ersuche um Richtigstellung.

Mit freundlichen Grüßen

Aufgaben:

a) Welche Mängel hat der Käufer beanstandet?

b) Welche Kontrollen musste der Käufer vornehmen, um die Mängel zu finden?

Die Antwort des Verkäufers

- **Die Beanstandung wird anerkannt**

  Der Verkäufer übersendet die korrigierte Rechnung bzw. die Gutschrift
  - und vorweg eine E-Mail mit einem Hinweis auf die folgende Richtigstellung.
  - zusammen mit einem ohne viel Aufwand gestalteten Begleitschreiben (Kopie einer Aktennotiz des Telefongesprächs, Kurzantwort, Kopie der schriftlichen Bemängelung mit handschriftlicher Entschuldigung und Verweis auf die beiliegende korrigierte Rechnung).

- **Die Beanstandung wird abgelehnt**
  Der Verkäufer entwirft und schreibt einen individuellen Text (Brief oder E-Mail). Die Überlegungen und der Aufbau sind ähnlich wie bei der Ablehnung der Mängelrüge.

4 Zu spät liefern: Lieferverzug

Ein Lieferverzug (verspätete Lieferung) liegt vor, wenn der Verkäufer die Ware nicht zur vereinbarten Zeit am vereinbarten Ort übergibt.

Es ergeben sich folgende Fragen:

- Wann tritt Lieferverzug ein?
  Gilt z. B. ein Liefertermin „in der 38. Woche" als fix?
- Was muss der Käufer unternehmen, wenn der Verkäufer verspätet liefert?
- Kann der Käufer vom Vertrag zurücktreten und eventuell Schadenersatz verlangen?

Eintritt des Lieferverzugs und seine Rechtsfolgen

Der Lieferverzug und seine Rechtsfolgen

Zur Erinnerung: Die möglichen **Vereinbarungen für den Liefertermin** haben Sie schon im Zusammenhang mit den Regelungen im Kaufvertrag (Kapitel 4, Lerneinheit 2) kennengelernt.

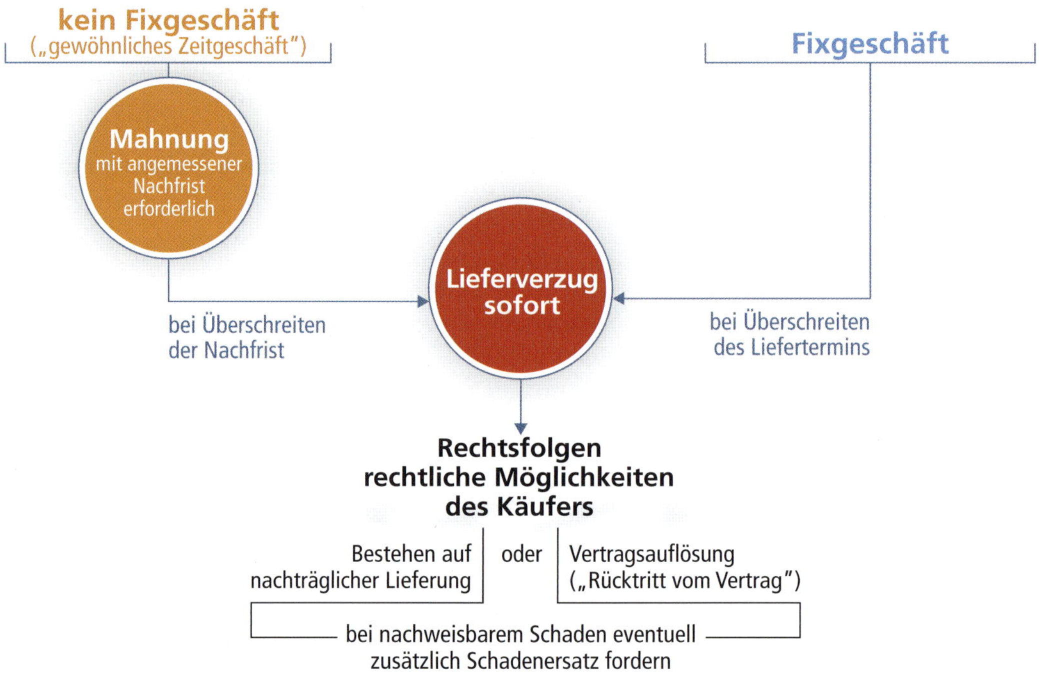

Ü 5.20: Rechtslage bei verspäteter Lieferung D

Sie bestellen für Ihre erste eigene Wohnung eine Küche, die von einem Tischler nach Maß angefertigt werden soll. Als Liefertermin wird „Ende November" vereinbart.

Am 15. Dezember hat der Tischler noch immer nicht geliefert. Einige Anrufe beim Tischlermeister sind erfolglos. Da entdecken Sie eine Markenküche, die um 50 % des Listenpreises abverkauft wird. Kurz entschlossen greifen Sie zu.

Am 10. Jänner kündigt der Tischler endlich die Lieferung an. Sie erklären, dass Sie auf die verspätete Lieferung keinen Wert legen.

Aufgabe:

Versuchen Sie, mithilfe der obigen Übersicht die Rechtslage zu klären. Zunächst ist zu unterscheiden, ob es sich um ein gewöhnliches Zeit- oder um ein Fixgeschäft handelt.

Ein Fixgeschäft liegt nur dann vor,

- wenn es ausdrücklich vereinbart wurde (z. B.: „Liefern Sie fix am 24. November ...") oder
- wenn aus der Art des Geschäfts eindeutig hervorgeht, dass es sich um ein Fixgeschäft handelt (z. B. Partybuffet, wenn der Partytermin bekannt ist).

Angaben wie „Lieferung in der 34. Woche", „Lieferung bis spätestens Ende November" weisen noch nicht auf ein Fixgeschäft hin.

In der Regel handelt es sich daher um ein **gewöhnliches Zeitgeschäft.**

Bei einem gewöhnlichen Zeitgeschäft muss der Käufer

- den säumigen Verkäufer zunächst in Lieferverzug setzen, d. h. ihm eine Mahnung senden,
- eine angemessene Nachfrist setzen (die Nachfrist sollte genau angegeben werden – z. B. „bis 15. Dezember") und
- die Rechtsfolgen bei Nichterfüllung androhen.

Durch diese Maßnahme des Käufers wird aus dem **gewöhnlichen Zeitgeschäft** ein **Fixgeschäft.**

„Angemessene Nachfrist" bedeutet:

- Die Nachfrist ist so lange, dass es dem Verkäufer möglich ist, doch noch zu liefern. Was als „angemessen" gilt, hängt von der Art der vereinbarten Lieferung oder Leistung ab. (Zum Beispiel wird die Nachfrist bei einem Fertighaus länger sein müssen als bei der Lieferung von Baumaterial).
- Ist die Nachfrist zu kurz, darf der Verkäufer nicht damit rechnen, dass sie wirkungslos ist, sondern er muss zeigen, dass er erfüllen will (z. B. Ansuchen um Verlängerung der Nachfrist).

In den allgemeinen Geschäftsbedingungen der Verkäufer werden die Rechte des Käufers meist erheblich verschlechtert. Etwa: „Erfolgt die Lieferung nicht zum vereinbarten Zeitpunkt, so muss der Käufer dem Verkäufer eine Nachfrist von 8 Wochen einräumen."

Der Käufer sollte daher die AGB genau lesen (z. B. beim Autokauf, bei Urlaubsreisen) und gegebenenfalls Abänderungen verlangen. Abänderungen sollten schriftlich bestätigt werden.

Bei einem Fixgeschäft treten die Rechtsfolgen ohne weitere Mahnung sofort ein, wenn die Lieferfrist überschritten ist. Teilt der Käufer nicht mit, dass er auf Lieferung besteht, gilt der Kaufvertrag als aufgelöst.

Bei einem **Fixgeschäft** ist rechtlich gesehen **keine Rücktrittserklärung nötig.** In der Praxis wird man sie dem Verkäufer jedoch trotzdem zugehen lassen.

Schadenersatzforderungen werden meist im Kulanzweg (durch einen Vergleich) geregelt. Gerichtlich sind sie schwer durchzusetzen, da der Verkäufer zahlreiche Einwendungen machen kann (z. B.: „Es treffe ihn kein Verschulden."; „Der Käufer hätte keinen Deckungskauf vornehmen müssen.").

Die rechtlichen Möglichkeiten des Käufers bei Lieferverzug

Liefert der Verkäufer bei einem Fixgeschäft nicht bzw. wird die gesetzte Nachfrist bei einem Zeitgeschäft überschritten, hat der Käufer folgende Möglichkeiten: Er kann

- **vom Vertrag zurücktreten**

  Ein Rücktritt vom Vertrag ist sinnvoll, wenn
  - der Preis der Ware gesunken ist und man daher billiger kaufen kann,
  - man Waren gefunden hat, die qualitativ besser entsprechen,
  - die Lieferung zu einem späteren Zeitpunkt keinen Sinn hätte.

- **auf nachträgliche Lieferung bestehen**

  Ist der Rücktritt wirtschaftlich nicht sinnvoll, dann wird der Käufer auf Lieferung bestehen.

- **Schadenersatz fordern**

  Ist dem Käufer ein nachweisbarer Schaden entstanden, kann er Schadenersatz verlangen, wenn der Verkäufer den Verzug verschuldet hat.

Beispiele

- Der Käufer musste die Ware von einem anderen Lieferanten beschaffen (er musste einen sogenannten **Deckungskauf** vornehmen). In diesem Fall kann der Käufer den Unterschied zwischen dem Vertragspreis und einem etwaigen höheren Preis beim Deckungskauf verlangen. Unter bestimmten Voraussetzungen kann der Käufer den entgangenen Gewinn fordern.
- Der Käufer musste die Miete für das alte Geschäftslokal weiterbezahlen, weil die Einrichtung für das neue Geschäftslokal nicht rechtzeitig geliefert wurde.

Ü 5.21: Gewöhnliches Zeitgeschäft oder Fixgeschäft? C

Für einen Hausbau wurde Bausand „per Ende April" bestellt. Als der Sand am 2. Mai noch nicht eingetroffen ist, lässt der Käufer den Sand von einer anderen Firma liefern. Am 5. Mai wird der ursprünglich bestellte Sand zugestellt. Der Käufer verweigert die Annahme mit dem Hinweis auf den Lieferverzug.

Ist er im Recht?

Der Schriftverkehr beim Lieferverzug

a) Der Lieferverzug beim gewöhnlichen Zeitgeschäft

Bei guter Geschäftsbeziehung kann es sinnvoll sein, den Verkäufer zunächst nur an den Liefertermin zu erinnern, ohne eine Nachfrist zu setzen oder Folgen anzudrohen. Ein derartiges Schreiben reicht jedoch rechtlich nicht aus, um z. B. vom Vertrag zurückzutreten.

Das Schreiben des Käufers

- Der Käufer muss auf den vereinbarten Liefertermin hinweisen und eine Nachfrist setzen und
- dem Verkäufer die Folgen eines weiteren Terminverzugs bekanntgeben.

Allgemeines Aufbauschema	Lieferverzug – Schreiben des Käufers
1 Anlass des Schreibens →	• Bezug auf die Bestellung und auf den vereinbarten Liefertermin • Feststellung, dass noch keine Lieferung erfolgte
2 eigenes Anliegen →	• Lieferung bis spätestens … (Setzen einer Nachfrist)
3 Begründung →	• eventuell Hinweis auf Dringlichkeit etc.
4 erwartete Reaktion →	• Hoffnung, dass die Nachfrist eingehalten wird
5 mögliche Folgen →	• Folgen, wenn die Nachfrist nicht eingehalten wird (Rücktritt, Schadenersatz)

Ü 5.22: Lieferverzug beim gewöhnlichen Zeitgeschäft (Einschreiben; Brieftext) B D

Nachfristen und mögliche Folgen bei Überschreiten der Nachfrist sollen aus dem Schreiben des Käufers eindeutig hervorgehen. Das Schreiben soll dennoch höflich sein. Zur Beweissicherung ist es zweckmäßig, einen eingeschriebenen Brief zu senden.

Überschreitung des Liefertermins – Heizungsrohre

Am 5. Juni 20.. haben wir schriftlich Heizungsrohre bestellt. Eine Kopie des Bestellscheins legen wir bei.

Sie sagten zu, die Rohre in der ersten Juliwoche zu liefern. Leider haben wir diese bis heute nicht erhalten.

Die Rohre sind für die Installation einer Heizungsanlage in einem Bürohaus bestimmt. Um die Abschlussarbeiten nicht zu behindern, muss unsere Arbeit bis zum 15. August 20.. abgeschlossen sein. Wenn wir diesen Termin nicht einhalten, müssen wir für jeden Tag der Terminüberschreitung ein Pönale von € 150,00 bezahlen.

Wir ersuchen Sie daher,

bis spätestens 20. Juli 20..

zu liefern.

Sollten Sie diese Nachfrist nicht einhalten, wären wir gezwungen, vom Vertrag zurückzutreten und die Rohre bei einem anderen Lieferanten zu besorgen.

Mit den Mehrkosten, den Überstundenlöhnen und dem Pönale müssten wir Sie belasten.

Mit freundlichen Grüßen

Kopie des Bestellscheins

Aufgaben:

a) Wie belegt der Käufer, dass der Verkäufer tatsächlich nicht rechtzeitig geliefert hat? B
b) Warum gibt der Käufer eine ausführliche Begründung für seine Forderungen? D
c) Nehmen Sie an, der Verkäufer liefert nicht. Halten Sie es für wahrscheinlich, dass der Käufer seine Ansprüche durchsetzen kann? D

In der Regel wird der Verkäufer bei Lieferverzug **nicht** von sich aus auf eine mögliche Schadenersatzforderung hinweisen. Er wird immer versuchen, den Lieferverzug so einleuchtend wie möglich zu erklären, und hoffen, dass der Käufer keine Schadenersatzforderung stellt.

Das Schreiben des säumigen Verkäufers

Ist dem Verkäufer bereits vor dem Liefertermin bekannt, dass er den Termin nicht einhalten kann, so sollte er dies dem Käufer rechtzeitig mitteilen.

Ist die Mahnung des Käufers eingetroffen, so sollte sofort geantwortet werden, auch dann, wenn die Lieferung bereits unterwegs ist oder unmittelbar bevorsteht. Kann der Verkäufer auch in der vom Käufer gesetzten Nachfrist nicht liefern, so muss er versuchen,

- dies dem Käufer gegenüber zu begründen,
- den Kunden zu erhalten,
- mögliche Schadenersatzforderungen abzuwenden.

In allen genannten Fällen wird das Schreiben des Verkäufers ähnlich aufgebaut sein.

Allgemeines Aufbauschema	Lieferverzug – Antwort des säumigen Verkäufers
1 Anlass des Schreibens →	• Hinweis auf die Liefermahnung bzw., wenn noch nicht gemahnt wurde, auf die Lieferverpflichtung
2 eigenes Anliegen →	• Bitte um Entschuldigung Versprechen, die Lieferung bis … auszuführen, bzw. Bitte, die Frist bis … zu verlängern
3 Begründung →	• unbedingt Gründe für die Verzögerung angeben
4 erwartete Reaktion →	• Bitte um Verständnis bzw. Bitte, die Vorschläge zu akzeptieren
5 mögliche Folgen →	–

In einer „werbenden Schlussformel" wird man nochmals um Entschuldigung bzw. um Verständnis ersuchen.

Ü 5.23: Lieferverzug (Schreiben des säumigen Verkäufers) D

Auftrag Nr. 224 – Heizungsrohre

Wir bitten um Entschuldigung, dass wir die Frist zur Lieferung der Heizungsrohre nicht einhalten konnten.

Ein Zusammentreffen widriger Umstände verursachte diese unangenehme Situation.

In unserer Walzstrecke ist ein technisches Gebrechen aufgetreten, das erst nach mehreren Tagen behoben werden konnte. Als die Anlage wieder betriebsbereit war, erkrankten jene Facharbeiter, die das Steuerungspult überwachen. Wir mussten daher die Produktion mit Ersatzleuten weiterführen.

Jetzt sind wir wieder voll leistungsfähig. Wir werden die Rohre noch in dieser Woche in zusätzlichen Nachtschichten fertigstellen. Wir werden Ihnen die Rohre am

18. Juli 20.. zwischen 13:00 und 16:00 Uhr zustellen.

Wir werden uns bemühen, derartige Lieferverzögerungen in Zukunft zu vermeiden. Wir hoffen, dass dieser Vorfall unsere guten Geschäftsverbindungen nicht beeinträchtigen wird.

Mit freundlichen Grüßen

Aufgabe:

Wie versucht der säumige Verkäufer, den Kunden zu halten?

b) Der Lieferverzug beim Fixgeschäft

Das Schreiben des Käufers

Laut Gesetz müsste der Käufer nur dann Nachricht geben, wenn er

- auf der Lieferung besteht und/oder
- Schadenersatz fordert.

Es ist jedoch üblich, den Verkäufer auf jeden Fall zu verständigen.

Das Schreiben ist wie beim gewöhnlichen Zeitgeschäft aufgebaut, jedoch

- werden Sie ausdrücklich auf den vereinbarten fixen Liefertermin hinweisen.
- müssen Sie eine Nachfrist setzen, wenn Sie auf Lieferung bestehen. Andernfalls erklären Sie den Rücktritt vom Vertrag.

Ü 5.24: Lieferverzug beim Fixgeschäft (Brieftext) C D

Lieferverzug – Prospekte – Rücktritt

Wir bestellten am 22. August 20.. 10 000 Prospekte. Der 12. September 20.. wurde als fixer Liefertermin angegeben und von Ihnen bestätigt.

Zu unserem Bedauern haben Sie diesen Termin nicht eingehalten. Wir benötigen die Prospekte zur Eröffnung unserer neuen Filiale. Eine spätere Lieferung ist daher für uns wertlos.

Wir verzichten auf die Ausführung unseres Auftrags und behalten uns vor, von Ihnen Ersatz für den entstandenen Schaden zu verlangen.

Mit freundlichen Grüßen

Aufgaben:

a) Muss diesem Schreiben eine Liefermahnung vorangehen? D

b) Für welchen Schaden könnte der Besteller eventuell Schadenersatz verlangen? D

c) Welche Antwort könnte der Verkäufer geben bzw. in welchen Fällen ist es sinnvoll, auf dieses Schreiben zu antworten? D

d) Wie sollte der Verkäufer die Nachricht übermitteln? C

Das Schreiben des Verkäufers

Der Verkäufer sollte in einem individuellen Schreiben versuchen,

- den Kunden zu halten,
- Schadenersatzforderungen zu verringern oder zu vermeiden.

Sein Schreiben ist daher gleich aufgebaut wie beim gewöhnlichen Lieferverzug.

Üben

A B C D E

Ü 5.25: Rechtzeitige Mängelrüge? Praxislösung C

Ein Textilhändler bestellte eine Sendung Baumwollstoffe in der besten angebotenen Qualität. Bei der Übernahme prüft der Firmeninhaber nur die Anzahl und die Bezeichnung der Stoffe. Nach 4 Wochen reklamiert der Textilhändler, dass die Stoffe eine schlechtere Qualität als vereinbart aufweisen. Er begründet die späte Reklamation damit, dass der Mitarbeiter, der die Qualitätsprüfung üblicherweise durchführt, zur Zeit der Lieferung auf Urlaub war.

a) Welcher Mangel liegt vor?

b) Hat der Textilhändler die Mängelrüge in diesem Fall rechtzeitig vorgebracht?

c) Welche rechtlichen Möglichkeiten hat der Textilhändler, wenn Sie davon ausgehen, dass er rechtzeitig reklamiert hat?

d) Wie wird der Fall in der Praxis vermutlich geregelt?

Ü 5.26: Mängel bei verpackter Ware, Rechte des Käufers C

Sie kaufen für Ihren Vater als Weihnachtsgeschenk bereits Ende Oktober eine Uhr. Der Verkäufer verpackt die Uhr sofort in Geschenkpapier. Als Ihr Vater die Uhr zu Weihnachten auspackt, ist das Glas zerkratzt.

a) Welche Art von Mangel weist die Uhr auf?

b) Reicht es aus, wenn Sie den Mangel nach Weihnachten rügen?

c) Welche rechtlichen Möglichkeiten haben Sie? Könnten Sie auch vom Kauf zurücktreten?

Ü 5.27: Mängel bei originalverpackter Ware, Praxislösung C

Ein Elektrohändler erhält 10 Mikrowellenherde in Originalverpackung. Er packt die Geräte nicht aus, sondern verkauft sie in der Originalverpackung weiter. Nach 8 Monaten verkauft er das letzte Gerät. Nach zwei Tagen bemängelt der Kunde, dass das Gehäuse zerkratzt ist und dass die Zeiteinstellung nicht funktioniert.

a) Ist der Händler, rein rechtlich gesehen, bei der Überprüfung der Ware richtig vorgegangen?

b) Welche Möglichkeiten hat der Händler in diesem Fall und wie wird der Fall in der Praxis vermutlich gelöst?

c) Kann der Kunde vom Kauf zurücktreten?

d) Welche Möglichkeiten hätte der Kunde, wenn nur das Gehäuse seitlich leicht zerkratzt wäre?

Ü 5.28: Mängelrüge (E-Mail mit Attachment) D

Betreff: Porzellangeschirr – Mängelrüge

Anlagen: Schadensaufstellung.doc

Ihre Sendung Kisten mit Porzellangeschirr vom 22. August 20.. ist teilweise stark beschädigt angekommen.

Bei der Übernahme der Kisten von der Post stellte unser Lagerverwalter sofort fest, dass bei einer Kiste ein Brett eingedrückt und bei der anderen eine Kante abgesplittert war. Er ließ sich diese Beschädigungen von der Post bestätigen.

Wir überprüften die Ware sofort. In der stark beschädigten Kiste war ca. ein Drittel des Geschirrs zerbrochen. In der anderen Kiste waren nur einige Stücke beschädigt.

Im Attachment finden Sie eine genaue Aufstellung der zerbrochenen bzw. beschädigten Stücke.

Der Schaden ist unserer Ansicht nach durch die unzureichende Verpackung verursacht worden. Sie haben zu leichte Kisten verwendet. Auch die Auskleidung der Kisten mit Füllmaterial und die Verpackung der einzelnen Stücke in Holzwolle waren offenbar nicht ausreichend.

Da die Schuld eindeutig bei Ihnen liegt, ist es wenig Erfolg versprechend, wenn wir uns wegen des Schadenersatzes an die Post wenden.

Wir müssen Sie für den Schaden verantwortlich machen und ersuchen Sie daher, uns rasch Ersatz zu liefern.

Mit freundlichen Grüßen

Aufgaben:

a) Welche Arten von Mängeln liegen hier vor?

b) Welche Forderungen stellt der Käufer?

c) Wie werden die Forderungen begründet?

d) Welche Teile des Aufbauschemas werden berücksichtigt?

e) Wie wurde das Problem gelöst, dass sehr umfangreiche Mängel beschrieben werden mussten?

f) Welche Kaufvertragsklausel bezüglich Kosten- und Risikoübergang könnte im Kaufvertrag vereinbart worden sein?

Ü 5.29: Mängel bei Küchengeräten C

Petra Zweimaier hat die Handelsakademie abgeschlossen, einen Job gefunden und ist von zu Hause ausgezogen. Möbel bekommt sie von der Großmutter. Die Eltern geben ihr das Geld für einen modernen Herd mit Grill und Umluftbackrohr.

Da sie im letzten Jahr immer am Samstag im Supermarkt ausgeholfen hat, hat sie auch etwas angespart. Es reicht für einen kleinen Gebrauchtwagen um € 6.000,–, den sie bei einem Gebrauchtwagenhändler erwirbt.

Aufgaben:

Beantworten Sie die Fragen zu den folgenden Fällen.

a) Der bestellte Herd trifft ein. Er hat jedoch statt der bestellten braunen Emailkochmulde eine Aluminiummulde.
   - Ist dies ein wesentlicher Mangel?
   - Unter welchen Bedingungen könnte Petra vom Kauf des Herds zurücktreten?
   - Welche Alternativen hat Petra?

b) Als Petra das Backrohr erstmals in Betrieb nimmt, kommt es zu einer kleinen Gasexplosion. Petra hatte zwar die Küche verlassen, jedoch wurden nicht nur der Herd, sondern auch einige Küchenmöbel beschädigt. Es stellt sich heraus, dass es sich um einen Konstruktionsfehler handelt.
   - Wer haftet in erster Linie für diesen Schaden?
   - Der Händler bedauert, der Hersteller sei in Konkurs gegangen und existiere nicht mehr. Wer haftet in diesem Fall?
   - Nehmen Sie an, der Herd wurde aus der Slowakei importiert. Könnte man auch den Importeur haftbar machen?

c) Petra kocht begeistert mit dem neuen Herd. Erst nach 4 Monaten nimmt sie erstmals den Grill in Betrieb und stellt fest, dass er nicht funktioniert.
   - Hätte Petra alle Funktionen sofort bei Übernahme überprüfen müssen?
   - Ist der Schaden durch Garantie oder durch Gewährleistung gedeckt?
   - Wie lange gilt die Gewährleistungsfrist, wenn keine besondere Vereinbarung im Kaufvertrag getroffen wurde?

d) Nach 15 Monaten werden die Flammen im Backrohr immer kleiner und fallen schließlich ganz aus. Der Brenner ist kaputt. Hat Petra Chancen auf eine kostenlose Reparatur?

e) Bei ihrem Gebrauchtwagen erhält Petra ein Jahr Gebrauchtwagengarantie.
   - Muss die Garantie gesondert vereinbart werden oder entspricht sie der Rechtslage?
   - Petra fährt ziemlich flott und bremst daher auch ziemlich viel. Nach 6 Monaten sind die Bremsbeläge kaputt und die Bremsen müssen neu belegt werden. Wird Petra dafür etwas zahlen müssen?

Ü 5.30: Vorgehen bei Lieferverzug C

Ein Wiener Gartenbesitzer hat bei einem Bregenzer Lieferanten Gartengeräte „per Ende Mai" bestellt. Die Gartengeräte sind bis 31. Mai nicht eingetroffen und der Käufer beschließt, den Lieferanten zu mahnen.

Sind die folgenden Vorgehensweisen des Käufers ausreichend, um vom Vertrag zurücktreten zu können?

a) Der Wiener Käufer ruft den Bregenzer Lieferanten an und droht ihm: „Wenn Sie nicht bald liefern, trete ich vom Vertrag zurück."

b) Der Wiener Käufer sendet am 1. Juni folgende E-Mail: „Wenn Ihre Lieferung nicht bis 3. Juni eintrifft, trete ich vom Vertrag zurück."

Ü 5.31: Lieferverzug und Mängel bei Drehbank für Schlosserei C

Schlossermeister Zweimaier hat eine elektronisch gesteuerte Drehbank für seine Werkstatt bei der Mechana-AG bestellt. Als Liefertermin wurde „39. Kalenderwoche" vereinbart, die Lieferklausel lautet „frei Haus", die Zahlungsbedingung lautet „zahlbar innerhalb von 60 Tagen oder innerhalb von 10 Tagen unter Abzug von 3 % Skonto".

Aufgaben:

Beantworten Sie die Fragen zu den folgenden Fällen.

a) Die Drehbank ist Ende der 39. Kalenderwoche noch nicht eingetroffen. Erbost ruft Herr Zweimaier bei der Mechana-AG an. Diese beruft sich auf Lieferschwierigkeiten jener deutschen Firma, die die elektronische Steuereinheit anfertigt. Es wird aber die Lieferung für die 41. Kalenderwoche versprochen. Auch zu Beginn der 42. Woche ist die Drehbank noch nicht eingetroffen.

Zweimaier überlegt folgende Alternativen:

- Er verzichtet sofort auf die Lieferung und sucht sich einen neuen Lieferanten.
- Er setzt eine Nachfrist von drei Tagen und droht für den Fall der Überschreitung den Rücktritt an.

Wie beurteilen Sie diese Alternativen? Was sollte Herr Zweimaier tun? Welche Vereinbarungen hätte Herr Zweimaier im Kaufvertrag treffen können, um die Wahrscheinlichkeit zu verringern, dass die genannten Schwierigkeiten auftreten?

b) Endlich trifft die Drehbank ein. Sie wird durch einen Straßenfrächter geliefert. 2 Wochen später erhält Herr Zweimaier die folgende Rechnung (abgebildet werden nur der Betragsteil und die Zahlungsbedingung).

Elektronische Drehbank KA 1430	€ 27.600,00
zuzüglich Spezialtransport	€ 1.230,00
	€ 28.830,00
+ 20 % USt	€ 5.766,00
Rechnungsbetrag	€ 34.596,00

zahlbar innerhalb von 30 Tagen netto Kassa

- Welche Fehler weist die Rechnung auf?
- Nehmen Sie an, Herr Zweimaier bemängelt die Rechnung schriftlich, welche Beilage wird er verwenden?

c) Herr Zweimaier entfernt die Verpackung und stellt fest, dass ein Gerät mit einer geringeren Genauigkeit als bestellt geliefert wurde. Unter welchen Umständen könnte Herr Zweimaier vom Vertrag zurücktreten?

d) Herr Zweimaier nimmt die elektronische Drehbank in Betrieb und stellt fest, dass das Display nichts anzeigt. Er ruft sofort an, ein Servicetechniker repariert das Display am nächsten Tag. Zwei Tage später fällt das Display wieder aus. Dies wiederholt sich im nächsten Monat noch dreimal. Welche Überlegungen könnte Herr Zweimaier anstellen? Ist die Rechtslage eindeutig?

Ü 5.32: Mängelrüge (Textilmodengeschäft) C D

Ihr Unternehmen:

Textilmoden GmbH, Völkermarkter Ring 94, 9020 Klagenfurt,
Tel. +43 463 93 31 25, Fax +43 463 93 31 28, E-Mail: a.winter@textilmoden.at

Sachverhalt und Arbeitsunterlage:

Sie erhielten von der Textilimport AG eine Sendung Pullover. Mit der Ware erhielten Sie den folgenden Lieferschein. Bei der Überprüfung der Sendung stellten Sie Mängel fest und notierten diese auf dem Lieferschein.

TEXTILIMPORT AG

5020 Salzburg, Itzlinger Hauptstraße 34

☎ +43 662 570 45 20, Fax +43 662 870 45 60, ✉ office@textilimport.at, URL http://www.textilimport.at

Textilmoden GmbH
Völkermarkter Ring 94
9020 Klagenfurt

Lieferschein-Nr.
201841

Kundennummer	**Lieferdatum**	**Bestelldatum**
01326944	18. Juni 20..	9. Juni 20..

Versand durch Lkw

Art.-Nr.	**Größe**	**Menge**	**Artikelbezeichnung**
3.12.0015	M	100	Pullover Britt
4.12.0123	S	100	Pullover Lydia
3.14.8005	XL	100	T-Shirt Europa
3.14.8010	XL	200	T-Shirt Vienna

Ein Karton mit 20 Pullovern des Modells Lydia stimmt sowohl farblich wie auch im Strickmuster mit dem vom Verkäufer vorgelegten Muster nicht überein.
Die Farbe hat einen Blauton anstelle eines Grüntons. Das Muster ist abweichend, da keine Goldfäden enthalten sind.

Winter 18. Juni 20..

Zahlbar innerhalb von 8 Tagen ab Rechnungsdatum mit 3 % Skonto oder 30 Tage netto.
Reklamationsfrist 8 Tage.
Die Waren bleiben bis zur vollständigen Bezahlung unser Eigentum.
Erfüllungsort und Gerichtsstand ist Salzburg.

FN 80247k, LG Salzburg, UID ATU92412048
Bank Austria, IBAN AT881200000036446800, BIC BKAUATWW

Aufgaben:

a) Betriebswirtschaftliche Analyse D
- Zu welchem Zeitpunkt könnte in der Praxis der „Mängelvermerk" auf dem Lieferschein vorgenommen worden sein?
- Könnte der Mangel zu einem Streitfall zwischen den Geschäftspartnern werden?
- Welche Möglichkeiten der Qualitätsfestlegung wären in diesem Fall möglich gewesen? Welche Möglichkeiten würden Streitigkeiten weitgehend vermeiden?
- Welche rechtlichen Möglichkeiten hat Ihr Unternehmen in diesem Fall?
- Wovon wird es abhängen, welche Möglichkeiten Ihr Unternehmen wählt?

b) Betriebswirtschaftslehre – Schriftverkehr C
Erstellen Sie die Mängelrüge für Ihr Unternehmen.

c) Textverarbeitung C
Gestalten Sie den Brief formal einwandfrei.

Ü 5.33: Ablehnung einer Bemängelung, Kulanzlösung C D

Ihr Unternehmen:

Baustoffhändler Ing. Franz Fischer, Sternstraße 4,
5700 Zell am See, Tel. +43 6542 39 964, Fax +43 6542 39 969

Sachverhalt und Arbeitsunterlagen:

- E-Mail (Ausdruck) des Kunden Ferdinand Gernhard

Ferdinand Gernhard

Von: Ferdinand Gernhard [ferdinand.gernhard@gernhard.at]
Gesendet: Montag, 16. August 20.. 8:42 Uhr
An: office@fischer-bau.at
Betreff: Mängelrüge

Heute erst habe ich Zeit, die von Ihnen am 6. Juli 20.. gelieferte Ware

100 Säcke Zement

zu bemängeln.

Alle 5 Paletten enthalten mehrere Säcke, die sich von außen hart angreifen. Beim Öffnen einzelner Säcke stellte ich fest, dass der Zement durchwegs bröckelig ist.

Die Ware ist für mich nicht verwendbar. Ich muss Ihnen 23 Säcke wieder zur Verfügung stellen.

Bitte liefern Sie einwandfreien Zement.

Mit freundlichen Grüßen

Ferdinand Gernhard
Feldweg 15
5370 Mittersill
Tel.+43 6562 20 21
Mobil +43 664 34 33 610
E-Mail ferdinand.gernhard@gernhard.at

- Auszug aus dem Unternehmensgesetzbuch (UGB)

Die Formulierung „Ist der Kauf für beide Teile ein unternehmensbezogenes Geschäft" bedeutet: Beide Partner sind Unternehmer.

Mängelrüge

§ 377. (1) Ist der Kauf für beide Teile ein unternehmensbezogenes Geschäft, so hat der Käufer dem Verkäufer Mängel der Ware, die er bei ordnungsgemäßem Geschäftsgang nach Ablieferung durch Untersuchung festgestellt hat oder feststellen hätte müssen, binnen angemessener Frist anzuzeigen.

(2) Unterlässt der Käufer die Anzeige, so kann er Ansprüche auf Gewährleistung (§§ 922 ff. ABGB), auf Schadenersatz wegen des Mangels selbst (§ 933a Abs. 2 ABGB) sowie aus einem Irrtum über die Mangelfreiheit der Sache (§§ 871 f. ABGB) nicht mehr geltend machen.

- Laut Auskunft Ihres Lagerverwalters haben Sie einwandfreie Ware geliefert. Die Ware ist bei Herrn Gernhard vermutlich durch falsche Lagerung teilweise unbrauchbar geworden.

Aufgaben:

Aufgabe 1: Betriebswirtschaftliche Analyse D

a) Mit welcher Begründung werden Sie die Bemängelung ablehnen?
b) Was könnte Sie veranlassen, ein Kulanzangebot zu machen bzw. worin könnte dieses Kulanzangebot bestehen?
c) Nehmen Sie an, der Zement wäre wirklich nicht einwandfrei gewesen, welche Fehler hat der Kunde gemacht?
d) Nehmen Sie an, es stellt sich heraus, dass der Zement beim Kunden nass geworden ist. Könnte der Kunde nicht behaupten, Zement müsste so verpackt werden, dass er auch im Regen nicht nass wird?

Aufgabe 2: C

a) Betriebswirtschaftslehre – Schriftverkehr
Entwerfen Sie eine Ablehnung zur Mängelrüge ohne Kulanzangebot.
b) Textverarbeitung
Gestalten Sie den Brief formal einwandfrei.

Aufgabe 3: Betriebswirtschaftslehre – Schriftverkehr C

a) Entwerfen Sie eine Ablehnung zur Mängelrüge mit Kulanzangebot als E-Mail in einem Mailprogramm (einschließlich E-Mail-Adresse und Betreff).
b) Fügen Sie eine Signatur an den Text an. Verwenden Sie dazu alle zur Verfügung stehenden Firmendaten.
c) Drucken Sie die versandbereite E-Mail oder einen Screenshot davon aus.

Ü 5.34: Beanstandung einer Rechnung, Antwort des Verkäufers C

Ihr Unternehmen:

„Ihr Vorteil" Warenhandels GmbH, Merangasse 135, 8010 Graz,
Tel. +43 316 24 45 76, Fax +43 316 24 45 82

Sachverhalt und Arbeitsunterlagen:

Aufgrund einer Anfrage bei dem Textilunternehmen Stetex GmbH haben Sie das anschließend abgedruckte Angebot erhalten. Sie haben per E-Mail bestellt. Gemeinsam mit der Ware erhielten Sie auch die Rechnung.

- Angebot des Lieferanten Stetex GmbH (E-Mail-Ausdruck). Aufgrund dieses Angebots wurde bestellt.

„Ihr Vorteil" Warenhandels GmbH

Von: Lukas Holzer [l.holzer@stetex.at]
Gesendet: Dienstag, 23. April 20.. 10:04 Uhr
An: j.fanghauser@ihr-vorteil.at
Betreff: Angebot

Lieferbedingungen.doc

Aufgrund Ihrer Anfrage bieten wir Ihnen an:

Stetex-Frottiertücher

Artikelnummer – Warennummer	Größe	Qualität	Preis je Packung
50233 Frottier-Zweierset	50 × 100	100 % Baumw.	6,47
11566 Walkhandtuch 6er-Packg.	50 × 100	100 % Baumw.	13,23
25301 Velours-Frottier 3er-Packg.	50 × 100	100 % Baumw.	8,94
45211 Badetuch, stückweise	100 × 150	100 % Baumw.	7,27

Preis: Die angegebenen Preise gelten exklusive Umsatzsteuer frei Haus.
Lieferzeit: prompt
Zahlung: 30 Tage Ziel, bei Zahlung innerhalb 8 Tagen 2 % Skonto

Wir freuen uns auf Ihren Auftrag.
Mit freundlichen Grüßen

Lukas Holzer

Stetex GmbH
Bahnstraße 5
8430 Leibnitz
Tel. +43 3452 118 70
Fax +43 3452 118 80
E-Mail l.holzer@stetex.at
URL http://www.stetex.at

- Auszug aus den Lieferbedingungen (Ausdruck des Attachments)

1. **Allgemeines**
   Diese Lieferbedingungen sind ein wesentlicher Bestandteil jeder Bestellung und jedes Vertrags. Abweichende Sondervereinbarungen gelten nur für den Einzelfall und sind nur wirksam, wenn sie schriftlich erfolgen.
2. **Preise**
   Die Preise sind, wenn nicht ausdrücklich anders vereinbart, Nettopreise ab Lieferwerk ohne Nachlass. Sofern sich wesentliche Faktoren der Preiskalkulation, wie Personal-, Material-, Fracht- oder Kreditkosten, Steuern, Gebühren oder sonstige öffentliche Abgaben etc., ändern, sind wir berechtigt, auch verbindlich vereinbarte Preise nach Maßgabe der zusätzlichen Belastungen zu erhöhen.

3. Zahlung

Bezahlung, wenn nicht ausdrücklich anders vereinbart, innerhalb 10 Tagen ab Fakturendatum netto. Bei Zahlungsverzug sind alle Mahn- und Inkassospesen zu ersetzen. Erfüllungsort für die Zahlung des Käufers ist Leibnitz. Die Zahlung ist rechtzeitig, wenn sie spätestens am letzten Tag der Zahlungsfrist bei uns eintrifft.

Alle Zahlungen werden mangels anderer schriftlicher Vereinbarung zuerst zur Begleichung von Zinsen und Nebenspesen und weiters bei zwei oder mehreren Schuldposten zur Abstattung der ältesten verwendet.

Zahlungen an unsere Außenbeamten/Warenauslieferer werden von uns nur anerkannt, wenn sich der Zahlungsempfänger mit firmenmäßig gefertigter Inkassovollmacht ausweist und die Zahlung auf nummerierter Inkassobestätigung unserer Gesellschaft bescheinigt.

- Rechnung des Lieferanten

STETEX GmbH

8430 Leibnitz, Bahnstraße 5

☎ +43 3452 118 70, Fax +43 3452 118 80, ✉ office@stetex.at, URL http://www.stetex.at

„Ihr Vorteil"
Warenhandels GmbH
Merangasse 135
8010 Graz

Rechnungsnummer	Rechnungsdatum	UID
3345/ . .	20. .-06-04	ATU20083348
Ihre Bestellung vom 20. .-05-29	**Lieferdatum** 20. .-06-01	

Menge Einheit	Artikelbezeichnung	Preis je Einheit €	Betrag €
100 Pckg.	Art. 50233	6,47	647,00
50 Pckg.	Art. 11566	13,23	661,50
50 Pckg.	Art. 25301	8,94	447,00
100 St.	Art. 45211	7,27	727,00
			2.482,50
	Fracht		62,50
	Summe		2.545,00
	+ 20 % Umsatzsteuer		509,00
	Gesamtbetrag		3.054,00

Zahlbar innerhalb von 10 Tagen ab Rechnungsdatum netto. Bei Zahlung unbedingt die Rechnungsnummer angeben.
Bei Zielüberschreitung werden 12 % p. a. Verzugszinsen berechnet.
Die Waren bleiben bis zur vollständigen Bezahlung unser Eigentum.
Zahlbar und klagbar in Leibnitz.

FN 82000g, LG Leibnitz
Bank Austria, IBAN AT881200000023347890, BIC BKAUATWW

Aufgaben:

Betriebswirtschaftslehre – Schriftverkehr:

Entwerfen Sie zum Sachverhalt

a) die Beanstandung der Rechnung als E-Mail in einem Mailprogramm (einschl. E-Mail-Adresse und Betreff);

b) das Antwortschreiben des Verkäufers ebenfalls als E-Mail, wenn er den Mangel vollständig anerkennt.

Drucken Sie in beiden Fällen die versandbereite E-Mail oder einen Screenshot davon aus.

Ü 5.35: Lieferverzug, Nachfrist setzen, Schadenersatz (Schreiben des Käufers, Antwort des Verkäufers) C D

Ihr Unternehmen:

Einrichtungshaus Sommer GmbH,
Mariahilfer Straße 76, 1070 Wien,
Tel +43 1 485 21-15, Fax + 43 1 485 21-20,
E-Mail: office@sommer-einrichtungshaus.at

Sachverhalt:

Am 23. März 20.. bestellten Sie bei der Teppichfabrik Franz Haidvogel & Co. GmbH, Gewerbepark Stadlau, 5. Straße 17/4, 1220 Wien, Tel. +43 1 966 31-100, Fax +43 1 966 31-155, E-Mail: bestellung@haidvogel.at, folgende Teppiche:

- 24 Rollen „Standard", Best.-Nr. 3518
- 18 Rollen „Standard", Best.-Nr. 3520
- 25 Rollen „Dora", Best.-Nr. 5617
- 34 Rollen „Iris", Best.-Nr. 8422

Als Liefertermin wurde die 16. Woche (17. bis 22. April) vereinbart.

Heute ist der 28. April und die Ware ist noch immer nicht eingetroffen. Sie wird bereits dringend benötigt. Aufgrund verstärkter Nachfrage in den letzten Wochen gehen die Lagerbestände in sämtlichen Filialen rasch zur Ende. Einige Kunden mussten bereits auf die Nachlieferung vertröstet werden.

Letzter Liefertermin 12. Mai 20.., sonst Rücktritt vom Vertrag und wenig Aussicht auf weitere Aufträge

Aufgaben:

Aufgabe 1:

a) Betriebswirtschaftliche Analyse D
- Könnte Ihr Unternehmen im vorliegenden Fall sofort vom Vertrag zurücktreten?
- In welcher Form wird man in der Praxis mahnen?
- Nehmen Sie an, dem Verkäufer wird eine Nachfrist bis 12. Mai 20.. gesetzt. Die Lieferung erfolgt auch bis zu diesem Termin nicht.
  Der Käufer (d.h. Ihr Unternehmen) will Schadenersatz fordern. Wie könnte der tatsächliche Schaden bewiesen werden?
- Welche Folgen wird Ihr Unternehmen androhen, wenn es
  - die Ware unbedingt benötigt, da es vorliegende Bestellungen nicht erfüllen kann?
  - die Ware in ähnlicher Qualität auch von anderen Händlern erhalten könnte?

b) Betriebswirtschaftslehre – Schriftverkehr C
Entwerfen Sie zum Sachverhalt
- das Schreiben des Käufers (d.h. Ihres Unternehmens), in dem er eine Nachfrist bis 12. Mai 20.. setzt. Überlegen Sie, welche Folgen Sie androhen werden.
- das Schreiben des Käufers, wenn der Verkäufer bis 15. Mai 20.. nicht geliefert hat. Der tatsächliche Schaden steht noch nicht fest.

c) Textverarbeitung C
Gestalten Sie die Briefe formal einwandfrei.

Aufgabe 2: C

a) Betriebswirtschaftslehre – Schriftverkehr
Entwerfen Sie das Schreiben des säumigen Verkäufers nach der ersten Mahnung.
Der Verkäufer hatte wegen mehrerer Ausfälle im Fuhrpark Auslieferungsschwierigkeiten. Die Reparaturen dauern verhältnismäßig lange. Die bereits bestellten zusätzlichen Fahrzeuge sind trotz Ablauf der vertraglich vereinbarten Lieferfrist noch immer nicht geliefert worden. Die Lieferung kann von der Teppichfabrik für 8. Mai 20.. zugesagt werden. Bei Selbstabholung werden 5 % der Rechnungssumme als Frachtanteil vergütet.

b) Textverarbeitung
Gestalten Sie den Brief formal einwandfrei.

Sichern

SbX ID: 1533

SbX
ID: 1533

Im SbX finden Sie eine Sammelmappe mit Zusammenfassungen zu allen Kapiteln und Lerneinheiten.

Wissen

SbX ID: 1534

A B C D E

SbX
ID: 1534

Möglichkeiten zur Kompetenzüberprüfung im SbX

Wiederholungsfragen	Aufgaben mit automatischer Aufgabenkontrolle	Einfache Fallbeispiele

W 5.50: **Arten der Mängel** A

W 5.51: **Prüfung der Ware** A

W 5.52: **Bekanntgabe von Mängeln** A

W 5.53: **Rechtliche Möglichkeiten des Käufers** A

W 5.54: **Schadenersatz bei mangelhafter Ware** A

W 5.55: **Fristüberschreitung bei Fixgeschäft** A

W 5.56: **Rechtslage bei Zeitgeschäft** A

W 5.57: **Möglichkeiten des Käufers bei Fristüberschreitung** A

W 5.58: **Lieferverzug – rechtliche Möglichkeiten des Käufers** C

W 5.59: **Test: Mängel, Mängelrüge und Lieferverzug** B

W 5.60: **Fallbeispiel: Reklamation bei mangelhaftem Kleiderstoff** C

W 5.61: **Fallbeispiel: Vorgangsweise des Käufers bei Fristüberschreitung** C

W 5.62: **Fallbeispiel: Mängelrüge, gesetzliche Vorschriften und Praxislösung** C D

W 5.63: **Fallbeispiel: Mängelrüge (Minderlieferung, Falschlieferung)** C

W 5.64: **Fallbeispiel: Antwort auf die Beanstandung einer Rechnung** C D

W 5.65: **Fallbeispiel: Lieferverzug** C D

W 5.66: **Fallbeispiel: Lieferverzug (Schreiben des Käufers; Antwort des Verkäufers; Storno des Käufers)** C D

Ein kurzer Kompetenz-Check, bevor's weitergeht!

Kompetenz-Check

	☺	😐	☹
Ich kann Mängel bei Warenlieferungen bzw. bei Leistungen feststellen.			
Ich kann die verschiedenen Arten der Mängel feststellen und deren Rechtsfolgen in konkreten Situationen beurteilen.			
Ich kann beurteilen, ob ein Käufer die Ware bei der Lieferung rechtzeitig geprüft hat.			
Ich kann die Rechtsfolgen bei der Lieferung mangelhafter Ware einschätzen und Mängelrügen einwandfrei verfassen.			
Ich kann bei Mängelrügen von Kunden situationsgerecht reagieren, d. h. mich entschuldigen, Kulanzangebote machen oder die Mängelrüge höflich, aber begründet, ablehnen.			
Ich kann Rechnungen überprüfen und gegebenenfalls bemängeln.			
Ich kann beurteilen, wann ein Lieferant mit der Lieferung oder Leistung in Verzug ist, die Rechtsfolgen einschätzen und die notwendigen Mahnungen verfassen.			
Ich kann einschätzen, ob ein Rücktritt wegen mangelhafter oder verspäteter Lieferung rechtlich zulässig ist, und ein entsprechendes Rücktrittsschreiben verfassen.			
Ich kann auf Liefermahnungen meiner Kunden situationsgerecht reagieren.			

Lerneinheit 4

Wenn der Käufer seine Pflichten nicht richtig erfüllt

SbX
Alle SbX-Inhalte zu dieser Lerneinheit finden Sie unter der ID: 1540.

Petra und Herbert haben ihre erste gemeinsame Wohnung bezogen. Da wenig Platz ist, haben sie bei einem Tischler die Einrichtung für einen Schrankraum bestellt. Der Tischler liefert wie vereinbart nach sechs Wochen. Inzwischen haben sich Petra und Herbert getrennt, Herbert ist ausgezogen. Petra will die Schrankraumeinrichtung nicht mehr.

Nach längerem Schriftverkehr stimmt sie der Montage doch zu. Die Rechnung kommt, Petra hat gerade wenig Geld und zahlt nicht. Nach der zweiten Mahnung berechnet der Tischler Verzugszinsen. Petra zahlt wieder nicht. Schließlich schaltet der Tischler das Gericht ein und es wird für Petra sehr teuer.

Immer wieder kommt es vor, dass Kunden bestellte Ware bei der Lieferung nicht annehmen wollen und Rechnungen nicht oder verspätet bezahlen. Auch in diesen Fällen ist es wichtig, zu wissen, welche rechtlichen Möglichkeiten Käufer und Verkäufer haben.

Lernen

SbX ID: 1541

A B C D E

1 Der Käufer nimmt die Ware nicht an

SbX
Alle Grafiken dieser Lerneinheit unter der ID: 1541.

Um auf einen **Annahmeverzug** des Käufers richtig reagieren zu können, ist es für den Verkäufer wichtig, die beim Kaufabschluss getroffenen Vereinbarungen gut dokumentiert zu haben.

Wenn ein Unternehmer eine **verderbliche Ware** (z. B. Obst) bei der Lieferung nicht annimmt, kann sie der Verkäufer, auch ohne dies anzudrohen und eine Nachfrist zu setzen, versteigern lassen.

Wann liegt ein Annahmeverzug vor?

- Annahmeverzug im engeren rechtlichen Sinn liegt nur dann vor, wenn der Verkäufer vertragsgerecht liefert (bzw. die Ware zur Abholung bereitstellt) und der Käufer die Ware nicht annimmt. Dies ist in der Praxis eher selten.
- Weitaus häufiger verweigert der Käufer die Annahme, weil (seiner Meinung nach) die Ware nicht vertragsgerecht geliefert wurde (falsche Qualität, falsche Verpackung, versäumter Liefertermin etc.).

Es ergeben sich folgende Fragen:
- Was kann der Verkäufer unternehmen, wenn der Käufer nicht annimmt?
- Welche zusätzlichen Kosten kann der Verkäufer berechnen?
- Wie sind Schreiben bei Annahmeverzug zu gestalten?

Die rechtlichen Möglichkeiten für den Verkäufer

- **Hinterlegung**
  Ist der Käufer Unternehmer, kann der Verkäufer die Ware in sicherer Weise hinterlegen (z. B. in einem Lagerhaus). Ist der Käufer kein Unternehmer, ist nur eine Hinterlegung bei Gericht möglich.
- **Selbsthilfeverkauf**
  Ist der Käufer Unternehmer, kann ihm der Verkäufer eine Nachfrist setzen und eine öffentliche Versteigerung androhen. Wird die Versteigerung tatsächlich durchgeführt und ein Mehrerlös erzielt, gehört dieser dem Käufer. Ist der Erlös geringer als der vereinbarte Kaufpreis, kann der Verkäufer Schadenersatz vom Käufer fordern.
- **Rücktrittsrecht**
  Selbstverständlich kann der Verkäufer vom Vertrag zurücktreten.

Der Schriftverkehr beim Annahmeverzug

Allgemeines Aufbauschema	Annahmeverzug – Schreiben des Verkäufers – Einschreiben
1 Anlass des Schreibens	• Hinweis auf die Bestellung (eventuell Kopie der Bestellung beilegen) • Hinweis auf die ordnungsgemäße Ausführung • Feststellung des Annahmeverzugs
2 eigenes Anliegen	• Setzen einer Nachfrist, Mitteilung eines weiteren Zustellversuchs
3 Begründung	• vor allem dann notwendig, wenn zusätzliche Kosten ersetzt werden sollen
4 erwartete Reaktion	• Hoffnung auf vertragsgemäße Übernahme bzw. Abholung
5 mögliche Folgen	• Hinterlegung auf Kosten des Käufers, zusätzliche Lager- und Versicherungskosten etc.

Ü 5.36: Erinnerungsschreiben des Verkäufers bei Annahmeverzug (Einschreiben; Brieftext) B D

Bei **Annahmeverzug im Inlandsgeschäft** ist es sinnvoll, mit dem Käufer zunächst direkt (per Telefon oder E-Mail) Kontakt aufzunehmen und sich zu erkundigen, warum er die Ware nicht übernommen hat. Erst wenn er sich weiterhin weigert, die Ware anzunehmen, wird man eine Nachfrist setzen und Folgen androhen. Im nebenstehenden Schreiben wird daher auf ein derartiges Telefongespräch hingewiesen.

Billardkugel-Sets – Ihre Annahmeverweigerung

Sie bestellten am 19. Okt. 20.. schriftlich

10 „Favorite“ Billardkugel-Sets.

Wir haben die Ware am 9. November 20.. der Spedition Alpentrans AG übergeben und Sie schriftlich vom Versand benachrichtigt.

Gestern teilte uns der Spediteur mit, dass Sie die Sendung nicht übernommen haben. In einem Telefongespräch teilten Sie uns mit, dass die Ware von Ihnen nicht bestellt worden sei.

Um zu belegen, dass diese Aussage auf einem Irrtum beruhen muss, legen wir Ihnen eine Kopie Ihrer Bestellung bei.

Wir werden die Ware am

20. November 20..

auf Ihre Rechnung nochmals zustellen lassen.

Sollten Sie die Annahme erneut verweigern, sind wir leider gezwungen, die Ware auf Ihre Kosten und Gefahr einzulagern und Ihnen nicht nur den Rechnungsbetrag, sondern auch die Lagerkosten zu verrechnen.

Mit freundlichen Grüßen

Kopie der Bestellung

Aufgaben:

a) Warum hat der Kunde die Annahme verweigert? B

b) Welche Maßnahmen hat der Verkäufer gesetzt? D

c) Wie versucht der Verkäufer, die Rechtslage zu klären? D

Die Antwort des säumigen Käufers

Will der Käufer die Ware annehmen,

- wird er sich entschuldigen,
- die Gründe für das Versehen nennen und
- einen Termin für die Annahme bekanntgeben.

Will der Käufer die Waren nicht annehmen bzw. nicht sofort annehmen,

- muss er die genaue Begründung anführen und
- Vorschläge für die weitere Vorgangsweise machen.

2 Der Käufer zahlt nicht

Viele Forderungen werden erst nach dem Eingang einer Zahlungserinnerung bezahlt. Angeblich muss sogar jede vierte Forderung gerichtlich eingeklagt werden.

Beispiel

Auch Private vergessen häufig, Rechnungen rechtzeitig zu bezahlen, auch in diesen Fällen können hohe Mahnspesen und Verzugszinsen anfallen.

- In der Küche von Frau Huber war der Wasserabfluss undicht. Ihr Installateur kam sofort. Nach 14 Tagen langte die Rechnung ein: € 304,– (inkl. USt), zahlbar prompt. Frau Huber vergaß die Bezahlung und auch der Installateur mahnte nicht. Nach 3 Monaten traf eine Mahnung ein, in der Frau Huber aufgefordert wurde, den Rechnungsbetrag zuzüglich € 10,– Mahnspesen und zuzüglich € 9,10 Verzugszinsen innerhalb von 8 Tagen zu bezahlen.

Es ergeben sich folgende Fragen:

- Wann war die Rechnung fällig? Wann tritt Zahlungsverzug ein?
- Was darf der Gläubiger vom Schuldner verlangen?
- Wie kann man verhindern, dass Rechnungen erst lange nach der Fälligkeit bezahlt werden?

Der Eintritt des Zahlungsverzugs

Um Streitigkeiten über den Zahlungstermin (die „Fälligkeit") zu vermeiden, sollte der Verkäufer in den AGB und auf der Rechnung eindeutige Formulierungen verwenden.

Beispiel

In der Praxis ist es **auch bei eindeutiger Vereinbarung des Zahlungstermins** üblich, zumindest einmal zu mahnen, eine Frist zu setzen und Rechtsfolgen anzudrohen, wenn die Rechnung trotz Fälligkeit nicht beglichen worden ist.

Eindeutige Formulierung:

- „Zahlbar innerhalb von 30 Tagen ab Lieferdatum (bzw. ab Rechnungsdatum). Unsere Zahlungstermine gelten als fix. Verzugszinsen und Mahnspesen laut AGB werden ab dem Datum der Fälligkeit ohne weitere Mahnung verrechnet."

So lässt sich eindeutig bestimmen, wann die Rechnung fällig ist. Wird dieser Zeitpunkt überschritten und der Schuldner hat noch nicht bezahlt, treten die Rechtsfolgen des Zahlungsverzugs ein.

In manchen Fällen ist die Fälligkeit jedoch gar nicht oder nicht eindeutig geregelt.

Beispiele

Nicht eindeutige Formulierung:

- „Zahlbar innerhalb von 14 Tagen." – Der Bezugspunkt für die 14-Tage-Frist ist unklar.
- „Zahlbar innerhalb von 30 Tagen ab Erhalt der Rechnung." – Unklar ist hier, wann der Käufer die Rechnung erhält bzw. ob er sie überhaupt erhalten hat.

Gibt es keine oder nur ungenaue Vereinbarungen zur Fälligkeit, muss der Verkäufer den säumigen Käufer mahnen und eine Nachfrist für die Bezahlung setzen. Durch die Mahnung wird die Rechnung fällig gestellt.

Rechtsfolgen beim Zahlungsverzug

Rechtsfolgen beim Zahlungsverzug

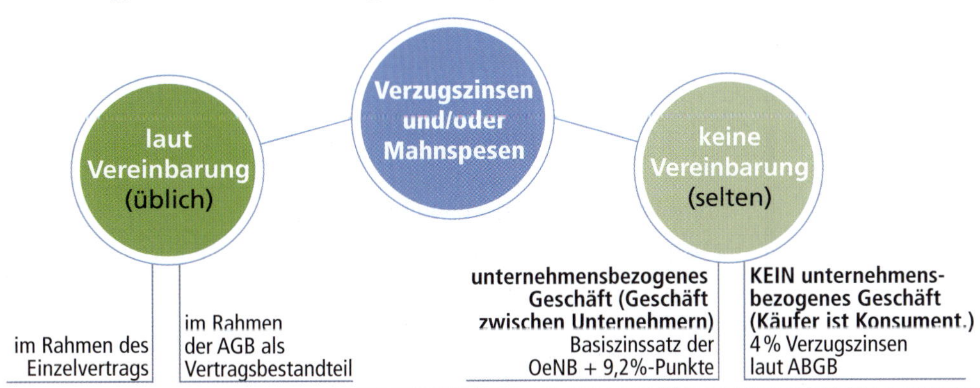

Höhere Zinsen und Kosten können bei Schadensnachweis verlangt werden, wenn den Schuldner ein Verschulden trifft (z. B. Kreditkosten, Rechtsanwaltskosten).
Vereinbarte Verzugszinsen dürfen die „Wuchergrenze" nicht überschreiten.

Anmerkungen:

- Mit dem Begriff unternehmensbezogenes Geschäft sind laut UGB Geschäfte gemeint, bei denen beide Partner Unternehmer sind.
- Den aktuellen Basiszinssatz der OeNB (Stand Juni 2018: –0,62 %) finden Sie unter **www.oenb.at**

- Im Einzelvertrag oder in den AGB vereinbarte Verzugszinsen dürfen die „Wuchergrenze" nicht überschreiten (dzt. etwa 18 bis 20 %).
- Verzugszinsen und Mahnspesen im Rahmen von Lieferungen und Leistungen stellen einen Schadenersatz für den Verkäufer dar und unterliegen deshalb nicht der Umsatzsteuer des Grundgeschäfts.
- Lässt der Schuldner die Nachfrist verstreichen, werden die Zinsen meist ab dem Datum der ursprünglichen Fälligkeit verrechnet. Gerechnet wird bis zum Ende der neuen Nachfrist.
- Da die Frist für die Berechnung der Verzugszinsen im Einzelfall umstritten sein kann, sehen AGB immer häufiger fixe Mahnspesen vor.

Beispiel

Verzugszinsenberechnung

Auszug aus der Offene-Posten-Liste Kunden per 3. Juni 20..:

5985213	**Lakorna GmbH**		**Ferdinand Hanusch-Straße 17, 8700 Leoben**			
	Rg.Nr.	Rg.-Dat.	Fälligkeit	Rg. Betrag	OP-Betrag	Mahnung
	9573/..	../03/22	../04/22	718,00	718,00	1. ../04/29
						2. ../05/13
				Kontensaldo:	718,00	

Auszug aus dem Mahnplan:

Termin	**Maßnahmen**
1 Woche nach Fälligkeit der Rechnung	**1. Mahnung:** Zahlungsanweisung, Aufdruck 1. Mahnung
2 Wochen nach 1. Mahnung	**2. Mahnung:** Fristsetzung 2 Wochen, Androhung von Verzugszinsen 10 % p.a. und Mahnspesen € 12,–; (Die Tage werden kalendermäßig, das Jahr zu 365 bzw. 366 Tagen berechnet: Tage klm/365); Zahlungsanweisung
1 Woche nach Fristablauf	**3. Mahnung:** Setzen einer letzten Zahlungsfrist von 2 Wochen, Verrechnung von Mahnspesen und Verzugszinsen ab 1. Fälligkeit bis zum Ablauf der in der 3. Mahnung gesetzten Zahlungsfrist, Androhung eines gerichtlichen Mahnverfahrens; Zahlungsanweisung; Einschreiben

Berechnung der Verzugszinsen

Tageberechnung:

von 23.4.20.. bis 17.6.20..

April:	8 Tage
Mai:	31 Tage
Juni:	17 Tage
Summe:	56 Tage

Die Verzugszinsen werden nach folgender Formel berechnet:

$$\frac{K\ (=\text{Kapital}) \times p\ (=\text{Zinssatz}) \times t\ (=\text{Tage})}{365\ (=\text{Tage des Jahres})}$$

Es ergibt sich also die Rechnung:

$$\frac{718 \times 10 \times 56}{100 \times 365} = \textbf{11,02 Euro}$$

Ü 5.37: Rechte des Verkäufers, Praxislösung C

Rechnung über € 1.200,– zuzüglich € 240,– USt, Rechnungsdatum: 15. Oktober, Zahlungsbedingung: 14 Tage ab Rechnungsdatum netto Kassa. Verzugszinsen laut AGB 12 % p. a., Mahnspesen € 10,–

- Die Rechnung ist am 29. Oktober fällig.
- Erinnerungsschreiben am 5. November
- Mahnung am 15. November mit Nachfrist bis 30. November
  Androhung von Verzugszinsen und Mahnspesen laut AGB
- letzte Mahnung am 15. Dezember mit Frist bis 31. Dezember und Verzugszinsen und Mahnspesenberechnung:

Rechnungsbetrag (inkl. USt)	€ 1.440,00
12 % Verzugszinsen	
für 2 Monate	€ 28,80
Mahnspesen	€ 10,00
Fällig per 31. Dezember	€ 1.478,80

a) Ab welchem Datum werden in diesem Fall die Verzugszinsen berechnet?

b) Warum ist der Verkäufer dazu berechtigt?

Wichtig für Konsumenten

Bei Abzahlungsgeschäften, für die das Verbraucherkreditgesetz gilt (also bei Geschäften zwischen Unternehmern und Konsumenten), wird im Ratenbrief meist „Terminsverlust" vereinbart. Das heißt, dass der Verkäufer den Gesamtbetrag fällig stellen kann, wenn der Ratenkäufer in Zahlungsverzug kommt. Das Verbraucherkreditgesetz (§ 14 VKrG) schreibt vor, dass ein derartiger Terminsverlust erst zulässig ist, wenn der Konsument mit einer Rate mindestens 6 Wochen im Verzug ist, vom Verkäufer unter Hinweis auf die Rechtsfolgen gemahnt wurde und ihm eine weitere Nachfrist von 2 Wochen gesetzt wurde.

Die Organisation des Mahnwesens

Der Pünktlichkeit kommt im Mahnwesen die größte Bedeutung zu, denn

- pünktliches und regelmäßiges Mahnen erzieht den Schuldner zum pünktlichen Zahler;
- wer pünktlich mahnt, kommt zuerst zu seinem Geld (vor allem dann, wenn der Schuldner Zahlungsschwierigkeiten hat und nur jene Beträge zahlt, die gemahnt wurden);
- pünktliches Mahnen verhindert, dass eine Forderung, die heute noch eintreibbar ist, morgen zweifelhaft und übermorgen uneinbringlich ist;
- pünktliches Mahnen erhöht die eigene Liquidität und vermindert die Notwendigkeit, selbst Kredite aufnehmen zu müssen;
- ein Kunde, der seine Schulden bezahlt hat, ist in der Regel ein besserer Kunde. Denn wenn ein Kunde einem Unternehmen noch Geld schuldet, wird er meist so lange bei anderen Lieferanten einkaufen, bis er seine Schulden beglichen hat.

Bausteine der Mahnorganisation

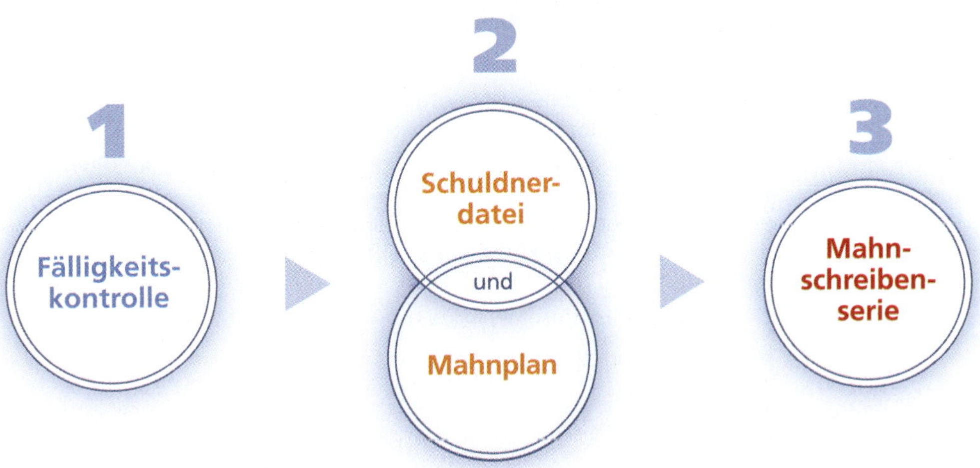

Die Verwaltung der Forderungen, einschließlich des Mahnwesens, kann auch einem Kreditinstitut übertragen werden.

Fälligkeitskontrolle

Üblicherweise erfolgt die Fälligkeitskontrolle einschließlich des Ausdrucks der Mahnschreiben softwaregestützt über die EDV – siehe „Wie Mahnschreiben verfasst werden".

EDV-gestützte Schuldnerdatei

In einer Schuldnerdatei können zusätzliche Informationen

- über Geschäftsumfang,
- über bisherige Zahlungsmoral (musste viel oder wenig, einmal oder oft gemahnt werden),
- aber auch Informationen von Dritten (von Geschäftsleuten, von Auskunfteien etc.) gespeichert werden.

Im Rechnungswesen wird zu diesem Zweck im Rahmen einer über die EDV geführten Finanzbuchhaltung eine sogenannte „Offene-Posten-Buchhaltung" geführt. In dieser ist neben der Fälligkeitskontrolle auch eine Zahlungskontrolle integriert.

Die Schuldnerdatei ist vor allem dann eine Entscheidungshilfe,

- wenn individuell gemahnt werden soll und
- wenn zu entscheiden ist, ob sofort oder erst später gerichtlich vorgegangen werden soll.

Mahnplan

Der Mahnplan enthält allgemeingültige Regeln, wann und wie oft gemahnt werden soll, bis gerichtliche Schritte unternommen werden.

Der Mahnplan ermöglicht, dass die Mahnungen unabhängig vom jeweiligen Sachbearbeiter in gleicher Form vorgenommen werden.

In der Regel wird der Mahnplan folgende Phasen aufweisen:

Phasen	Maßnahmen
Erinnerungsschreiben (1. Mahnung)	Der Kunde wird daran erinnert, dass die Rechnung bereits fällig ist. Es wird um Zahlung ersucht, jedoch wird noch keine Frist gesetzt.
Mahnung mit Fristsetzung (2. Mahnung)	Es wird auf das „Erinnerungsschreiben" verwiesen und eine Frist gesetzt.
Mahnung mit Setzen einer letzten Zahlungsfrist und Androhung der Folgen (3. Mahnung)	Es wird auf die vorangehenden Schreiben verwiesen, eine letzte Frist gesetzt und es werden Folgen angedroht.
Einschaltung eines Inkassobüros	Häufig hofft der Gläubiger auf die Autorität eines Inkassobüros.
Einschaltung eines Rechtsanwalts	Der Rechtsanwalt setzt neuerlich eine kurze Frist und droht gerichtliche Schritte an.
gerichtliches Mahnverfahren	Dieses wird als letzter Schritt eingeleitet.

Rechtlich gesehen ist für die Einleitung gerichtlicher Schritte weder eine dreimalige Mahnung noch die Androhung von Rechtsfolgen erforderlich. Ist der Schuldner mit der Zahlung in Verzug, so kann der Gläubiger weitere Schritte (außergerichtliche oder gerichtliche) nach Belieben setzen.
Das Schema stellt daher nur eine übliche Vorgangsweise dar, die jedoch rechtlich gesehen auf zwei Schritte verkürzt werden kann:

- Fristsetzung
- Klage

Beispiel

Mahnplan:

Termin	Maßnahme
1. zwei Wochen nach Fälligkeit der Rechnung	Erinnerungsschreiben (zugleich 1. Mahnung)
2. nach weiteren zwei Wochen	2. Mahnung (mit Fristsetzung)
3. nach weiteren zwei Wochen	3. Mahnung (Setzen einer letzten Zahlungsfrist und Ankündigung eines Inkassoauftrags)
4. nach einer weiteren Woche	Einschaltung eines Inkassobüros
5. nach einer weiteren Woche	durch einen Rechtsanwalt letzter Versuch zur Eintreibung der Zahlung
6. nach weiteren zwei Wochen	Einleitung des gerichtlichen Mahnverfahrens

Ü 5.38: Organisation des Mahnwesens B

Elektrogroßhändler Müller sagt: „Ich warte mit dem Mahnen immer ein wenig zu, um meine Kunden nicht zu verärgern." Firmeninhaber Berger entgegnet: „Ich bin eher der Meinung, man sollte zwar höflich, aber pünktlich mahnen."

Wem würden Sie recht geben? Begründen Sie Ihre Antwort.

Ü 5.39: Mahnplan C

Sie wollen für Ihre Firma einen Mahnplan formulieren. Der Mahnplan soll jedoch nur drei Stufen haben.

Welche werden das sein?

Wie Mahnschreiben verfasst werden

Alle Mahnschreiben sollen höflich gehalten sein. Der Verkäufer hat zunächst keinen Grund, anzunehmen, dass der Kunde absichtlich nicht zahlt.

Mahnungen erfolgen grundsätzlich in standardisierter Form und werden heute fast ausschließlich EDV-gestützt erstellt:

- Der Standard-Mahnbrief wird vervollständigt, die zu ergänzenden Rechnungsdaten werden manuell, z. B. aus Excel-Tabellen (samt Berechnungen), in den Text eingefügt.
- Aus der Offene-Posten-Buchhaltung werden Mahnungen zur Gänze (Text samt Rechnungsdaten) automatisch erstellt. Das Programm kann dabei vorsehen, dass von bestimmten Kunden (z. B. Großkunden, Stammkunden) vor der dritten Mahnung eine Liste ausgedruckt wird. Erst dann wird entschieden, wie die dritte Mahnung erfolgen soll, z. B. Vertreterbesuch, Telefonanruf, individuelles Schreiben.

Individuelle Mahnschreiben werden nur in Sonderfällen verfasst.

Legen Sie bei Mahnungen immer eine Zahlungsanweisung bei. Machen Sie dem Kunden das Zahlen leicht.

- Handelt es sich um ein Erinnerungsschreiben, ist eine freie Gestaltung möglich. Der Kunde soll genau erfahren, um welche Rechnung es sich handelt (Datum, Rechnungsnummer, Betrag, Fälligkeit, evtl. Angabe der Ware). Es kann auch eine Rechnungskopie beigelegt werden.
- Soll jedoch der Kunde eindeutig in Verzug gesetzt werden, so ist eine exakte Formulierung (Terminangabe, Androhung der Folgen – z. B. gerichtliches Vorgehen, Verzugszinsen, sonstige Mahnspesen) wichtig.
- Letzte Mahnungen immer als Einschreiben senden!

Da Erinnerungsschreiben frei gestaltet werden können, bezieht sich das nebenstehende Aufbauschema nur auf die 2. bzw. auf die letzte Mahnung.

Allgemeines Aufbauschema	2. Mahnung, letzte Mahnung
0 Betreff	• 2. Mahnung, letzte Mahnung, Rechnungsnummer und Datum der Rechnung
1 Anlass des Schreibens	• Hinweis auf die Rechnung (Betrag, Datum, Fälligkeit) • Hinweis auf vorhergehende Mahnungen • Feststellung, dass noch nicht bezahlt wurde
2 eigenes Anliegen	• Setzen einer Frist (bzw. einer weiteren Frist) • höfliches, aber bestimmtes Ersuchen um Zahlung
3 Begründung	eventuell Hinweis auf vertragsgerechte Lieferung
4 erwartete Reaktion	(in 2 bzw. 6 enthalten)
5 mögliche Folgen	• Hinweis auf Rechtsfolgen (Verzugszinsen, Mahnspesen, gerichtliche Schritte)
6 werbende Schlussformel	• Wiederholen der Bitte um Zahlung, Bitte, einander die Unannehmlichkeiten zu ersparen

Ü 5.40: Letzte Mahnung B D

Wohnen mit Stil
Natalie Trupar KG
Schleifmühlgasse 12
1040 Wien
Tel.-Nr. +43 1 50 10 52-0
E-Mail: office@stilvoll.at

Einschreiben

Mario Eisenkölbl
Habsburgergasse 2
1010 Wien

Datum: 20..-08-29
Bearbeiter/in: Frau Eva Gartlgruber
DW: 01 50 10 52-11

Letzte Mahnung
Rechnung Nr. 8243/20..-07-01

Sehr geehrter Herr Eisenkölbl!

Trotz unserer Zahlungserinnerungen vom 29. Juli und 12. August d. J. haben Sie unsere Rechnung Nr. 8243 vom 1. Juli d. J. über € 1.358,– noch immer nicht beglichen.

Begleichen Sie bitte den folgenden Betrag bis spätestens 12. September 20..

Rechnungsbetrag:	€ 1.358,00
Verzugszinsen:	€ 22,26
Mahnspesen:	€ 15,00
Gesamtbetrag:	**€ 1.395,26**

Halten Sie diese letzte Frist nicht ein, müssen wir leider gerichtliche Schritte gegen Sie einleiten.

Hochachtungsvoll

Wohnen mit Stil
Natalie Trupar KG

Natalie Trupar

Zahlungsanweisung

Bankverbindung: VB-Wien, IBAN: AT874300030415080000, BIC: VBOEATWW
Firmenbuch Nr. 12132g, HG Wien, UID: ATU24691233

Aufgaben:

a) Wann muss Mario Eisenkölbl den offenen Betrag spätestens bezahlen? B

b) Warum legt Natalie Trupar dem Schreiben eine Zahlungsanweisung bei? D

c) Wenn Mario Eisenkölbl die letzte Zahlungsfrist nicht einhält, welche weiteren Schritte wird die Natalie Trupar KG setzen? B

Weitere außergerichtliche Schritte

Keiner der hier angeführten Schritte ist rechtlich gesehen notwendig. **Rechtlich gesehen** kann sofort nach Ablauf der 1. Nachfrist Klage bei Gericht erhoben werden, auch wenn die Rechtsfolgen nicht angedroht wurden.

Inkassobüro

Bleiben alle Mahnungen erfolglos, kann der Verkäufer die Eintreibung der Forderung im nächsten Schritt einem Inkassobüro übertragen. Die Einschaltung eines Inkassobüros wird dem Schuldner üblicherweise im letzten Mahnbrief angekündigt. Der Gläubiger hofft auf die Autorität des Inkassobüros und auch ein wenig darauf, dass dem Schuldner das Auftreten der Mitarbeiter des Inkassobüros unangenehm ist (z. B. Vorfahren des Firmenautos mit der Aufschrift „Inkassobüro Zahlschnell").

In dieser Phase des Mahnverfahrens werden dem Schuldner bereits erhebliche Gebühren in Rechnung gestellt. Inkassobüros dürfen auch Umsatzsteuer berechnen.

Rechtsanwalt

Die Angelegenheit wird einem Rechtsanwalt übergeben,

- entweder wenn die Bemühungen des Inkassobüros ohne Erfolg bleiben oder
- häufig auch direkt nach erfolgloser letzter Mahnung (d. h., ohne dass ein Inkassobüro zwischengeschaltet wird).

Der Rechtsanwalt fordert den Schuldner auf, den Betrag innerhalb einer bestimmten (meist kurzen) Frist zu begleichen, und stellt klar, dass er andernfalls im Auftrag seines Mandanten Klage bei Gericht erheben wird.

3 Der Käufer will später zahlen

Das Schreiben des Schuldners

Verlängerung des Zahlungsziels bzw. Zahlungsaufschub wird auch als **Prolongation** bezeichnet.

Weiß der Schuldner vor Fälligkeit, dass er nicht pünktlich zahlen kann, sollte er den Gläubiger rechtzeitig um eine Verlängerung des Zahlungsziels ersuchen.

Auch wenn die Mahnung bereits erfolgt ist, ist es günstiger, spätestens nach der 2. Mahnung um Prolongation zu ersuchen, als die letzte Mahnung abzuwarten.

Das Schreiben, in dem der Schuldner um Verlängerung des Zahlungsziels ersucht, sollte

- glaubwürdige Gründe anführen, warum der Schuldner nicht zahlen kann, und
- betonen, dass es sich nur um eine kurzfristige Zahlungsschwierigkeit handelt und dass der neue Zahlungstermin sicher eingehalten werden kann.

Beispiel

Positives Formulierungsbeispiel

> Leider kann ich Ihre Rechnung Nr. … vom … über € …, fällig am …, nicht fristgerecht bezahlen.
>
> Ich habe einige zusätzliche Investitionen zur Modernisierung meines Verkaufslokals vorgenommen und plötzlich eine überraschende Steuervorschreibung erhalten.
>
> Meine Liquidität ist daher kurzfristig etwas angespannt. Ich ersuche Sie daher, das Zahlungsziel für Ihre Rechnung bis zum … zu erstrecken.
>
> Meine Auftragslage ist ausgezeichnet und ich kann mit größeren Eingängen im nächsten Monat rechnen. Ich werde daher den neuen Zahlungstermin pünktlich einhalten. Bitte haben Sie für meine kurzfristigen Zahlungsschwierigkeiten Verständnis.

Ungeeignet sind alle Aussagen, die auf **ernste geschäftliche Schwierigkeiten** hinweisen. Der Gläubiger könnte sonst veranlasst werden, die Forderung sofort einzutreiben, um den Betrag noch zu retten.

Ü 5.41: Prolongationsansuchen E

Entwickeln Sie mithilfe des allgemeinen Aufbauschemas eine Gliederung für das Prolongationsansuchen.

Allgemeines Aufbauschema	Prolongationsansuchen:
0 Betreff →	
1 Anlass des Schreibens →	
2 eigenes Anliegen →	
3 Begründung →	
4 erwartete Reaktion →	
5 mögliche Folgen →	
6 werbende Schlussformel →	

Die Antwort des Gläubigers

Stimmt der Gläubiger der Prolongation zu, wird er

- einen genauen Termin festlegen und
- eventuell Verzugszinsen und Spesen verrechnen.

Lehnt der Gläubiger ab, wird er dies begründen (z. B. häufiger Zahlungsverzug, auch der neue Zahlungstermin wurde nicht eingehalten). Es wird zur Klage kommen und die Geschäftsbeziehungen sind in der Regel zu Ende.

4 Manchmal hilft nur das Gericht

Das gerichtliche Mahnverfahren (Mahnklage)

Das gerichtliche Mahnverfahren ist ein besonders geregeltes Verfahren. Es soll dazu dienen, bei kleineren Beträgen Zeit, Geld und nervenraubende Zivilprozesse zu verhindern.

Vorbedingungen

- Die Forderung bezieht sich auf Geld und
- der Betrag übersteigt einen bestimmten Höchstbetrag nicht (derzeit € 75.000,– / Stand Juni 2018; ohne Hinzurechnung von Zinsen und Kosten).

Sind diese Vorbedingungen nicht gegeben, bleibt nur der Weg des Zivilprozesses.

Mahnklage

Bei der Mahnklage beantragt der Gläubiger mittels eines Formulars, dass ein Zahlungsbefehl gegen den Schuldner erlassen wird. Welches Gericht zuständig ist, hängt von der Höhe der Forderung und dem (Wohn-)Sitz des Schuldners ab.

Zahlungsbefehl

Das Gericht erlässt ohne Anhörung des Schuldners einen sogenannten bedingten Zahlungsbefehl. Dem Schuldner wird aufgetragen, innerhalb von 14 Tagen nach Zustellung des Zahlungsbefehls die Forderung des Gläubigers samt „Anhang" zu bezahlen. Unter Anhang sind die Zinsen und Kosten zu verstehen. Der Schuldner wird belehrt, dass er gegen den Anspruch innerhalb von 4 Wochen schriftlich oder mündlich bei Gericht Einspruch erheben kann. Beim Einspruch müssen keine Gründe angegeben werden (wie z. B. „Es wurde nicht vertragsgerecht geliefert", „Die Forderung wurde schon bezahlt").

Handlungsmöglichkeiten des Schuldners und deren Folgen

Handlung des Schuldners	Folgen
Der Schuldner zahlt.	Das Verfahren ist abgeschlossen.
Der Schuldner zahlt nicht, erhebt jedoch keinen Einspruch („Stillschweigen").	Der bedingte Zahlungsbefehl wird rechtskräftig. Der Gläubiger kann den Schuldner ohne weiteres Gerichtsverfahren pfänden lassen („Er kann Exekution in das Vermögen des Schuldners führen.").
Der Schuldner erhebt Einspruch.	Es schließt automatisch der Zivilprozess an.

Wichtig für Konsumenten

Wird Ihnen als Konsument eine Mahnklage zugestellt, müssen Sie entweder zahlen oder Einspruch erheben, sonst erhält der Betreiber der Mahnklage ohne weiteres Verfahren die Möglichkeit, Sie zu pfänden.

Fährt man für längere Zeit auf Urlaub, ist es sinnvoll, der Post mitzuteilen, wie lange man nicht erreichbar ist. Es könnte sonst geschehen, dass eine Mahnklage bei der Post rechtsgültig hinterlegt wird und der Betreiber bereits einen „Exekutionstitel" hat, wenn man vom Urlaub zurückkommt.

Zivilprozess (Hinweis)

Ist die Forderung höher als € 75.000,–, muss sie auf dem Wege eines Zivilprozesses eingetrieben werden. Selbstverständlich kann man auch kleinere Forderungen sofort einklagen.

Ü 5.42: Zahlungsbefehl, Handlungsmöglichkeiten des Schuldners C

Frau Müller erhält einen Zahlungsbefehl aufgrund einer Mahnklage.

a) Nehmen Sie an, Frau Müller hätte die Schuld bereits bezahlt, was soll sie tun?

b) Nehmen Sie an, die Forderung besteht zu Unrecht. Die Ware wurde zurückgesandt, da sie nicht der Bestellung entsprach, was soll sie tun?

Üben

A B C D E

Ü 5.43: Karl Zweimaier (Zahlungstermin und Zahlungsverzug) C

Schlossermeister Zweimaier hat an Baumeister Ing. Wollinger, der gerade eine Villa errichtet, handgefertigte Zaunelemente geliefert. Die Rechnung enthält folgende Angaben:

Rechnungsdatum: 15. Juni 20..	
Lieferdatum: 12. Juni 20..	
40 m handgefertigter Zaun laut Auftrag à € 220,–	€ 8.800,00
zuzüglich Umsatzsteuer 20 %	€ 1.760,00
Rechnungsbetrag	€ 10.560,00
zahlbar innerhalb von 14 Tagen netto Kassa	

Aufgaben:

a) Welche Zusätze hätte Herr Zweimaier verwenden müssen, wenn er einen fixen Zahlungstermin vorschreiben hätte wollen? Sind Zusätze wie der vorhandene üblich?

b) Nach 4 Wochen hat Baumeister Wollinger noch nicht bezahlt. Ist Wollinger im Zahlungsverzug?

c) Herr Zweimaier schreibt nach 5 Wochen eine Mahnung und setzt eine Nachfrist bis zum 31. Juli 20... Ferner droht Herr Zweimaier die Verrechnung von Verzugszinsen an.
   - Welche Möglichkeiten hat Herr Zweimaier, einen Zinssatz für die Verzugszinsen festzulegen, wenn bei der Übernahme des Auftrags bezüglich der Höhe von Verzugszinsen nichts vereinbart wurde?
   - Machen Sie einen Vorschlag für eine Formulierung bezüglich der Verzugszinsen in den allgemeinen Geschäftsbedingungen, der in Zukunft solche Überlegungen überflüssig macht.

d) Nehmen Sie an, Herr Zweimaier hat Verzugszinsen von 9 % angedroht und begründet. Da Baumeister Wollinger trotz der Mahnung nicht bezahlt, schickt Zweimaier eine letzte Mahnung mit einer Frist bis zum 31. August und berechnet Verzugszinsen. In welcher Höhe würden Verzugszinsen anfallen, wenn Herr Zweimaier so vorgehen würde, wie das in der Praxis üblich ist und er das Rechnungsdatum als Bezugspunkt verwendet (rechnen Sie die Tage kalendermäßig)?

e) Nehmen Sie an, Baumeister Wollinger zahlt wieder nicht. Welche weiteren Möglichkeiten hat Herr Zweimaier, zu seinem Geld zu kommen?

Zusatzfrage:

Nehmen Sie an, Baumeister Wollinger hätte sich bei Lieferung geweigert, die Gitter zu übernehmen, da sie nicht der Bestellung entsprechen. Herr Zweimaier verfügt jedoch über eine unterschriebene Bestellung des Baumeisters einschließlich einer Skizze der Zaunfelder und einer Planskizze mit den Maßangaben. Zweimaier ist daher sicher, dass der Zaun der Bestellung entspricht.

Was kann Herr Zweimaier tun?

Ü 5.44: Zahlungsverzug, Verzugszinsen, Skonto C

Herr Huber hat am 5. Jänner eine Rechnung über € 1.600,– zuzüglich 20 % USt (€ 320,–) erhalten. Die Zahlungsbedingungen lauteten: zahlbar innerhalb von 8 Tagen unter Abzug von 3 % Skonto oder innerhalb von 30 Tagen netto Kassa. Über die Verzugszinsen gibt es keine Vereinbarung.

Am 20. April erhält Herr Huber eine Mahnung, in der ihm 12 % Verzugszinsen für 3 Monate und € 12,– Mahnspesen vorgeschrieben werden. Als Zahlungstermin wird der 5. Mai genannt.

a) Berechnen Sie den Gesamtbetrag, den Herr Huber zuzüglich zum Rechnungsbetrag bezahlen soll.

b) Muss Herr Huber in diesem Fall bezahlen?

c) Mit welcher Begründung könnte der Gläubiger 12 % Verzugszinsen verlangen, wenn keine Vereinbarung über die Höhe der Zinsen getroffen wurde.

Zusatzfrage zur Wiederholung:
Nehmen Sie an, Herr Huber hätte nach 8 Tagen unter Abzug von 3 % Skonto bezahlt. Wie viel Prozent Zinsen pro Jahr hätte der Skontoabzug entsprochen?

Ü 5.45: Zahlungsverzug, Berechnung der Verzugszinsen C

Der Elektrohändler Krausmann hat am 15. Jänner eine Rechnung über € 2.640,– (inkl. 20 % USt) erhalten, zahlbar innerhalb von 14 Tagen netto Kassa.
Am 5. Februar wird er an die Zahlung erinnert.
Am 20. Februar wird ihm eine Frist bis zum 28. Februar gesetzt.
Am 15. März setzt ihm der Gläubiger eine neue Frist bis zum 29. März und verlangt 12 % Verzugszinsen und € 15,– Mahnspesen.

a) Für welche Zeit wird der Gläubiger die Verzugszinsen berechnen?
b) Berechnen Sie die Gesamtbelastung, die zuzüglich zum Rechnungsbetrag anfällt.
c) Wovon hängt es ab, ob der Gläubiger tatsächlich 12 % Verzugszinsen verlangen kann? Welcher andere Zinssatz käme noch infrage?

Ü 5.46: Mahnklage: Zahlungsbefehl, rechtliche Regelungen B

Die Huber & Co KG erhebt Mahnklage gegen die Maier und Obermann OG wegen einer seit 3 Monaten fälligen Forderung. Das Gericht erlässt einen Zahlungsbefehl.

a) Wird die Maier und Obermann OG vor Gericht vor Erlassung des Zahlungsbefehls um Stellungnahme ersucht?
b) Was geschieht, wenn der Zahlungsbefehl bei der Post hinterlegt wird, weil das Geschäft von Maier und Obermann wegen Urlaubs geschlossen ist?

Ü 5.47: Sport- und Spielgeräte Ardagger GmbH – Annahmeverweigerung (Schreiben des Käufers) C

Ihr Unternehmen:
Sport- und Spielgeräte Ardagger GmbH, Josefsring 12, 7400 Oberwart,
Tel. +43 3352 66 280, Fax +43 3352 66 286

Sachverhalt:
Heute ist der 14. November 20... Es trifft ein Erinnerungsschreiben Ihres Lieferanten ein (siehe Übungsbeispiel Ü 5.36 im Schritt „Lernen", S. 178).
Datum des Schreibens: 13. November 20.., Unterschrift: Josef Kainz,
Adresse: Jedleseer Straße 102, 1210 Wien

Aufgaben:

Aufgabe 1:

a) Betriebswirtschaftslehre – Schriftverkehr
   Entwerfen Sie ein Antwortschreiben, wenn Sie in Ihrem Unternehmen folgende Informationen erhoben haben:
   - Die Bestellung wurde am 23. Oktober 20.. storniert. Verkaufsleiter Rameder hat die Stornierung entgegengenommen.
   - Am 25. Oktober wurde eine Aktennotiz über die Stornierung übersandt.
   - Eine Versandanzeige ist nie eingelangt.
   - Dieser Sachverhalt hat sich erst nach dem Telefongespräch bei einer genauen Überprüfung herausgestellt.
b) Textverarbeitung
   Gestalten Sie den Brief formal einwandfrei.

Aufgabe 2:

a) Betriebswirtschaftslehre – Schriftverkehr
   Entwerfen Sie ein Antwortschreiben für den Fall, dass die Annahme am 12. November 20.. irrtümlich verweigert wurde. Verwenden Sie eine brauchbare Entschuldigung und versuchen Sie, die Kosten für die vorübergehende Einlagerung zu vermeiden.
b) Textverarbeitung
   Gestalten Sie den Brief formal einwandfrei.

Ü 5.48: Karl Steinkirchner GmbH – 2. und 3. (letzte) Mahnung C

Ihr Unternehmen:

Karl Steinkirchner GmbH,
Generalvertretung der Morrissey Ltd.,
Perfektastraße 298, 1230 Wien

Arbeitsunterlage und Sachverhalt:

Rechnung an das Kaufhaus Jessica Klein:

Karl Steinkirchner GmbH
Generalvertretung der Morrissey Ltd.
1230 Wien, Perfektastraße 298
☎ +43 1 779 23 16, Fax +43 1 779 23 10, ✉ office@steinkirchner.com
URL http://www.steinkirchner.morrissey.com

Jessica Klein
Kaufhaus
Hauptplatz 5
2130 Mistelbach

Rechnungsnummer	Rechnungsdatum	UID
23917	20..-03-16	ATU23195451

Ihre Bestellung vom 20..-03-10	**Lieferdatum** 20..-03-14

Menge Stück	Best.-Nr.	Artikelbezeichnung		Einzelpreis €	Betrag €
30	22-346	Topf mit Deckel,	Ø 16	4,51	135,30
30	23-348	"	Ø 18	6,10	183,00
30	23-350	"	Ø 20	7,34	220,20
30	23-352	"	Ø 22	8,94	268,20
30	23-546	Kasserolle m. Deckel,	Ø 16	4,29	128,70
30	23-548	"	Ø 18	6,03	180,90
30	23-550	"	Ø 20	7,20	216,00
30	23-552	"	Ø 22	8,65	259,50
40	23-746	Teekanne,	Ø 16	10,97	438,80
30	23-952	Bratpfanne o. Deckel,	Ø 22	8,14	244,20
20	23-954	"	Ø 24	9,01	180,20
		Summe			2.455,00
		+ 20 % Umsatzsteuer			491,00
		Gesamtbetrag			2.946,00

Zahlbar innerhalb von 30 Tagen ab Rechnungsdatum netto Kassa.
Bei Zahlung unbedingt die Rechnungsnummer angeben.
Bei Zielüberschreitung werden 12 % p. a. Verzugszinsen ab Fälligkeit der Rechnung berechnet.
Die Waren bleiben bis zur vollständigen Bezahlung unser Eigentum.
Zahlbar und klagbar in Wien.

FN 11845h, HG Wien
Bank Austria, IBAN AT881200000064420900, BIC BKAUATWW

Auf Ihr Erinnerungsschreiben vom 20. April 20.. hat der Kunde nicht reagiert.

Aufgaben:

a) Betriebswirtschaftslehre – Schriftverkehr
- Entwerfen Sie eine zweite Mahnung (heute ist der 5. Mai 20..), setzen Sie eine 8-tägige Nachfrist und drohen Sie Verzugszinsen an. Bedenken Sie jedoch, es handelt sich um eine gute Kundin, die Sie halten wollen.
- Am 15. Juni 20.. ist der Betrag noch immer nicht eingegangen. Entwerfen Sie für diesen Termin eine letzte Mahnung, in der Sie 12 % p. a. Verzugszinsen (klm./365) in Rechnung stellen, eine nochmalige Frist bis zum 20. Juni 20.. setzen und bei Nichteinhaltung dieser gerichtliche Schritte androhen.

b) Textverarbeitung
Gestalten Sie die Briefe formal einwandfrei.

Sichern

SbX ID: 1543

SbX ID: 1543

Im SbX finden Sie eine Sammelmappe mit Zusammenfassungen zu allen Kapiteln und Lerneinheiten.

Wissen

SbX ID: 1544

A B C D E

SbX ID: 1544

Möglichkeiten zur Kompetenzüberprüfung im SbX

Wiederholungsfragen	Aufgaben mit automatischer Aufgabenkontrolle	Einfache Fallbeispiele

W 5.67: **Annahmeverweigerung I** A

W 5.68: **Annahmeverweigerung II** C

W 5.69: **Verzugszinsen bei Zahlungsverzug** A

W 5.70: **Mahnorganisation** A

W 5.71: **Zahlungsverzug** C

W 5.72: **Vorgangsweise bei Zahlungsverzug** A

W 5.73: **Mahnplan** A

W 5.74: **Annahmeverzug und Zahlungsverzug bei Gericht** A

W 5.75: **Inkassobüro** A

W 5.76: **Mahnklage** A

W 5.77: **Quiz: Unregelmäßigkeiten bei der Erfüllung des Kaufvertrags durch den Käufer** B

W 5.78: **Rechtsfolgen beim Zahlungsverzug** A

W 5.79: **Die Phasen des Mahnplans** A

W 5.80: **Kreuzworträtsel: Unregelmäßigkeiten bei der Erfüllung des Kaufvertrags** B

W 5.81: **Unregelmäßigkeiten bei der Erfüllung des Kaufvertrags** A

W 5.82: **Zahlungsverzug, Verzugszinsen und Mahnungen** B

W 5.83: **Fallbeispiel: Herrenmoden (verspätete Annahme; Schreiben des Käufers)** C

W 5.84: **Fallbeispiel: Tom Sterner & Co. KG (Annahmeverweigerung; Schreiben des Verkäufers)** C

W 5.85: **Fallbeispiel: Fortsetzung Tom Sterner & Co. KG (Annahmeverweigerung; Schreiben des säumigen Käufers)** C D

W 5.86: **Fallbeispiel: Petra Zweimaier (Verzugszinsen)** C

W 5.87: **Fallbeispiel: Installateur-Rechnung (Zahlungsverzug; Schuldprolongation)** C D

W 5.88: **Fallbeispiel: Karl Steinkirchner GmbH (Offene-Posten-Liste; Mahnung)** C

W 5.89: **Fallbeispiel: Sonnenbrillenproduktion (Mahnschreibenserie)** C

Ein kurzer Kompetenz-Check zum Schluss!

Kompetenz-Check

	☺	😐	☹
Ich kann beurteilen, wann ein Annahmeverzug vorliegt, und bei Verweigerung der Annahme durch den Käufer die notwendigen rechtlichen Schritte setzen.			
Ich kann beurteilen, wann ein Zahlungsverzug vorliegt, bzw. Käufer, die nicht rechtzeitig zahlen, rechtlich einwandfrei in Zahlungsverzug setzen.			
Ich kann die Rechtsfolgen bei Zahlungsverzug in konkreten Situationen angeben.			
Ich kann Verzugszinsen berechnen und dem säumigen Zahler in Rechnung stellen.			
Ich kann die Angemessenheit von Mahnspesen und Verzugszinsen beurteilen.			
Ich kann Mahnpläne erstellen und Mahnungen kundenorientiert und rechtlich einwandfrei formulieren.			
Ich kann einschätzen, wann es sinnvoll ist, Inkassobüros oder Rechtsanwälte in das Mahnverfahren einzuschalten.			
Ich kann als Käufer bei Zahlungsschwierigkeiten rechtzeitig und begründet um Verlängerung des Zahlungsziels ansuchen.			
Ich kann als Verkäufer Ansuchen um Verlängerung des Zahlungsziels situationsgerecht beantworten.			
Ich kann die Rechtsfolgen von Mahnklagen erklären und auf Mahnklagen rechtlich einwandfrei reagieren.			

6 DIE UNTERNEHMENSGRÜNDUNG

Worum geht's in diesem Kapitel?

Jährlich werden in Österreich mehr als 35 000 neue Unternehmen gegründet. Unternehmensgründer/innen starten mit einer Idee, von der sie überzeugt sind. Ihre Freude, eine Idee zu vermarkten, etwas Neues zu schaffen, ihr Wille zum Erfolg und ihr unternehmerisches Denken kennzeichnen sie als Entrepreneure.

Um ein Unternehmen erfolgreich gründen zu können, ist eine gute Idee für ein marktfähiges Produkt wichtig. Aber die Idee allein ist nicht ausreichend, man braucht auch einen Plan, wie man die Idee umsetzen kann: woher man zum Beispiel die notwendigen Ressourcen (Material, Know-how etc.) bekommt, wie man dafür bezahlt, welches Produkt man wo zu welchem Preis anbietet usw. Ein zentraler Baustein auf dem Weg zum erfolgreichen Unternehmersein ist der Businessplan, dessen Bestandteile eine wichtige Unterstützung für die schrittweise Umsetzung einer Geschäftsidee darstellen.

Kompetenzen, die Sie erwerben

Mit der Bearbeitung dieses Kapitels erwerben Sie die **Kompetenzen** für den **Bereich Unternehmensgründung – Entrepreneurship.**

Sie können

- **eine Geschäftsidee entwickeln,**
- **auf der Basis einer Geschäftsidee einen konkreten Businessplan unter Berücksichtigung der Standortfaktoren für einen Handels- oder Fertigungsbetrieb ausarbeiten.**

A B C D E

In diesem Kapitel finden Sie Übungsaufgaben, praxisbezogene Fallbeispiele und Aufgaben zur Lernkontrolle zur Überprüfung Ihrer Kompetenzen auf den Handlungsebenen A **Wiedergeben,** B **Verstehen,** C **Anwenden** und D **Analysieren & Interpretieren.**

Dieses Kapitel umfasst folgende Lerneinheiten:

1 Von der Idee zum fertigen Konzept

2 Der Businessplan

3 Die Standortentscheidung

Lerneinheit 1

Von der Idee zum fertigen Konzept

SbX
Alle SbX-Inhalte zu dieser Lerneinheit finden Sie unter der ID: 1610.

Eine tolle Geschäftsidee ist eine Voraussetzung für eine gelungene Unternehmensgründung. Die Umsetzung eine zweite. Entrepreneure müssen sich fragen: „Will ich ein Unternehmen gründen?", „Darf ich ein Unternehmen gründen?", „Wird es sich lohnen, ein Unternehmen zu gründen, und in welcher Form?"

Es müssen also persönliche Voraussetzungen berücksichtigt, betriebswirtschaftliche Überlegungen angestellt und die rechtlichen Bedingungen geprüft werden.

Lernen

SbX ID: 1611

SbX
Alle Grafiken dieser Lerneinheit unter der ID: 1611.

Entreprendre
Entreprendre ist französisch und bedeutet unternehmen, in Angriff nehmen, handeln.

1 Eine Geschäftsidee entwickeln

Der „Unternehmergeist" des Entrepreneurs steht vor der Herausforderung, eine Geschäftsidee zu entwickeln, die es bisher noch nicht gibt.

Entrepreneure erkennen Marktlücken und nutzen die Chance, ein Angebot zu erstellen. Es gibt einige Persönlichkeitsmerkmale, die bei Entrepreneuren stark ausgeprägt sind. Die folgenden Eigenschaften machen den „Unternehmergeist" aus.

1. **Leistungsbereitschaft**
   Entrepreneure setzen sich für ihre Idee mit aller Kraft ein. Ihre selbständige Tätigkeit motiviert sie.
2. **Glaube an sich selbst**
   Entrepreneure sind von sich und ihrer Idee überzeugt. Ihre Initiative ist für sie eine machbare Herausforderung.
3. **Durchhaltevermögen**
   Entrepreneure lassen sich durch Misserfolge, Arbeitsbelastung und Kritik nicht entmutigen. Auch wenn es Rückschläge gibt, setzen sie ihre Tätigkeit fort.
4. **Kreativität**
   Entrepreneure haben neuartige und ungewöhnliche Ideen. Damit können sie schwierige Probleme im Alltag meistern und Visionen für die Zukunft entwickeln.
5. **Flexibilität**
   Entrepreneure können mit ungewohnten und unklaren Situationen gut umgehen. Sie lassen sich gerne auf neue und ungeplante Arbeitsbedingungen ein.
6. **Risikobewusstsein**
   Entrepreneure schätzen Risiken gut ein. Sie wägen die Chancen und das Risiko ihrer Tätigkeit ab und richten ihre Entscheidungen danach aus.
7. **Durchsetzungsvermögen**
   Entrepreneure schaffen es, ihre Ideen in die Tat umzusetzen. Dabei agieren sie entschieden und zielstrebig, aber auch respekt- und rücksichtsvoll gegenüber anderen.

Eine Geschäftsidee entwickeln

Antworten auf Leitfragen finden

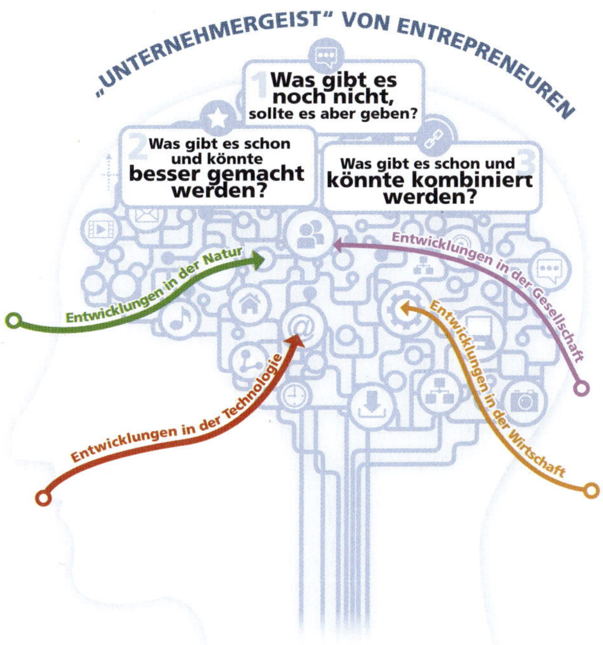

Die Suche nach neuen Geschäftsideen könnte sich an den folgenden drei Fragen orientieren:

1. Was gibt es noch nicht, sollte es aber geben?

Beispiele

- Viele Menschen halten Haustiere, die oft länger alleine zu Hause sind. Seit einiger Zeit gibt es beispielsweise eigene Betreuungsstätten für Hunde.
- Ärztliche Befunde sind oft schwierig zu lesen. Seit einiger Zeit gibt es Anbieter, die solche Befunde in eine leicht verständliche Sprache „übersetzen“.

2. Was gibt es schon und könnte besser gemacht werden?

Beispiele

- Viele Menschen kochen gerne für Freunde, haben aber nicht genug Zeit, einkaufen zu gehen. Seit einiger Zeit gibt es Anbieter, die die Zutaten für bestimmte Rezepte zustellen.
- Nagellack blättert oft rasch ab. Seit einiger Zeit gibt es Nagellacke, die länger halten.

3. Was gibt es schon und könnte kombiniert werden?

Beispiele

- Skype kombiniert das Telefonieren mit dem Internet.
- Smartphones vereinen viele Geräte in sich: Telefon, MP3-Player, Navigationsgerät etc.

Systematisch suchen

Gute Geschäftsideen entstehen, wenn Entrepreneure sich und die Entwicklungen in ihrem Umfeld gut kennen.

1. Entrepreneure kennen ihre Ziele und haben Fähigkeiten und Vorlieben.

Beispiele

- Mark Zuckerberg war ein ausgezeichneter Informatiker, der diese Fähigkeit nutzte, um Facebook zu gründen.
- Immer schon war Niki Lauda begeistert vom Fliegen und nutzte diese Vorliebe, um eigene Fluglinien zu gründen.

2. Entrepreneure sind informiert.

Beispiele

- Die Gründer von McDonald's haben erkannt, dass die schnelle Zubereitung des Essens den Zeitgeist trifft.
- Josef Zotter hat als erster Schokolatier in Österreich erkannt, dass Schokolade nicht nur gut sein soll, sondern auch die Produktion in Bio- und Fair-Trade-Qualität gefragt ist.

Mit Kreativitätstechniken suchen

Kreativitätstechniken unterstützen die Ideenentwicklung. Die bekannteste Methode ist Brainstorming. Bei der Durchführung sind einige Regeln zu beachten.

Brainstorming

- Während der Ideenfindung ist jede Form von Kritik verboten.
- Je mehr Ideen gefunden werden, desto größer ist die Wahrscheinlichkeit, dass auch nützliche Beiträge darunter sind.
- Die Teilnehmer/innen sollten ihrer Fantasie freien Lauf lassen.
- Die Teilnehmer/innen sollten Ideen der anderen aufgreifen und weiterentwickeln.

2 Entscheidungen bei der Unternehmensgründung

Entscheidungen bei der Unternehmensgründung

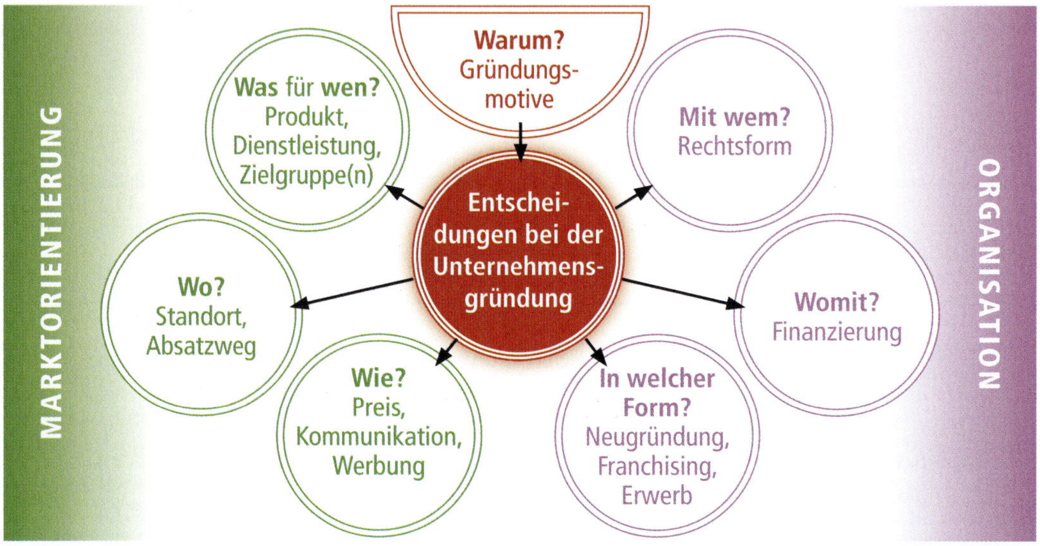

Wenn Sie sich überlegen, ein Unternehmen zu gründen, müssen Sie vor allem marktorientiert prüfen,

- welches Produkt bzw. welche Dienstleistung
- zu welchem Preis
- auf welchen Absatzwegen (Einzelhandel, Versandhandel, Direktvertrieb, Internet etc.)
- welchen Kunden angeboten und
- mit welcher Werbung der Absatz unterstützt werden soll.

Außerdem müssen Sie

- einen geeigneten Standort wählen oder sich für Betriebsformen entscheiden, bei denen der Standort eine geringe Rolle spielt (z. B. Versandhandel, E-Commerce, nicht bzw. nur teilweise ortsgebundene Dienstleistungen wie Fahrradbotendienst etc.),
- prüfen, ob Sie über die notwendigen gewerberechtlichen Voraussetzungen verfügen,
- zumindest einen mittelfristigen Finanzplan erstellen und überlegen, wie Sie die Gründung und die ersten Jahre der Unternehmenstätigkeit finanzieren,
- die geeignete Rechtsform wählen (aus Gründen der Finanzierung, wegen der Haftungsbeschränkung und wegen der Arbeitsteilung mit Ihren Partnern).

Verschiedene Institutionen wie die Wirtschaftskammer Österreich, die meisten Kreditinstitute und regionale Gründerzentren bieten Informationen zur Unternehmensgründung.

WKO
WIRTSCHAFTSKAMMERN ÖSTERREICHS
GRÜNDERSERVICE

3 Persönliche Voraussetzungen für die Unternehmensgründung

Wollen Sie Jungunternehmer bzw. Jungunternehmerin werden, sollten Sie folgende Fragen ehrlich beantworten:

- Haben Sie die fachliche Qualifikation?
  Einige Jahre Branchenerfahrung oder zumindest ein Partner/eine Partnerin, der/die die Branchenerfahrung mitbringt, sind sinnvoll.
- Wollen Sie den nötigen Arbeitseinsatz aufbringen?
  In der Regel arbeiten Jungunternehmer/innen 50 bis 70 Stunden pro Woche und machen bestenfalls Kurzurlaube. Sind auch Ihre Partnerin/Ihr Partner und Ihre Familie mit dieser Belastung einverstanden?
- Sind Sie risikofreudig?
  Sicherheit, dass eine Neugründung ein Erfolg wird, gibt es nicht. Das Einkommen ist in den ersten Jahren meist geringer als in einem Dienstverhältnis.

4 Der Businessplan als Grundlage einer erfolgreichen Gründung

Sind alle persönlichen Voraussetzungen geklärt, stellt sich die Frage, ob es sich lohnen wird, ein Unternehmen zu gründen. Ein Businessplan hilft dabei, eine gute Geschäftsidee Schritt für Schritt zu konkretisieren. Dafür wird die Geschäftsidee mit den Anliegen und Interessen der zukünftigen Partner des neuen Unternehmens abgeglichen. Unternehmensgründer können sich auf diese Weise klarmachen, ob die Geschäftsidee Chancen auf dem Markt haben wird.

Die Zeit von der Business-Idee bis zur Geschäftseröffnung lässt sich in folgende Phasen gliedern:

Phasen der Unternehmensgründung

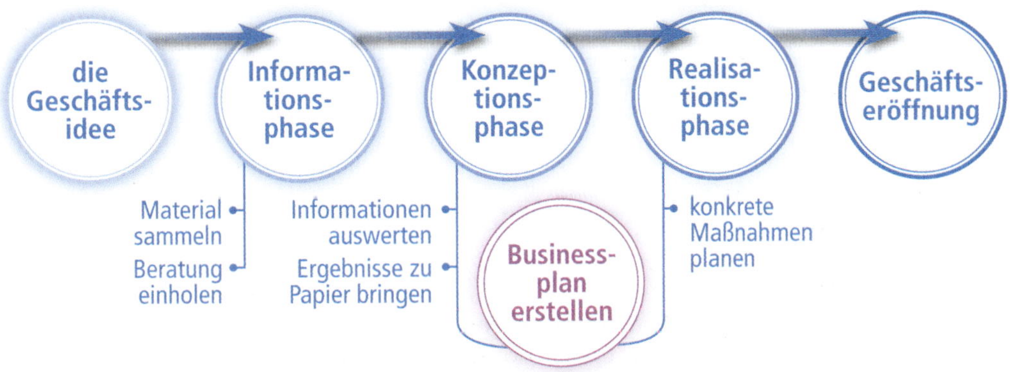

Ein Businessplan ist eine Art „Fahrplan", der die verschiedenen Stationen der Unternehmensgründung beschreibt. Üblicherweise umfasst er 20 bis 30 Seiten ohne Anhang und ist in erster Linie als roter Leitfaden für den Unternehmer/die Unternehmerin gedacht. Natürlich wird man diesen auch der Hausbank und Förderinstitutionen vorlegen.

5 Die rechtlichen Voraussetzungen für die Unternehmensgründung

Das **freie Unternehmertum** zählt zu den Grundrechten in der Marktwirtschaft.

Wer in Österreich ein Unternehmen gründen möchte, muss in jedem Fall die folgenden rechtlichen Aspekte berücksichtigen:

- Gewerberecht
- Sozialversicherungsrecht
- Steuerrecht

Für jede gewerbliche Tätigkeit in Österreich ist eine Gewerbeberechtigung erforderlich. Diese wird durch die Gewerbebehörde erteilt, wenn alle nötigen allgemeinen und besonderen Voraussetzungen erfüllt sind. Die allgemeinen Voraussetzungen sind:

- Österreichische, EU- oder Schweizer Staatsbürgerschaft bzw. ein Aufenthaltstitel
- Eigenberechtigung, d. h. vollendetes 18. Lebensjahr
- geeigneter Standort für die Gewerbeausübung
- keine sonstigen Ausschließungsgründe (z. B. Finanzstrafdelikte, gerichtliche Verurteilungen)

Je nach Gewerbe müssen auch noch besondere Voraussetzungen erfüllt werden. Diese beziehen sich auf den Nachweis, dass der Unternehmensgründer „befähigt" ist, ein Unternehmen zu führen.

Neben dem Gewerberecht muss sich der Jungunternehmer bei der Sozialversicherung bzw. beim Finanzamt melden. Ob bzw. in welchem Ausmaß Sozialversicherungsbeiträge bzw. Steuern zu bezahlen sind, hängt von der Größe des Unternehmens ab.

Üben

A B C D E

Ü 6.1: Erfolgreiche Geschäftsideen D

a) Suchen Sie nach erfolgreichen Geschäftsideen der letzten Jahre und beschreiben Sie diese.
b) Überlegen Sie, warum diese Geschäftsideen erfolgreich sind.

Ü 6.2: Überlegungen als Grundlage einer erfolgreichen Gründung C

Welche Überlegungen sollten bei einer Unternehmensgründung eines Nachhilfeinstituts angestellt werden? Welche wichtigen Ausgangsfragen sollte sich der zukünftige Unternehmer/ die zukünftige Unternehmerin dabei stellen? Finden Sie auch passende Antworten.

Sichern

SbX ID: 1613

SbX ID: 1613

Im SbX finden Sie eine Sammelmappe mit Zusammenfassungen zu allen Kapiteln und Lerneinheiten.

Wissen

SbX ID: 1614

A B C D E

SbX ID: 1614

Möglichkeiten zur Kompetenzüberprüfung im SbX

Wiederholungsfragen | Aufgaben mit automatischer Aufgabenkontrolle | Einfache Fallbeispiele

W 6.1: Leitfragen für Geschäftsideen A

W 6.2: Systematische und kreative Suche nach einer Geschäftsidee B

W 6.3: Entscheidungen bei der Unternehmensgründung A

W 6.4: Businessplan B

W 6.5: Rechtliche Voraussetzungen A

Ein kurzer Kompetenz-Check, bevor's weitergeht!

Kompetenz-Check

	☺	😐	☹
Ich kann Geschäftsideen auf kreative und systematische Weise entwickeln.			
Ich kann beschreiben, welche Entscheidungen bei der Unternehmensgründung zu treffen sind.			
Ich kann erklären, was ein Businessplan ist.			
Ich kann einen groben Überblick über die wichtigsten rechtlichen Voraussetzungen für die Unternehmensgründung geben.			

Lerneinheit 2
Der Businessplan

SbX
Alle SbX-Inhalte zu dieser Lerneinheit finden Sie unter der ID: 1620.

Eine Unternehmensgründung muss sorgfältig vorbereitet und geplant werden, damit sie ein Erfolg werden kann.

Die häufigsten Ursachen für Misserfolge bei Neugründungen sind: fehlende Planung im Produktions- und Absatzbereich und mangelnde Kapitalausstattung. Weitaus seltener führen plötzliche Änderungen der Marktverhältnisse oder zu hohe Privatentnahmen zu Misserfolgen.

Ein Businessplan kann helfen, wesentliche Fehler zu vermeiden.

Lernen

SbX ID: 1621

1 Businessplan und Unternehmensgründung

SbX
Eine Linkliste und Hinweise zu Websites mit Informationen zur Unternehmensgründung finden Sie unter der ID: 1621.

Haben Sie die Absicht, sich selbständig zu machen, wollen Sie ein eigenes Unternehmen gründen oder ein bestehendes Unternehmen übernehmen, ist es wichtig, sich über die Möglichkeiten und Rahmenbedingungen, an die Sie sich halten müssen, möglichst gut zu informieren. Verschiedene Institutionen wie die Wirtschaftskammer Österreich, die meisten Kreditinstitute und regionale Gründerzentren bieten Informationen zur Unternehmensgründung. Im Internet finden Sie Informationen über das Suchwort „Unternehmensgründung".

Über die Linkliste zu dieser Lerneinheit (ID: 1621) finden Sie auch viele ausgefeilte Ideen für einen Businessplan. Die meisten sind für Jungunternehmer zu aufwendig, da diese z. B. über keine Daten einer umfangreichen Marktforschung verfügen.

Beispiel für einen Businessplan

Die folgenden neun Punkte zeigen ein **Beispiel für einen Businessplan,** das Ihnen als Anregung dienen kann. In der Randspalte finden Sie Fragen im Sinn einer Checkliste, in der Textspalte Hinweise für die Praxis. Diese Checkliste wurde auf Anregung eines Gründerzentrums entwickelt. Das Konzept wird anhand einer Dienstleistung gezeigt, für die keine umfangreichen Vorkenntnisse benötigt werden.

Was wollen Sie eigentlich tun?

1 Die Unternehmensidee

Beschreiben Sie kurz Ihre Unternehmensidee.

Beispiel

Scooterverleih
- Scooterverleih in Innenstädten mit strikter Parkraumbewirtschaftung

Hinweise zur Unternehmensidee:

Haben Sie ein neues Produkt, prüfen Sie, ob es tatsächlich Kunden für dieses Produkt geben könnte. Wenn möglich, machen Sie einen Pilotversuch, um festzustellen, ob das Produkt oder die Dienstleistung wirklich nachgefragt wird.

Überlegen Sie den spezifischen Nutzen des neuen Produkts für Ihre Kunden.

Überlegen Sie, durch welche Zusatzprodukte das Hauptprodukt ergänzt werden soll.

Wollen Sie in einem bestehenden Markt tätig werden (z. B. Pizzaflitzer, Fahrradbotendienst, Bierbeisl), überlegen Sie, wodurch sich Ihr Angebot von der Konkurrenz abheben könnte und warum die Kunden von der Konkurrenz zu Ihnen abwandern sollten (besseres Produkt, zuverlässigere Leistung, besserer Service, schnellere Lieferung etc.).

Welche Haupt- und Zusatzangebote bieten Sie?

2 Das Produkt, die Dienstleistung

Präzisieren Sie Ihre Produkte und Dienstleistungen.

Trennen Sie in Hauptangebote und Zusatzangebote.

Beispiel

Haupt- und Zusatzangebote, Scooterverleih

- Hauptangebot: Scooterverleih
- Zusatzangebote: Verleih von Knie- und Ellbogenschutz, Verleih von Rucksäcken für Einkaufstouren, Depotservice für Einkäufe als Zusatzleistung gratis bei Scooter- und Rucksackmiete, geführte Scootertouren zu den Sehenswürdigkeiten der Stadt, eventuell mit Besuch von typischen Lokalen

Wie nahe müssen Sie beim Kunden sein?

3 Standort und Absatzgebiet

Wollen Sie die Kunden beliefern oder sollen die Kunden das Produkt bei Ihnen abholen?

Beispiel

Standort Scooterverleih

- Innenstadt mit strikter Parkraumbewirtschaftung, in der Nähe von U-Bahn-Stationen oder Parkgaragen

Besonders wichtig ist der Standort bei Dienstleistungen (siehe dazu auch die Lerneinheit 3).

Warum sollen welche Kunden bei Ihnen kaufen?

4 Kunden und Kundennutzen

Beschreiben Sie den Kundenkreis, der Ihr Produkt bzw. Ihre Dienstleistung kaufen soll. Beschreiben Sie den „Kundennutzen“, d. h., warum die Kunden gerade Ihr Produkt kaufen sollen.

Beispiele

Kunden und Kundennutzen für Scooterverleih

- **Kunden**
  junge Touristen und Shoppingpendler bis ca. 35 Jahre, jung gebliebene, sportliche Ältere und sportliche Senioren
- **Kundennutzen**
  - Scooter können zusammengelegt, in Geschäfte oder Lokale mitgenommen und leicht in öffentlichen Verkehrsmitteln transportiert werden.
  - Sportliche Kleidung ist nicht unbedingt erforderlich.
  - Auch Kinder können ohne Altersbeschränkung mit den Scootern fahren.
  - Scooter werden in der Regel auf Gehwegen toleriert.
  - Besonderes Fahrkönnen ist nicht erforderlich.
  - Verletzungs- und Unfallgefahr ist im Vergleich zum Fahrrad geringer.
  - Mietkosten sind geringer als bei Fahrrädern.

Wer bietet bereits ähnliche Produkte oder Dienstleistungen an?

5 Konkurrenzanalyse

Prüfen Sie, welche Konkurrenten gleichartige Produkte bzw. Dienstleistungen anbieten. Welche Ersatzprodukte könnten dieselben Bedürfnisse befriedigen?

Beispiele

Konkurrenzprodukte für Scooterverleih

- Gratisfahrradangebot: Dieses ist jedoch nicht immer verfügbar.
- Fahrradverleih: Derzeit ist kein Verleih in der Innenstadt. Nachteile des Fahrrads: siehe Kundennutzen des Scooters
- Rollerskateverleih: In der Innenstadt ist derzeit kein Verleih vorhanden. Schuhwechsel behindert die Mobilität beim Einkaufen, in Lokalen, in öffentlichen Verkehrsmitteln.

Wie viel kann bzw. muss ich absetzen?

6 Absatzplanung

Versuchen Sie, den Absatz für das erste Jahr zu schätzen. Dies ist vor allem bei einer neuen Geschäftsidee sehr schwierig. Aber auch bei bekannten Produkten ist es nicht leicht, im Voraus zu schätzen, wie viele Kunden von der Konkurrenz zuwandern bzw. wie viele Kunden für das Produkt neu gewonnen werden können.

Geplant werden Absatzmenge und Preise.

Beispiel

Das Beispiel zeigt, wie schwierig die Absatzplanung bei einer Neugründung ist.

Absatzplanung – Scooterverleih

- Der Scooterverleih soll von Mitte April bis Mitte Oktober (6 Monate im Jahr) betrieben werden. Im langjährigen Durchschnitt müssen Sie mit 24 Regentagen rechnen, an denen keine Scooter gemietet werden.
  Am Sonntag wollen Sie geschlossen halten, da die Innenstadt wegen der Sonntagssperre der Geschäfte zu wenig Kundenverkehr aufweist.
  Es stehen Ihnen daher ca. 130 Tage zur Verfügung. Öffnungszeit von 10 Uhr bis 19 Uhr, Montag bis Samstag
  Wie im Verleih üblich, sollen die Mieten je nach Nutzungszeit gestaffelt werden.
  Sie denken an € 2,– für die erste Stunde, € 1,– ab der zweiten Stunde und € 5,– pro Tag.
  Eine Garnitur Ellbogen- und Knieschutz verleihen Sie um € 1,– für maximal 3 Stunden oder um € 2,– pro Tag.
  Ebenso wollen Sie die Rucksäcke um den gleichen Preis verleihen.
  Montag bis Mittwoch rechnen Sie mit einer Auslastung von 40 Vermietungen à € 5,– pro Tag und € 40,– aus dem Zusatzgeschäft.
  Donnerstag bis Samstag wollen Sie im Schnitt 50 Scooter à € 5,– verleihen und € 70,– aus dem Zusatzgeschäft erzielen.
  Die geführten Touren wollen Sie um € 10,– pro Person (einstündig, zusätzlich zum Scooterverleih) anbieten, wissen aber noch nicht, ob man sie wirklich verkaufen kann. Sie berücksichtigen diese Umsätze daher nicht.
  Der durchschnittliche Tagesumsatz wird daher mit € 280,– (jeweils drei Tage zu € 240,– und drei Tage zu € 320,–) geplant.

Wie erfahren die Kunden von meinem Angebot?

7 Werbeplanung

Zu planen ist, in welchen Medien, in welchem Umfang und wie lange Sie zunächst werben wollen. Zu überlegen ist, wie Sie das Angebot wirkungsvoll, aber preisgünstig bekanntmachen können.

Bei der Eröffnungswerbung ist auch zu planen, wie lange vor der Eröffnung mit der Werbung begonnen werden soll.

Beispiel

Werbeplanung – Scooterverleih

- Die Eröffnungswerbung soll vor allem durch redaktionelle Berichte in Bezirksjournalen und Tageszeitungen erfolgen.
  Dazu ist ein Eröffnungsevent notwendig (z. B. mit Scootergeschicklichkeitsfahren, Scooterstaffelwettbewerb für Kinder etc.). Der Eröffnungsevent soll zusätzlich zu einem billigen Medienecho (z. B. in privaten Radiostationen, Bezirkszeitungen, Gratiszeitungen) führen.
  Eine gemeinnützige Organisation (Kinderdorf, Altstadterhaltungsverein etc.) soll als Partner für den Eröffnungsevent gewonnen werden und gleichzeitig für die eigenen Zwecke sammeln.
  Zu überlegen ist auch eine Eröffnung im Rahmen des jährlichen Stadtfests.
  Werbeplakate sollen selbst entworfen und gedruckt werden. Der Aushang soll kostenlos in Geschäften erfolgen.
  Eventuell soll zusätzlich durch Inserate in den Gratisjournalen der Bezirke geworben werden.

Wie viele Mittel werden benötigt, wie kann man sie aufbringen?

8 Beschaffungs- und Finanzplanung

Natürlich muss man auch planen, was man für die Gründung beschaffen muss und was das kostet.

Die Finanzplanung wird zweckmäßigerweise in den Finanzbedarf bei der Gründung und in den laufenden Finanzbedarf für das erste Jahr zerlegt.

a) Beschaffungs- und Finanzbedarf bei Gründung

Beispiel

Finanzierungsbedarf bei der Gründung besteht in dem Beispiel nicht nur für Scooter, Rucksäcke und andere Zusatzangebote, sondern u. a. auch für Sanierungskosten und Mietvorauszahlungen für ein Lokal. Dazu kommt im Weiteren noch der Finanzierungsbedarf für die Kosten der 1. Saison, siehe b).

Scooterverleih

60 Scooter à € 50,– =	€ 3.000,–
40 Rucksäcke à € 20,– =	€ 800,–
50 Garnituren Kopf-, Ellbogen- und Knieschutz à € 12,– =	€ 600,–
Adaptierungskosten für ein Lokal im Tiefparterre eines Althauses (Fußboden sanieren, ausmalen, Elektroinstallationen überarbeiten, Eingang samt Schloss sanieren, sanitäre Anlage sanieren)	€ 3.000,–
Werbetafeln anfertigen	€ 400,–
Eröffnungswerbung (Flugzettel, Plakate in Geschäften mit Lageplan, Preisangaben, Öffnungszeiten)	€ 500,–
Mietvorauszahlung und Kaution	€ 1.500,–
Unvorhergesehenes	€ 1.000,–
Erstinvestition insgesamt	€ 10.800,–
Finanzierung durch Eigenmittel und Verwandte	€ 3.800,–
Bankkredit (3 Jahre, Rückzahlung inkl. Zinsen pro Monat € 220,–)	€ 7.000,–

Hinweise für die Planung der Gründungskosten:

Als Jungunternehmer/in sollten Sie die Erstinvestitionen so gering wie möglich halten, da sie damit rechnen müssen, dass sich Ihre Geschäftsidee nicht bewährt und Sie Ihr Unternehmen wieder schließen müssen.

Beispiele

Wie kann man Erstinvestitionen gering halten?

- Scooter am Gebrauchtwarenmarkt (z. B. in Schulen, auf Flohmärkten) günstig einkaufen,
- Werberucksäcke einer Textilkette verwenden,
- die Sanierung des Geschäftslokals, soweit es sich um einfache Arbeiten wie Ausmalen, Sanieren des Fußbodens usw. handelt, selbst durchführen etc.

Bei Neugründungen wird ein Großteil der Nebenkosten für Eintragungen etc. erlassen (vgl. **www.gruenderservice.net**).

Hinweise zur Finanzierung der Gründungskosten:

- Mindestens ein Drittel sollte mit Eigenmitteln finanziert werden.
- Mindestens 10 % sollten für Unvorhergesehenes eingeplant werden.
- Gründungsberatungsstellen helfen bei der Fremdfinanzierung.

Begünstigte Sozialversicherungssätze

Es gelten begünstigte Mindestsätze für die gewerbliche Kranken- und Sozialversicherung.

Ferner verringern sich die Lohnnebenkosten um 7 Prozentpunkte, wenn der Jungunternehmer bereits im 1. Jahr Mitarbeiter/innen anstellt.

b) Laufende Finanzplanung für die erste Saison

Beispiel

Scooterverleih

- Der Jungunternehmer beabsichtigt, im Winter als Fahrradbote oder als Pizzazusteller zu arbeiten, und will den Verleih nur im Sommer führen.

Teilzeitangestellter, mit allen Nebenkosten für 6 Monate	€ 10.800,–
Miete für das Geschäftslokal (12 Monate)	€ 3.600,–
Beleuchtung, Versicherung etc.	€ 1.000,–
Reparaturen, Ersatz von Kleinteilen etc.	€ 1.000,–
Kreditrückzahlung und Verzinsung (12 Monate)	€ 2.640,–
Privatentnahmen für die private Lebensführung (6 Monate) einschließlich gewerblicher Sozialversicherung und Einkommensteuervorauszahlung	€ 9.000,–
Unvorhergesehenes	€ 1.000,–
insgesamt	€ 29.040,–
geplanter Umsatz € 280,– pro Tag x 130 Tage	€ 36.400,–
abzüglich Umsatzsteuer 20 % a. h. ca.	€ 6.070,–
Umsatz nach Umsatzsteuer	€ 30.330,–
finanzieller Überschuss	€ 1.290,–

Mit den Privatentnahmen muss auch die gewerbliche Sozialversicherung bezahlt werden (aktuelle Angaben finden Sie unter **www.gruenderservice.net**). Die Zahlungen mindern allerdings den einkommensteuerpflichtigen Gewinn.

Hinweise zur laufenden Finanzplanung:

- Beachten Sie, dass viele Auszahlungen (Miete, Gehälter für Angestellte, Kreditrückzahlungen und selbstverständlich auch die Privatentnahmen) fix sind, d. h., sie fallen auch bei schlechtem Geschäftsgang an.
- Bei einem Saisongeschäft wie dieser Scootervermietung laufen viele fixe Auszahlungen (Miete, Kreditraten) auch in der „toten" Saison weiter.
- Einen Posten für Unvorhergesehenes sollten Sie auch in der laufenden Planung ansetzen (er ist im vorliegenden Plan sehr klein).
- Die Einnahmen sind sehr unsicher. Schon eine geringe Absenkung des Umsatzes würde dazu führen, dass der Finanzplan nicht ausgeglichen ist.

Welche Rechtsform ist sinnvoll?

9 Die Planung der Rechtsform

Bei geringem Umfang des Geschäfts werden Sie vermutlich als nicht eingetragener Unternehmer tätig werden.

Siehe dazu auch Kapitel 7 in diesem Band.

Wollen Sie mit Partnern arbeiten, z. B. weil Sie an mehreren Standorten gleichzeitig beginnen wollen, eignet sich vor allem die Offene Gesellschaft, da Sie im Vergleich zur GmbH kein Mindestkapital einzahlen müssen, die Gründungskosten sehr gering sind und bei geringen Gewinnen auch die Besteuerungssituation weitaus günstiger ist.

2 Erwerb oder Franchising statt Neugründung

(1) Erwerb bestehender Unternehmen

Vor allem bei Kleinunternehmen hängt der Absatz häufig von der Persönlichkeit des Unternehmers ab.

Vorteile beim Erwerb eines bestehenden Unternehmens:

- Die Kosten des Erwerbs sind genauer bestimmbar als die Kosten einer Neugründung.
- Die Absatzsituation ist bekannt (allerdings kann sich der Kundenkreis durch die Übernahme stark verändern).
- Es sind weniger rechtliche Hindernisse zu überwinden (z. B. Standortgenehmigung etc.).
- Eingeschultes Personal und eine funktionierende Organisation können übernommen werden.

Risiken beim Erwerb eines bestehenden Unternehmens:

- Überschätzung des Firmenwerts
- Übernahme von überaltertem oder schlecht qualifiziertem Personal
- Übernahme von veralteten Maschinen

Hinweis:

In einigen Bundesländern bestehen sogenannte „Unternehmensbörsen" oder „Nachfolgebörsen" (vgl. **www.nachfolgeboerse.at**). Sie sollen es verkaufswilligen Unternehmern (z. B. solchen, die in Pension gehen wollen) ermöglichen, Nachfolger zu finden.

(2) Franchising als Gründungsalternative

Detaillierte Informationen zum Franchising finden Sie unter **www.franchiseboerse.at.**

Beim **Franchising** räumt ein **Franchisegeber** dem **Franchisenehmer** gegen Bezahlung einer **Franchisegebühr** das Recht ein, seinen Markennamen und sein Produktions- und Vertriebs-Know-how zu verwenden.

Die Franchisegebühr zerfällt meistens in einen Fixbetrag pro Jahr und in eine umsatzabhängige Gebühr.

Im Franchisevertrag finden sich meist genaue Vorschriften über das Erscheinungsbild (z. B. Gestaltung der Geschäftsräume, Kleidung der Verkäufer), über das Sortiment und die Preis- und Konditionenpolitik.

Der Franchisenehmer bleibt jedoch wirtschaftlich und rechtlich selbständig und trägt das gesamte Unternehmerrisiko.

Beispiele

- McDonald's
- Obi-Baumärkte
- viele Palmers-Vertriebsstellen (Manche sind jedoch auch eigene Filialen.)

Üben

A B C D E

Ü 6.3: Überarbeitung eines Unternehmenskonzepts C

Nehmen Sie an, die Umsatzprognosen unseres Scooterverleihs sind um 20 % zu niedrig, um einen finanziellen Überschuss zu erzielen. Welche Maßnahmen könnte der Jungunternehmer setzen, um sein Unternehmenskonzept doch noch umsetzen zu können?

Ü 6.4: Einflüsse auf die Gründungsentscheidung B

Franz Huber erbt ein Haus mit einem bestehenden Geschäftslokal. Das Geschäftslokal ist derzeit leer, es hat ca. 80 m^2. Franz Huber ist als Vertreter in der Elektroindustrie tätig. Huber überlegt, ob er nicht ein Unternehmen gründen soll.
Zeigen Sie an diesem Beispiel, wie die Gründungsentscheidung durch die persönlichen Lebensumstände von Herrn Huber und durch seine Neigungen und Fähigkeiten beeinflusst werden kann.

Ü 6.5: Finanzkonzept bei der Gründung C

Katharina Moser hat die Handelsakademie absolviert und von ihren Großeltern ein Haus mit einem Geschäftslokal geerbt. Ihre Freundin Lisa hat eine Modeschule absolviert und die Meisterprüfung als Schneiderin abgelegt.
Beide überlegen, ob sie nicht in diesem Geschäftslokal eine Boutique einrichten sollen. Sie besitzen keine Eigenmittel. Ein Jungunternehmerkredit von € 80.000,– könnte aufgenommen werden.

Die beiden stellen Folgendes fest:

- Das Geschäftslokal ist zu klein, es müssten die angrenzenden Abstellräume dazugenommen werden. Der Umbau würde etwa € 50.000,– kosten.
- Weitere Investitionen würden etwa € 30.000,– erfordern.
- Die monatliche Kreditrate würde eine Belastung von rund € 1.500,– über 5 Jahre bedeuten.
- Die Lage des Lokals ist für eine Boutique nicht sehr günstig. Sie rechnen daher mit einem Umsatz (ohne USt) von € 160.000,– pro Jahr. Die Handelsspanne beträgt (ohne USt) 50 % der Verkaufspreise.

a) Welche Probleme könnten sich im Verlauf der Gründung ergeben? Welche Unsicherheiten und welche rechtlichen Schwierigkeiten etc. sind mit den gegebenen Informationen verbunden?

b) Welche Überlegungen können die beiden Damen anstellen, um die Situation zu verbessern? Überlegen Sie bei jedem Punkt (nicht nur bei den Zahlenangaben), welche Veränderungen möglich wären.

Sichern

SbX ID: 1623

SbX
ID: 1623

Im SbX finden Sie eine Sammelmappe mit Zusammenfassungen zu allen Kapiteln und Lerneinheiten.

Wissen

SbX ID: 1624

A B C D E

SbX
ID: 1624

Möglichkeiten zur Kompetenzüberprüfung im SbX

Wiederholungsfragen	Aufgaben mit automatischer Aufgabenkontrolle	Einfache Fallbeispiele

W 6.6: **Kleinbetrieb** A

W 6.7: **Ausgabeposten bei der Gründungsplanung** A

W 6.8: **Beschaffungs- und Finanzplanung eines Handels- oder Produktionsbetriebes** A

W 6.9: **Hilfe bei der Gründung** A

W 6.10: **Erwerb bestehender Unternehmen** A

W 6.11: **Vor- und Nachteile von Franchising** A

W 6.12: **Quiz: Unternehmensgründung** B

Ein kurzer Kompetenz-Check, bevor's weitergeht!

Kompetenz-Check

	☺	😐	☹
Ich kann eine Geschäftsidee entwickeln und die Realisierbarkeit überprüfen.			
Ich kann die einzelnen Teile eines Businessplans für ein einfaches Produkt entwickeln.			
Ich kann eine Absatz- und eine Finanzplanung durchführen und diese aufeinander abstimmen.			
Ich kann den Erwerb eines bestehenden Unternehmens bzw. das Franchising in meine Gründungsüberlegungen einbeziehen.			

SbX
Alle SbX-Inhalte zu dieser Lerneinheit finden Sie unter der ID: 1630.

Lerneinheit 3
Die Standortentscheidung

Die Wahl eines geeigneten Standorts entscheidet wesentlich über Erfolg oder Misserfolg einer Gründung. Falsche Standortentscheidungen sind meist schwer rückgängig zu machen, da

- oft hohe Investitionen getätigt wurden, die nur für den speziellen Unternehmensgegenstand verwendbar sind (Spezialmaschinen, Fertigungshallen in einer bestimmten Größe etc.),
- Arbeitskräfte ausgebildet wurden, die das Gebiet nicht verlassen wollen.

Lernen

SbX ID: 1631

SbX
Alle Grafiken dieser Lerneinheit unter der ID: 1631.

1 Kann ich den Standort frei wählen?

Freie und gebundene Standortwahl

Eine völlig freie Standortwahl ist heute kaum mehr möglich.

Zunächst ist zu unterscheiden, ob ein Betrieb den Standort frei wählen kann oder ob er an einen bestimmten Standort gebunden ist.

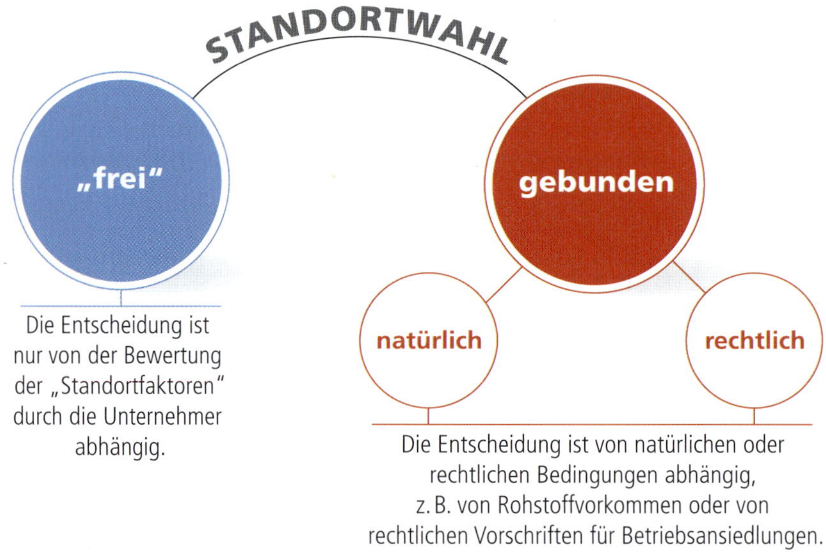

Natürlich gebundene Standorte findet man vor allem bei Betrieben der Urproduktion (Bergbau, Erdölförderung, Landwirtschaft).

Wesentlich wichtiger ist die **rechtliche Standortbindung.** Rechtlich gesehen gibt es heute kaum mehr eine freie Standortwahl. Jede Niederlassung eines Unternehmens ist an rechtliche Vorschriften und Bedingungen gebunden (Flächenwidmung, Vorschriften gegen Lärmbelästigung, Abgasvorschriften, Abwasserbeseitigung, Zustimmung der Anrainer etc.).

Die langfristige Wirkung der Standortentscheidung macht es erforderlich, die Einflussgrößen genau zu kennen, die bei der Wahl des Standorts zu beachten sind. Diese Einflussgrößen werden **Standortfaktoren** genannt.

2 Welche Standortfaktoren gibt es?

Standortfaktoren haben je nach Wirtschaftssektor unterschiedliche Bedeutung.

Standortfaktoren

Standortfaktoren sind Vorteile, die ein bestimmter Ort für die Leistungserstellung (Produktion) und für die Leistungsverwertung (Absatz) bietet.

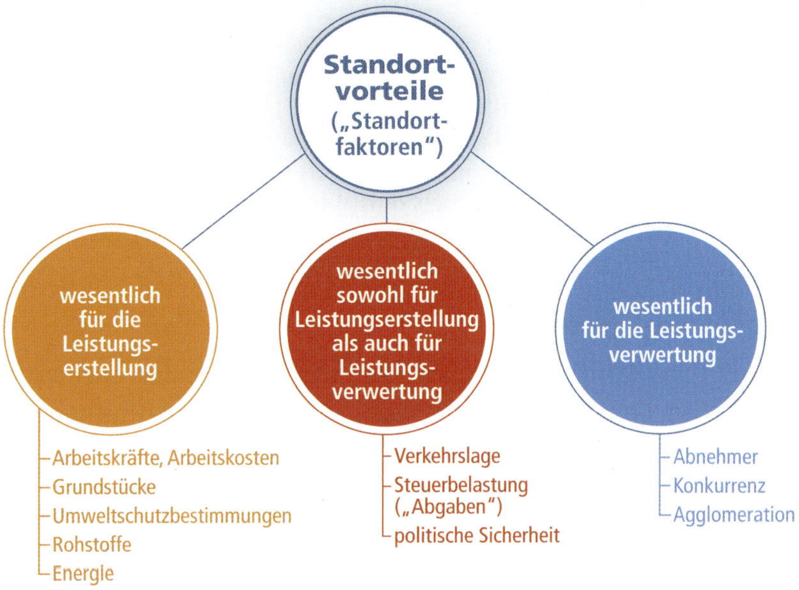

Arbeitskräfte

Aktuelle Fälle für die Auslagerung der Produktion in Österreich sind z. B. die Verlagerung eines Teils der **Schiproduktion** nach Slowenien, Verlagerung der **Autoreifenproduktion** nach Tschechien, Auslagerung von **Softwareentwicklungen** nach Indien.

In Zeiten der Globalisierung spielt vor allem die Orientierung an den **Lohnkosten** eine Rolle. Dies führt zur **Auslagerung der Produktion** in die Länder des ehemaligen Ostblocks (z. B. Ungarn, Tschechien, Slowakei, Slowenien, Bulgarien, Rumänien) und nach Asien (z. B. China, Malaysia, Indonesien, Indien, Vietnam, Südkorea).

Diese Auslagerung wird für Mittel- und Westeuropa immer bedrohlicher, da die genannten osteuropäischen und asiatischen Staaten auch zunehmend über hochqualifizierte Arbeitskräfte (z. B. Ingenieure, EDV-Spezialisten) verfügen, die unter Berücksichtigung der Lohnnebenkosten ihre Arbeitskraft zu etwa 5 bis 15 % der Kosten in Mittel- und Westeuropa anbieten.

Beispiel

Kosten pro Arbeitsstunde (2017)

- Die durchschnittlichen Arbeitskosten in der Sachgütererzeugung inklusive aller Nebenkosten betragen in
  - Deutschland ca. € 40,20
  - Österreich ca. € 37,20
  - Rumänien ca. € 5,80
  - Bulgarien ca. € 4,70
  - China etc. weniger als € 1,–

Quelle: http://wko.at/statistik/eu/europa-arbeitskosten.pdf

Im Internet finden Sie mit dem Suchwort „Arbeitskosten" zahlreiche Studien.

Grundstücke

Mit zunehmender Industrialisierung wird es immer schwieriger, die notwendigen Grundstücke zu einem angemessenen Preis zu erhalten.

Die hohen Grundstückspreise je m² in den Ballungszentren (etwa € 400,– bis € 1.200,– in guten Stadtlagen, rund € 150,– bis € 300,– in guten Stadtrandlagen) haben dazu geführt, dass neue Industriegebiete aufgeschlossen wurden. In der Regel handelt es sich um Gebiete, die früher landwirtschaftlich genutzt wurden und weit von Energieanschlüssen, von den Arbeitskräften und von den Verkehrsverbindungen entfernt lagen.

Eigene Gesellschaften haben sich darauf spezialisiert, solche Gebiete zu erschließen (vor allem Verkehr und Energieanschlüsse) und an Interessenten zu verkaufen oder zu vermieten („Industriezonen").

Zu beachten ist, dass Grundstücke auch für zukünftige Erweiterungen zur Verfügung stehen sollen.

Umweltschutzbestimmungen

Gerade die zunehmende industrielle Erschließung von Gebieten, die bisher nur durch die Landwirtschaft genutzt wurden oder als Erholungsräume dienten, führte zu verschärften Umweltschutzbestimmungen.

Beispiele

Wird die Industrieproduktion verlagert, um Umweltschutzbestimmungen auszuweichen, führt dies oft zur Verschmutzung weiterer Erholungsräume. Dies kann wiederum eine Verschärfung von Umweltschutzbestimmungen zur Folge haben.

- Bauvorschriften (z. B. Beschränkung der Bauhöhe und der Bebauungsdichte, Vorschriften über Bauformen, wie Fassaden- und Dachgestaltung)
- Abgasvorschriften
- Vorschriften über die Abwasserreinigung

Diese Umweltschutzbestimmungen führen oft zu erheblichen Kosten. Viele Unternehmen weichen daher in Länder aus, in denen die Umweltschutzbestimmungen noch nicht so streng sind oder nicht so streng gehandhabt werden.

Rohstoffe

Die Standorte der Eisen- und Stahlindustrie orientieren sich an Rohstoffvorkommen und Transportmöglichkeiten.

Der Standort wird sich an den Rohstoffvorkommen orientieren, wenn

- Materialien verarbeitet werden, die im Produktionsprozess stark an Gewicht verlieren, da der Transport des leichteren Endprodukts billiger ist als der Transport der schweren Rohstoffe.
- Materialien verarbeitet werden, die im Rohzustand leicht verderblich sind.

Beispiele

- Eisenindustrie in der Nähe des Eisenerzes, da das Eisenerz wesentlich schwerer ist als Roheisen oder gar Halb- und Fertigprodukte (Ausnahme: Wenn die Anlieferung des Erzes auf dem Wasserweg relativ billig erfolgen kann, sind auch andere Standorte denkbar – z. B. in Seehäfen, Orte an schiffbaren Flüssen.)
- Zuckerindustrie in Rübenanbaugebieten
- Konservenindustrie und Tiefkühlindustrie in der Nähe der Anbaugebiete, da Gemüse verderblich ist

Energie

Energiepreise werden wesentlich durch Steuern und Abgaben beeinflusst (z. B. Mineralölsteuer).

Die Energieorientierung spielte in der Vergangenheit eine wichtige Rolle (z. B. Mühlen am Wasser, Stahlwerke in der Nähe von Kohlevorkommen).

Heute ist Energie in Form von elektrischem Strom, Erdöl und Erdgas leicht und billig zu transportieren. Die Bedeutung der Energieorientierung nimmt daher etwas ab, jedoch spielt der Energiepreis eine Rolle.

Absatz

Vor allem der konventionelle Einzelhandel wählt seinen Standort in der Nähe der Abnehmer.

Beispiele

- Papierwaren in der Nähe von Schulen
- Lebensmittelhändler in Wohngegenden
- Imbissstuben bei Bahnhöfen, Sportplätzen, Straßenbahn- und Autobusumsteigestellen etc.

Dabei sind zwei Erscheinungen zu beobachten:

- **Agglomerationsorientierung:** Betriebe einer bestimmten Branche häufen sich in einem bestimmten Gebiet. Häufig ist die Agglomerationsorientierung bei Gütern des mittel- und längerfristigen Bedarfs.

Beispiele

Branchengleiche Betriebe in einem Gebiet verbessern vor allem bei langfristigen Konsumgütern den Absatz trotz der größeren Konkurrenz.

- Möbelgeschäfte häufen sich in bestimmten Straßenzügen.
- Autogeschäfte liegen oft nebeneinander.

Da den Kunden bekannt ist, dass es in diesem Gebiet eine gute Übersicht über ein bestimmtes Warenangebot gibt, reisen sie aus einem weiten Umkreis an und es kommt zu einer größeren Käuferdichte.

- Als Gegenteil der Agglomeration findet man vor allem im Einzelhandel die **Vermeidung von Konkurrenz.** Der Standort wird so gewählt, dass kein Konkurrenzbetrieb in der Nähe ist.

  Die Standortberatungsstellen der Kammern geben Auskunft, in welchen Gebieten Betriebe fehlen (z. B. Installationsbetriebe, Schuhgeschäfte, Papierwarengeschäfte, Bastlerwaren etc.).

Verkehrslage und Transportkosten

Sowohl bei der Leistungserstellung als auch bei der Leistungsverwertung spielen Verkehrslage und Transportkosten eine große Rolle.

Beispiele

- Sowohl in Europa als auch in Übersee wurden neue Stahlwerke unabhängig von Rohstoff- oder Energiebasen an der Meeresküste errichtet. So können hochwertige Erze und billige Kohle aus Übersee auf dem Wasserweg günstig bezogen werden.
  Andererseits können die Endprodukte ebenfalls auf dem Wasserweg in die Abnehmerstaaten transportiert werden.
- Die zunehmende Motorisierung und der Mangel an Parkplätzen führen zur Gründung von Einkaufszentren am Stadtrand, obwohl sich diese Zentren weit weg von den Abnehmern befinden.

Steuerbelastung und Subventionen

Die EU strebt seit Jahren vergeblich eine Vereinheitlichung der Gewinnbesteuerung an. Jedoch verschärfen vor allem die neuen Mitgliedsländer den Steuerwettbewerb.

Die unterschiedliche Besteuerung von Umsatz, Gewinn und Vermögen in den einzelnen Ländern spielt vor allem bei der Standortwahl internationaler Unternehmen eine Rolle. Manche Länder bieten bei Neugründungen Steuerfreiheit oder Steuerermäßigung für viele Jahre an, um zusätzliche Arbeitsplätze zu schaffen oder um die Wirtschaftsstruktur des Landes bzw. einer bestimmten Region zu verbessern.

Eine große Rolle bei der Standortentscheidung spielt die Unterstützung privater Unternehmensgründungen durch die öffentliche Hand.

Beispiele

- Gemeinden stellen Grundstücke kostenlos oder gegen geringes Entgelt zur Verfügung.
- Gemeinden sorgen für die Aufschließung des Grundstücks (Verkehrsanschluss, Energieanschluss).
- Bund und Länder gewähren Investitions- oder Zinsenzuschüsse bei Gründung arbeitsintensiver Industrien.

Solche Förderungen sind allerdings laut EU-Recht aus Wettbewerbsgründen beschränkt.

Politische Sicherheit

Die Orientierung großer Unternehmen an der politischen Sicherheit verlangsamt vor allem die Industrialisierung der Entwicklungsländer.

Bei internationalen Konzernen spielt bei Betriebsgründungen die politische Sicherheit eine immer größere Rolle.

Vermieden werden sollten vor allem:

- die Gefahr der Verstaatlichung
- die Gefahr, dass ein Gewinntransfer durch Änderung der Devisenbestimmungen verhindert wird
- zusätzliche Kosten durch Korruption

Privatwirtschaftlich orientierte Unternehmen („kapitalistische Unternehmen") wählen daher vor allem Staaten mit stabilen Regierungsformen.

3 Die Standortwahl

Die Standortwahl erfordert einen komplizierten Entscheidungsprozess.

Bei der Wahl des Standorts müssen die verschiedenen Faktoren einander systematisch gegenübergestellt werden.

Die Bewertbarkeit der Informationen

Zu beachten ist, ob die Informationen nur in Geld oder nicht nur in Geld zu bewerten sind.

Beispiele

Bewertbarkeit von Standortfaktoren

- In Geld zu bewerten sind:
  - Investitionskosten (Grundstücke, Baukosten etc.)
  - Transportkosten
  - Energiekosten
  - Arbeitslöhne
- Nicht nur in Geld zu bewerten sind:
  - Zuverlässigkeit der Arbeitskräfte
  - Vorschriften über die Mitbestimmung der Arbeitnehmer
  - Kooperationsbereitschaft der Standortgemeinde

Die Sicherheit der Informationen

Beispiele

- Unsicher sind häufig:
  - die zukünftige Entwicklung der Energiepreise in einem Land
  - die politische Entwicklung (z. B. die Besteuerung)
  - die Entwicklung der Inflationsrate

Information und Beratung bei der Standortwahl erfolgen durch:
- Standortberatungsinstitute
- Wirtschaftskammern (einschließlich der Wirtschaftsförderungsinstitute)
- private Beratungsgesellschaften

Viele Entwicklungen lassen sich zwar kurz- bzw. mittelfristig mit einiger Wahrscheinlichkeit prognostizieren (Entwicklung der Energiepreise, der Transportkosten, der Arbeitslöhne etc.). Standortentscheidungen sind jedoch meist langfristig. Sie hängen daher auch entscheidend von der Risikofreudigkeit des Unternehmens ab.

Besonders zu beachten ist, dass gerade bei der Standortwahl viele Bedingungen verändert werden können.

Beispiele

Mittel- und langfristige Verbesserung von Standortfaktoren

- Die Verkehrslage wird durch ein Straßenprojekt des Bundeslandes ohne Mehrkosten für das Unternehmen entscheidend verbessert.
- Die Arbeitskräftesituation wird durch die Schließung anderer Betriebe in der gleichen Region verändert.
- Die Investitionskosten werden durch langfristige Mietverträge wesentlich reduziert.
- Wenig geeignete Arbeitskräfte werden mit öffentlicher Förderung umgeschult.

Andererseits können sich Standortfaktoren während der Planungs- und Bauzeit auch ungünstig entwickeln.

Beispiele

Verschlechterung von Standortfaktoren

- Umweltschutzaktionen können den Bau auch bei Einhaltung aller rechtlichen Vorschriften verhindern oder verzögern (z. B. den Bau eines Einkaufszentrums, den Bau einer Zufahrtsstraße).
- Eine öffentliche Verkehrsverbindung (z. B. eine Bahnlinie) kann wegen mangelnder Rentabilität eingestellt werden.
- Günstig gelegene Zulieferbetriebe können in Konkurs gehen.
- Zugesagte öffentliche Fördermaßnahmen können aus politischen Gründen (z. B. Einspruch der EU) oder aus Gründen der Budgetlage nicht eingehalten werden.

Üben

A B C D E

Ü 6.6: Standortfaktoren für einen Wirtschaftsprüfer C

Sie wollen sich als Wirtschaftsprüfer niederlassen. Welche Standortfaktoren werden für Sie eine Rolle spielen?

Ü 6.7: Standortfaktoren, Beispiele C

Welche Standortfaktoren sind für folgende Unternehmen von Bedeutung?

a) Erzeugung von Herren- und Damenoberbekleidung in industrieller Form

b) Baumarkt

Ü 6.8: Auswahl von Grundstücken C

Ein Unternehmen der Elektronikbranche will seine Produktion ausweiten und ein Zweigwerk gründen. Als wesentliche Standortfaktoren werden festgestellt:

- Grundstücksgröße mindestens 15 000 m², Erweiterungsmöglichkeiten auf das Doppelte erwünscht
- Verkehrsaufschließung durch eine Straße
- Kanalanschluss
- Elektrizitätsanschluss mindestens 10 000 kW
- Nähe zu einer allgemeinbildenden und/oder berufsbildenden höheren Schule und selbstverständlich zu einer Volksschule (Entfernung mit öffentlichen Verkehrsmitteln höchstens 45 min), da sonst kein qualifiziertes Personal zu bekommen ist
- Benötigt werden ca. 300 Arbeitskräfte zum Anlernen und 150 Facharbeiter mit elektronischer Grundausbildung.
- Benötigt werden auch 30 Diplomingenieure und 40 Personen für die kaufmännische Verwaltung (5 Akademiker, 15 Handelsakademiker, 20 Personen sonstiges kaufmännisches Personal)

Mehrere Grundstücke stehen zur Wahl:

- *Grundstück 1:*
  13 000 m², voll aufgeschlossen, am Rande einer Großstadt
  Preis pro m² € 130,–, kaum Erweiterungsmöglichkeiten
- *Grundstück 2:*
  30 Autominuten von einer kleineren Schulstadt mit 12 000 Einwohnern entfernt
  Ländliche Umgebung mit einem großen Reservoir an Arbeitskräften für Anlernberufe, jedoch mit schlechten öffentlichen Verkehrsverbindungen
  Stromanschluss vorhanden bzw. günstig herstellbar, Kanalanschluss detto
  Erweiterungsmöglichkeiten durch ungünstige Bauklasse beschränkt
  Preis pro m² € 30,–
- *Grundstück 3:*
  Am Rande einer Industriestadt mit 30 000 Einwohnern. Industriezone, die soeben vom Land in Zusammenarbeit mit der Gemeinde aufgeschlossen wird
  Durch umfangreiche Industrieansiedlung steigen die Löhne. Facharbeiter sind knapp. Alle Aufschließungen sind vorhanden.
  Preis pro m² € 80,–
  Erweiterungsmöglichkeiten nur gegeben, wenn man die Gründe sofort ankauft

a) Welche Überlegungen wird man anstellen, bevor man sich entscheidet?

b) Wofür würden Sie sich entscheiden und warum?

Sichern

SbX ID: 1633

SbX ID: 1633

Im SbX finden Sie eine Sammelmappe mit Zusammenfassungen zu allen Kapiteln und Lerneinheiten.

Wissen

SbX ID: 1634

A B C D E

SbX ID: 1634

Möglichkeiten zur Kompetenzüberprüfung im SbX

Wiederholungsfragen | Aufgaben mit automatischer Aufgabenkontrolle | Einfache Fallbeispiele

W 6.13: **Standortwahl** B

W 6.14: **Standortfaktoren** A

W 6.15: **Kreuzworträtsel: Standortfaktoren** A

W 6.16: **Fallbeispiel: Businessplan für Frozen Yogurt Shop** D

Ein kurzer Kompetenz-Check, bevor's weitergeht!

Kompetenz-Check

	☺	😐	☹
Ich kann die Bedeutung der Standortwahl für die Unternehmensgründung erläutern.			
Ich kann die Bedeutung verschiedener Standortfaktoren für unterschiedliche Branchen beschreiben.			
Ich kann Standortfaktoren bei der Ausarbeitung eines Businessplans berücksichtigen.			

7 RECHTSGRUNDLAGEN DER UNTERNEHMEN

Worum geht's in diesem Kapitel?

Unternehmen schließen Verträge mit ihren Partnern ab und gehen dabei viele Verpflichtungen ein. Kaufverträge verpflichten beispielsweise zu liefern bzw. zu zahlen, Arbeitsverträge verpflichten zur Entlohnung der Mitarbeiter, Kredite müssen samt Zinsen zurückgezahlt werden etc. In einer funktionierenden Marktwirtschaft erhöhen rechtliche Regelungen das Vertrauen, dass Unternehmen diese Verpflichtungen ordnungsgemäß erfüllen.

Eine wichtige Grundlage für diese rechtlichen Regelungen stellt das Unternehmensgesetzbuch (UGB) dar. Von zentraler Bedeutung sind folgende Überlegungen:

- Was ist ein Unternehmen?
- Unter welchem Namen darf ein Unternehmen tätig werden?
- In welcher Rechtsform kann ein Unternehmen geführt werden?
- Wer darf Verpflichtungen für das Unternehmen eingehen?

Das Unternehmensgesetzbuch enthält Regelungen zu diesen Fragen. Aufgrund ihrer größeren Verantwortung im Wirtschaftskreislauf gelten für große Unternehmen umfangreichere und strengere Vorschriften als für kleinere Unternehmen.

Kompetenzen, die Sie erwerben

Mit der Bearbeitung dieses Kapitels erwerben Sie die **Kompetenzen** für den **Bereich Rechtliche Grundlage des Unternehmens.**

Sie können

- **für Unternehmen eine begründete Rechtsformwahl treffen: Unterschiede zwischen Einzelunternehmen, Personen- und Kapitalgesellschaften anhand verschiedener Kriterien beschreiben,**
- **für Unternehmen eine begründete Entscheidung hinsichtlich Firmenbezeichnung und Eintragung ins Firmenbuch treffen sowie einem realen Firmenbuchauszug wesentliche Informationen entnehmen,**
- **in konkreten Fällen die Befugnisse von Bevollmächtigungen und Mitarbeiterinnen und Mitarbeitern eines Unternehmens erläutern.**

A B C D E

In diesem Kapitel finden Sie Übungsaufgaben, praxisbezogene Fallbeispiele und Aufgaben zur Lernkontrolle zur Überprüfung Ihrer Kompetenzen auf den Handlungsebenen A **Wiedergeben,** B **Verstehen,** C **Anwenden** und D **Analysieren & Interpretieren.**

Dieses Kapitel umfasst folgende Lerneinheiten:

1 Firma, Firmenbuch, Rechtsformen, Buchführungspflicht

2 Das Einzelunternehmen – die beliebteste Rechtsform in Österreich

3 Personengesellschaften – Rechte und Pflichten werden zwischen mehreren Personen (Gesellschaftern) geteilt

4 Kapitalgesellschaften – hier steht die Kapitalaufbringung im Vordergrund

5 Sonstige Gesellschaftsformen

6 Der Unternehmer braucht Hilfe

Lerneinheit 1

Firma, Firmenbuch, Rechtsformen, Buchführungspflicht

SbX Alle SbX-Inhalte zu dieser Lerneinheit finden Sie unter der ID: 1710.

Frau Rosa Wasserbauer betreibt das Strandbuffet „Sonnenoase" als Einzelunternehmerin. Ob die Bezeichnung „Sonnenoase" auch eine Firmenbezeichnung im gesetzlichen Sinn ist bzw. ob Frau Wasserbauer eine Firma führt, hängt von verschiedenen Faktoren ab.

§ 1 UGB: „Ein Unternehmen ist jede auf Dauer angelegte Organisation selbständiger wirtschaftlicher Tätigkeit, mag sie auch nicht auf Gewinn gerichtet sein."

Sollte Frau Wasserbauer die Möglichkeit haben, ihr Unternehmen zu vergrößern, z. B. ein weiteres Strandbuffet zu kaufen oder die „Sonnenoase" zu erweitern, könnten sie Geschäftspartner mit Kapital unterstützen und bei der Unternehmensführung entlasten.

Wenn das Unternehmen größer wird, stellt sich die Frage, ob Frau Wasserbauer eine doppelte Buchhaltung führen muss oder ob sie mit einfachen Aufzeichnungen auskommt.

Lernen

SbX ID: 1711

1 Firma und Firmenbuch

Firma

„Die Firma ist der in das Firmenbuch eingetragene Name eines Unternehmers, unter dem er seine Geschäfte betreibt und seine Unterschrift abgibt." Unternehmensgesetzbuch (§ 17 UGB)

Jeder kann **in das Firmenbuch Einsicht nehmen.** Gegen Gebühr erhält man Auszüge daraus.

- **Was ist das Firmenbuch?**

  Das Firmenbuch ist ein öffentliches Verzeichnis aller eingetragenen Unternehmen. Es dient dazu, wichtige rechtliche und wirtschaftliche Informationen über Unternehmen zu veröffentlichen. Das Firmenbuch wird elektronisch von Gerichten geführt.

SbX **Alle Grafiken dieser Lerneinheit unter der ID: 1711.**

- **Wer darf eingetragen werden?**

  Jeder Unternehmer darf sich in das Firmenbuch eintragen lassen.

  Die Eintragung ins Firmenbuch erhöht das Vertrauen in das Unternehmen. Deshalb dürfen sich auch kleine Unternehmen eintragen lassen.

Was als „großes" Unternehmen gilt, bestimmt in diesem Fall der Gesetzgeber.

- **Wer muss eingetragen werden?**

  Abgesehen von wenigen Ausnahmen müssen große Unternehmen in das Firmenbuch eingetragen werden. Große Unternehmen sind:
  - alle Unternehmen, die von mehreren Unternehmern gemeinsam betrieben werden (z. B. Personen- und Kapitalgesellschaften – vgl. die Lerneinheiten 3 bis 5 in diesem Kapitel)
  - Einzelunternehmen, die in zwei aufeinanderfolgenden Jahren mehr als € 700.000,– oder in einem Jahr mehr als € 1 Million Umsatz aufweisen

  Einzelunternehmer, die Land- und Forstwirtschaft betreiben oder einen freien Beruf ausüben (z. B. Arzt, Hebamme, Rechtsanwalt, Wirtschaftstreuhänder), müssen sich nicht eintragen lassen, auch wenn sie einen größeren Umsatz erzielen.

Firmenbuch

		Einzelunternehmer		
	Personengesellschaften **Kapitalgesellschaften**	**„gewerbliche" Unternehmer,** (die keine Land- und Forstwirte oder Freiberufler sind)		**Land- und Forstwirte, Freiberufler**
Kriterium Umsatzerlöse	unabhängig vom Umsatz	mehr als € 700.000,– (bzw. € 1 Million)	maximal € 700.000,–	unabhängig vom Umsatz
Eintragung ins Firmenbuch	**muss**	**muss**	**kann**	**kann**

Welche Firmenbezeichnungen sind zulässig?

Prinzipiell sind Unternehmen bei der Wahl der Firmenbezeichnung frei. Die Firmenbezeichnung muss jedoch einen Hinweis auf die Rechtsform enthalten (§ 19 UGB – vgl. dazu auch die Lerneinheiten 2 bis 5).

Bei „eingetragenen Einzelunternehmern" lautet der Zusatz z. B. „e. U." (für eingetragenen Unternehmer/eingetragene Unternehmerin).

Firmenbezeichnungen

Personenfirma
enthält Namen des Unternehmers bzw. der Unternehmer
- Karl Brunner e. U.
- Schneider OG

Sachfirma
Unternehmensgegenstand ist anzuführen.
- Kärntnermilch reg. Gen. mbH

Fantasiefirma
Werbezweck steht im Mittelpunkt.
- Herzilein Wien GmbH

gemischte Firma
Vermischung von Personen-, Sach- und Fantasiefirma
- Team 7 Natürlich Wohnen GmbH

Beispiel

- Ein Imbissstand, der von Peter Reznicek als Einzelunternehmen geführt wird und in das Firmenbuch eingetragen wird, könnte z. B. folgende Firmen führen:
  - Imbiss zum lustigen Radfahrer e. U.
  - Peter's Jausenstation e. U.
  - Peter Rezniceks Snackbar e. U.

Scheidet ein Gesellschafter aus, dessen Namen in der **Firmenbezeichnung** aufscheint, so kann mit seiner Zustimmung die Firmenbezeichnung weitergeführt werden.

Die Firmenbezeichnung

- muss Unterscheidungskraft besitzen,
- darf nicht irreführend sein (§ 18 UGB),
- darf bei Einzelunternehmen oder Personengesellschaften nur den Namen des Einzelunternehmers bzw. die Namen von unbeschränkt haftenden Gesellschaftern enthalten. Es müssen jedoch keine Namen von Gesellschaftern im Firmenwortlaut enthalten sein.

Beispiele

- **Zur Unterscheidungskraft:**
  Am gleichen Ort darf nicht zweimal für ein Gasthaus die Firmenbezeichnung „Zum langen Kochlöffel" gewählt werden.
- **Zur Irreführung:**
  - Für einen kleinen Imbissstand wird nicht die Bezeichnung „Autobahnraststätte Peter Reznicek e. U." gewählt werden dürfen.
  - Ein Buchhändler, der seinen Kunden nur kleine Snacks und Kaffee anbietet, wird nicht die Firma „Restaurant zur Bücherecke e. U." führen dürfen.
- **Zur Verwendung fremder Namen und zur Weiterverwendung von Namen:**
  Peter Reznicek darf seinen Imbissstand nicht unter Thomas Morgenstern's Snackbar ein-tragen lassen. Hätte aber Thomas Morgenstern die Snackbar bereits unter diesem Namen geführt, an Peter Reznicek verkauft und der Weiterverwendung des Namens zugestimmt, so könnte der Name beibehalten werden (§ 22 UGB). Es ist auch kein Hinweis wie z. B. „Nachfolger" erforderlich.

In der Praxis werden die Bestimmungen bei der Eintragung durch das Firmenbuchgericht überprüft.

Hinweise:

Einzelunternehmen, die nicht ins Firmenbuch eingetragen sind, führen auch keine Firma im rechtlichen Sinn. Sie betreiben ihr Unternehmen unter ihrem Familiennamen und mindestens einem Vornamen.

Von der Firma sind Geschäftsbezeichnungen (z. B. „Gasthaus am Bahnhof") zu unterscheiden.

2 Die Rechtsformen der Unternehmen

(1) Übersicht

Um als Wirtschaftsteilnehmer tätig werden zu dürfen, brauchen Unternehmen einen rechtlichen Rahmen, in dem sie handeln können. Die verschiedenen Rechtsformen der Unternehmen bilden dafür eine wichtige Grundlage. Je nach Rechtsform geben die Regelungen unterschiedliche Antworten auf rechtliche und betriebswirtschaftliche Fragen, die sich bei der Gründung und Führung jedes Unternehmens stellen:

- Soll man das Unternehmen allein oder mit anderen führen?
- Woher stammt das Kapital?
- Wer kontrolliert die Geschäfte?
- Wer haftet für die Schulden des Unternehmens?

Rechtsformen der Unternehmen

Alle dargestellten Rechtsformen sind **privatrechtliche Unternehmen.** Ist der Unternehmer eine öffentlich-rechtliche Körperschaft (z. B. Bund, Länder, Gemeinden), handelt es sich um **öffentlich-rechtliche Unternehmen.**

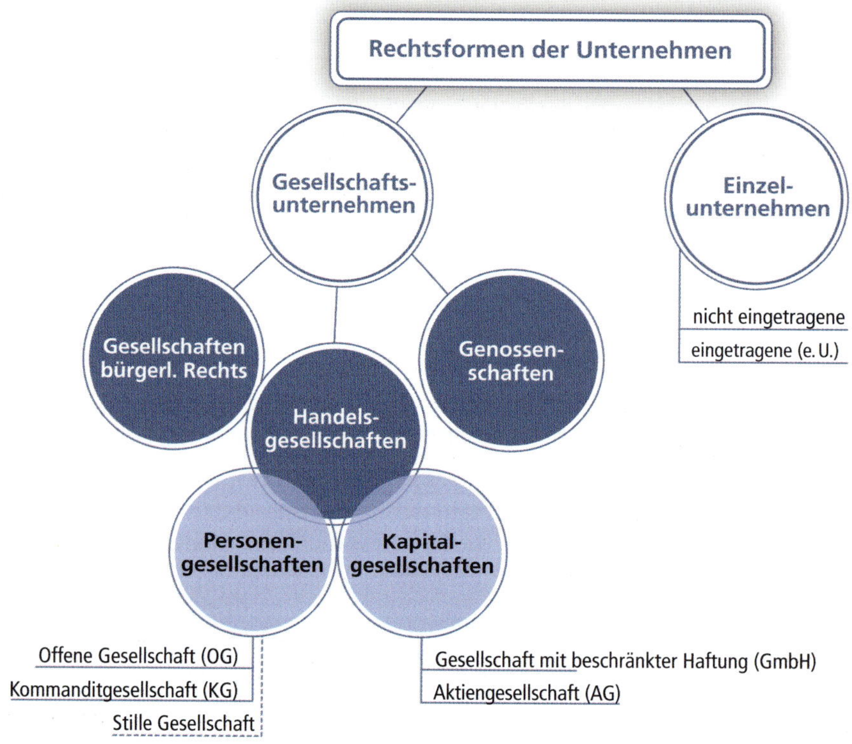

Die wichtigsten Regelungen zu den Rechtsformen der Unternehmen sind im UGB und im ABGB zu finden.

- Bei **Einzelunternehmen** ist das Unternehmen Eigentum einer einzigen Person. Der Unternehmer entscheidet allein und haftet für das Unternehmen mit dem Unternehmensvermögen und seinem gesamten Privatvermögen.
- Bei **Gesellschaftsunternehmen** ist das Unternehmen Eigentum mehrerer Personen. Das Ausmaß der Haftung ist bei den verschiedenen Gesellschaftsformen unterschiedlich geregelt. Die Möglichkeiten zur Mitarbeit und Kontrolle hängen vom Ausmaß der Haftung ab. Je umfangreicher die Haftung, desto intensiver die Mitarbeit und umfassender die Kontrollmöglichkeit.
  - Bei **Personengesellschaften** steht die persönliche Arbeitskraft der Gesellschafter und die Kapitalbeteiligung gleichermaßen im Vordergrund. Eine Sonderform ist die Stille Gesellschaft.
  - Bei **Kapitalgesellschaften** tritt die Persönlichkeit des Gesellschafters in den Hintergrund. Gesellschafter ist, wer das notwendige Eigenkapital zur Verfügung stellt. Gesellschafter und Geschäftsführer sind oft unterschiedliche Personen.
  - **Genossenschaften** sind Vereine zur Förderung des Erwerbs oder der Wirtschaft ihrer Mitglieder durch gemeinsamen Geschäftsbetrieb oder durch Kreditgewährung (z. B. Ein- und Verkaufsgenossenschaften, Konsumgenossenschaften, Kreditgenossenschaften).
  - Die **Gesellschaft bürgerlichen Rechts** ist eine Sonderform.

Merkmale der einzelnen Rechtsformen

Im Allgemeinen kann man sagen:

Einzelunternehmen und Personengesellschaften ermöglichen

- intensive Mitarbeit und Kontrolle durch die Gesellschafter
- bei geringer Kapitalbeteiligung.

Sie sind jedoch mit einem großen Haftungsausmaß verbunden. Für Schulden zu haften, bedeutet, für ihre Bezahlung einzustehen.

Kapitalgesellschaften ermöglichen

- geringes Haftungsausmaß,
- Aufbringung großer Kapitalbeträge, die sich auf viele Gesellschafter verteilen können.

Die Gesellschafter haben jedoch geringe Mitsprache und Kontrolle.

Die Kenntnis der rechtlichen Regelungen zu den verschiedenen Rechtsformen hilft dabei, eine passende Rechtsform für Unternehmen zu empfehlen.

(2) Die Bedeutung der Rechtsformen in Österreich

2017 wurden in Österreich laut Zahlen der Wirtschaftskammer ca. 40 000 Unternehmen gegründet, davon etwa 87 % Einzelunternehmen und ca. 9 % Gesellschaften mit beschränkter Haftung. Die weitaus überwiegende Mehrheit der Einzelunternehmen (ca. 95 %) werden zunächst nicht ins Firmenbuch eingetragen („nicht eingetragene Einzelunternehmen").

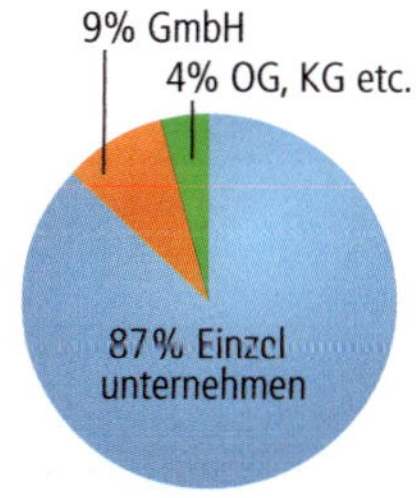

Rechtsformen der 2017 in Österreich neugegründeten Unternehmen

3 Wer muss welche Bücher führen?

Anmerkung: Steigt in einem Unternehmen der Umsatz in zwei aufeinanderfolgenden Jahren auf über € 700.000,–, muss erst im zweiten folgenden Jahr eine doppelte Buchhaltung geführt werden. Steigt der Umsatz in einem Jahr auf über € 1 Million, muss bereits im nächsten Jahr eine doppelte Buchhaltung geführt werden.

Ob ein Unternehmer eine doppelte Buchhaltung führen muss, hängt von der Unternehmensform, vom Unternehmensgegenstand und vom Umsatz ab.

Generell gilt:

- Kapitalgesellschaften und Genossenschaften müssen immer eine doppelte Buchhaltung führen.
- Einzelunternehmer und Personengesellschaften müssen nur dann eine doppelte Buchhaltung führen, wenn ihr Jahresumsatz in zwei aufeinanderfolgenden Jahren mehr als € 700.000,– oder in einem Jahr mehr als € 1 Million beträgt.
- Ausnahmen gibt es für freie Berufe und für Landwirte, die entweder als Einzelunternehmer tätig sind oder sich zu einer Personengesellschaft zusammengeschlossen haben. Sie müssen keine doppelte Buchhaltung führen, auch wenn sie die Umsatzgrenze überschritten haben.

Alle Unternehmen, die nicht dazu verpflichtet sind, können freiwillig eine doppelte Buchhaltung führen.

Buchführungspflicht

	Kapitalgesellschaften (auch Personengesellschaften, bei denen ausschließlich Kapitalgesellschaften unbeschränkt haften, z. B. GmbH & Co KG)	**Einzelunternehmer Personengesellschaften**		
		„gewerbliche" Unternehmer, (die keine Land- und Forstwirte oder Freiberufler sind)		**Land- und Forstwirte, Freiberufler**
Kriterium Umsatzerlöse	unabhängig vom Umsatz	mehr als € 700.000,– (bzw. € 1 Million)	maximal € 700.000,–	unabhängig vom Umsatz
Pflicht, eine doppelte Buchhaltung zu führen	**ja**		**nein**	

Unternehmen, die keine doppelte Buchhaltung führen, ermitteln ihren Gewinn in der Regel durch eine „Einnahmen-Ausgaben-Rechnung". Außerdem ist es in bestimmten Fällen möglich, dass die Gewinnermittlung pauschaliert wird.

Üben

A B C D E

Ü 7.1: **Firma, Firmenbuch, doppelte Buchhaltung** C

Elfriede Buchegger hat die Handelsakademie absolviert und drei Jahre als Mitarbeiterin in einer Buchhandlung gearbeitet. Sie macht sich selbständig und eröffnet eine eigene Buchhandlung als Einzelunternehmen.

a) Wovon wird es abhängen, ob sie das Unternehmen in das Firmenbuch eintragen muss?

b) Nehmen Sie an, Frau Buchegger hat in den ersten zwei Jahren einen Umsatz von je € 500.000,– gemacht. Sie möchte sich in das Firmenbuch eintragen lassen. Ist das zulässig?

c) Der Umsatz von Frau Buchegger steigt so stark an, dass sie sich in das Firmenbuch eintragen lassen muss.
Da Frau Buchegger einen Teil ihres Sortiments der modernen Literatur widmet, kommt sie auf die Idee, den Firmennamen „Bücherecke Elfriede Jelinek e. U." zu wählen. Ist dies zulässig?

d) Nehmen Sie an, Frau Buchegger hat den Buchladen von Frau Hanna Speiser erworben. Der Buchhandel war in das Firmenbuch unter der Firmenbezeichnung „Bücherecke Hanna Speiser e. U." eingetragen worden.
Ist es für Frau Buchegger möglich, diese Firmenbezeichnung weiterzuführen? Wenn ja, unter welcher Bedingung, wenn nein, warum nicht?

e) Nehmen Sie an, der Umsatz beträgt seit mehreren Jahren rund € 500.000,– und das Unternehmen ist ins Firmenbuch eingetragen. Muss Frau Buchegger eine doppelte Buchhaltung führen?

f) Nehmen Sie an, Frau Buchegger ist nicht ins Firmenbuch eingetragen. Darf sie für ihr Unternehmen die Bezeichnung „Bücherecke Elfriede" führen?

Ü 7.2: Firmenbuch und Buchführungspflicht C

Franziska Berger ist Winzerin. Sie produziert Spitzenweine und erzielt einen Jahresumsatz von rund € 1.200.000,–.

a) Muss sich Frau Berger in das Firmenbuch eintragen lassen? Wenn ja, warum, wenn nein, darf sie sich freiwillig in das Firmenbuch eintragen lassen?

b) Könnte Frau Berger die Firmenbezeichnung „Zum fidelen Weinbottich e. U." führen?

c) Muss Frau Berger eine doppelte Buchhaltung führen?

d) Für welche Berufsgruppen gelten ähnliche Bestimmungen über die Eintragung ins Firmenbuch und über die Führung einer doppelten Buchhaltung wie für die Winzerin Berger?

Ü 7.3: Firmenbuchauszug analysieren B

Analysieren Sie den unten abgebildeten Firmenbuchauszug und beantworten Sie die anschließenden Fragen.

Die Überschrift „Auszug mit aktuellen Daten" bedeutet, dass in dem Auszug nur die zum angegebenen Stichtag gültigen bzw. relevanten Daten angeführt sind. Eintragungen, z. B. die früherer Teilhaber oder ehemaliger Firmennamen etc., die gestrichen wurden, sind nicht angeführt.

Stichtag 02.05.2018 **Auszug mit aktuellen Daten** **FN 379886s**

```
- - - - - - - - - - - - - - - - - - - - - - - - - - - - - - - - -
Letzte Eintragung am 12.04.2018 mit der Eintragungsnummer 1
zuständiges Gericht Landesgericht Innsbruck
      FIRMA
  1      Definite Minds e. U.
      RECHTSFORM
  1      Einzelunternehmer
      SITZ in
  1      politischer Gemeinde Innsbruck
      INTERNESEITE
  1      www.definite-minds.eu
      GESCHÄFTSANSCHRIFT
  1      Schmerlingstraße 26/12
         6020 Innsbruck
      GESCHÄFTSZWEIG
  1      Kommunikationstraining
      INHABER
      A  Gernot Bauer, geb. 22.03.1977
  1      eingetragen
- - - PERSONEN - - - - - - - - - - - - - - - - - - - - - - - - - -
  1   A  Gernot Bauer, geb. 22.03.1977
  1      Schmerlingstraße 26/12
         6020 Innsbruck
- - - - - - - - - VOLLZUGSÜBERSICHT - - - - - - - - - - - - - - -
Landesgericht Innsbruck
1 eingetragen am 12.04.2018          Geschäftsfall 22 Fr  1089/
Antrag auf Neueintragung einer Firma    eingelangt am 02.04.2018
```

a) Wer ist für die Führung der Geschäfte verantwortlich?

b) In welchem Bereich ist dieses Unternehmen tätig?

c) Wie haftet der Unternehmer für sein Unternehmen?

d) In welcher Rechtsform wurde dieses Unternehmen gegründet und wie heißt es?

e) Die Vorteile dieser Rechtsform sind …

f) Die Nachteile dieser Rechtsform sind …

g) Aus welchen Gründen könnte dieses Unternehmen ins Firmenbuch eingetragen worden sein?

h) Woher kommt das benötigte Eigenkapital für dieses Unternehmen?

Ü 7.4: Firmenname C

Die Schwestern Franziska und Erika Happel überlegen, eine kleine Boutique mit Second-Hand-Mode in einer Fußgängerzone in der Rechtsform einer Offenen Gesellschaft zu gründen und einen der folgenden Firmennamen ins Firmenbuch eintragen zu lassen. Überlegen Sie, ob die Eintragung genehmigt werden wird. Begründen Sie bitte Ihre Antwort.

a) „Fetzenecke OG"
- ☐ Zulässig, weil
- ☐ Nicht zulässig, weil

b) „Österreichische Textilhandelskette OG"
- ☐ Zulässig, weil
- ☐ Nicht zulässig, weil

c) „Second Hand Maria Klatter OG". Die Schwestern haben die Boutique von Maria Klatter erworben, die bereits diesen Firmennamen geführt hat.
- ☐ Zulässig, wenn
- ☐ Nicht zulässig, wenn
- ☐ Nicht zulässig, weil

d) „Erikas Kleiderecke OG"
- ☐ Zulässig, weil
- ☐ Nicht zulässig, weil

Sichern

SbX ID: 1713

SbX ID: 1713

Im SbX finden Sie eine Sammelmappe mit Zusammenfassungen zu allen Kapiteln und Lerneinheiten.

Wissen

SbX ID: 1714

A B C D E

SbX
ID: 1714

Möglichkeiten zur Kompetenzüberprüfung im SbX

Wiederholungsfragen | Aufgaben mit automatischer Aufgabenkontrolle | Einfache Fallbeispiele

W 7.1: **Unternehmer, Firmenbuch, Buchführungspflicht** C

W 7.2: **Firmenbuch und Buchführungspflicht: Wirtschaftstreuhänderin** C

W 7.3: **Firmenbuch und Buchführungspflicht: Forstwirt** C

W 7.4: **Firmenbuch und Buchführungspflicht: Boutique** C

W 7.5: **Gesellschaftsformen** A

W 7.6: **Unternehmensgründungen in Österreich** A

W 7.7: **Unternehmensgründungen** A

W 7.8: **Firmenbuch und Buchführungspflicht: Modeboutique** C

W 7.9: **Rechtsformen der Unternehmen** A

W 7.10: **Gesellschaftsunternehmen** A

W 7.11: **Auszug aus dem Firmenbuch** B

W 7.12: **Rechercheaufgabe: Neugründung von Unternehmen** D

Kompetenz-Check

Ein kurzer Kompetenz-Check, bevor's weitergeht!

	☺	😐	☹
Ich kann beurteilen, ob jemand als Unternehmer handelt oder nicht.			
Ich kann feststellen, wer eine Firma führen darf und welche Firmenbezeichnungen erlaubt sind.			
Ich kann erklären, welche Funktion das Firmenbuch hat und wer eingetragen werden kann bzw. eingetragen werden muss.			
Ich kann verschiedene Rechtsformen nennen und diese beschreiben.			
Ich kenne die Buchführungsgrenzen und kann anhand konkreter Beispiele die jeweilige Verpflichtung eines Unternehmens zur Buchführung ableiten.			

Lerneinheit 2

Das Einzelunternehmen – die beliebteste Rechtsform in Österreich

SbX
Alle SbX-Inhalte zu dieser Lerneinheit finden Sie unter der ID: 1720.

Von den neu gegründeten Unternehmen im Jahr 2017 wurden laut Wirtschaftskammer Österreich (WKO) ca. 87 % als Einzelunternehmen gegründet. Mehr als die Hälfte dieser neu gegründeten Unternehmen hatte im Jahr der Gründung keinen unselbständig Beschäftigten. Das Einzelunternehmen ist somit die beliebteste Rechtsform in Österreich.

Gernot Bauer ist einer von ihnen. Der Kommunikationstrainer gründete im Jahr 2018 ein Einzelunternehmen.

Lernen

SbX ID: 1721

SbX
Alle Grafiken dieser Lerneinheit unter der ID: 1721.

1 Merkmale von Einzelunternehmen

Bei Einzelunternehmen betreibt eine einzelne Person das Unternehmen. Eine Gründung ist bereits mit geringem Eigenkapital möglich, das der Unternehmer alleine aufbringen muss. Er trifft alle Entscheidungen alleine und ihm gehört der Gewinn zur Gänze. Er trägt aber das gesamte Risiko für Fehlentscheidungen und haftet unbeschränkt mit seinem gesamten Vermögen für die Unternehmensschulden.

Einzelunternehmen, Merkmale

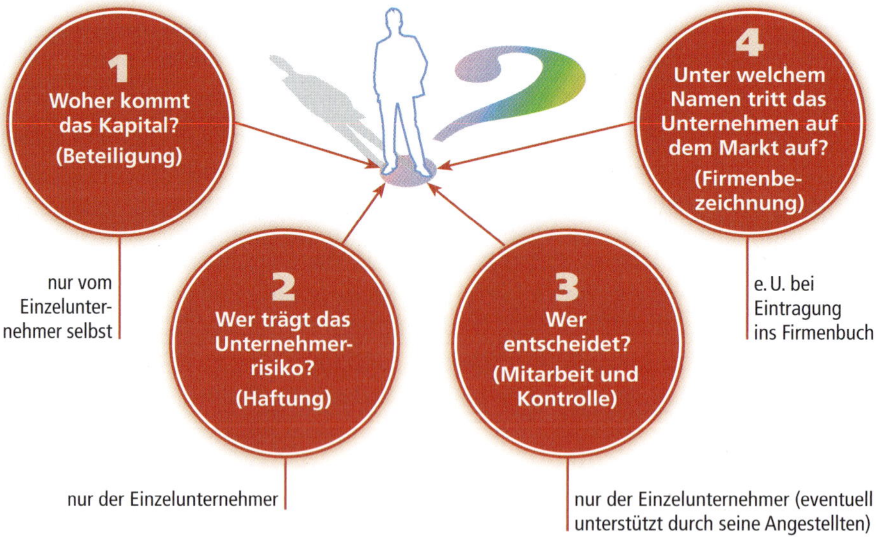

Das **Eigenkapital** wird vom Unternehmer ins Unternehmen eingebracht. Es steht dem Unternehmen unbefristet zur Verfügung, d.h., **es muss nicht zurückgezahlt werden.**

Fremdkapital wird dem Unternehmen vor allem von Banken und Lieferanten zur Verfügung gestellt. **Es muss zurückgezahlt werden.**

1 Woher kommt das Kapital? (Regelung der Beteiligung)

Das gesamte benötigte Eigenkapital kommt vom Unternehmer selbst.

2 Wer trägt das Unternehmerrisiko? (Regelung der Haftung)

Der Unternehmer haftet für die Unternehmensschulden unbeschränkt, d.h., er haftet sowohl mit dem Unternehmensvermögen als auch mit seinem gesamten privaten Vermögen.

Ein erwirtschafteter Gewinn gehört zur Gänze dem Einzelunternehmer, dafür muss auch ein Verlust vom Einzelunternehmer selbst getragen werden.

3 Wer entscheidet? (Regelung von Mitarbeit und Kontrolle)

Der Unternehmer ist für die Geschäftsführung alleine verantwortlich. Er kann aber zu seiner Unterstützung Mitarbeiter beschäftigen und diesen Vollmachten erteilen.

4 Unter welchem Namen tritt das Unternehmen auf dem Markt auf? (Firmenbezeichnung)

Einzelunternehmer müssen sich erst bei Erreichen eines bestimmten Jahresumsatzes in das Firmenbuch eintragen lassen. Diese Grenzen sind im § 124 BAO (Bundesabgabenordnung) geregelt. Die Grenze liegt bei einem Jahresumsatz von mehr als 1.000.000 EUR in einem Geschäftsjahr oder bei 700.000 EUR Jahresumsatz in zwei aufeinanderfolgenden Geschäftsjahren.

Ab einem bestimmten Jahresumsatz muss das Einzelunternehmen ins Firmenbuch eingetragen werden (protokolliertes Unternehmen). Liegt der Jahresumsatz unter den gesetzlichen Grenzen, so kann sich der Einzelunternehmer freiwillig ins Firmenbuch eintragen lassen. Der protokollierte Einzelunternehmer kann eine Namen-, Sach- oder Fantasiebezeichnung als Firma führen. Die Firma muss weiters die Bezeichnung „eingetragener Unternehmer" oder „eingetragene Unternehmerin" oder eine Abkürzung dieser Bezeichnung, insbesondere „e.U.", beinhalten.

Unterschreitet das Einzelunternehmen die Jahresumsatzgrenze und möchte der Einzelunternehmer nicht in das Firmenbuch eingetragen werden (nicht protokollierter Unternehmer), so betreibt er sein Unternehmen unter seinem Familiennamen in Verbindung mit mindestens einem ausgeschriebenen Vornamen.

Vorteile des Einzelunternehmens:

- völlige Handlungsfreiheit des Unternehmers
- rasche, kostengünstige und einfache Gründung
- Unternehmer kann über erwirtschafteten Gewinn alleine verfügen

Nachteile des Einzelunternehmens:

- Das Eigenkapital wird nur vom Einzelunternehmer aufgebracht.
- Fremdfinanzierung ist nur in beschränktem Umfang möglich, da nur der Einzelunternehmer haftet.
- Die unbeschränkte Haftung trifft nur den einen Unternehmer (d.h., ihn trifft das gesamte Risiko).
- Die enge Bindung des Unternehmens an eine Person kann zum Beispiel bei Krankheit oder Tod des Unternehmers zu einer schweren Gefährdung des wirtschaftlichen Bestandes des Unternehmens führen.

Üben

SbX ID: 1722

A B C D E

SbX
Ü 7.5 mit automatischer Aufgabenkontrolle. ID: 1722

Ü 7.5: Bedeutung des Einzelunternehmens in Österreich D

Die STATISTIK AUSTRIA **(www.statistik-austria.at)** veröffentlichte im Jahr 2018 folgende Statistik zu den Rechtsformen von Unternehmen in Österreich für das Jahr 2016:

Rechtsform	Aktive Unternehmen	Beschäftigte bei aktiven Unternehmen
Einzelunternehmen	382.954	838.379
Kapitalgesellschaften	105.409	2.048.812
Personengesellschaften und andere Rechtsformen	53.723	531.191
insgesamt	542.086	3.418.382

Beantworten Sie folgende Fragen zur Statistik:

a) Wie hoch ist der prozentuelle Anteil von Einzelunternehmen an allen aktiven Unternehmen in Österreich?

b) Wie viele Beschäftigte hat ein aktives Einzelunternehmen durchschnittlich in Österreich?

Sichern

SbX ID: 1723

SbX
ID: 1723

Im SbX finden Sie eine Sammelmappe mit Zusammenfassungen zu allen Kapiteln und Lerneinheiten.

Wissen

SbX ID: 1724

A B C D E

SbX
ID: 1724

Möglichkeiten zur Kompetenzüberprüfung im SbX

Wiederholungsfragen | Aufgaben mit automatischer Aufgabenkontrolle | Einfache Fallbeispiele

W 7.13: Merkmale von Einzelunternehmen A

W 7.14: Eintragung ins Firmenbuch A

Ein kurzer Kompetenz-Check, bevor's weitergeht!

Kompetenz-Check

	☺	😐	☹
Ich kann erklären, was ein Einzelunternehmen ist, welche Rechte und Pflichten auf einen Einzelunternehmer zukommen und welche Vor- bzw. Nachteile mit dieser Rechtsform verbunden sind.			
Ich kenne die Bedeutung von Einzelunternehmen in Österreich.			

Lerneinheit 3

Personengesellschaften – Rechte und Pflichten werden zwischen mehreren Personen (Gesellschaftern) geteilt

SbX
Alle SbX-Inhalte zu dieser Lerneinheit finden Sie unter der ID: 1730.

Gernot Bauer ist Kommunikationstrainer, sein Unternehmen betreibt er als protokollierter Einzelunternehmer. Da sich die Geschäfte gut entwickeln, will Gernot Bauer sein Unternehmen vergrößern. Dazu braucht er mehr Kapital. Außerdem möchte er die Geschäfte nicht ganz allein führen. Daher braucht er passende Partner. Sein Freund Max und seine Studienkollegin Maria kennen die Branche der Kommunikationstrainer sehr gut und sind bereit, in das Unternehmen einzusteigen. Nun soll entschieden werden, in welcher Rechtsform die drei Gesellschafter zusammenarbeiten wollen.

Lernen

SbX ID: 1731

SbX
Alle Grafiken dieser Lerneinheit unter der ID: 1731.

In Österreich betrug der Anteil der Personengesellschaften an den neugegründeten Unternehmen 2017 rund 3,5 %.

Personengesellschaften, Merkmale

Merkmale von Personengesellschaften

Bei Personengesellschaften schließen sich mehrere Personen zu einer Gesellschaft zusammen, um gemeinsam ein Unternehmen zu betreiben. Für diese Rechtsformen spricht, dass mehrere Personen zur Kapitalaufbringung beitragen, die Verantwortung auf verschiedene Personen verteilt werden kann und wichtige Entscheidungen abgesprochen werden können. Allerdings muss der erwirtschaftete Gewinn unter den Gesellschaftern aufgeteilt werden. Zudem muss zumindest eine Person das gesamte Risiko für Fehlentscheidungen tragen und mit ihrem gesamten Vermögen für die Unternehmensschulden haften.

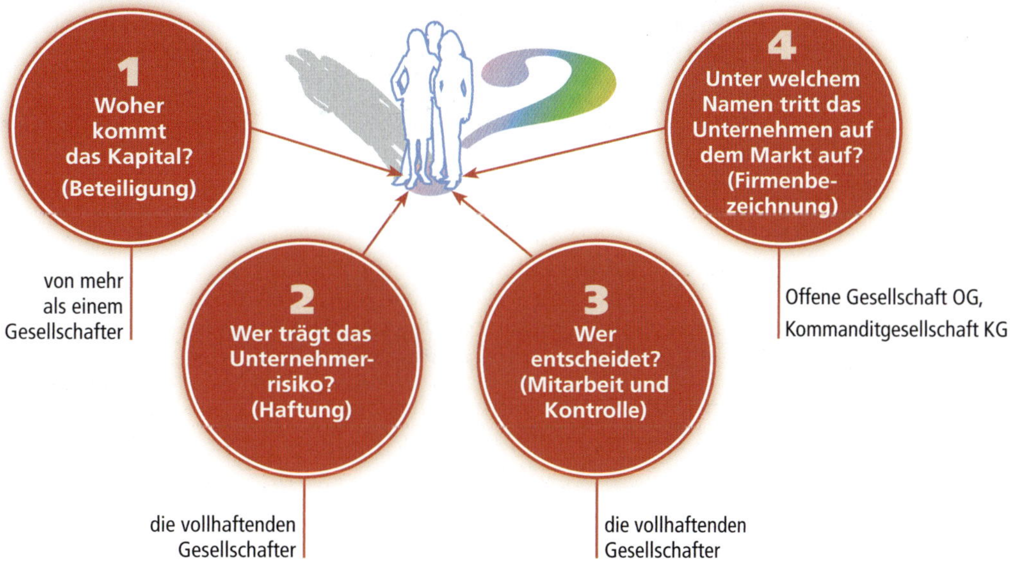

Personengesellschaften, Kapitalbeteiligung

1 Woher kommt das Kapital? (Regelung der Beteiligung)

Das gesamte benötigte Eigenkapital kommt von den Gesellschaftern des Unternehmens. Dabei werden folgende Gesellschaftsformen unterschieden:

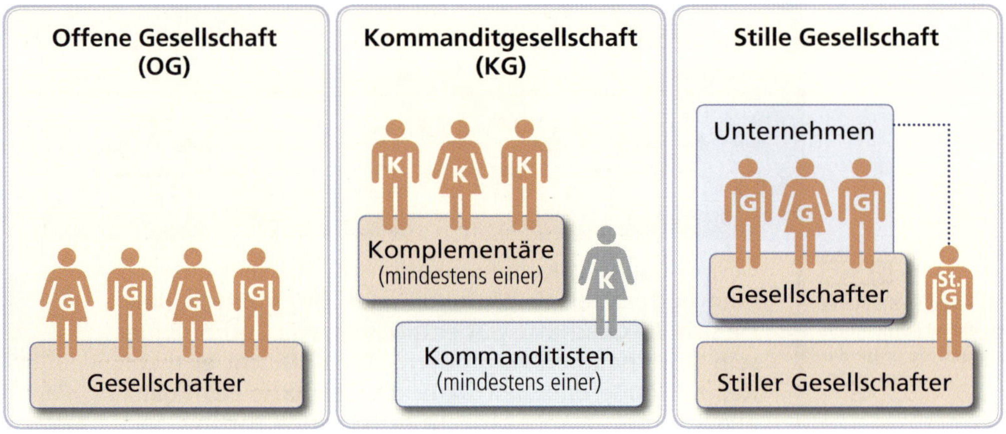

Offene Gesellschaft (OG)	Kommanditgesellschaft (KG)	Stille Gesellschaft
Das Kapital wird von mehreren gleichberechtigten Gesellschaftern gemeinsam aufgebracht.	Das Kapital wird von Komplementären (Vollhaftern) und Kommanditisten (Teilhaftern) gemeinsam aufgebracht.	Der Stille Gesellschafter bildet mit den Inhabern des Unternehmens eine eigene Stille Gesellschaft.

Die **Kommanditgesellschaft** ermöglicht das Zusammenschließen von

- fachlich qualifizierten Unternehmern, die dann als Komplementäre wirken, mit
- finanzkräftigen Gesellschaftern, die jedoch nur eine Beteiligung mit beschränkter Haftung suchen und aus verschiedenen Gründen (z. B. mangelnde Fachkenntnis, Beteiligung an anderen Personengesellschaften) an der Geschäftsführung nicht beteiligt sein wollen bzw. nicht beteiligt sein können.

Kommanditgesellschaften entstehen häufig dadurch, dass die Erben eines Gesellschafters einer OG zwar weiterhin an der Gesellschaft beteiligt sein wollen, jedoch nicht die notwendige Sachkenntnis oder die notwendige Zeit für die Mitarbeit aufbringen.

2 Wer trägt das Unternehmerrisiko? (Regelung der Haftung)

Im Gesellschaftsvertrag werden die Rechte und Pflichten der Gesellschafter festgelegt.

Offene Gesellschaft (OG)	Kommanditgesellschaft (KG)	Stille Gesellschaft
Alle Gesellschafter haften unbeschränkt (auch mit ihrem Privatvermögen) und solidarisch (die Gläubiger können jeden beliebigen Gesellschafter für den Gesamtbetrag der Verbindlichkeiten haftbar machen).	Die Komplementäre haften wie die OG-Gesellschafter unbeschränkt und solidarisch. Die Haftung der Kommanditisten ist beschränkt. Sie haften nur mit ihrer im Gesellschaftsvertrag vereinbarten und im Firmenbuch eingetragenen Einlage.	Die Haftung des Stillen Gesellschafters ist beschränkt. Er haftet nur mit seiner im Gesellschaftsvertrag vereinbarten Einlage.

3 Wer entscheidet? (Regelung von Mitarbeit und Kontrolle)

Alle unbeschränkt haftenden Gesellschafter sind zur Mitarbeit verpflichtet und haben volle Kontrollrechte.

Beschränkt haftende Gesellschafter sind zur Mitarbeit nicht verpflichtet und haben eingeschränkte Kontrollrechte. Im Gesellschaftsvertrag können diese gesetzlichen Regelungen abgeändert werden.

Offene Gesellschaft (OG)	Kommanditgesellschaft (KG)	Stille Gesellschaft
Alle Gesellschafter sind zur Mitarbeit berechtigt und verpflichtet (Abänderungen im Gesellschaftsvertrag sind möglich).	Komplementäre einer KG sind zur Mitarbeit berechtigt und verpflichtet (Abänderungen im Gesellschaftsvertrag sind möglich). Sie haben somit auch die vollen Kontrollrechte.	Stille Gesellschafter haben keine Mitarbeitspflicht bzw. kein Recht auf Mitarbeit.
Alle Gesellschafter haben volle Kontrollrechte, da sie ja auch unbeschränkt haften.	Kommanditisten haben keine Mitarbeitspflicht bzw. kein Recht auf Mitarbeit und nur beschränktes Kontrollrecht.	Das Kontrollrecht eines Stillen Gesellschafters beschränkt sich auf den Anspruch auf Abschrift der Bilanz und Einsicht in die Bücher zur Kontrolle des Jahresabschlusses.

4 Unter welchem Namen tritt das Unternehmen am Markt auf? (Firmenbezeichnung)

Für OG und KG besteht eine Verpflichtung zur Eintragung in das Firmenbuch.

Offene Gesellschaft (OG)	Kommanditgesellschaft (KG)	Stille Gesellschaft
Die Gesellschaft muss mit dem Firmennamen und dem Zusatz „Offene Gesellschaft" (bzw. „OG") ins Firmenbuch eingetragen werden.	Die Gesellschaft muss mit dem Firmennamen und dem Zusatz „Kommanditgesellschaft" (bzw. „KG") ins Firmenbuch eingetragen werden. Die Kommanditisten werden in das Firmenbuch eingetragen, dürfen jedoch im Firmennamen nicht aufscheinen, da sie nicht voll haften.	Die Stille Gesellschaft scheint im Firmenbuch nicht auf.

Beispiel

Personengesellschaft für Kommunikationstraining

Was bedeuten die Unterschiede dieser drei Gesellschaftsformen für Gernot, Max und Maria in unserem Beispiel aus der Einleitung zu dieser Lerneinheit?

- Im Fall einer OG sind Gernot Bauer, Max und Maria gleichberechtigte Gesellschafter der OG. Alle drei bringen Kapital ins Unternehmen ein.
- Im Falle einer KG muss zumindest eine Person Komplementär sein. Diese Person bringt nicht nur Kapital in das Unternehmen ein, sondern sie haftet unbeschränkt (wie die Gesellschafter einer OG) und arbeitet auch im Unternehmen mit. Gernot, der sein Unternehmen weiterhin leiten und Entscheidungen treffen will, wird Komplementär sein. Mindestens eine Person muss Kommanditist sein. Wollen Max und Maria also nur Kapital einbringen und soll ihre Haftung auf diese Kapitaleinlage beschränkt bleiben, dann werden sie Kommanditisten. Die Höhe ihrer Kapitaleinlage ist ins Firmenbuch eingetragen, damit Gläubiger des Unternehmens wissen, bis zu welchem Betrag die Kommanditisten haften.
- Im Falle einer Stillen Gesellschaft stellt der Stille Gesellschafter (Max oder Maria) zwar Geld zur Verfügung, die Stille Gesellschaft scheint aber nach außen hin nicht auf, sie wird auch nicht ins Firmenbuch eingetragen.

Vorteile der jeweiligen Gesellschaftsform

Eine vereinbarte Arbeitsteilung gilt nur zwischen den Gesellschaftern im Innenverhältnis, nicht gegenüber Dritten (Außenverhältnis).

Offene Gesellschaft (OG)	Kommanditgesellschaft (KG)	Stille Gesellschaft
• Volle Kontrollmöglichkeit aller Gesellschafter (Mitunternehmer) • Erweiterte Finanzierungsmöglichkeiten im Vergleich zu Einzelunternehmen • Arbeitsteilung möglich	• Für den Komplementär: Verbreiterung der Eigenkapitalbasis, ohne die Geschäftsleitung mit weiteren Gesellschaftern teilen zu müssen • Für den Kommanditisten: Beteiligung ohne Pflicht zur Mitarbeit, Beschränkung der Haftung	• Beteiligung ohne Pflicht zur Mitarbeit • Beschränkung der Haftung • Geheimhaltung der Beteiligung gegenüber Unternehmensfremden, da keine Eintragung im Firmenbuch

Nachteile der jeweiligen Gesellschaftsform

Ist der **Stille Gesellschafter** laut Gesellschaftsvertrag am Wertzuwachs des Unternehmens beteiligt, spricht man von einem „unechten" oder „atypischen" Stillen Gesellschafter.

Offene Gesellschaft (OG)	Kommanditgesellschaft (KG)	Stille Gesellschaft
• Enge Bindung der Gesellschafter an das Unternehmen (Wettbewerbsverbot und Auflösungsgrund) • Unbeschränkte und solidarische Haftung aller Gesellschafter; diese gilt bis fünf Jahre nach dem Ausscheiden aus der Gesellschaft für Schulden, die beim Ausscheiden bestanden und eine Restlaufzeit von höchstens fünf Jahren hatten!	• Für den Komplementär: gleiche Nachteile wie bei Gesellschaftern einer OG • Für den Kommanditisten: beschränkte Kontrollmöglichkeit	• Keine Beteiligung am Wertzuwachs des Unternehmens, d.h., scheidet der Stille Gesellschafter aus, so hat er nur Anspruch auf seine Einlage. • Beschränkte Kontrollmöglichkeit

Wettbewerbsverbot

Kein Gesellschafter darf ohne Zustimmung aller anderen Gesellschafter im gleichen Geschäftszweig tätig werden. Er darf auch nicht ohne Zustimmung als persönlich haftender Gesellschafter an einer Gesellschaft beteiligt sein, die im selben Geschäftszweig tätig ist.

Auflösungsgrund

Der Tod eines Gesellschafters führt, sofern nichts anderes im Gesellschaftsvertrag vereinbart wurde, zur Auflösung der Gesellschaft (§ 131 (4) UGB).

Üben

A B C D E

Ü 7.6: Wahl der Rechtsform, Firmenbuch, Haftung C

Peter hat die HTL absolviert, Karin eine Handelsakademie. Beide haben bereits mehrere Jahre Praxis im Verkauf erworben. Sie wollen ein Unternehmen gründen, in dem gebrauchte Elektrogeräte (TV-Geräte, Waschmaschinen, Trockner) usw. angekauft, überprüft und wieder verkauft werden sollen.

a) Welche Gesellschaftsformen stehen zur Verfügung und welche Vor- und Nachteile haben sie, muss eine Eintragung ins Firmenbuch erfolgen, muss eine doppelte Buchhaltung geführt werden, wenn

- Peter und Karin gleichberechtigt die Geschäfte gemeinsam führen wollen?

  Gesellschaftsform:

  Vorteile:

  Nachteile:

Eintragung ins Firmenbuch erforderlich? ☐ Ja ☐ Nein

Doppelte Buchhaltung erforderlich, wenn

- nur Peter unbeschränkt haften soll, die Haftung von Karin nur bis zur Höhe ihrer Einlage gelten soll, Karin jedoch an der Wertentwicklung der Gesellschaft beteiligt sein will?

  Gesellschaftsform:

  Vorteile:

  Nachteile:

  Eintragung ins Firmenbuch erforderlich? ☐ Ja ☐ Nein

  Doppelte Buchhaltung erforderlich, wenn

- Peter ein Einzelunternehmen führen will und Karin sich nur mit einer Einlage beteiligen will? Karin will weder mitarbeiten noch unbeschränkt haften. Sie will nur Gewinnanteile erhalten.

  Gesellschaftsform:

  Vorteile:

  Nachteile:

  Eintragung ins Firmenbuch erforderlich? ☐ Ja ☐ Nein

  Eintragung ins Firmenbuch erforderlich, wenn

  Welche Gesellschaftsform scheint im Firmenbuch im Fall einer Eintragung auf?

  Kann Karin vertraglich von Verlusten ausgeschlossen werden? ☐ Ja ☐ Nein

b) Nehmen Sie an, Peter und Karin hätten eine Offene Gesellschaft gegründet. Peter hat eine Einlage von € 60.000,–, Karin von € 30.000,– geleistet. Nach acht Jahren will Karin die Gesellschaft verlassen.

- Ein Sachverständiger schätzt den Wert des Unternehmens auf € 150.000,–.

  Was erhält Karin?

- Die Gesellschaft hat zum Zeitpunkt des Ausscheidens von Karin Lieferantenschulden von € 60.000,– und eine in acht Jahren fällige Bankschuld in Höhe von € 100.000,–.

  Wofür haftet Karin und wie lange gilt diese Haftung?

c) Was würde Karin bei ihrem Ausscheiden erhalten, wenn sie sich als „Stille Gesellschafterin" am Einzelunternehmen von Peter mit € 30.000,– beteiligt und ihre Gewinnanteile immer entnommen hätte? Der Wert des Unternehmens wird auf € 150.000,– geschätzt.

d) Karin möchte zwar Stille Gesellschafterin sein, jedoch bei der Geschäftsführung mitwirken. Ist dies möglich? Wenn ja, in welcher Form?

☐ Nein ☐ Ja

e) Nehmen Sie an, Karin verunglückt bei einem Motorradunfall tödlich. Im Gesellschaftsvertrag wurde dieser Fall nicht vorgesehen. Welche Regelungen gelten, wenn

- Peter und Karin eine OG gegründet haben?
- Peter und Karin eine KG gegründet haben und Karin Kommanditistin war?
- Karin am Einzelunternehmen von Peter nur als Stille Gesellschafterin beteiligt war?

Ü 7.7: Offene Gesellschaft, Firmenbuch, Haftung C

Ernst Graner und Helga Karlik haben die Handelsakademie absolviert, dann studiert und die Prüfung zum Steuerberater abgelegt. Sie wollen gemeinsam eine Steuerberatungskanzlei aufmachen. Zu Beginn werden sie etwa drei Mitarbeiter/innen haben.

a) Dürfen sie für diesen Zweck eine OG gründen? ☐ Ja ☐ Nein

b) Muss eine OG ins Firmenbuch eingetragen werden?
☐ Ja ☐ Nein

c) Muss eine doppelte Buchhaltung geführt werden?

☐ Nein, weil ______.

☐ Ja, nur wenn ______.

d) Welcher der folgenden Firmennamen ist vermutlich unzulässig und warum?
- Ernst und Helga, Steuerberater, OG
- Karlik's Steuerberatung, OG
- Graner und Karlik – Steuerberatung weltweit, OG
- „Die Steuerberater", OG

e) Nach drei Jahren wird Hugo Tritscher als dritter Partner aufgenommen. Zu diesem Zeitpunkt hat die Steuerberatungsgesellschaft Bankschulden in der Höhe von € 120.000,–.
Bei der Aufnahme von Hugo wird das Büro durch Ankauf der benachbarten kleinen Eigentumswohnung erweitert und es werden weitere drei Arbeitsplätze geschaffen.
Für diese Investition wird der Bankkredit um € 100.000,– aufgestockt.

Wofür haftet Hugo?
- Nur für die Schulden, die ab seinem Eintritt aufgenommen wurden
- Auch für die Schulden, die bei seinem Eintritt bereits bestanden

Ü 7.8: Haftung der Gesellschafter C

Erich Wagner, Dieter Schneider und Berta Brunner sind Gesellschafter einer OG. Ein Kredit von € 65.000,– ist fällig und kann aus Gesellschaftsmitteln nicht zurückgezahlt werden.
Das Kreditinstitut verlangt Zahlung von Herrn Erich Wagner, obwohl laut Gesellschaftsvertrag Wagner, Schneider und Brunner zu je einem Drittel an der Gesellschaft beteiligt sind und obwohl nicht versucht wurde, den Betrag aus dem Vermögen der Gesellschaft abzudecken (z. B. durch Exekution).
Ist dies rechtlich möglich? Begründen Sie Ihre Antwort.

☐ Ja, weil ______

☐ Nein, weil ______

Ü 7.9: Haftung ausgeschiedener Gesellschafter C

Franz Gutenbrunner war Gesellschafter einer OG. Er ist vor drei Jahren ausgeschieden. Es geht ihm eine Zahlungsaufforderung der Volksbank zu, einen fälligen Kredit der OG abzudecken.
Muss Franz Gutenbrunner auf jeden Fall zahlen? (Achtung!) Begründen Sie auch Ihre Antwort.

☐ Ja, weil ______ ☐ Nein, weil ______

Ü 7.10: Regelungen nach Todesfall C

Die Kaufleute Walter Müller und Erika Schreier haben ein Textilimportunternehmen in Form einer OG geführt.
Erika Schreier stirbt. Ihre Erben haben vom Textilhandel keine Ahnung, sie möchten jedoch weiterhin an dem ertragreichen Unternehmen teilhaben.

a) Wird die OG durch den Tod von Erika Schreier auf jeden Fall aufgelöst?
b) Welche Gesellschaftsform würden Sie zur Fortführung der Gesellschaft unter Teilnahme der Erben vorschlagen?

Sichern

SbX ID: 1733

SbX ID: 1733

Im SbX finden Sie eine Sammelmappe mit Zusammenfassungen zu allen Kapiteln und Lerneinheiten.

Wissen

SbX ID: 1734

A B C D E

SbX ID: 1734

Möglichkeiten zur Kompetenzüberprüfung im SbX

Wiederholungsfragen | Aufgaben mit automatischer Aufgabenkontrolle | Einfache Fallbeispiele

- W 7.15: **Rechte und Pflichten der Gesellschafter** A
- W 7.16: **Kommanditisten und Stille Gesellschafter** A
- W 7.17: **Beteiligungsmöglichkeiten als Stiller Gesellschafter** A
- W 7.18: **Wahl der Rechtsform** C
- W 7.19: **Rechte des Komplementärs** C
- W 7.20: **Arbeitsteilung in einer OG** C
- W 7.21: **Haftung ausgeschiedener Gesellschafter – Modeboutique (Fortsetzung von W 7.8 aus Lerneinheit 1)** C
- W 7.22: **Quiz: Kommanditgesellschaft** B
- W 7.23: **Quiz: Stille Gesellschaft** B
- W 7.24: **Kommanditist und Stiller Gesellschafter** B
- W 7.25: **Fallbeispiel: Firmenbuchauszug einer OG** C

Ein kurzer Kompetenz-Check, bevor's weitergeht!

Kompetenz-Check

	☺	😐	☹
Ich kann erklären, was Personengesellschaften sind und welche Vor- bzw. Nachteile mit den unterschiedlichen Formen von Personengesellschaften verbunden sind.			
Ich kann die Rechte und Pflichten von Gesellschaftern einer OG bzw. KG beschreiben.			
Ich kann die Rechte und Pflichten von Stillen Gesellschaftern beschreiben.			
Ich kann die Haftungsverpflichtungen von Gesellschaftern einer OG bzw. KG beschreiben.			

Lerneinheit 4

Kapitalgesellschaften – hier steht die Kapitalaufbringung im Vordergrund

SbX
Alle SbX-Inhalte zu dieser Lerneinheit finden Sie unter der ID: 1740.

Die Kommunikationstrainer Gernot, Max und Maria betreiben ihr Unternehmen als Offene Gesellschaft. Da das Unternehmen gut geführt ist und die Wachstumschancen groß sind, wollen einige Investoren in das Unternehmen einsteigen. An einer Mitarbeit sind sie nicht interessiert, die Haftung wollen sie soweit wie möglich ausschließen und ihre Geschäftsanteile sollen leicht übertragbar sein. Für Anforderungen dieser Art wurden Kapitalgesellschaften geschaffen, die durch besondere Gesetze (z. B. das Aktiengesetz oder das GmbH-Gesetz) geregelt werden.

Lernen

SbX ID: 1741

Merkmale der Kapitalgesellschaften

A B C D E

SbX
Alle Grafiken dieser Lerneinheit unter der ID: 1741.

In Österreich betrug der Anteil der Kapitalgesellschaften an den neugegründeten Unternehmen 2017 rund 9,5 %. Die Gesellschaft mit beschränkter Haftung ist die in Österreich am meisten verbreitete Form der Kapitalgesellschaft.

Kapitalgesellschaften, Merkmale

Bei Kapitalgesellschaften steht die Kapitalaufbringung durch viele Personen im Vordergrund. Die Gesellschafter, die das Kapital aufbringen, sind nicht unbedingt die Personen, die das Unternehmen führen. Um eine Kapitalgesellschaft gründen zu können, muss von den Gesellschaftern ein Mindestkapital aufgebracht werden können. Dafür ist die Haftung auf das Vermögen der Gesellschaft beschränkt. Die Gesellschafter riskieren höchstens den Betrag der Kapitaleinlage.

Jede Kapitalgesellschaft hat eine eigene Rechtspersönlichkeit (sie ist eine juristische Person). Eine juristische Person wird durch einen Rechtsakt (Vertrag) geschaffen. Aufgrund der gesetzlichen Anerkennung wird sie Träger von Pflichten und Rechten. Die Gesellschafter können sowohl natürliche als auch juristische Personen sein.

Häufig werden **Personengesellschaften in GmbHs umgewandelt.** Einige Gesellschafter werden Geschäftsführer. Es kann daher eine enge Verbindung zwischen Gesellschafter(n) und Geschäftsführung geben.

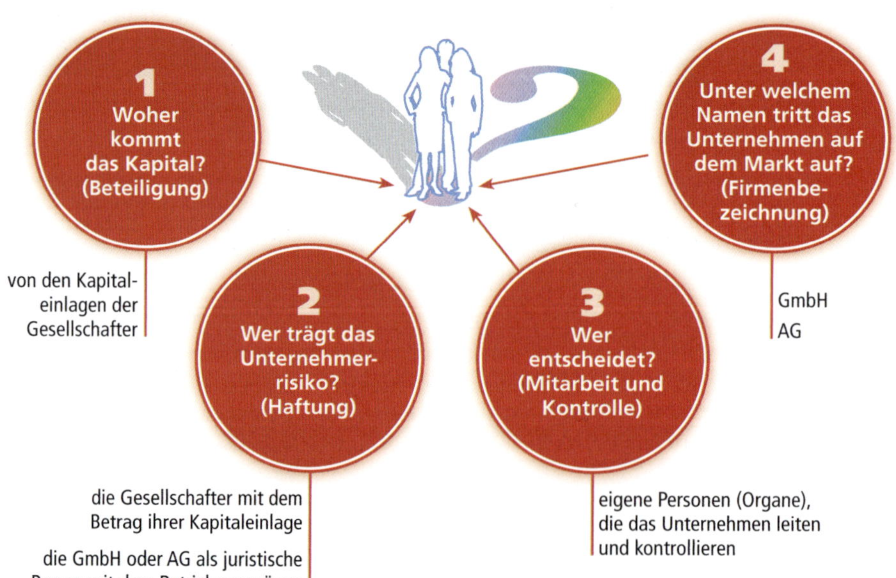

1 Woher kommt das Kapital? (Regelung der Beteiligung)

In einer Kapitalgesellschaft soll eine schnelle und unkomplizierte Kapitalaufbringung sichergestellt werden. Im Gesetz für Gesellschaften mit beschränkter Haftung (GmbHG) und im Aktiengesetz (AktG) finden sich die entsprechenden Regelungen dazu.

Die Gründung einer Ein-Personen-GmbH ist möglich.

Gesellschaft mit beschränkter Haftung (GmbH)	Aktiengesellschaft (AG)
Das Stammkapital einer GmbH wird in Stammeinlagen zerlegt und durch die Gesellschafter aufgebracht; diese sind Eigentümer ihres Geschäftsanteils. Die gesetzliche Mindesthöhe eines Geschäftsanteils beträgt € 70,–.	Das Grundkapital einer AG wird in Aktien zerlegt. Die Summe der Nennwerte aller Aktien ergibt das Grundkapital. Dieses wird durch die Aktionäre aufgebracht; sie sind Eigentümer einer oder mehrerer Aktien. Der Mindestnennwert einer Aktie beträgt € 1,–.

Kapitalaufbringung GmbH, AG

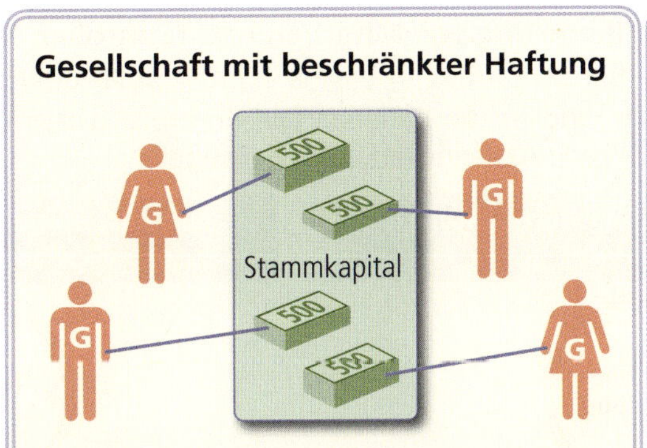

Das Stammkapital wird durch Stammeinlagen (Geschäftsanteile) der Gesellschafter aufgebracht.

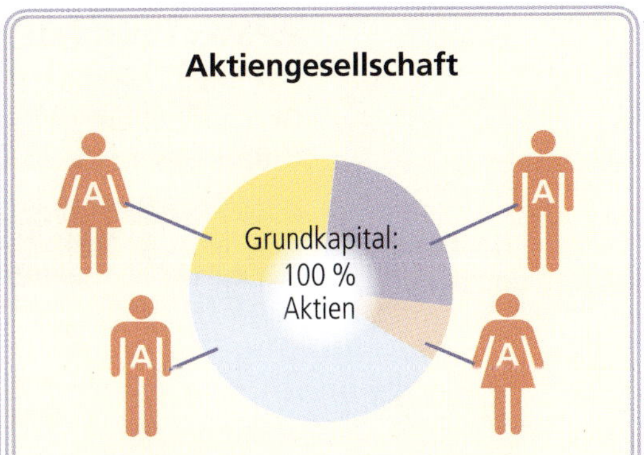

Das Grundkapital wird in Aktien zerlegt, die von den Aktionären gehalten werden.

Die Geschäftsanteile werden in einem Geschäftsanteilsbuch verzeichnet. Die Übertragung von Geschäftsanteilen auf neue Gesellschafter erfolgt durch einen Notariatsakt.

Zwischen 1.7.2013 und 28.2.2014 gab es die Möglichkeit, eine GmbH light mit einem Mindeststammkapital von € 10.000,– zu gründen. Die in diesem Zeitraum gegründeten GmbHs light müssen bis spätestens 1.3.2024 ihr Stammkapital auf € 35.000,– erhöhen.

Das Stammkapital beträgt mindestens € 35.000,–. Es muss nicht in voller Höhe, sondern nur zur Hälfte bar eingezahlt werden.

Die Gesellschafter haben das Recht auf einen Gewinnanteil, ein Stimmrecht in der Generalversammlung und das Recht auf einen Anteil am Liquidationserlös, wenn die GmbH aufgelöst wird.

§1 GmbHG: „Gesellschaften mit beschränkter Haftung können nach Maßgabe der Bestimmungen dieses Gesetzes zu jedem gesetzlich zulässigen Zweck durch eine oder mehrere Personen errichtet werden." (Für Versicherungen ist diese Gesellschaftsform verboten.)

Die GmbH ist eine Gesellschaft mit eigener Rechtspersönlichkeit, deren Gesellschafter mit Stammeinlagen am Stammkapital beteiligt sind, ohne persönlich für die Verbindlichkeit der Gesellschaft zu haften.

Das Grundkapital beträgt mindestens € 70.000,–. Es muss nicht in voller Höhe, sondern nur zur Hälfte bar eingezahlt werden.

Die Aktionäre haben das Recht auf einen Gewinnanteil (Dividende) und ein Stimmrecht in der Hauptversammlung. Weiters haben sie das Recht auf Bezug „junger Aktien" bei Kapitalerhöhungen und einen Anteil am Liquidationserlös, wenn die AG aufgelöst wird.

§1 AktG: „Die Aktiengesellschaft ist eine Gesellschaft mit eigener Rechtspersönlichkeit, deren Gesellschafter mit Einlagen auf das in Aktien zerlegte Grundkapital beteiligt sind, ohne persönlich für die Verbindlichkeiten der Gesellschaft zu haften."

Ü 7.11: Aktien und Dividende C

Nehmen Sie an, die Aktien einer Aktiengesellschaft haben einen Nennwert von € 100,–. Es wird eine Dividende von 8 % ausgeschüttet.

Wie viel bekommt ein Aktionär, der 100 Aktien besitzt?

2 Wer trägt das Unternehmerrisiko? (Regelung der Haftung)

Bei Kapitalgesellschaften ist die Haftung aller Gesellschafter beschränkt.

Gesellschaft mit beschränkter Haftung (GmbH)	Aktiengesellschaft (AG)
Die Haftung der Gesellschafter ist auf den Geschäftsanteil (Höhe der gehaltenen Stammeinlagen) beschränkt. Die GmbH haftet als juristische Person mit ihrem gesamten Betriebsvermögen. Im Gesellschaftsvertrag kann eine Nachschusspflicht (im Verhältnis der Stammeinlage auf einen bestimmten Betrag beschränkt) vereinbart werden, um Verluste auszugleichen.	Die Haftung der Aktionäre ist auf die Einlage (= Höhe der gehaltenen Aktien) beschränkt. Die AG haftet als juristische Person mit ihrem gesamten Betriebsvermögen.

3 Wer entscheidet? (Regelung von Mitarbeit und Kontrolle)

Die Kapitalgesellschaft hat als juristische Person natürliche Personen zu bestellen, die sie im Geschäftsleben vertreten und für sie handeln. Die Kontrolle dieser Vertreter ist gesetzlich im GmbH-Gesetz (GmbHG) bzw. Aktiengesetz (AktG) geregelt:

Organisation der GmbH und der AG

Organisation und Geschäftsführung einer GmbH

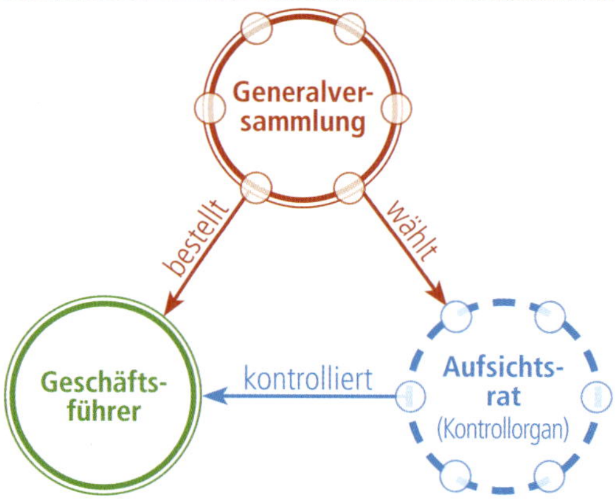

Organisation und Geschäftsführung einer AG

Generalversammlung (der Gesellschafter):

- wird jährlich vom Geschäftsführer einberufen
- besteht aus allen Gesellschaftern
- Das Stimmrecht hängt von der Höhe des Geschäftsanteils des jeweiligen Gesellschafters ab.
- Die Aufgaben der Generalversammlung der GmbH sind unter anderem, Kapitalveränderungen, Änderungen des Gesellschaftsvertrags, die Höhe der Gewinnausschüttung (falls eine Beschlussfassung von Jahr zu Jahr vorgesehen ist) und die Bestellung und Abberufung von Geschäftsführern zu beschließen.
- In besonderen Fällen ist eine Dreiviertelmehrheit erforderlich.

Geschäftsführer (Geschäftsführung):

- führt die Geschäfte und vertritt die GmbH
- erstellt Jahresabschlüsse und Geschäftsberichte
- beruft die Generalversammlung ein
- Falls die GmbH über einen Aufsichtsrat verfügt, wird diesem regelmäßig berichtet.

Hauptversammlung (der Aktionäre):

- wird jährlich durch den Vorstand einberufen (in Ausnahmefällen durch den Aufsichtsrat oder durch eine bestimmte Anzahl von Aktionären)
- besteht aus allen stimmberechtigten Aktionären
- Jede Aktie gewährt in der Regel auch ein Stimmrecht (Ausnahme: Vorzugsaktie).
- Die Aufgaben der Hauptversammlung sind unter anderem, über Kapitalveränderungen, die Umwandlung oder Auflösung der AG und die Höhe der Gewinnausschüttung zu beschließen.
- In besonderen Fällen ist eine Dreiviertelmehrheit erforderlich.

Vorstand (Geschäftsführung):

- führt die Geschäfte und vertritt die AG
- erstellt Jahresabschlüsse und Geschäftsberichte
- beruft die Hauptversammlung ein
- schlägt Gewinnverteilung vor
- berichtet dem Aufsichtsrat regelmäßig

(Vorstandsmitglieder dürfen nicht Mitglieder des Aufsichtsrates sein.)

Organisation und Geschäftsführung einer GmbH	Organisation und Geschäftsführung einer AG
Aufsichtsrat (Kontrollorgan): Ein Aufsichtsrat muss erst dann gebildet werden, wenn ● das Stammkapital € 70.000,– übersteigt und mehr als 50 Gesellschafter beteiligt sind oder ● die Satzung einen Aufsichtsrat vorsieht oder ● die Zahl der Arbeitnehmer/innen (im Durchschnitt der letzten 12 Monate) 300 übersteigt. Die Arbeitnehmer/innen müssen im Aufsichtsrat nach den gleichen Vorschriften vertreten sein wie bei der AG.	**Aufsichtsrat (Kontrollorgan):** ● Wahl erfolgt für höchstens vier Jahre. ● Für je zwei gewählte Aufsichtsräte ist auch ein Arbeitnehmervertreter zusätzlich in den Aufsichtsrat zu entsenden. (Beispiel: Hauptversammlung wählt fünf Mitglieder, zusätzlich werden drei Arbeitnehmervertreter bestellt – es wird aufgerundet.)

4 Unter welchem Namen tritt das Unternehmen am Markt auf? (Firmenbezeichnung)

Alle Einreichungen zum Firmenbuch erfolgen elektronisch.

Kapitalgesellschaften bekommen ihre eigene Rechtspersönlichkeit erst mit Eintragung ihres Firmennamens ins Firmenbuch. Der Firmenwortlaut einer Kapitalgesellschaft kann als Personen-, Sach- oder Fantasiefirma gewählt werden.

Gesellschaft mit beschränkter Haftung (GmbH)	Aktiengesellschaft (AG)
Im Firmennamen muss die Bezeichnung „Gesellschaft mit beschränkter Haftung" bzw. „GmbH" enthalten sein.	Im Firmennamen muss die Bezeichnung „Aktiengesellschaft" bzw. „AG" enthalten sein.

Vorteile der jeweiligen Gesellschaftsform

Gesellschaft mit beschränkter Haftung (GmbH)	Aktiengesellschaft (AG)
● Nicht so strenge Publizitäts- und Prüfungspflicht wie bei der AG (Jahresabschlüsse müssen beim Firmenbuch hinterlegt werden, aber nur die Berichte großer GmbHs müssen von Wirtschafttreuhändern geprüft werden.) ● Die Haftung der Gesellschafter ist auf ihren Geschäftsanteil beschränkt (ev. Nachschusspflicht). ● In der Praxis sind oft Gesellschafter in der Geschäftsführung vertreten, was Interessenskonflikte reduziert.	● Durch Beteiligung vieler Aktionäre können große Kapitalsummen auch durch viele kleine Beträge aufgebracht werden. ● Die Haftung der Aktionäre ist auf ihre Aktienanteile beschränkt. ● Aktien können im Normalfall schnell und unkompliziert übertragen werden.

Nachteile der jeweiligen Gesellschaftsform

Bei Bankkrediten ist es üblich, dass geschäftsführende Gesellschafter einer GmbH für den Kredit bürgen müssen und daher auch mit ihrem Privatvermögen haften.

Eine Verbindung von Aktionären und Geschäftsleitung ist nicht ausgeschlossen. Es gibt auch Aktiengesellschaften, in denen Großaktionäre Vorstandsmitglieder sind.

Gesellschaft mit beschränkter Haftung (GmbH)	Aktiengesellschaft (AG)
● Geringere Kreditfähigkeit als bei der AG (vor allem bei kleineren GmbHs) ● Geschäftsanteile können nur mittels Notariatsakt übertragen werden. ● Kostenintensive Gründung (notariatspflichtiger Gesellschaftsvertrag)	● Praktisch keine Bindung zwischen Aktionären und Geschäftsleitung und oft auch gegensätzliche Interessen von Vorstand (z. B. Stärkung der finanziellen Mittel durch Einbehaltung der Gewinne) und Aktionären (z. B. hohe Gewinnausschüttung) ● Kontrollrechte durch mangelnde Informationsrechte stark eingeschränkt ● Kostenintensive Gründung (notariatspflichtiger Gesellschaftsvertrag) ● Kostenintensive Publizitäts- und Prüfungspflicht (Jahresabschlüsse müssen von Wirtschaftstreuhändern geprüft und beim Firmenbuch hinterlegt werden. Große Aktiengesellschaften müssen ihre Jahresabschlüsse im „Amtsblatt der Wiener Zeitung" veröffentlichen.)

Registriert und überwacht wird die Europäische Aktiengesellschaft in jenem EU- bzw. EWR-Staat, in dem sie ihre Hauptverwaltung hat.

Sonderform: Die Europäische Aktiengesellschaft (SE)

Die SE („Societas Europaea") ist eine Gesellschaftsform, die durch EU-Recht geregelt ist. Sie kann überall in der EU tätig werden, ohne nach dem jeweiligen nationalen Recht Tochtergesellschaften gründen zu müssen.

Das Mindestkapital beträgt € 120.000,–.

Die Leitung kann durch einen Verwaltungsrat („Board") erfolgen, der sowohl die Funktionen des Vorstands als auch des Aufsichtsrats übernimmt.

Ein Beispiel für die Societas Europaea ist die STRABAG SE, einer der führenden Baukonzerne in Europa.

Üben

A B C D E

Ü 7.12: AG und GmbH im Vergleich A

Welche Vor- und Nachteile haben

a) Aktiengesellschaften?

b) Gesellschaften mit beschränkter Haftung?

Vergleichen Sie die Vor- und Nachteile beider Gesellschaftsformen.

Ü 7.13: Organe der AG C

Im Wirtschaftsteil der Tagespresse finden Sie folgende Mitteilung: „Herr Kommerzialrat Hagemüller wurde gestern zum Vorstandsdirektor und zum Mitglied des Aufsichtsrats der Sanko-Chemie AG gewählt."

Woran können Sie erkennen, dass diese Meldung falsch ist?

Ü 7.14: Aufsichtsrat einer GmbH C

Der Aufsichtsrat der REIWO-Reinigungs GmbH besteht aus sieben von der Generalversammlung gewählten Mitgliedern.

a) Wie viele Arbeitnehmervertreter müssen im Aufsichtsrat vertreten sein?

b) Wie viele Personen umfasst der Aufsichtsrat insgesamt?

Ü 7.15: Haftung bei der GmbH C

Ein Wirtschaftsfachmann behauptet, die Aussage „Bei der GmbH ist die Haftung der Gesellschafter auf die Einlage beschränkt" treffe in der Wirtschaftspraxis häufig nicht zu.

Welche zwei Begründungen für diese Aussage kann man angeben?

Ü 7.16: Europäische Aktiengesellschaft A

Warum wurde die Rechtsform der Europäischen Aktiengesellschaft im Rahmen des EU-Rechts geschaffen?

Sichern

SbX ID: 1743

SbX
ID: 1743

Im SbX finden Sie eine Sammelmappe mit Zusammenfassungen zu allen Kapiteln und Lerneinheiten.

Wissen

SbX ID: 1744

A B C D E

SbX
ID: 1744

Möglichkeiten zur Kompetenzüberprüfung im SbX

Wiederholungsfragen	Aufgaben mit automatischer Aufgabenkontrolle	Einfache Fallbeispiele

W 7.26: **AG und GmbH** A

W 7.27: **Aktiengesellschaft** A

W 7.28: **Gesellschaft mit beschränkter Haftung** A

W 7.29: **Quiz: Aktiengesellschaft** B

W 7.30: **Quiz: Gesellschaft mit beschränkter Haftung** B

W 7.31: **Rechtsform eines Unternehmens – Firmenbuchauszug** C

W 7.32: **Kapitalgesellschaften** B

W 7.33: **Test: Kapitalgesellschaften** B

W 7.34: **Fallbeispiel: Gründung einer GmbH für Eventmanagement (Merkmale einer GmbH – Vor- und Nachteile)** C

W 7.35: **Fallbeispiel: Unternehmensgründung (Geschäft für Büro-, Computer- und Schulbedarf)** C

W 7.36: **Fallbeispiel: Firmenbuchauszug einer GmbH** C

W 7.37: **Fallbeispiel: Firmenbuchauszug einer AG** C

W 7.38: **Fallbeispiel: Rechtsformwahl** C

Ein kurzer Kompetenz-Check, bevor's weitergeht!

Kompetenz-Check

	☺	😐	☹
Ich kann die Rechtsformen einer Aktiengesellschaft und einer Gesellschaft mit beschränkter Haftung beschreiben.			
Ich kenne die Vor- bzw. Nachteile von Gesellschaften mit beschränkter Haftung.			
Ich kann die Rechte von Gesellschaftern einer GmbH beschreiben.			
Ich kann die Aufgaben der Generalversammlung und der Geschäftsführung einer GmbH beschreiben.			
Ich kenne die Vor- bzw. Nachteile von Aktiengesellschaften.			
Ich kann die Rechte von Aktionären aufzählen.			
Ich kann die Aufgaben von Hauptversammlung, Aufsichtsrat und Vorstand von Aktiengesellschaften schildern.			

Lerneinheit 5
Sonstige Gesellschaftsformen

SbX
Alle SbX-Inhalte zu dieser Lerneinheit finden Sie unter der ID: 1750.

Neben den Personengesellschaften und den Kapitalgesellschaften gibt es noch weitere Gesellschaftsformen, die in der Wirtschaftspraxis eine Rolle spielen. Das sind vor allem die Genossenschaften. Sie sind durch eigene Gesetze geregelt.

Außerdem wird durch Kombinationsformen versucht, die Vorteile von Personengesellschaften und Kapitalgesellschaften zu vereinen.

Lernen

SbX ID: 1751

SbX
Alle Grafiken dieser Lerneinheit unter der ID: 1751.

1 Die Erwerbs- und Wirtschaftsgenossenschaft (Gen.mbH)

(1) Übersicht

Die Genossenschaften werden durch das Gesetz über die Erwerbs- und Wirtschaftsgenossenschaften geregelt.

Genossenschaften

Genossenschaften sind Vereine von nicht geschlossener Mitgliederzahl zur Förderung des Erwerbs oder der Wirtschaft ihrer Mitglieder durch gemeinsamen Geschäftsbetrieb oder durch Kreditgewährung. Genossenschaften haben eigene Rechtspersönlichkeit. Sie sind juristische Personen.

Genossenschaft

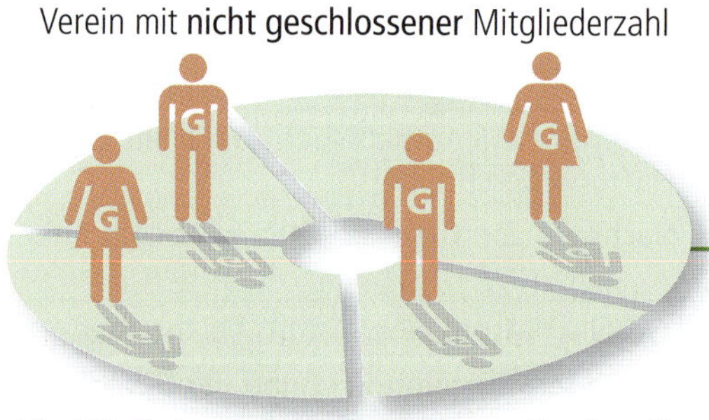

Friedrich Wilhelm Raiffeisen (1818 bis 1888), deutscher Sozialreformer und Mitbegründer der genossenschaftlichen Bewegung. Der österreichische Genossenschaftsverband wurde 1872 gegründet.

Genossenschaften weichen in ihrer Zielsetzung grundsätzlich von den bisher besprochenen Gesellschaften ab. Die Tätigkeit der Genossenschaften ist nicht in erster Linie auf Gewinn gerichtet, sondern auf die Förderung ihrer Mitglieder.

Aus der besonderen **Zielsetzung der Genossenschaften** ergibt sich eine **Doppelstellung ihrer Mitglieder.** Sie sind einerseits „Unternehmer", andererseits ihre eigenen Kunden.

Durch Zusammenschluss zu Genossenschaften suchen sich Kleinbetriebe und Konsumenten die Vorteile des Großbetriebs zu verschaffen („Selbsthilfeorganisationen").

Landwirtschaftliche Einkaufsgenossenschaften besorgen den Bezug von Dünger, Samen, Viehfutter usw.

Je nach der Art der Förderung der Mitglieder unterscheidet man:

- **Einkaufsgenossenschaften (Bezugs-, Rohstoffgenossenschaften)**

Durch den gemeinsamen Einkauf von Waren oder Rohstoffen in großen Mengen und Abgabe in kleinen Mengen an die Mitglieder wird der Bezug verbilligt.

Auf diese Weise wird es Kleingewerbetreibenden und Landwirten ermöglicht, billiger einzukaufen und dem Wettbewerb mit Großbetrieben besser begegnen zu können.

In der Landwirtschaft besorgen z. B. die **Absatzgenossenschaften** den Verkauf von Molkereiprodukten, Getreide usw.

- **Verkaufsgenossenschaften (Absatzgenossenschaften)**

Die Erzeugnisse der Mitglieder werden durch eine gemeinsame Verkaufsstelle vertrieben. Dies verringert die Kosten, weil das einzelne Mitglied nicht mehr gezwungen ist, selbst den Vertrieb zu besorgen, und weil ein gemeinsames Lager durch seine reichere Auswahl den Absatz der Waren erhöht. Auch wird dem Kleingewerbe eine stärkere Beteiligung an größeren Lieferungen (z. B. für Behörden oder große Unternehmungen) ermöglicht.

- **Verwertungsgenossenschaften**

Die Genossenschaften verarbeiten und verwerten die Produkte ihrer Mitglieder (Molkereigenossenschaften, Winzergenossenschaften, Obst- und Gemüseverwertungsgenossenschaften, Viehverwertungsgenossenschaften usw.).

Konsumgenossenschaften spielen in Österreich nach der Insolvenz des „Konsum Österreich" (1995) keine Rolle mehr. (Die danach noch bestehende „Konsumgenossenschaft Salzkammergut" wurde 2011 insolvent und musste aufgelöst werden.)

- **Nutzungsgenossenschaften**

Die Mitglieder nutzen bestimmte Anlagen und Einrichtungen gemeinsam (z. B. Nutzung von großen landwirtschaftlichen Maschinen, wie Mähdreschern, Traktoren usw.).

- **Produktionsgenossenschaften**

Gemeinsame Produktion von Handwerks- und Industrieerzeugnissen

- **Kreditgenossenschaften**

Zweck ist die Förderung der Wirtschaft der Mitglieder durch Kreditgewährung. Kreditgenossenschaften gewährten Kredite an ihre Mitglieder, die bei anderen Banken keinen Kredit bekommen hätten, weil die Beträge zu klein waren oder die Sicherheiten nicht ausreichten.

Man unterscheidet **Raiffeisenbanken** (nach dem Gründer benannt), deren Hauptaufgabe früher die Kreditgewährung an die bäuerlichen Kreise war, und **gewerbliche Kreditgenossenschaften** (auch als **Volksbanken** bezeichnet), deren Mitglieder hauptsächlich Kleingewerbetreibende waren.

Heute ist der Unterschied zwischen den Kreditgenossenschaften und den Geschäftsbanken gering. Geschäftstätigkeit und Geschäftsorganisation sind ähnlich. Nur der Kundenkreis ist teilweise verschieden.

Viele Wohnhäuser werden von Genossenschaften errichtet.

- **Bau- und Siedlungsgenossenschaften**

Diese haben den Zweck, den Mitgliedern den Erwerb von Grund und Boden und den Bau eines Eigenheimes zu erleichtern, oder sie befassen sich mit der Errichtung von Siedlungshäusern und Genossenschaftswohnungen.

Die Geschäftsanteile einer Genossenschaft können durch Urkunden verbrieft werden. Dies ist jedoch nicht unbedingt erforderlich.

(2) Der Geschäftsanteil einer Genossenschaft

Die Höhe und die Anzahl der Geschäftsanteile, die vom einzelnen Mitglied zu zeichnen sind, werden durch die Satzung bestimmt.

(3) Organisation der Geschäftsführung

Als juristische Person bedarf die Genossenschaft entsprechender Organe, die für sie handeln:

- **Generalversammlung** (Versammlung der Mitglieder), sie wählt den
- **Aufsichtsrat** (Kontrollorgan, das den Vorstand kontrolliert) und den
- **Vorstand** (die Geschäftsführung).

Die Aufgaben der verschiedenen Organe entsprechen grundsätzlich den Aufgaben bei AG und GmbH.

Generalversammlung:

Jedes Mitglied hat grundsätzlich eine Stimme (die Satzung kann jedoch auch eine andere Verteilung des Stimmrechtes vorsehen).

Aufsichtsrat:

Ein Aufsichtsrat ist zwingend vorgeschrieben, wenn die Genossenschaft dauernd mindestens 40 Arbeitnehmer/innen beschäftigt (Arbeitnehmervertreter wie bei AG).

Vorstand:

Vorstandsmitglieder **müssen** Mitglieder der Genossenschaft sein.

2 Die Gesellschaft bürgerlichen Rechts (GesbR)

Gesellschaft bürgerlichen Rechts

Zwei oder mehrere Personen kommen überein, Leistungen bzw. Sachen (Geld, Güter, Arbeit) zum gemeinsamen Nutzen einzusetzen.

Gesellschaften bürgerlichen Rechts werden gegründet:

- als Arbeitsgemeinschaften (z. B. bei größeren Bauvorhaben)
- als Vorgesellschaften. Diese werden häufig vor Eintragung einer AG ins Firmenbuch gegründet. Eine Eintragung der AG in das Firmenbuch erfolgt erst dann, wenn die Gründer alle Aktien übernommen haben, die Satzungen beschlossen und Aufsichtsrat und Vorstand bestellt wurden.

Die Gesellschaft wird nicht ins Firmenbuch eingetragen. Sie kann keine „Firma" im Sinne des UGB führen.

Geschäftsführung, Dauer der Gesellschaft und Gewinnverteilung werden im Gesellschaftsvertrag geregelt.

Jährlich ist Rechnung zu legen. Jeder Gesellschafter hat Anspruch auf Einsicht in die Bücher.

Wurde die Gesellschaft auf unbestimmte Zeit eingegangen, so haben die Gesellschafter ein Kündigungsrecht.

Alle Gesellschafter **haften unbeschränkt** (d. h. auch mit ihrem Privatvermögen) und **solidarisch** (d. h. für die gesamten Schulden der Gesellschaft).

Überschreiten Gesellschaften bürgerlichen Rechts die Umsatzgrenze von € 700.000,– in zwei aufeinanderfolgenden Jahren (bzw. € 1 Million in einem Jahr), müssen sie als Offene Gesellschaften oder als Kommanditgesellschaften in das Firmenbuch eingetragen werden.

Bei großen Verkehrsbauten schließen sich mehrere Unternehmen zu einer Arbeitsgemeinschaft (ARGE) zusammen und bilden eine GesbR. Diese ist häufig nur koordinierend tätig und hat keine eigenen Einnahmen. Sie überschreitet daher die Umsatzgrenze von € 700.000,– nicht.

3 Die Privatstiftung

Privatstiftung

Die Privatstiftung ist im Privatstiftungsgesetz (PSG) geregelt. Ein oder mehrere Stifter übertragen Teile ihres Vermögens oder das ganze Vermögen an eine eigene juristische Person, die Privatstiftung. Privatstiftungen gibt es in Österreich erst seit 1993.

Die Privatstiftung hat keine Eigentümer und wird von einem Stiftungsvorstand verwaltet und von Stiftungsprüfern geprüft.

Eine österreichische Privatstiftung muss ihren Sitz im Inland haben.

Der Zweck der Stiftung wird im Stiftungsvertrag vom Stifter festgelegt. Er kann gemeinnützig sein.

Beispiele

- Die Bildersammlung des Stifters soll erhalten werden und der Öffentlichkeit in einem Gebäude des Stifters zugänglich gemacht werden.
- Aus den Erträgen des Stiftungsvermögens soll die Krebsforschung gefördert werden.

Privatstiftungen haben steuerliche Vorteile.

Im Internet finden Sie unter dem Suchbegriff „Privatstiftung" viele ausführliche Darstellungen.

Eine Privatstiftung kann jedoch auch zur Versorgung des Stifters und dessen Familienangehörigen gegründet werden.

Häufig soll durch Privatstiftungen Familienvermögen erhalten und verhindert werden, dass ein größeres Vermögen (z. B. ein Unternehmen, ein großer landwirtschaftlicher Besitz, eine private Sammlung) durch Vererbung auf viele Nachkommen aufgeteilt wird und zerfällt oder dass die Nachkommen den Besitz veräußern.

Stiftungen dürfen zwar nicht unmittelbar gewerblich tätig sein, dürfen aber an Kapitalgesellschaften beteiligt sein. Zulässig ist außerdem die Beteiligung als Kommanditist und als Stiller Gesellschafter, nicht jedoch als unbeschränkt haftender Gesellschafter.

4 GmbH & Co KG und AG & Co KG

Es handelt sich bei diesen Gesellschaftsformen um Kommanditgesellschaften (also Personengesellschaften), bei denen der unbeschränkt haftende Gesellschafter eine Kapitalgesellschaft (eine GmbH oder eine AG) ist.

GmbH & Co KG und AG & Co KG

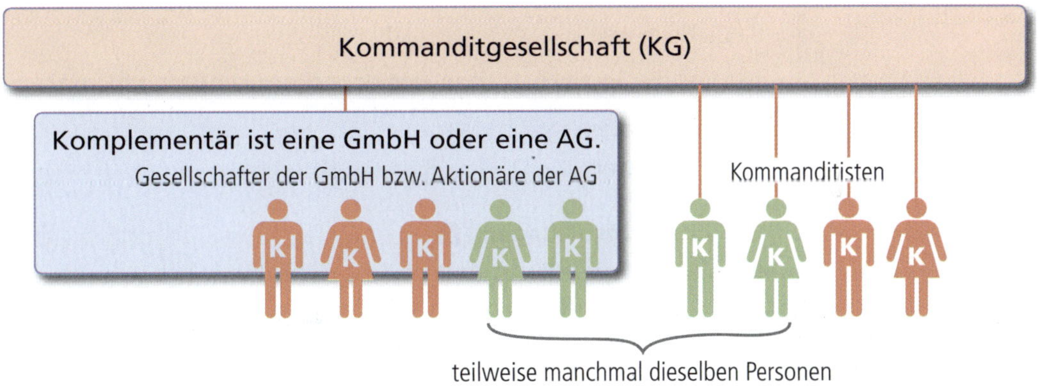

Die Gesellschaft ist eine Kommanditgesellschaft.
Der Komplementär ist eine GmbH bzw. eine AG (also eine juristische Person).
Die Kommanditisten sind natürliche Personen.

Durch diese Konstruktion sollen die Vorteile einer Personengesellschaft (unmittelbarer Einfluss auf die Geschäftsleitung) beibehalten, jedoch die unbeschränkte Haftung ausgeschaltet werden.

Die GmbH & Co KG und AG & Co KG müssen eine doppelte Buchhaltung führen.

Üben

A B C D E

Ü 7.17: Vergleich von Genossenschaften und Kapitalgesellschaften A

In welchen wesentlichen Merkmalen unterscheiden sich Genossenschaften von Kapitalgesellschaften?

Ü 7.18: Genossenschaft, Vorstand C

Die Mitglieder einer landwirtschaftlichen Absatzgenossenschaft wollen die Bürgermeisterin des Ortes, die keinen Geschäftsanteil der Genossenschaft besitzt, zur Vorstandsdirektorin wählen. Ist das möglich?

☐ Ja, weil

☐ Nein, weil

Ü 7.19: Haftung der Genossenschaften A

Ist es richtig, dass die Mitglieder einer Genossenschaft nur mit ihrer Einlage haften? Begründen Sie Ihre Antwort!

☐ Ja, weil

☐ Nein, weil

Ü 7.20: Haftung bei der GesbR A

Drei Landwirte gründen eine GesbR zum gemeinsamen Vertrieb ihrer Bioprodukte. Wer haftet in welcher Form für die Schulden der Gesellschaft?

Ü 7.21: GesbR – Firmenbuch und Buchführungspflicht C

Nehmen Sie an, der Umsatz der GesbR der drei Biobauern überschreitet in zwei aufeinanderfolgenden Jahren € 700.000,–.

a) Muss die Gesellschaft in das Firmenbuch eingetragen werden?

☐ Ja, mit der Gesellschaftsform

☐ Nein, weil

b) Muss die Gesellschaft dann eine doppelte Buchhaltung führen? (Achtung!)

☐ Ja, weil

☐ Nein, weil

Ü 7.22: Privatstiftungen I A

Ist es richtig, dass Privatstiftungen keine Eigentümer haben?

☐ Ja ☐ Nein

Ü 7.23: Privatstiftungen II A

Warum werden Privatstiftungen gegründet?

Ü 7.24: GmbH & Co KG, AG & Co KG A

Sind die Gesellschaftsformen GmbH & Co KG und AG & Co KG

☐ Personengesellschaften?

☐ Kapitalgesellschaften?

Ü 7.25: Haftung bei der Personengesellschaft C

Herr Peter Seisenbacher will eine Personengesellschaft gründen, an der keine weiteren Gesellschafter beteiligt sein sollen. Dennoch soll die Haftung beschränkt werden.

Überlegen Sie, wie Herr Seisenbacher vorgehen soll.

Sichern

SbX ID: 1753

SbX
ID: 1753

Im SbX finden Sie eine Sammelmappe mit Zusammenfassungen zu allen Kapiteln und Lerneinheiten.

Wissen

SbX ID: 1754

A B C D E

SbX
ID: 1754

Möglichkeiten zur Kompetenzüberprüfung im SbX

Wiederholungsfragen | Aufgaben mit automatischer Aufgabenkontrolle | Einfache Fallbeispiele

W 7.39: **Die Genossenschaft** A

W 7.40: **GmbH & Co KG** A

W 7.41: **Haftung für Kredit** C

W 7.42: **Firmenbuch und Buchführungspflicht** C

W 7.43: **Die Privatstiftung** A

W 7.44: **Quiz: Die Rechtsformen der Unternehmen (verschiedene Formen)** B

W 7.45: **Quiz: Die Rechtsformen der Unternehmen (Grundlagen)** B

W 7.46: **Quiz: Sonstige Gesellschaftsformen** B

W 7.47: **Kreuzworträtsel: Die Rechtsformen der Unternehmen (Grundlagen)** B

Ein kurzer Kompetenz-Check, bevor's weitergeht!

Kompetenz-Check

	☺	😐	☹
Ich kann die rechtliche Konstruktion und den Zweck von Genossenschaften erklären.			
Ich kann die Haftungsverhältnisse bei Genossenschaften erklären.			
Ich kann verschiedene Arten von Genossenschaften nach ihrem Zweck unterscheiden.			
Ich kann die Funktionen von Generalversammlung, Aufsichtsrat und Vorstand einer Genossenschaft beschreiben.			
Ich kann die rechtliche Konstruktion, den Zweck und die Haftungsbedingungen von Gesellschaften bürgerlichen Rechts erklären.			
Ich kann die rechtliche Konstruktion und die sonstigen rechtlichen Vorschriften für Privatstiftungen beschreiben.			
Ich kann die grundsätzliche rechtliche Konstruktion, die Haftungsverhältnisse und die Vorteile von GmbH & Co KG und AG & Co KG beschreiben.			

Lerneinheit 6

Der Unternehmer braucht Hilfe

SbX
Alle SbX-Inhalte zu dieser Lerneinheit finden Sie unter der ID: 1760.

Einkaufen, verkaufen, mit Behörden kommunizieren, kassieren, Kredite aufnehmen, ... in einem Unternehmen fallen viele unterschiedliche Tätigkeiten und Entscheidungen an, die der Unternehmer nicht alle allein durchführen kann.

Der Unternehmer kann Personen bevollmächtigen, bestimmte Tätigkeiten für ihn zu erledigen. In diesem Zusammenhang treten unter anderem folgende Fragen auf:

- Wie werden Vollmachten erteilt?
- Welchen Umfang haben sie?
- Muss Außenstehenden bekannt gemacht werden, welche Personen im Unternehmen welche Vollmachten haben und welche das Unternehmen nach außen vertreten?

Umfang und Arten von Vollmachten sind gesetzlich geregelt.

Lernen

SbX ID: 1761

A B C D E

1 Welche Vollmachten gibt es? (Übersicht)

Vollmachten

Das Unternehmensgesetzbuch sieht verschiedene **Vollmachten** vor. Grundsätzlich unterschieden werden **Prokura** und **Handlungsvollmacht.**
Bevollmächtigt werden können nicht nur Arbeitnehmer, sondern auch andere Personen (z. B. der Ehepartner, ein Kommanditist, ein Stiller Gesellschafter etc.).

Vollmachten im Unternehmen

SbX
Alle Grafiken dieser Lerneinheit unter der ID: 1761.

2 Die Prokura

(1) Der Umfang der Prokura

Die Prokura

Die Prokura ermächtigt zu allen Arten von gerichtlichen und außergerichtlichen Geschäften und Rechtshandlungen, die der Betrieb eines Unternehmens mit sich bringt (§ 49 UGB).

Ein Prokurist **darf** z. B.:

- Waren und Wertpapiere kaufen und verkaufen
- Angestellte und Arbeiter aufnehmen und Dienstverträge auflösen
- Handlungsvollmachten erteilen
- Kredite aufnehmen
- das Unternehmen bei Gericht vertreten

Beispiel

- Ein Prokurist einer Maschinenfabrik kann im Rahmen der Prokura auch Textilien kaufen oder Holzgeschäfte abschließen.

Über die gesetzlichen Einschränkungen der Prokura hinaus ist es in einem Unternehmen möglich, die Geschäfte eines Prokuristen durch **Weisungen** weiter einzuschränken, z. B. festzulegen, dass der Prokurist keine Kredite aufnehmen darf. Eine solche Weisung ist aber Dritten gegenüber (z. B. gegenüber dem Kreditinstitut) nicht wirksam.

Der Umfang der Prokura unterliegt folgenden gesetzlichen Beschränkungen:

Ein Prokurist **darf nicht:**

- Grundstücke belasten oder veräußern (außer mit besonderer Ermächtigung)
- das Unternehmen auflösen oder verkaufen
- einen Prokuristen bestellen oder die Prokura übertragen
- Anmeldungen zum Firmenbuch zeichnen
- Inventar und Bilanz unterschreiben

(2) Die Arten der Prokura

Liegen keine Einschränkungen durch das Unternehmen vor, so gilt die Prokura unbeschränkt (**Einzelprokura** ohne räumliche Einschränkungen).

Die Prokura kann jedoch beschränkt werden.

- **persönliche Beschränkungen**

Gesamtprokura: Der Prokurist ist nur gemeinsam mit einem oder mehreren anderen Prokuristen zeichnungsberechtigt (Kollektivprokura).

Gemischte Prokura: Der Prokurist ist nur gemeinsam mit einem geschäftsführenden Gesellschafter oder mit einem Vorstandsmitglied zeichnungsberechtigt.

Eine **örtliche Beschränkung der Prokura** ist nur dann möglich, wenn die Niederlassungen eines Unternehmens eine eigene Firma führen.

- **örtliche Beschränkung**

Filialprokura: Der Prokurist ist nur für eine oder für mehrere genau bestimmte Niederlassungen eines Unternehmens zeichnungsberechtigt.

Gültigkeit gegenüber Dritten

Alle Einschränkungen der Prokura gelten gegen Dritte nur dann, wenn sie im Firmenbuch eingetragen sind.

(3) Die Erteilung der Prokura

Die Prokura kann

- nur durch einen ins Firmenbuch eingetragenen Unternehmer,
- nur mittels ausdrücklicher Erklärung

erteilt werden.

Sie muss im Firmenbuch eingetragen werden.

Bei der Eintragung einer Prokura ins Firmenbuch hat der Prokurist seine Unterschrift zur Aufbewahrung beim Registergericht abzugeben.

Beispiele

Verlautbarungen im Amtsblatt zur Wiener Zeitung

- Klagenfurt, **Bauunternehmen Dipl.-Ing. Konrad Nitz GmbH,** 9020 Klagenfurt. Einzelprokurist: Dipl.-Ing. Franz Schwärzler, Villach. – 31. Jänner 20..
- **Aichinger GmbH,** Linz (Hafnerstraße 29). Gesamtprokuristen: Dr. Herbert Strasser, Wels; Dr. Wolfgang Ennöckl, Linz; Josef Heger, Wels. Jeder von ihnen zeichnet gemeinsam mit einem zweiten Gesamtprokuristen. – 25. Februar 20..

(4) Die Zeichnung des Prokuristen

Beispiele

Zeichnung: Unterschriftsleistung

Zeichnung des (der) Prokuristen

- Der Einzelprokurist der Firma A. Lassnig & Co OG, Herr Reiter, zeichnet:

A. Lassnig & Co OG *ppa Reiter*	oder	*ppa*	**A. Lassnig & Co OG** *Reiter*

- Die Prokuristen Hetzel und Weber der Edelmetallwerke Aktiengesellschaft sind nur gemeinsam zeichnungsberechtigt (Kollektivprokura). Sie zeichnen daher:

Edelmetallwerke AG *ppa Hetzel* *ppa Weber*	oder	*ppa*	**Edelmetallwerke AG** *Hetzel* *Weber*

Ü 7.26: **Prokurist, Vollmachten** C

Die Gesellschafter der Maier & Müller OG haben es ihrem Prokuristen untersagt, Wechsel zu unterzeichnen. Trotzdem unterschreibt der Prokurist einen Wechsel über € 10.000,–.

a) Muss der Wechsel von den Gesellschaftern der OG bezahlt werden?
b) Ist eine derartige Einschränkung der Prokura rechtlich möglich?

3 Die Handlungsvollmacht

(1) Umfang der Handlungsvollmacht

Die Handlungsvollmacht

Die Handlungsvollmacht berechtigt nur zu Geschäften und Handlungen, die ein bestimmtes Unternehmen gewöhnlich mit sich bringt.

Beispiel

- Der Handlungsbevollmächtigte einer Maschinenfabrik kann nicht Textilien oder Bauholz kaufen bzw. verkaufen.

Selbstverständlich können **Handlungsbevollmächtigte** für die ihnen allgemein untersagten Geschäfte im **Einzelfall** gesondert bevollmächtigt werden.

Neben den Geschäften, die auch den Prokuristen untersagt sind, dürfen Handlungsbevollmächtigte nicht:

- Wechselverbindlichkeiten eingehen
- Darlehen aufnehmen
- das Unternehmen vor Gericht vertreten

Je nach Art der Vollmacht sind jedoch weitere Einschränkungen möglich.

(2) Arten der Handlungsvollmacht

Häufig erhalten Generalbevollmächtigte auch die „Sondervollmacht", Wechsel für das Unternehmen zu zeichnen („Wechselvollmacht").

Generalvollmacht

Erstreckt sich auf alle Geschäfte und Rechtshandlungen, die der Betrieb

- eines bestimmten Handelsgewerbes
- gewöhnlich mit sich bringt.

Beispiel

- Ein Handlungsbevollmächtigter eines Elektrowarenimportunternehmens kann daher nicht Wertpapiere kaufen oder Abschlüsse über Lebensmittelimporte tätigen.

Artvollmacht

Ermächtigt zur Vornahme einer bestimmten Art von Geschäften

Beispiele

Artbevollmächtigte

- der Einkäufer (Er darf einkaufen.)
- der Verkäufer (Er darf verkaufen.)
- der Kassier (Er darf Zahlungen entgegennehmen.)

Ladenvollmacht (§ 56 UGB)

Wer in einem Laden (Geschäft) oder offenen Warenlager angestellt ist, gilt als ermächtigt zu Verkäufen und Empfangnahmen, die in einem derartigen Laden (Geschäft) oder Warenlager gewöhnlich geschehen.

Wenn also in einem Geschäft oder Lager nicht ausdrücklich angeschrieben ist, dass nur an den Kassier bezahlt werden darf, darf der Verkäufer auch Zahlungen entgegennehmen.

Spezialvollmacht (für Einzelfälle)

Ermächtigt nur zur Vornahme einer

- einzelnen und
- genau bestimmten Handlung

Beispiele

- Inkasso einer bestimmten Rechnung
- Einkauf bei einer ganz bestimmten Gelegenheit (z. B. auf einer Messe)

Durch eine Spezialvollmacht können daher Geschäfte, die sonst nur der Geschäftsführer (geschäftsführender Gesellschafter, Vorstand) durchführen darf, auch durch andere Personen durchgeführt werden.

(3) Erteilung der Vollmacht

Die Vollmacht kann durch

- Unternehmer,
- Prokuristen,
- Handlungsbevollmächtigte, die dazu besonders ermächtigt wurden,

erteilt werden.

Eine Eintragung ins Firmenbuch erfolgt nicht.

Wenn keine ausdrückliche Erklärung vorliegt, ist es im Einzelfall schwer festzustellen, ob eine Vollmacht besteht oder nicht.

Beispiele

Wie die nebenstehenden Beispiele zeigen, kann ein Dritter annehmen, dass eine Vollmacht vorliegt, wenn schon mehrmals die Handlungen des Dienstnehmers oder eines anderen Beauftragten des Unternehmers in diesem Umfang geduldet wurden („schlüssige" Vollmacht).

- Ein Fleischeinkäufer, der normalerweise gegen Barzahlung einkauft, ist nicht bevollmächtigt, auf Kredit einzukaufen.
- Ein technischer Leiter einer Brauerei ist nicht automatisch zum Hopfeneinkauf berechtigt.
- Hat ein Vater seinem Sohn bereits mehrmals gestattet, Rechnungen zu kassieren, so gilt der Sohn Dritten gegenüber als zum Inkasso bevollmächtigt.
- Ein Verkäufer in einem Verkaufsraum gilt als zum Inkasso bevollmächtigt, wenn nicht angeschlagen ist, dass die Waren nur an der Kasse bezahlt werden dürfen.
- Handlungsreisende, die an Orten auftreten, an denen sich keine Niederlassung des Unternehmens befindet, gelten als bevollmächtigt:
  - zu kassieren
  - Rechnungen zu stunden
  - Mängelrügen entgegenzunehmen
  - etc.

(4) Die Zeichnung des Handlungsbevollmächtigten

Die Zeichnung (Unterschriftsleistung) des Handlungsbevollmächtigten erfolgt in der Weise, dass er der Firma (dem Firmenstempel) seinen Namen mit einem die Vollmacht andeutenden Vermerk beisetzt (z. B. „i. V." = in Vollmacht, „i. A." = im Auftrag). Der Zusatz darf nicht auf eine Prokura hindeuten.

Beispiel

- Der bei der Firma L. Bauer & Co OG tätige Kassier Schober zeichnet:

L. Bauer & Co OG	oder	i. V.	L. Bauer & Co OG
i. V. Schober			*Schober*

Wird eine Vollmacht einer einzelnen Person übertragen, so liegt eine **Einzelvollmacht** vor, wird sie mehreren Personen gemeinschaftlich erteilt, spricht man von einer **Gesamt-** oder **Kollektivvollmacht;** jeder Einzelne dieser Bevollmächtigten kann dann nur gemeinsam mit einem oder mehreren anderen Bevollmächtigten rechtsverbindlich handeln und unterschreiben.

Üben

A B C D E

Ü 7.27: Prokurist, Vollmachten A

Welche Geschäfte sind einem Prokuristen untersagt?

Ü 7.28: Generalbevollmächtigter, Vollmachten A

Welche Geschäfte sind einem Handlungsbevollmächtigten mit Generalvollmacht untersagt?

Ü 7.29: Prokurist, Generalbevollmächtigter, Bestellung A

Wer darf Prokuristen bestellen und wer darf Generalbevollmächtigte ernennen?

Ü 7.30: Prokura, Einschränkung A

Wie kann die Prokura eingeschränkt werden?

Ü 7.31: Prokurist, Handlungsbevollmächtigter, Zeichnung A

Wie zeichnet ein Prokurist und wie ein Handlungsbevollmächtigter?

Ü 7.32: Generalbevollmächtigter C

Der Handlungsbevollmächtigte mit Generalvollmacht der Texta AG hat mehrmals Kreditverhandlungen mit der örtlichen Volksbank geführt und Kreditverträge vereinbart und abgeschlossen. Als er neuerlich einen Kredit aufnimmt, wendet der Vorstand der AG ein, dass ein Handlungsbevollmächtigter zur Kreditaufnahme nicht berechtigt sei.

a) Ist dieser Einwand generell richtig?

b) Ist dieser Einwand in diesem speziellen Fall erheblich?

Ü 7.33: Generalvollmacht, Umfang A

Ein Generalbevollmächtigter soll ein Unternehmen in einem Schadenersatzprozess vor Gericht vertreten. Darf er das?

Ü 7.34: Vollmacht C

Die Firma Müller OG liefert an die „Mediko-Elektro GmbH" medizinische Spezialgeräte. Die Geräte werden jener Person übergeben, die zum Zeitpunkt der Lieferung im Lager anwesend ist. Diese Person bestätigt die ordnungsgemäße Übernahme. Später wird von der „Mediko-Elektro GmbH" eingewandt, dass Packstücke fehlen und dass der Lagerist nicht zur Bestätigung der ordnungsgemäßen Übernahme bevollmächtigt gewesen sei.

Ist dieser Einwand im Streitfall rechtlich erfolgversprechend?

Ü 7.35: Prokura C

Welche Prokura liegt im folgenden Fall vor:

Reimer & Co OG

Fritz Reimer ppa Erika Berger

Ü 7.36: Einzelprokura C

Herr Walter Maierhofer gibt sich als Einzelprokurist der Firma „Romig & Co" aus. Wie können Sie feststellen, ob das stimmt, wenn Sie nicht bei der Firma „Romig & Co" rückfragen wollen? Wie wäre die Sachlage, wenn sich Herr Walter Maierhofer als Generalbevollmächtigter ausgäbe?

Sichern

SbX ID: 1763

SbX ID: 1763

Im SbX finden Sie eine Sammelmappe mit Zusammenfassungen zu allen Kapiteln und Lerneinheiten.

Wissen

SbX ID: 1764

A B C D E

SbX ID: 1764

Möglichkeiten zur Kompetenzüberprüfung im SbX

Wiederholungsfragen	Aufgaben mit automatischer Aufgabenkontrolle	Einfache Fallbeispiele

W 7.48: **Die Prokura** A

W 7.49: **Die Handlungsvollmacht** A

W 7.50: **Gesetzliche Beschränkungen der Prokura** C

W 7.51: **Zusätzliche Einschränkung der Prokura** C

W 7.52: **Einschränkungen der Generalvollmacht** C

W 7.53: **Handlungsvollmacht, Verkäufer** C

W 7.54: **Quiz: Vollmachten im Unternehmen** B

W 7.55: **Kreuzworträtsel: Vollmachten im Unternehmen** B

W 7.56: **Fallbeispiel: Prokura – Firmenbuchauszüge einer OG, einer GmbH und einer AG** C

Ein kurzer Kompetenz-Check, bevor's weitergeht!

Kompetenz-Check

	☺	😐	☹
Ich kann beschreiben, wer eine Prokura erteilen darf und in welcher Form dies erfolgen kann.			
Ich kann entscheiden, welche Geschäfte ein Prokurist im Rahmen seiner Vollmacht tätigen darf und welche nicht.			
Ich kann die verschiedenen Arten der Prokura unterscheiden.			
Ich kann die verschiedenen Arten der Handlungsvollmacht unterscheiden und erklären, wer die Handlungsvollmacht erteilen darf.			
Ich kann beschreiben, welche Geschäfte die verschiedenen Handlungsbevollmächtigten ausführen dürfen.			

7 Rechtsgrundlagen der Unternehmen

8 MARKETING

Worum geht's in diesem Kapitel?

Vor allem seit Hollywoodstar George Clooney für Nespresso-Kaffee wirbt, ist der Verkauf der bunten Kaffeekapseln aus dem Nestlé-Konzern eine Erfolgsstory. Offensichtlich gelingt es Nespresso, Produkte anzubieten, die die Kaffeetrinker/innen nachfragen, zu Preisen, die diese bereit sind, zu bezahlen.

Für professionell geführte Unternehmen ist die Marktorientierung die zentrale Herausforderung. Lebensmittelketten zum Beispiel müssen entscheiden, wie viel Bio der Markt verträgt. Autoerzeuger müssen sich darüber Gedanken machen, wie viel mehr die Kunden für Extras wie Freisprecheinrichtungen oder Navigationsgeräte zu zahlen bereit sind. Daneben muss jedes Unternehmen Werbung machen, damit die Kunden auf das Angebot aufmerksam werden. Und schließlich gilt es, sich zu überlegen, wie die Güter preisgünstig zum Endverbraucher gelangen.

Kompetenzen, die Sie erwerben

Mit der Bearbeitung dieses Kapitels erwerben Sie die **Kompetenzen** für den **Bereich Marketing.**

Sie können

- **die Marktorientierung als Leitidee der Betriebswirtschaft begreifen,**
- **für Produkte ein stimmiges Marketingkonzept erstellen:**
  Methoden der Marktanalyse einsetzen, eine Marketingstrategie entwickeln und Marketingziele operationalisieren, verschiedene Maßnahmen des Produkt-, Kontrahierungs-, Kommunikations- und Distributionsmanagements zielgruppenorientiert darstellen.

A B C D E

In diesem Kapitel finden Sie Übungsaufgaben, praxisbezogene Fallbeispiele und Aufgaben zur Lernkontrolle zur Überprüfung Ihrer Kompetenzen auf den Handlungsebenen A **Wiedergeben,** B **Verstehen,** C **Anwenden** und D **Analysieren & Interpretieren.**

Dieses Kapitel umfasst folgende Lerneinheiten:

1 Marktorientierung entscheidet über den Unternehmenserfolg

2 Herausfinden, was der Markt verlangt (Marktforschung)

3 Wie entschieden wird, was produziert werden soll (Produkt- und Sortimentspolitik)

4 Preise und Konditionen sind oft entscheidend (Kontrahierungspolitik)

5 Wie das Produkt zum Kunden kommt (Distributionspolitik)

6 Wie der Kunde von unserem Angebot erfährt (Kommunikationspolitik)

Lerneinheit 1

Marktorientierung entscheidet über den Unternehmenserfolg

SbX
Alle SbX-Inhalte zu dieser Lerneinheit finden Sie unter der ID: 1810.

Unternehmerische Entscheidungen müssen immer den Markt berücksichtigen. Können die erzeugten Waren bzw. die angebotenen Dienstleistungen nicht abgesetzt werden, kann ein privatwirtschaftlich geführter Betrieb nicht überleben. Unternehmen müssen sich daher am Markt orientieren, d. h., sie müssen Marketing betreiben.

Aber auch gemeinnützige Betriebe betreiben Marketing (z. B. Sportvereine, Schulen oder Beratungsstellen, etwa gegen Drogenmissbrauch). Auch diese Betriebe verlieren ihre Existenzberechtigung, wenn ihre Produkte und Dienstleistungen nicht nachgefragt werden.

Ohne Marktorientierung ist daher weder die Führung eines privatwirtschaftlichen Unternehmens noch die eines gemeinnützigen Betriebs möglich.

Lernen

SbX ID: 1811

SbX
Alle Grafiken dieser Lerneinheit unter der ID: 1811.

1 Marketing-Mix, was heißt das?

Die marktorientierte Unternehmensführung kombiniert mehrere Maßnahmen, die man als **„absatzpolitische Instrumente"** oder zusammengefasst als **„absatzpolitisches Instrumentarium"** bezeichnet.

Ausgangspunkt sind marktorientierte Fragen, die mithilfe der Marktforschung beantwortet werden können.

Marktorientierte Fragen

SbX
Links zu Grundbegriffen und aktuellen Themen des Marketings finden Sie unter der ID: 1811.

Grundlage der Absatzpolitik ist die **Marktforschung**. Die Marktforschung dient dazu, sich Informationen über die Marktverhältnisse, die Konkurrenz, die Kaufgewohnheiten der Abnehmer etc. zu verschaffen. So kann man die verschiedenen **Marketing-Maßnahmen** gezielt planen und zum **Marketing-Mix** kombinieren.

Marketing-Mix

Die vier **Marketing-Maßnahmen** werden auch als **marketing-** oder **absatzpolitische Instrumente** bezeichnet.

Im Englischen wird oft vereinfacht von den **4 Ps** gesprochen:

- **Product**
- **Price**
- **Place**
- **Promotion**

Viele Fachbegriffe im Marketing stammen aus dem Englischen.

„Produkt" ist im Marketing **ein weit gefasster Begriff.** Er umfasst neben Produkten im engeren Sinn auch Dienstleistungen (z. B. Urlaubsreisen oder Steuerberatung).

Die Marketing-Maßnahmen beziehen sich auf die folgenden vier Bereiche:

- **Produkt- und Sortimentspolitik,** d. h. auf den Umfang des Produktprogramms bzw. des Sortiments, auf die Gestaltung der einzelnen Produkte und auf Zusatzleistungen, wie z. B. Service und Garantie
- **Preis- und Konditionenpolitik (Kontrahierungspolitik),** d. h. auf die Höhe der Preise, auf Rabatte, auf Liefer- und Zahlungsbedingungen
- **Distributionspolitik,** d. h. auf die Organisationsform, die ein Betrieb wählt, um seine Produkte abzusetzen (z. B. eigenes Verkaufsbüro, Verkauf durch Handelsvertreter, Verkauf über den Handel oder über das Internet)
- **Kommunikationspolitik,** d. h. auf Werbung, Verkaufsförderung, Öffentlichkeitsarbeit

Werden alle diese Maßnahmen nicht fallweise oder einzeln eingesetzt, sondern systematisch aufeinander abgestimmt, so spricht man von **Marketing.**

Diese systematische Abstimmung ist nicht immer einfach.

Beispiel

- Ein exklusives Parfum hat oft einen hohen Preis, um die Exklusivität zu betonen. Ist es zu teuer, werden mögliche Käufer vielleicht doch ein anderes Produkt kaufen. Bietet man es in allen Drogeriemärkten zum Verkauf an, um möglichst viele Kunden zu erreichen, gilt es nicht mehr als exklusiv. Wird es nur in ausgewählten Fachgeschäften angeboten, muss man durch gezielte Werbung versuchen, Käufer darauf aufmerksam zu machen.

Selbstverständlich versucht Marketing auch, **den Bedarf für neue Produkte zu wecken.** Dies ist jedoch stets risikoreich (z. B. selbstfahrende Autos wie etwa das Google-Car, neue Cola-Getränke).

Merkmale des Marketings sind daher:

- **systematische Kombination des absatzpolitischen Instrumentariums zur bestmöglichen („optimalen") Bearbeitung des Markts und**
- **systematische Orientierung aller betrieblichen Bereiche an den Bedürfnissen und Wünschen des Kunden für den bestmöglichen Absatz der Produkte.**

Beispiele

- Die meisten Menschen haben ihr Fruchtjoghurt gerne süß, weshalb in allen Fruchtjoghurts Zucker oder Süßungsmittel enthalten sind.
- In der Autoindustrie werden nur so viele Sicherheitseinrichtungen bei der Konstruktion berücksichtigt, wie verkauft werden können. Das Auto mit maximaler Sicherheit wäre vermutlich für den Markt zu plump und zu teuer.
- In der Möbelindustrie richtet sich die Form häufiger nach dem Geschmack breiter Käuferschichten und seltener nach den Entwürfen berühmter Designer.
- Werbung für Lkw wird man eher in Fachzeitschriften machen als vor dem Hauptabendprogramm im Fernsehen.

In welcher Form und in welchem Umfang die absatzpolitischen Maßnahmen eingesetzt werden, hängt von den konkreten Marketingzielen, vom Marketingbudget und von der Betriebsgröße ab.

Beispiele

Kleine Lebensmitteleinzelhändler werden zusätzlich versuchen, mit besonders freundlicher Bedienung und individuellem Service (z. B. Aufschnittplatten, Geschenkkörbe) Stammkunden zu gewinnen.

- Ein kleines Lebensmittelgeschäft kann kaum selbständig **Marktforschung** betreiben:
  - Sein **Absatzweg** ist vorgegeben (es verkauft an einen Kundenkreis, der in der Nähe wohnt, eventuell kann es einen Zustellservice anbieten).
  - Seine **Werbemöglichkeiten** sind beschränkt (Schaufenstergestaltung, schnelle und höfliche Bedienung, Flugzettelwerbung, Website).
  - Innerhalb bestimmter Grenzen ist es ihm möglich, eine größere oder kleinere Zahl von Produkten anzubieten **(Sortimentspolitik).**
  - Bleibt im Wesentlichen die **Preispolitik,** bei der es zwischen „exklusiven Preisen" (z. B. Delikatessengeschäft), normalen Preisen (Greißler für die Nahversorgung) und Diskontpreisen (Kleindiskonter) wählen bzw. diese mischen kann (z. B. normale Preise und Sonderangebote zu Diskontpreisen).
- Einer Supermarktkette stehen hingegen alle absatzpolitischen Instrumente zur Verfügung.

2 Formen der Marktbearbeitung

Bedürfnisse und Kaufverhalten der verschiedenen Käufergruppen sind sehr unterschiedlich. Es ist daher meist nicht sinnvoll, Produkte für den Gesamtmarkt zu entwickeln und für jedes Produkt auf allen Märkten Marketing zu betreiben.

Der Markt wird in Käufergruppen (Zielgruppen) aufgeteilt. Dadurch kann man die Produktentwicklung, die Preise, die Absatzwege und die Werbung gezielter ausrichten.

Das zielgruppenorientierte Marketing erfolgt in drei Phasen.

Zielgruppen-orientiertes Marketing

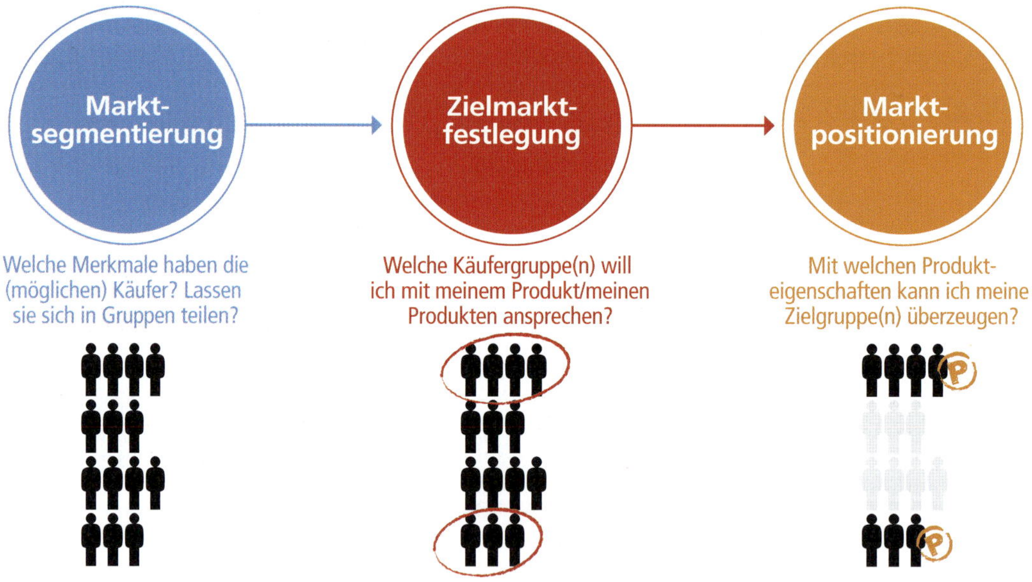

Marktsegmentierung

Bei der Marktsegmentierung wird der Gesamtmarkt in verschiedene Teilmärkte (Marktsegmente) zerlegt, die jeweils Käufer mit gleichen oder ähnlichen Merkmalen umfassen.

Dadurch kann man das Marketing den Ansprüchen und Erwartungen verschiedener Käuferschichten anpassen.

Kriterien der Marktsegmentierung

Die wichtigsten **Kriterien der Marktsegmentierung** zeigt die folgende Grafik:

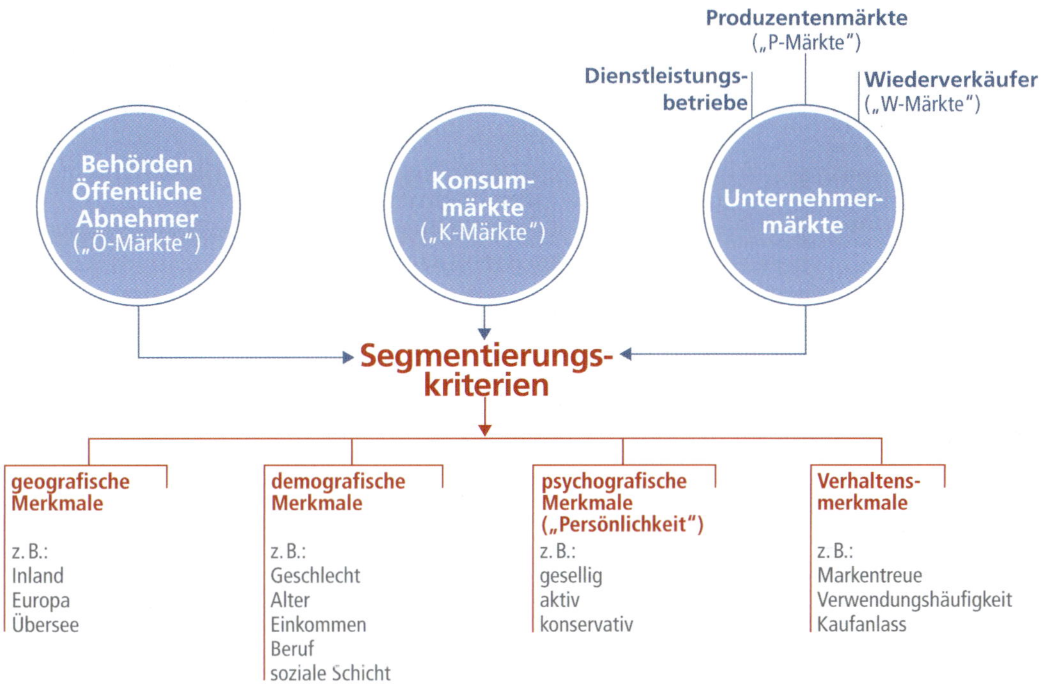

Diese Kriterien können nun vielfältig kombiniert werden, um den Zielmarkt festzulegen.

Beispiele

Marktsegmentierung

- Markt für Computerspiele für Mädchen und Burschen im Teenageralter, die neue Abenteuer erleben und Rätsel lösen wollen
- Markt für Scannerkassen für große Einzelhandelsbetriebe im Inland und in Europa
- Getränkemarkt für junge, aktive Sportlerinnen und Sportler
- Automarkt für Zweitwagenkäufer/innen im städtischen Bereich

Die Beispiele zeigen, dass nicht alle Kriterien für jede Marktsegmentierung von Bedeutung sind.

Beispiele

Vor allem in den USA ist der Trend, Konsummärkte nach **demografischen** und **psychografischen Merkmalen** zu segmentieren, sehr stark.

Marktsegmentierung nach demografischen und psychografischen Merkmalen

- **Markt der „Yummies"** (young upwardly moving mommy, also junge Mütter, die neben den Kindern eine berufliche Karriere anstreben): Für diese Zielgruppe wurden eigene Modelinien, von den Sportschuhen bis zum Sweatshirt, konzipiert und vermarktet.
- **Markt der „Puppies"** (Kinder der Yuppies, also des jungen, aufstrebenden Managernachwuchses): Für diese Zielgruppe wurden eigene intellektuell anregende Kinderzimmerumgebungen (vom Möbel bis zum Intelligenzspiel) konzipiert und vermarktet.

Ein weiteres Beispiel für diese Segmentierung ist der

- **Zeitschriftenmarkt:**
  Unterschiedliche Tageszeitungen haben häufig ein nach Einkommen und Bildungsstand unterschiedliches Leserpublikum.
  Wochen- und Monatszeitschriften sind noch stärker an individuellen Interessen und Eigenschaften ihrer Leser orientiert (Bastler, Köche, Autofans, Hausfrauen, junge Mädchen, EDV-Freaks etc.).

Selbstverständlich versucht man auch, durch Marktsegmentierung neue Märkte zu schaffen und zu bearbeiten.

8 Marketing

Beispiele

Die Uhrenmarke Swatch bietet ein Beispiel, wie **durch Marktsegmentierung** traditionelle Vertriebswege verlassen und **neue Marktsegmente** erschlossen werden können.

Neue Märkte, die durch Marktsegmentierung erschlossen werden

- Uhrenmarkt:
  Viele Jahrhunderte lang wandten sich die Uhrenproduzenten an Käufer, die ein hochwertiges Produkt, häufig als Geschenk zu einem besonderen Anlass, suchten. Als Vertriebswege wurden daher Juweliere und Uhrenfachgeschäfte gewählt.
  „Swatch" schuf die preiswerte modische Uhr als Zweit- und Drittuhr und sprach ein völlig neues Käufersegment an. Vertrieben werden die Uhren auch in Warenhäusern und als Zusatzartikel bei Lebensmitteldiskontern.
  Schließlich wurden die Uhren auch zu Sammelobjekten; sie werden heute auch in ganzen Serien (ähnlich den Briefmarken) verkauft.
- Schokolademarkt:
  besondere Schokoladen für Zuckerkranke (Diabetiker), Diätbewusste, Kochschokolade etc.

Festlegung des Zielmarkts

Wurden die Marktsegmente festgelegt, ist zu entscheiden, ob der Gesamtmarkt oder Teilmärkte bzw. wie viele Teilmärkte bearbeitet werden sollen. Die Kriterien können nun vielfältig kombiniert werden, um den Zielmarkt festzulegen.

Festlegung des Zielmarkts

- **undifferenziertes Marketing**
  Der gesamte Markt wird ohne Differenzierung nach Käufern bearbeitet. Diese Vorgangsweise ist geeignet für homogene Produkte, die möglichst viele Käufer ansprechen, z. B. nicht alkoholische Getränke, wie Almdudler oder Coca-Cola. Es ist eine Massenmarkt-Strategie („Schrotflinten-Konzept").
- **differenziertes Marketing**
  Der Markt wird in mehrere Teilmärkte aufgespalten. Diese Teilmärkte werden mit unterschiedlichen Angeboten und absatzpolitischen Maßnahmen bearbeitet, z. B. teure und billige Kameras, mit und ohne Erweiterungsmöglichkeit etc.
- **konzentriertes Marketing**
  Aus den Teilmärkten werden einzelne Teilmärkte ausgewählt und bearbeitet. In einem kleinen Segment soll mit einem maßgeschneiderten Angebot und Marketing-Mix ein großer Marktanteil erreicht werden, z. B. Sportwagen, Lodenmäntel, Stilmöbel.

Das Marketing kann sich an bestehenden Zielgruppen orientieren, aber auch versuchen, neue Zielgruppen anzusprechen und zu gewinnen.

Marktpositionierung

Die **Produktpositionierung** beschreibt, wie das Produkt in Hinblick auf wichtige Eigenschaften von den Konsumenten gesehen wird bzw. gesehen werden soll. Das Produkt soll sich deutlich und unverwechselbar von der Konkurrenz abheben und für die Zielgruppe besonders wünschenswert sein. In der Fachsprache sagt man, das Produkt soll eine **Unique Selling Proposition (USP)** erlangen.

Die Positionierung kann erfolgen nach:
- Produkteigenschaften (dauerhaft, zuverlässig, elegant)
- Preis (billig, preiswert, exklusiver Preis)
- Nutzen (Prestige, arbeitserleichternd, gut riechend)

Beispiele

Werden in einem Zielmarkt **unterschiedliche Marktsegmente** bearbeitet, so werden meist mehrere Produkte entwickelt und **unter unterschiedlichen Produktnamen** vermarktet (vgl. **Waschmittelmarkt**).

Ansätze für eine USP einzelner Produkte
- **Waschmittel**
  - für die Handwäsche zwischendurch
  - Universalwaschmittel für alle Temperaturen
  - kuschelweich auch ohne Weichspüler
  - besonders für stark verschmutzte Wäsche („fasertief rein")
  - umweltschonend
- **Autos**
  - zuverlässig und elegant
  - preiswert, spritzig, modisch
  - kompakt und doch geräumig, bedienungsfreundlich
- **Zahnpasta**
  - für besonders weiße Zähne
  - gegen Karies
  - für ein festes Zahnfleisch

In besonderen Fällen gelingt es einem Produkt, zu einer Bezeichnung für eine ganze Produktgattung zu werden.

Beispiele

Obwohl Tixo seit 1985 nicht mehr produziert wird, weiß jede/r in Österreich, dass damit ein Klebeband gemeint ist.

Produktbezeichnung als Gattungsnamen
- Tixo für Klebeband
- UHU für Klebstoff
- Pampers für Wegwerfwindeln
- Googeln für Suchen im Internet

Üben

A B C D E

Ü 8.1: Marketingpolitische Instrumente: die 4 Ps C

Zeigen Sie am Beispiel eines Tennis-Shops, der sämtliche Tennisausrüstung zum Verkauf anbietet, welche marketingpolitischen Instrumente eingesetzt werden können.

Ü 8.2: Spitzenqualität und Marketing B

Bitte begründen Sie, warum nicht bei allen Produkten nur die beste Qualität angeboten wird. Denken Sie dabei zum Beispiel an Obst und Bio-Obst im Supermarkt, an verschiedene Notebook-Modelle, die man im Fachhandel erhält.

Ü 8.3: Segmentierungskriterien I C

Welche Segmentierungskriterien könnten in den folgenden Fällen bedeutsam sein?
- Luxuskreuzfahrten
- Duschkabinen
- Goldmünzen (z. B. der Philharmoniker)
- Fahrräder

Ü 8.4: Produktpositionierung C

Wie könnte man folgende Produkte positionieren?
- Kleinauto mit Elektroantrieb und Solaraufladung
- Magermilchgetränk
- Betonmischmaschine der billigen Preisklasse

Sichern

SbX ID: 1813

SbX ID: 1813

Im SbX finden Sie eine Sammelmappe mit Zusammenfassungen zu allen Kapiteln und Lerneinheiten.

Wissen

SbX ID: 1814

A B C D E

SbX ID: 1814

Möglichkeiten zur Kompetenzüberprüfung im SbX

Wiederholungsfragen | Aufgaben mit automatischer Aufgabenkontrolle | Einfache Fallbeispiele

W 8.1: **Marketingpolitische Instrumente** C

W 8.2: **Segmentierungskriterien II** B

W 8.3: **Märkte** A

W 8.4: **Strategien der Marktbearbeitung** C

W 8.5: **Festlegung des Zielmarkts** A

W 8.6: **Fallbeispiel: Swatch – Erfolg durch Marktsegmentierung** D

Ein kurzer Kompetenz-Check, bevor's weitergeht!

Kompetenz-Check

	☺	😐	☹
Ich kann eine Übersicht über das marketingpolitische Instrumentarium geben.			
Ich kann den Vorgang der Marktsegmentierung beschreiben.			
Ich kann Segmentierungskriterien anhand von ausgewählten Beispielen beschreiben.			
Ich kann die Möglichkeiten, den Zielmarkt festzulegen, beschreiben.			
Ich kann den Begriff USP beschreiben und typische Beispiele anführen.			

Lerneinheit 2

Herausfinden, was der Markt verlangt (Marktforschung)

SbX
Alle SbX-Inhalte zu dieser Lerneinheit finden Sie unter der ID: 1820.

Wer den Markt nicht laufend beobachtet und Entscheidungen über Produkte, Preise und Absatzwege „aus dem Bauch heraus" trifft, hat früher oder später erhebliche Schwierigkeiten, auf dem Markt erfolgreich zu sein.

Zum Beispiel traf der langjährige Marktführer für Computer, IBM, die Entscheidung, sich zunächst auf große Computer („Mainframes") zu konzentrieren, und erkannte viel zu spät den Trend zum PC und zum Laptop. Heute gehört die Computersparte von IBM einem chinesischen Unternehmen (Lenovo).

Die Marktentwicklung und die Wünsche der Kunden rechtzeitig zu erkennen, ist daher für jedes Unternehmen lebenswichtig.

Unternehmen wie Nestlé beobachten daher den Markt genau, um zu erkennen, welche Sorten Nespresso den Kaffeetrinkern am besten schmecken und wie sich der Markt entwickelt.

Lernen

SbX ID: 1821

SbX
Alle Grafiken dieser Lerneinheit unter der ID: 1821.

1 Was untersucht die Marktforschung?

Arten der Marktforschung

Die österreichischen Marktforschungs-institute sind im Verband der Marktforschungs-institute Österreichs organisiert **(www.vmoe.at).**

Marktverhältnisse ändern sich häufig. Neben der zeitpunktbezogenen Analyse ist daher die ständige **Marktbeobachtung** notwendig. Nur so kann man die Entwicklung („den Trend") rechtzeitig erkennen und **eventuell vorausschätzen (Marktprognose).**

Auch Nespresso muss den Markt laufend beobachten, um zu erkennen, was sich die Kunden wünschen, mit welchen neuen Kaffeesorten man den Umsatz noch steigern und die Kunden noch enger binden kann, damit sie nicht zu einem Produkt der Konkurrenz wechseln. Deshalb muss auch die Konkurrenz ständig beobachtet und ihre Angebote analysiert werden.

Untersucht werden:

- **Merkmale der** gegenwärtigen und der zukünftigen (potenziellen) **Abnehmer** (Geschlecht, Alter, Beruf, Einkommen)
- **Kaufmotive** (Warum wird ein Gut gekauft? Wegen des Gebrauchswerts? Wegen der schönen Form? Wegen des Prestiges?)
- **Reaktion der Abnehmer** auf die absatzpolitischen Maßnahmen (Erhöht die Werbung den Bekanntheitsgrad des Produkts? Wird der Preis als günstig oder als überhöht empfunden?)
- **Marktanteil** (absolut – z. B. 40 %; relativ – im Verhältnis zum stärksten Konkurrenten, z. B. wir haben 30 %, der Konkurrent 20 % – relativer Marktanteil 150 %)
- **Art und Ausmaß der Konkurrenz** (Zahl der Konkurrenten, Preispolitik, Sortiment, Werbemaßnahmen)

2 Wie untersucht die Marktforschung?

Marktforschung kann auf unterschiedliche Arten betrieben werden.

Methoden der Marktforschung

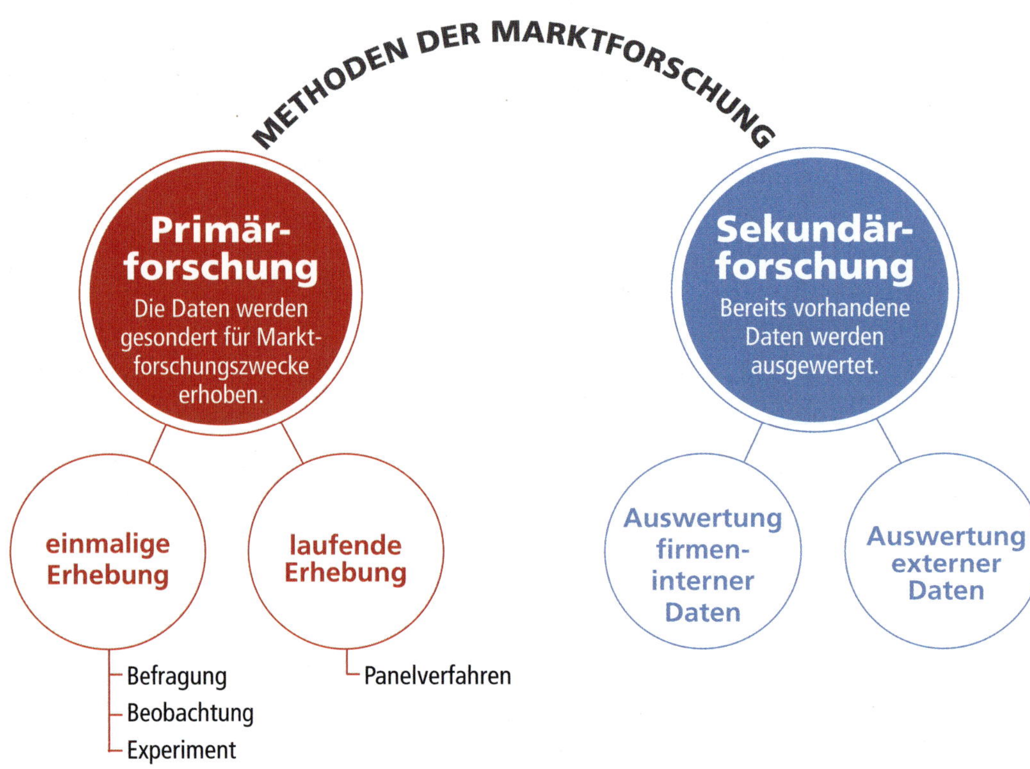

Die Primärforschung

Die Primärforschung wird auch **Feldforschung, engl. field research,** genannt.

(1) Einmalige Primärerhebung

a) Die Befragung

Die Befragung kann auf unterschiedliche Arten erfolgen:

- mündlich (persönlich)
- telefonisch
- schriftlich
- über das Internet

Jedes Vorgehen hat Vor- und Nachteile.

Arten der Befragung

ARTEN DER BEFRAGUNG

mündliche Befragung	telefonische Befragung	schriftliche Befragung	Befragung per E-Mail und Internet
Vorteile ● hohe Antwortquoten ● größere Anzahl von Fragen möglich ● ergänzende Beobachtungen durch Interviewer	**Vorteile** ● rasch ● billig ● Räumliche Entfernung spielt keine Rolle.	**Vorteile** ● kein Interviewer erforderlich ● Räumliche Entfernung spielt keine Rolle.	**Vorteile** ● keine Portokosten ● Direkte Auswertung der Ergebnisse ist möglich. ● Räumliche Entfernung spielt keine Rolle.
Nachteile ● teuer ● geschulte Interviewer notwendig ● nicht anonym ● Beeinflussung durch Interviewer	**Nachteile** ● Voraussetzung eines Telefons ● beschränkte Anzahl von Fragen, da sonst eine zu lange Gesprächsdauer	**Nachteile** ● geringe Rücklaufquoten ● Portokosten	**Nachteile** ● Voraussetzung einer Internetverbindung ● geringe Rücklaufquote

Im persönlichen Interview erhält man die meisten Informationen.

- **mündliche Befragung (persönliches Interview)**

  Vorteile:
  - hohe Antwortquote (Erreicht man die Person, die man befragen möchte, so bekommt man meist auch die Antwort.)
  - Auch eine größere Zahl von Fragen kann vorgelegt werden, da der Interviewer das Interesse aufrechterhält.
  - Der Interviewer kann ergänzende Beobachtungen anstellen (z. B. ob schnell oder zögernd geantwortet wird, wie der Interviewte wohnt etc.).

  Nachteile:
  - hohe Kosten, da geschulte Interviewer erforderlich sind
  - Keine anonyme Befragung; daher kann es sein, dass der Interviewte eher Antworten gibt, die nicht seiner wahren Meinung entsprechen.
  - Durch die Art der Fragestellung und der Gesprächsführung kann der Interviewer das Ergebnis beeinflussen.

Telefonische Befragungen werden professionell von Call-Centern durchgeführt.

- **telefonische Befragung**

  Vorteile:
  - rasch und billig durchzuführen
  - Räumliche Entfernung spielt keine Rolle.

  Nachteile:
  - Es können nur Personen befragt werden, die über ein Telefon verfügen und im Telefonbuch stehen (dadurch wird die Auswahl der Befragten verzerrt).
  - Es kann nur eine beschränkte Zahl von Fragen vorgelegt werden (zu lange Telefongespräche mit einem unbekannten Anrufer würden starke Verzerrungen ergeben).

Bei einer **schriftlichen Befragung** antworten nur etwa 15 bis 20 % der Angeschriebenen.

- **schriftliche Befragung**

  Vorteile:
  - keine Interviewer erforderlich (daher billig und kein Interviewereinfluss)
  - Räumliche Entfernung spielt keine Rolle.

  Nachteil:
  - geringe Rücklaufquote

8 Marketing

Es ist anzunehmen, dass die **elektronische Befragung** in Zukunft zwar die postalische Befragung, nicht aber das Interview ersetzen wird.

- **Befragung per E-Mail und Internet**

Im Wesentlichen gelten hier dieselben Vor- und Nachteile wie bei der schriftlichen Befragung.

Wichtig ist, dass der Fragebogen von den Befragten mit einem Klick zurückgesandt werden kann und keine Speicherung des Fragebogens beim Befragten notwendig ist.

Zusätzlich entstehen folgende Vor- und Nachteile:

Vorteile:

- keine Portokosten
- Bei geeigneter Gestaltung können die Befragten die Antworten direkt am Bildschirm eingeben. Die Ergebnisse können dann direkt in das Statistikprogramm übernommen werden, d. h., es ist keine zusätzliche Codierung der Ergebnisse erforderlich.

Ein **Nachteil der elektronischen Befragung** ist z. B., dass Senioren das Internet in geringerem Ausmaß als jüngere Menschen nützen.

Nachteile:

- Bestimmte Bevölkerungsschichten sind über E-Mail nicht zu erreichen.
- Bei der großen Anzahl der „nutzlosen Mails", die heute versandt werden, ist die Quote der Nichtbeantworter ebenfalls sehr hoch.

Das Problem bei Befragungen

Bei jeder Befragung besteht das **Problem, dass die Befragten ihre tatsächlichen Einstellungen und Meinungen oft nicht bekanntgeben oder nur jene Ansichten, die allgemein für richtig gehalten werden,** aber nicht ihren wirklichen Einstellungen entsprechen. Zum Beispiel geben oft mehr Personen an, umweltfreundliche Produkte zu bevorzugen, als sich beim Kauf tatsächlich für diese Produkte entscheiden.

Beobachtung und Experiment sind nicht scharf voneinander zu trennen.

b) Die Beobachtung und das Experiment

Bei der **„reinen Beobachtung"** wird das Verhalten von Personen (vor allem von Kunden) in einer Situation festgestellt, die nicht künstlich verändert wurde.

Beispiele

Reine Beobachtung in der Marktforschung

- Werden in einem Supermarkt eher die Regale rechts oder links von der Gehrichtung beachtet?
- Betrachten Kunden, bevor sie das Geschäft betreten, die Schaufensterdekoration oder betreten sie das Geschäft sofort?

Man unterscheidet **Laborexperimente** und **Feldexperimente.**

Beim **Experiment** wird die Situation, die beobachtet werden soll, künstlich hergestellt und meist verändert, um zu sehen, wie sich die Veränderungen auswirken.

Beim **Laborexperiment** findet die Beobachtung **nicht in der wirtschaftlichen Wirklichkeit** statt.

Beispiele

Laborexperiment

- Ausgewählten Versuchspersonen werden verschiedene Verpackungen vorgelegt. Sie sollen jene auswählen, die ihnen am besten gefällt.
- Versuchspersonen werden beim Zeitunglesen gefilmt. Es wird gemessen, welche Seiten am meisten beachtet werden (erste Seite, letzte Seite oder eine Seite mit einem ganz bestimmten Inserat etc.).

Beim **Feldexperiment** wird die Situation **in der wirtschaftlichen Wirklichkeit** untersucht.

Beispiele

Eine Sonderform des Experiments ist der **Testmarkt.** Bevor ein Gut auf den Markt gebracht wird, wird es in einem abgegrenzten Gebiet (z. B. in einem Bundesland) probeweise verkauft.

Feldexperiment

- Waren werden im Selbstbedienungsgeschäft an unterschiedlichen Stellen platziert (nahe der Kasse, nahe dem Eingang, in Augenhöhe, in Brusthöhe, über Augenhöhe). Beobachtet wird, wie häufig die Ware an den verschiedenen Aufstellungsorten beachtet wird (wie oft wird sie angesehen, angegriffen, gekauft).
- Das Verkäuferverhalten wird verändert und es wird beobachtet, wie sich der Kunde verhält. Zum Beispiel kann in einem Warenhaus der Kunde sofort angesprochen werden, wenn er eine Ware betrachtet, oder erst dann, wenn er sich mit der Ware näher vertraut gemacht hat (z. B. wenn er sie in die Hand genommen hat). Das zweite Verhalten hat sich im Experiment als erfolgreicher erwiesen.

(2) Laufende Primärerhebung (Panelverfahren)

Ein **Panel** ist eine gleichbleibende Gruppe von Haushalten oder Betrieben, denen in regelmäßigen Zeitabständen die gleichen Fragen vorgelegt werden. Aus den Veränderungen der Antworten kann auf die Entwicklung des Markts bzw. einzelner Faktoren geschlossen werden (z. B. Modetrends, Reisetrends).

Beispiele

Panelverfahren

- **Haushaltspanel:** Eine Zahl von Haushalten führt laufend Aufzeichnungen über die Einkäufe. Daraus kann z. B. ermittelt werden,
  - welche Geschäfte bevorzugt werden (Supermarkt, Bedienungsgeschäfte, Fachgeschäfte, Einkaufszentren etc.),
  - ob Markenartikel auch dann gekauft werden, wenn sie teurer sind als vergleichbare Waren ohne Marken,
  - welchen Einfluss Werbekampagnen auf die Kaufentscheidung haben (z. B. ob eine Kosmetikmarke oder eine Waschmittelmarke gewechselt wurde).
- **Einzelhandelspanel:** Eine gleichbleibende Zahl von Einzelhändlern wird über die Änderung der Verbrauchsgewohnheiten befragt:
  - Nimmt der Marktanteil abgepackter Lebensmittel zu oder ab?
  - Geht der Trend eher zu schmäleren oder zu breiteren Krawatten?
  - Werden beim Schikauf mehr oder weniger Diebstahl- und Schibruchversicherungen abgeschlossen?

Das **Einzelhandelspanel** wird meist stellvertretend für das Haushaltspanel verwendet, da langfristige Konsumgüter wie Schi oder Waschmaschinen von Haushalten nur selten erworben werden.

Die Sekundärforschung

Bei der Sekundärforschung werden bereits vorhandene Daten für Zwecke der Marktforschung ausgewertet:

- **interne Daten,** wie Umsatzstruktur (Welche Produkte werden mehr, welche weniger abgesetzt?), Preisentwicklung (Steigt nur der mengenmäßige Umsatz oder auch der wertmäßige Umsatz?) etc.
- **externe Daten,** z. B. Entwicklung der Einkommen in einer Region, Änderungen der Berufsstruktur, die Kinderzahl

Eine wichtige **Quelle für interne Daten** sind z. B. die von den Scannerkassen erfassten Artikelnummern, die primär der Lagerbewirtschaftung dienen, und die Umsätze mit Kundenkarten.

Die Konkurrenzerkundung

Ein Sonderproblem der Markterkundung stellt die Erforschung des Angebots, der Produktionsverfahren und vor allem der zukünftigen Absichten der Konkurrenz dar.

Folgende Methoden werden bei der Konkurrenzerkundung eingesetzt:

- Produkte der Konkurrenz werden gekauft und genau analysiert (z. B. die chemische Zusammensetzung von Kosmetika, die technischen Details von Sicherheitseinrichtungen bei Autos etc.).
- Mitarbeiter der Konkurrenz werden abgeworben, auch mit der Hoffnung, Produktionsdetails oder Details über die zukünftigen Marketingaktivitäten zu erfahren.
- Verkäufer bauen persönliche Beziehungen zu Händlern auf, die auch bei der Konkurrenz kaufen, und hoffen so, Informationen zu erlangen.
- Manchmal werden auch illegale Wege beschritten, z. B. Industriespionage.

Beispiel

- Ein hoher Manager wechselte von einem weltweit agierenden Autokonzern zu einem anderen. Es wurde Klage erhoben und behauptet, er hätte bei diesem Wechsel Entwicklungsdaten der neuen Modelle der Konkurrenz mitgeteilt.

SbX
ID: 1821

Inhalte zum Thema „Ausgewählte Daten der Marktforschung" finden Sie im SbX unter der ID: 1821.

Üben

SbX ID: 1822

A B C D E

SbX
Ü 8.5
mit automatischer
Aufgabenkontrolle.
ID: 1822

Ü 8.5: Marktbeobachtung, Marktanalyse/Primär- und Sekundärforschung B

Die Vorstandsdirektorin eines Unternehmens, das Kaffeekapselsysteme herstellt, gibt den Auftrag, den Verlauf der Preise der Konkurrenz und den eigenen Umsatz im kommenden Vierteljahr genau zu beobachten und einander gegenüberzustellen.

a) Spricht man dabei von Marktbeobachtung oder von Marktanalyse?

b) Werden die Daten durch Primärforschung oder durch Sekundärforschung festgestellt? (Achtung!)

Ü 8.6: Methoden der Marktforschung I C

Ein Unternehmen, das Zahnpasta und Zahnbürsten herstellt, will eine Werbekampagne vorbereiten, um den Umsatz zu erhöhen. Dazu sollen die Zahnputzgewohnheiten der Bevölkerung erhoben werden.

Folgende Fragestellungen scheinen interessant:

- Wie oft werden die Zähne täglich geputzt?
- Wie oft wird eine neue Zahnbürste gekauft?
- Welcher Zahnpastageschmack wird bevorzugt?
- Wo werden Zahnpasta und Zahnbürste gekauft (Apotheke, Drogerie, Supermarkt etc.)?
- Spielt der Preis bei der Kaufentscheidung eine Rolle?

a) Welche Untersuchungsmethoden stehen zur Verfügung?

b) Welche Methoden sind für welche Fragestellungen geeignet?

Ü 8.7: Panel B

Sie lesen in der Zeitung, dass zur besseren Erfassung der Verbrauchsgewohnheiten bei Unterwäsche (Seide, Baumwolle, synthetische Fasern, Mischgewebe etc.) ein Panel geschaffen wurde. Was heißt das? Um welche Form des Panels könnte es sich dabei handeln?

Ü 8.8: Bedeutung der Marktforschung C

Überlegen Sie am Beispiel der Pkw-Erzeugung, warum die Erforschung der Kaufmotive für die Produzenten wesentlich sein könnte.

Ü 8.9: Primär-, Sekundärforschung C

Als bedeutsam für die Absatzchancen von Rasenmähern in einem Gebiet werden angesehen:

- Zahl der Eigenheimbewohner,
- Grundstücksgrößen,
- Einkommen der Eigenheimbesitzer,
- Alter der Eigenheimbesitzer

Welche Daten kann man vermutlich durch Sekundärforschung erhalten und für welche Daten ist eine Primärerhebung erforderlich?

Ü 8.10: Konkurrenzerkundung B

Ein großer Pkw-Hersteller stellt fest, dass er an den Marktführer laufend Marktanteile verliert. Die Situation könnte sich noch verschlechtern, wenn im nächsten Jahr die angekündigte neue Modellreihe des Marktführers auf den Markt kommt. Welche Maßnahmen zur Konkurrenzerkundung können ergriffen werden?

SbX ID: 1822

Weitere Übungsaufgaben zum Thema „Ausgewählte Daten der Marktforschung" im SbX:

Ü 8.11: **Marktanteile, Marktanalyse, Marktbeobachtung** C

Ü 8.12: **Marktpotenzial** B

Ü 8.13: **Konsumentenverhalten** C

Ü 8.14: **Innovatoren, frühe Abnehmer** C

Ü 8.15: **Langfristige Marktprognose** D

Ü 8.16: **Kurzfristige Marktprognose** C

Ü 8.17: **Marktsegmente** C

Sichern

SbX ID: 1823

SbX ID: 1823

Im SbX finden Sie eine Sammelmappe mit Zusammenfassungen zu allen Kapiteln und Lerneinheiten.

Wissen

SbX ID: 1824

A B C D E

SbX ID: 1824

Möglichkeiten zur Kompetenzüberprüfung im SbX

Wiederholungsfragen | Aufgaben mit automatischer Aufgabenkontrolle | Einfache Fallbeispiele

W 8.7: **Marktanalyse und Marktbeobachtung** B

W 8.8: **Primärforschung** B

W 8.9: **Methoden der Befragung** B

W 8.10: **Methoden der Marktforschung II** C

W 8.11: **Beobachtung und Experiment** B

W 8.12: **Panelverfahren** C

W 8.13: **Sekundärforschung** B

W 8.14: **Marktpotenzial und Marktanteil** B

W 8.15: **Absoluter und relativer Marktanteil** C

W 8.16: **Käuferkategorien** C

W 8.17: **Absatzprognosen** A

W 8.18: **Methoden der Marktforschung III** B

Ein kurzer Kompetenz-Check, bevor's weitergeht!

Kompetenz-Check

	☺	😐	☹
Ich kann die Begriffe Marktanalyse, Marktbeobachtung und Marktprognose unterscheiden.			
Ich kann die Methoden der Marktforschung beschreiben.			
Ich kenne die Vor- und Nachteile der verschiedenen Methoden der Marktforschung.			

Lerneinheit 3

Wie entschieden wird, was produziert werden soll (Produkt- und Sortimentspolitik)

SbX
Alle SbX-Inhalte zu dieser Lerneinheit finden Sie unter der ID: 1830.

Ein neues Produkt zu entwickeln – z. B. einen neuen Pkw-Motor oder ein Medikament –, ist teuer. Ein zu umfangreiches Lager bei großer Produktvielfalt verursacht erhebliche Kosten. Produkte später als die Konkurrenz auf den Markt zu bringen oder nicht liefern zu können, verursacht oft einen noch größeren Schaden.

Produktionsbetriebe müssen daher ihre Produktpolitik langfristig planen, Handelsbetriebe genau überlegen, was sie in ihr Sortiment aufnehmen sollen.

Im Rahmen der Produkt- und Sortimentspolitik müssen folgende Entscheidungen getroffen werden:

- Welche Produkte bzw. wie viele verschiedene Produkte sollen erzeugt bzw. angeboten werden?
- Wie sollen die einzelnen Produkte gestaltet und am Markt positioniert werden, wie sollen sie im Verlauf der Zeit verändert werden und wann sollen sie aufgelassen werden?
- Welche Nebenleistungen (z. B. Service, erweiterte Garantie, Einschulung, Beratung) sollen angeboten werden?

Lernen

SbX ID: 1831

SbX
Alle Grafiken dieser Lerneinheit unter der ID: 1831.

Auch Dienstleistungen werden in der Marketingsprache als „Produkt" bezeichnet.

1 Was ist ein Produkt?

Ein Smartphone oder eine 1,5-Liter-Einwegflasche für Almdudler ist aus der Sicht des Marketing genauso ein Produkt wie die Wertpapierdepotverwaltung der Kreditinstitute für Privatanleger oder ein Cluburlaub mit Vollpension und freier Nutzung aller Sportanlagen.

Jeder Käufer überlegt, welchen Nutzen ein Produkt hat. Wird der Nutzen eines Produkts beworben, so sind zu unterscheiden:

- **Grundnutzen des Produkts**

  z. B. Mountainbike zum Fahren außerhalb der üblichen Verkehrswege, an der frischen Luft für Sport und Freizeit, Kapselkaffeemaschinen zur raschen Kaffeeherstellung

- **Zusatznutzen** mit den beiden wichtigsten Aspekten:
  - Geltungsnutzen

    z. B.: Besitz eines teuren Mountainbikes verleiht Prestige, weist auf sportliche Lebensführung hin; man kann es sich leisten, teuren Kaffee zu trinken und verschiedene Sorten zu genießen.

  - Erlebnisnutzen

    z. B.: Mountainbike ist schön gestaltet, ermöglicht die Teilnahme an gemeinsamen Radausflügen.

Werden **bei der Positionierung eines Produkts am Markt** die verschiedenen Nutzenaspekte nicht berücksichtigt, können die Marketinganstrengungen vergeblich sein.

8 Marketing

Beispiel

Grund- und Zusatznutzen eines Produkts

- Vor mehreren Jahren investierte Coca-Cola ca. € 6 Mio., um für ein neues Rezept Geschmackstests durchzuführen. In über 200 000 Tests wurde eine Rezeptur gefunden, die von der Mehrheit der Testpersonen im „Blindtest" (d. h., die Personen wussten nicht, welches der verschiedenen Rezepte sie verkosteten) sowohl dem alten Coca-Cola-Geschmack als auch der Konkurrenzmarke Pepsi vorgezogen wurde.

  In einer riesigen Werbekampagne propagierte man daraufhin das „New-Coke", es wurde jedoch ein „Flop".

  Im Nachhinein wurde festgestellt, dass man dabei nur den Grundnutzen (ein Erfrischungsgetränk mit gutem Geschmack) beachtet hatte. Der „Erlebnisnutzen" des traditionellen Coca-Cola wurde offenbar zu wenig berücksichtigt. Coca-Cola war eben nicht nur ein gut schmeckendes Erfrischungsgetränk, sondern ein Symbol für US-amerikanischen Lebensstil. Das Aufgeben des traditionellen „Coke" bedeutete daher für den Konsumenten sozusagen einen Wechsel des Lebensstils, zu dem viele nicht bereit waren.

  Coca-Cola kehrte zur alten Rezeptur zurück.

Auch bei Investitionsgütern ist der **Zusatznutzen** wichtig.

- Teure Büromöbel oder die neueste Computersoftware können erheblichen Geltungsnutzen verleihen.
- Werkzeugmaschinen und Computer werden von Industriedesignern gestaltet, um den Erlebnisnutzen zu erhöhen.

Das Beispiel zeigt auch die **Notwendigkeit, die Gestaltung des einzelnen Produkts mit der gesamten Programm- bzw. Sortimentsentscheidung abzustimmen.** Hätte Coca-Cola das „Coca-Cola Classic" parallel zum „New-Coke" im Sortiment behalten, wäre der Schaden geringer gewesen.

2 Produkte haben einen Lebenszyklus

Die „Lebensdauer" eines Produkts ist in der Regel begrenzt. Die Ursachen des wirtschaftlichen „Alterns" liegen

- im technischen Fortschritt,
- in der Intensität des Wettbewerbs,
- in den Änderungen des Verbraucherverhaltens.

Beispiele

Altern von Produkten

- **Altern durch technischen Fortschritt:**
  - Ersatz von Handys durch Smartphones
  - Ersatz der Fotoapparate mit herkömmlichen Filmen durch digitale Fotoapparate
- **Altern durch die Intensität des Wettbewerbs:**
  - Fernreisen statt Inlandsurlaub
- **Altern durch Änderung der Verbrauchergewohnheiten:**
  - Änderung von Modefarben, Hosenschnitt, Kleiderschnitt, Kleiderlänge
  - Änderung von Modesportarten (z. B. Golf statt Tennis, Snowboarding statt Schifahren)

Die Änderung der Verbrauchergewohnheiten wird **erheblich durch die Werbung beeinflusst.**

Ein „Altern" kann man nicht nur bei einzelnen Produktarten nachweisen, sondern auch bei Materialien (natürliche Materialien, Kunststoffe), Farben und Formen.

Relaunch

Häufig wird versucht, den Lebenszyklus eines Produkts durch eine Variation zu verlängern. Man spricht von einem „Neustart" des modifizierten Produkts. Dies wird in der Fachsprache als **„Relaunch"** bezeichnet.

Beispiele

Relaunch von Produkten

- Relaunch von Zeitungen oder Zeitschriften durch ein neues Layout
- Relaunch von Mineralwasser durch Verwendung neu gestalteter Flaschen
- Relaunch von Kühlschränken durch Einbau der Möglichkeit, gekühlte Getränke glasweise von außen zu entnehmen, bzw. durch verschiedene Kühlzonen mit höherer und mit niedrigerer Temperatur (z. B. Kellerzone für Getränke, Gemüsezone)
- Relaunch von Waschmitteln durch neue Zusätze, Nachfüllpackung etc.
- Relaunch von mechanischen Uhren als teure Prestigeobjekte

Die Länge und der Verlauf von Lebenszyklen sind je nach Produkt verschieden.

Beispiele

Unterschiedlicher Verlauf von Lebenszyklen

- Der Lebenszyklus von Automobilmodellen wird durch mehr oder weniger starke Variationen verlängert (z. B. Sondermodelle, Sonderzubehör, neue Ausstattungsmerkmale, neue Karosserie etc.). Dennoch werden die meisten Automobilmodelle nach einiger Zeit eingestellt.
- Gut eingeführte Waschmittel haben hingegen einen sehr langen Lebenszyklus mit einigen Neustarts (z. B. neuer Zusatz, neue Formel) und einer sehr langen Reifephase.

Waschmittel wie Ariel, Omo, Persil und Weißer Riese sind seit Jahrzehnten auf dem Markt.

Der Lebenszyklus eines Produkts mit Relaunch

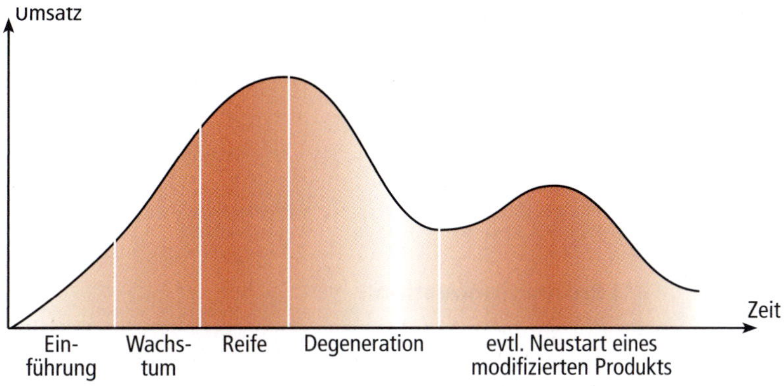

3 Breite und Tiefe des Produktionsprogramms (des Sortiments)

Im Rahmen der Produktpolitik muss ein Ausgleich zwischen **Spezialisierung** und **Produktvielfalt** gefunden werden.

Breite des Produktionsprogramms (des Sortiments)

Die Breite gibt an, welche Produktgruppen angeboten werden.
Nespresso bietet z. B. neben Kaffeekapseln auch Kaffeegeschirr und Accessoires an.

Tiefe des Produktionsprogramms (des Sortiments)

Die Tiefe gibt an, wie viele Ausführungen (Typen, Modelle, Sorten, Größen etc.) eines Produkts angeboten werden.

Inzwischen gibt es z. B. 22 verschiedene Nespresso-Kaffeesorten.

Beispiel

Breite und Tiefe eines Produktionsprogramms

- Ein Hersteller von Elektrogeräten fertigt
  - Fernseher, CD-Player, DVD-Geräte, Handys und Radios (Breite des Produktionsprogramms).
  - Innerhalb der Produktgruppen werden verschiedene Ausführungen, Varianten, Modelle angeboten (Tiefe).

Die folgende Grafik soll diese Produktpolitik veranschaulichen
(gezeigt werden zwei Produktgruppen – tatsächlich sind es mehr).

Auch bei Dienstleistungsanbietern (z. B. bei einem Schönheitssalon) unterscheidet man die Breite (Frisuren, kosmetische Behandlungen, Massagen) und die Tiefe (verschiedene Gesichtsbehandlungen, Pediküre, Maniküre etc.).

alle Produkte, die ein Unternehmen anbietet	**Breite:** verschiedene Produktgruppen	
	Fernseher	**DVD-Geräte**
Tiefe: verschiedene Ausführungen/ Varianten/Modelle in einer Produktgruppe	verschiedene Bildschirmgrößen	nur Player oder Player mit Recorder
	verschiedene Bildschirmarten (LCD, Plasma …)	zusätzliche Formate (DivX, HD)
	verschiedene Designs	mit oder ohne Festplatte
	verschiedene Extras	mit oder ohne eigenem Bildschirm

Vorteile einer geringe Programmbreite:

- ermöglicht einen hohen Spezialisierungsgrad
- Wenige Produkte können eventuell in größeren Serien kostengünstig hergestellt werden.

Nachteil eines schmalen Produktionsprogramms:

- erhöhtes Risiko, wenn der Absatz dieser wenigen Produkte zurückgeht

4 Die Arten der Produktpolitik

Arten der Produktpolitik

Beispiel Produktdifferenzierung bei Vöslauer: Klassisches Mineralwasser wird ergänzt durch „Wellnessmineralwasser“ mit wenig oder ohne Kohlensäure bzw. mit Zusätzen wie Birne, Melisse etc.

Würde Vöslauer neben Mineralwasser auch Fruchtsäfte anbieten, wäre das Produktdiversifikation.

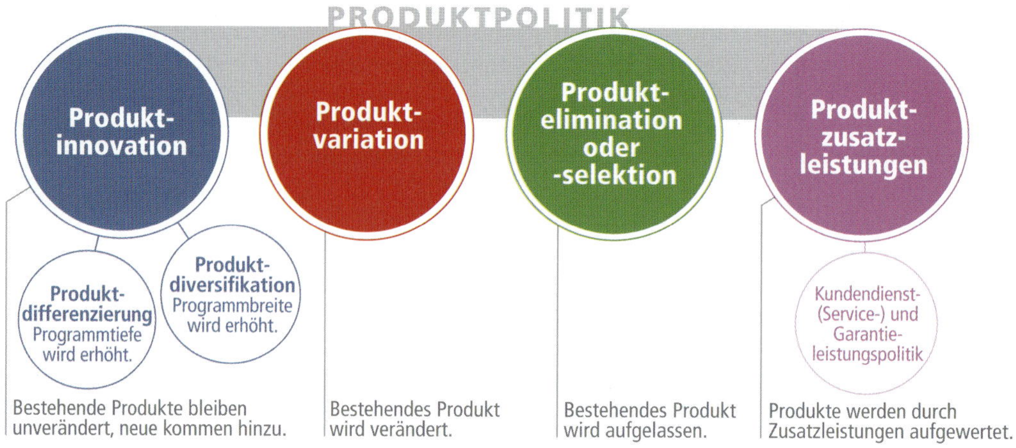

(1) Produktinnovation

Produktinnovation bedeutet, dass neue Produkte in das Erzeugungsprogramm (bzw. in das Sortiment) aufgenommen werden. Produktinnovationen treten als **Produktdifferenzierung** und als **Produktdiversifikation** auf.

Durch die **Produktdifferenzierung** soll das Produkt den unterschiedlichen Bedürfnissen und der unterschiedlichen Kaufkraft der Abnehmer angepasst werden.

Produktdifferenzierung (Sortimentsvertiefung)

Es wird die Programmtiefe erhöht. Die Breite bleibt unverändert. Ein Produkt wird in verschiedenen Ausführungen (Typen, Varianten) angeboten.

Beispiele

Produktdifferenzierung

- In der Autoindustrie werden Grundtypen (z. B. der VW-Golf) in vielen Varianten (Ausstattung, Motor, Karosserieform – Limousine, Kombi etc.) angeboten.
- Nespresso bietet immer wieder neue Kaffeesorten an.

Produktdiversifikation (Sortimentsverbreiterung)

Es wird die Programmbreite erhöht, d. h., es werden Produktgruppen erzeugt bzw. angeboten, die bisher nicht im Produktionsprogramm waren.

Beispiele

Produktdiversifikation

- Ein Schierzeuger produziert in Zukunft auch Schibekleidung und Tennisrackets.
- Nespresso bietet neben Kaffee auch Tee in Kapseln an.

Gründe für die Aufnahme neuer Produkte können sein:

- Beteiligung an wachsenden Märkten
- Wechseln von einem gleichbleibenden oder schrumpfenden Markt zu einem wachsenden Markt
- Ausnutzung vorhandener Produktionskapazitäten
- breitere Risikostreuung

(2) Produktvariation (Produktveränderung im Zeitablauf)

Die **Anzahl der Produkte** bzw. der Produktgruppen **bleibt bei der Produktvariation gleich.**

Bei der Produktvariation werden bestimmte Eigenschaften der bestehenden Produkte im Zeitablauf verändert, um sie damit den möglichen Konsumenten attraktiver erscheinen zu lassen.

Die Produktänderungen können sich beziehen auf:

- Funktionen (z. B. Touchscreen statt Tastensteuerung)
- Material (Kunststofffenster statt Holzfenster)
- Farbe und Form (Veränderung des Oberbelags eines Schimodells)
- Verpackung (andere Form, andere Aufmachung, andere Farbe)
- Bezeichnung (Zusatz wie „neu“, „neue Formel“ bei Waschmittel, Zahnpasta etc.)

Der Unterschied zur Produktdifferenzierung besteht darin, dass die verschiedenen Varianten/Typen bei der **Produktdifferenzierung gleichzeitig,** bei der **Produktvariation im Zeitablauf nacheinander** angeboten werden.

Zur Elimination von Produktvarianten oder Produktgruppen kommt es **auch im Rahmen der Spezialisierung.**

(3) Produktelimination (Ausscheiden von Produkten)

Produkte, deren Lebenszyklus zu Ende geht, müssen rechtzeitig aus dem Programm ausgeschieden werden. Dabei kann es sich um Produktvarianten oder auch um Produktgruppen (Grundtypen) handeln.

Eine wichtige Nebenleistung ist die verlängerte Garantie (z. B. bis 3 Jahre bei Pkw).

(4) Zusatzleistungen als Teil der Produktgestaltung

Nebenleistungen, wie

- Beratung,
- Montage,
- Einschulung,
- Wartung und Service,

können ebenfalls zur Produktgestaltung gezählt werden.

Im gesamten Bereich der technischen Produkte (langlebige Konsumgüter und Investitionsgüter) werden diese Nebenleistungen immer wichtiger.

Üben

A B C D E

Ü 8.18: Ausweitung des Produktionsprogramms C

Ein Hersteller von TV-Geräten und Monitoren beschließt, in Zukunft auch Dampfgarer und Induktionsküchenherde zu fertigen.

a) Wie würden Sie diese Ausweitung des Produktionsprogramms bezeichnen?

b) Welche Gründe könnten den Produzenten zu dieser Entscheidung veranlassen?

Ü 8.19: Veränderung eines Produkts C

Beim Übergang von den Modellen 2018 auf die Modelle 2019 werden an einem Kleinmotorrad folgende Veränderungen vorgenommen:

- Die Sitzbank wird verlängert,
- die Stärke des Moters wird erhöht,
- der Tank wird mit weißen Längsstreifen versehen.

a) Wie würden Sie diese Art der Produktveränderung bezeichnen?

b) Warum wird sie vorgenommen?

Ü 8.20: Auflassung von Produkten C

Ein Erzeuger von Computern und EDV-Zubehör hat derzeit Standgeräte, Bildschirme, Notebooks und Tablets im Programm. Er beschließt, in Zukunft nur noch Notebooks zu produzieren.

a) Welche Gründe könnten ihn dazu veranlassen?

b) Welche Probleme treten bei einer derartigen Entscheidung auf?

c) Durch welche anderen Maßnahmen der Produktgestaltung kann diese Maßnahme ergänzt werden?

Ü 8.21: Mehr Produktvielfalt C

Ein Erzeuger von Kühlschränken bietet ein Standardmodell mit einer Breite von 60 cm, das mit einem Gefrierfach ausgerüstet ist, in Zukunft auch mit einer Null-Grad-Zone an. Außerdem gibt es die Kühlschränke in Zukunft auch in den Farben Weiß, Blau und Rot.

a) Wie nennt man diese produktpolitische Maßnahme?

b) Warum wird sie vermutlich getroffen?

8 Marketing

Sichern

SbX ID: 1833

SbX
ID: 1833

Im SbX finden Sie eine Sammelmappe mit Zusammenfassungen zu allen Kapiteln und Lerneinheiten.

Wissen

SbX ID: 1834

A B C D E

SbX
ID: 1834

Möglichkeiten zur Kompetenzüberprüfung im SbX

Wiederholungsfragen | Aufgaben mit automatischer Aufgabenkontrolle | Einfache Fallbeispiele

W 8.19: **Arten der Produktpolitik** B

W 8.20: **Nebenleistungen** C

W 8.21: **Produktvariation** A

W 8.22: **Lebenszyklus von Produkten** A

W 8.23: **Produktpolitik** A

Ein kurzer Kompetenz-Check, bevor's weitergeht!

Kompetenz-Check

	☺	😐	☹
Ich kann Grundnutzen und Zusatznutzen von Produkten unterscheiden und deren Bedeutung für den Absatz charakterisieren.			
Ich kenne die unterschiedlichen Ursachen für den Verlauf des Lebenszyklus von Produkten.			
Ich kann den Begriff „Relaunch" mit praktischen Beispielen erklären.			
Ich kann die Breite und die Tiefe von Produktionsprogrammen bzw. Sortimenten erläutern.			
Ich kann die Begriffe Produktdifferenzierung, Produktdiversifikation, Produktvariation unterscheiden.			
Ich kann die Gründe für die Strategien der Produktpolitik nennen und mit praktischen Beispielen erläutern.			
Ich kann Umfang und Bedeutung der Nebenleistungen für die Produktpolitik einschätzen.			

Lerneinheit 4

Preise und Konditionen sind oft entscheidend (Kontrahierungspolitik)

SbX
Alle SbX-Inhalte zu dieser Lerneinheit finden Sie unter der ID: 1840.

Gelingt es, über die Unique Selling Proposition eine sehr gute Marktposition zu erlangen, spielt der Preis eine geringere Rolle. Dies ist z. B. bei exklusiven Modemarken, Parfums oder Designermöbeln der Fall. Auch eine Tasse Nespresso-Kaffee kostet zwischen 30 und 40 Cent, während eine Tasse herkömmlicher Espresso weniger als 10 Cent kostet. Bei diesen Produkten gilt der hohe Preis auch als Zeichen von Qualität und erhöht für den Käufer den „Geltungsnutzen" – „Seht her, ich kann es mir leisten."

Konkurrieren auf dem Markt jedoch viele Produkte und Dienstleistungen, deren Nutzen für die Abnehmer etwa gleich ist, dann spielt die Preispolitik eine entscheidende Rolle. Dies gilt z. B. für viele Lebensmittel, für Arbeitskleidung, für Flugreisen oder für Handytarife.

Preispolitik ist daher zwischen „Hochpreispolitik" und „Diskontpreispolitik" angesiedelt.

Zusätzlich sind die Zahlungskonditionen wichtig. Muss man gleich bezahlen oder erst in zwei bis drei Monaten? Bekommt man bei Sofortzahlung einen Preisnachlass (Skonto), gibt es einen Preisnachlass, wenn man größere Mengen kauft (Mengenrabatt)?

Die Kontrahierungspolitik wird auch als **Preis- und Konditionenpolitik** bezeichnet.

Die Preis- und Konditionenpolitik ist daher ein besonders wichtiger Aspekt des Marketing-Mix.

Lernen

SbX ID: 1841

SbX
Alle Grafiken dieser Lerneinheit unter der ID: 1841.

1 Wodurch die Preispolitik beeinflusst wird

(1) Wovon hängt der Marktpreis ab? (Übersicht)

Welchen Spielraum der Unternehmer bei der Preispolitik hat, hängt von zahlreichen Faktoren ab. Die wichtigsten sind:

- **Verhältnis von Angebot und Nachfrage**
  Wird mehr Ware angeboten als Nachfrage besteht oder übersteigt die Nachfrage das Angebot?
- **Marktform und Marktverhalten**
  Wie viele Anbieter bzw. Nachfrager gibt es und wie verhalten sie sich?
- **Informationsstand der Marktteilnehmer**
  Sind Nachfrager und Anbieter über Qualitäten, Preise, Liefer- und Zahlungsbedingungen voll informiert?
- **Vorlieben („Präferenzen") der Marktteilnehmer**
  Häufig bestimmen Vorlieben für einen Geschäftspartner oder ein Produkt die Kaufentscheidung.
- **Preiselastizität der Nachfrage nach der Ware**
  Wird der Absatz der Ware durch eine Preisänderung stark oder schwach beeinflusst?
- **Kosten**
  Lassen die Kosten genügend Spielraum für die Preispolitik?
  Welche Kosten müssen durch den Preis unbedingt abgedeckt werden?

8 Marketing

Faktoren der Preispolitik

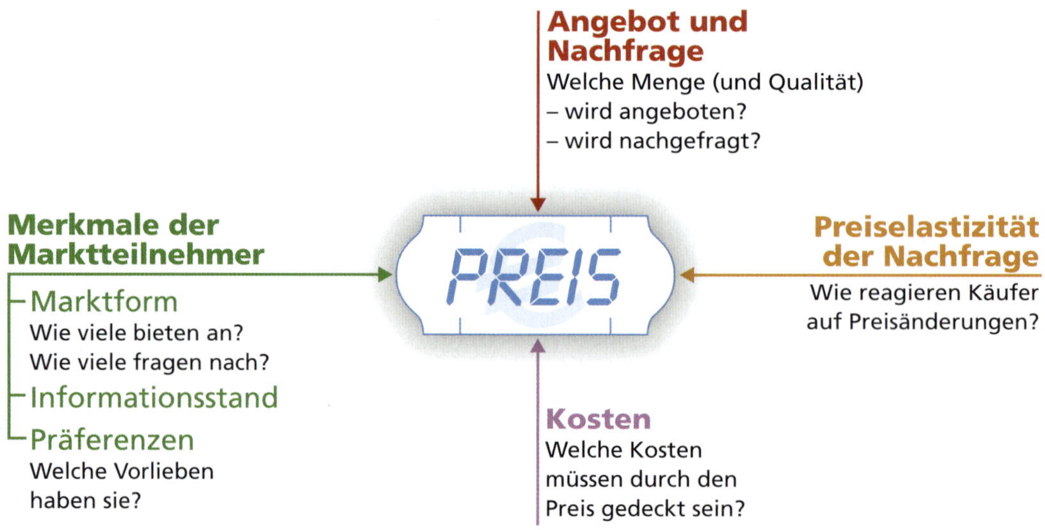

Die **Idealvostellung der Preisbildung durch Angebot und Nachfrage:** Da hohe Preise zu einer Zunahme des Angebots (und einer Abnahme der Nachfrage) und niedrige Preise zu einer Abnahme des Angebots (und einer Zunahme der Nachfrage) führen, müsste langfristig ein sogenannter **„Gleichgewichtspreis"** entstehen, also ein Preis, bei dem die Nachfrage ungefähr dem Angebot entspricht.

(2) Das Verhältnis von Angebot und Nachfrage

- **Verkäufermarkt**

  Übersteigt die Nachfrage das Angebot, so haben es die Verkäufer leichter, den Preis zu beeinflussen, als die Käufer. Die Preise werden daher steigen und man spricht von einem Verkäufermarkt.

  Dies führt jedoch in der Regel dazu, dass mehrere Produzenten das gewünschte Gut produzieren und dass die Preise wieder fallen, da das Angebot die Nachfrage übersteigt. Es entsteht ein ...

- **Käufermarkt**

  Da das Angebot die Nachfrage übersteigt, können die Käufer die Preise beeinflussen. Die Preise werden so lange fallen, bis einige Anbieter (Verkäufer) um diesen Preis nicht mehr verkaufen bzw. produzieren. Das Angebot wird zurückgehen und die Preise werden wieder steigen.

Diese sehr einfache Überlegung stimmt jedoch nur unter folgenden (idealen) Voraussetzungen:

- Einer großen Zahl von Anbietern steht eine große Zahl von Nachfragenden gegenüber. Der Einzelne hat somit keine Möglichkeit, den Preis zu beeinflussen.
- Es gibt keine Möglichkeiten zu Absprachen (Preisabsprachen, Käuferstreik).
- Alle Marktteilnehmer verfügen über alle Informationen, wer welche Ware wo zu welchem Preis wann verkauft („vollkommene Marktübersicht" – „Markttransparenz").
- Kein Marktteilnehmer hat bestimmte irrationale Vorlieben (Präferenzen) für einen bestimmten Verkäufer oder für ein bestimmtes Produkt (z. B. für eine bestimmte Automarke).
- Die Produkte zur Befriedigung eines bestimmten Bedürfnisses (z. B. Regenmantel als Regenschutz) sind völlig gleich („homogen").
- Alle Verkäufer und alle Käufer verhalten sich so, dass für sie der maximale Nutzen (maximaler Gewinn) entsteht.

Diese Voraussetzungen sind in der wirtschaftlichen Wirklichkeit nicht gegeben. Es gibt daher zahlreiche weitere Einflussgrößen, durch die der Marktpreis beeinflusst wird.

(3) Marktformen und Marktverhalten

Marktformen

Jede Marktform auf der Angebotsseite (Angebotsmonopol, -oligopol, -polypol) **kann mit jeder Marktform der Nachfrageseite** (Nachfragemonopol, -oligopol, -polypol) **zusammentreffen.**

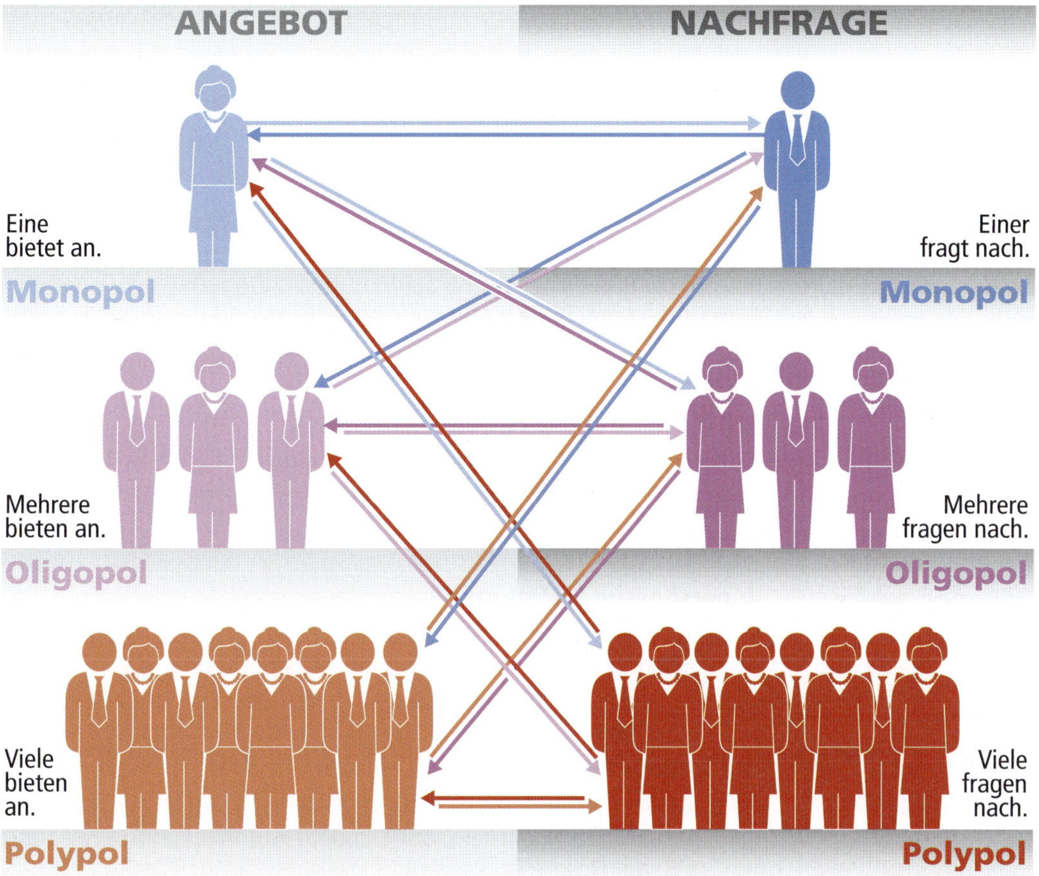

Die **nationalen und internationalen Regelungen** über Kartelle versuchen, Absprachen auf der Angebotsseite zu verhindern.

Grundsätzlich ist die Möglichkeit zur Preisbeeinflussung umso größer, je stärker die eigene Position als Monopolist ist. Daher werden die Partner versuchen, von der ungünstigen Polypolsituation in eine Oligopolsituation oder in eine Monopolsituation zu wechseln.

Einige Möglichkeiten dazu sind:

- **auf der Angebotsseite:**
  - Absprachen über Preise, Produktionsmengen, Liefer- und Zahlungsbedingungen (z. B.: Absprache der Erdölproduzenten über die Produktionsmengen)
  - Entwicklung marktbeherrschender Technologien (z. B.: Nespresso-Kaffeemaschinen werden derzeit so konstruiert, dass sie nur mit echten Nespressokapseln funktionieren.)
  - Aufkaufen kleinerer Unternehmen durch einige Großunternehmen (z. B.: Verschwinden mittlerer und kleinerer Automobilproduzenten)
- **auf der Nachfrageseite:**
  - Zusammenschluss zu Einkaufsringen oder Einkaufsgenossenschaften

Marktformen und Marktverhalten

Es kommt jedoch für die Preispolitik nicht nur auf die **Marktform,** sondern auch auf das **Marktverhalten** an.

Beispiel

Viele **Staatsbetriebe** hatten früher Angebotsmonopole (Post, Telefon, Bahn). Durch **Privatisierungen** wurden und werden diese Monopole zu Oligopolen.

- Ein Unternehmen besitzt ein Angebotsmonopol. Es versucht dennoch nicht, den maximalen Gewinn zu erzielen. Folgende Gründe sind dafür denkbar:
  - Die Unternehmenspolitik ist nur auf einen angemessenen Gewinn ausgerichtet und nicht auf den maximalen Gewinn.
  - Es bestehen Befürchtungen vor dem Druck der öffentlichen Meinung.
  - Das Unternehmen befindet sich in öffentlichem Besitz und ist nur auf Kostendeckung und auf Sicherung der Arbeitsplätze ausgerichtet und nicht auf Gewinnerzielung.

8 Marketing

(4) Informationsstand der Marktteilnehmer

Die Annahmen über die Preisbildung durch Angebot und Nachfrage gehen immer davon aus, dass alle Marktteilnehmer über das Marktgeschehen vollkommen informiert sind. Das trifft weder auf die Verkäufer noch auf die Käufer zu.

Die Verkäufer besitzen keine genauen Informationen

- über das Angebot der Konkurrenz und
- über das Verhalten der Käufer.

Je geringer der **Informationsstand** der Käufer ist, desto eher wird die Kaufentscheidung von anderen Faktoren als dem Preis bestimmt.

Die Käufer besitzen ebenfalls keine genauen Informationen

- über alle Güter, die zur Befriedigung eines bestimmten Bedürfnisses zur Verfügung stehen,
- über die Preise, Liefer- und Zahlungsbedingungen dieser Güter und
- über die tatsächlich bestehende Marktform und das Marktverhalten der Verkäufer.

Sowohl Käufer als auch Verkäufer versuchen daher, ihre Informationen zu verbessern, z. B. durch:

- Besuch von Messen und Ausstellungen
- systematische Marktforschung (Erforschung der Kundenwünsche, Erforschung der Konkurrenzsituation, Ermittlung der Marktanteile, exakte Preisvergleiche, Internetrecherchen etc.)

(5) Präferenzen (Vorlieben)

Präferenzen spielen vor allem bei Kaufentscheidungen von Letztverbrauchern eine große Rolle. Typisch dafür sind Kaufentscheidungen bei Kleidung und bei Parfums.

- **persönliche Präferenzen**
  - für einen bestimmten Anbieter (z. B.: Eine Kundin lässt sich nur von einem bestimmten Friseur die Haare schneiden, weil ihr der Friseur sympathisch ist.)
  - für einen bestimmten Käufer (z. B.: Der Exporteur liefert nur an einen bestimmten Importeur im Partnerland, weil er ihn von Messebesuchen kennt.)
- **sachliche Präferenzen**
  - für ein bestimmtes Produkt (z. B.: Eine Autofahrerin kauft immer wieder Autos eines bestimmten Herstellers, ohne andere Automarken in Erwägung zu ziehen; jemand trinkt z. B. nur Nespresso-Kaffee.)
  - für eine bestimmte Art der Bedürfnisbefriedigung (Schutz gegen Regen durch einen Regenmantel und nicht durch einen Schirm)

Preispolitik, Produktpolitik und Werbung dienen daher auch dazu, solche Präferenzen zu erzeugen.

(6) Preiselastizität der Nachfrage

Ändert man die Preise, so wird sich meist auch die Nachfrage verändern. Durch die Preiselastizität wird festgestellt, welchen Einfluss eine Preisänderung auf die Nachfrage hat.

- **elastische Nachfrage**
  Von einer elastischen Nachfrage spricht man, wenn das Ausmaß der Nachfrageänderung (in Prozent) größer ist als das Ausmaß der Preisänderung (in Prozent), z. B. bei Luxusreisen.
- **unelastische Nachfrage**
  Von einer unelastischen Nachfrage spricht man, wenn das Ausmaß der Nachfrageänderung (in Prozent) geringer ist als das Ausmaß der Preisänderung (in Prozent), z. B. bei Grundnahrungsmittel oder Benzin.

Beispiel

- Der Preis für ein Markenparfum wird um 10 % gesenkt.
  - Steigt die Absatzmenge um mehr als 10 %, spricht man von einer **elastischen Nachfrage.**
  - Steigt die Absatzmenge um weniger als 10 %, so spricht man von einer **unelastischen Nachfrage.**

Irrationale Einflussfaktoren

Vor allem der **Geltungsnutzen** und der **Erlebnisnutzen** von Produkten führen zu irrationalen Effekten bei der Kaufentscheidung.

Theoretisch wird der Absatz bei Preissenkungen steigen und bei Preiserhöhungen sinken. Es gibt jedoch verschiedene **irrationale Einflussfaktoren,** die genau das Gegenteil bewirken können:

- **Snob-Effekt** (Das teurere Gut wird gekauft, um zu zeigen, dass man es sich leisten kann.)
- **Mitläufer-Effekt** (Das teurere Gut wird gekauft, weil es andere auch kaufen.)
- **Preis als Qualitätsmaßstab** (Das teurere Gut wird gekauft, weil man vermutet, dass es besser ist als billigere Produkte.)

(7) Kosten

Die Kosten (Material- und Personalkosten für die Herstellung eines Produkts, Verwaltungskosten etc.) engen den Spielraum der Preispolitik ein. Auf lange Sicht müssen die Kosten durch den Preis gedeckt werden.

2 Preispolitik in der Praxis

(1) Kostenorientierte Preispolitik

Sind Güter oder Dienstleistungen schwer vergleichbar und haben die Abnehmer keine Übersicht über den Markt, orientiert sich die Preispolitik stark an den Kosten.

Je nach Auslastung wird ein höherer oder geringerer Gewinnzuschlag berücksichtigt.

Beispiel

- Reparaturen und Instandhaltungen durch Handwerker (z. B. Anstreicher, Tapezierer, Kfz-Reparatur). In der Regel holt der Abnehmer nur einen oder nur einige Kostenvoranschläge ein. Die Qualität derartiger Dienstleistungen ist auch schwer vergleichbar, d. h., den Kunden fehlt die Markttransparenz.

(2) Konkurrenzorientierte Preispolitik

Kleine Unternehmungen orientieren ihre Preispolitik häufig an der Konkurrenz (z. B. kleine Lebensmittelhändler bieten jene Waren billig an, die der benachbarte Supermarkt gerade in Aktion hat).

Aber auch bei Angebotsoligopolen spielt die konkurrenzorientierte Preispolitik eine große Rolle (Lebensmittelketten, Autoerzeuger, Mobilfunkbetreiber).

Die Preispolitik der Mineralölkonzerne wird häufig kritisiert, weil die Preise zu Zeiten hoher Nachfrage oft hinaufgesetzt werden (z. B. zu Ferienbeginn).

(3) Nachfrageorientierte Preispolitik

Ist die Nachfrage hoch, werden die Preise erhöht, sinkt die Nachfrage, so werden die Preise wieder gesenkt.

Beispiele

- Ansteigen der Preise für Blumen zu Allerheiligen, zum Muttertag usw.
- hohe Gemüsepreise bei geringer Anlieferung und hoher Nachfrage
- hohe Preise für bestimmte Metalle, wenn die Nachfrage der Rüstungsindustrie in Kriegszeiten ansteigt

Zur nachfrageorientierten Preispolitik zählen auch die **Last-Minute-Preise bei Reiseangeboten.**

(4) Preispolitik als Präferenzpolitik

Durch niedrige Aktions- und Einführungspreise wird versucht, Kunden für das Produkt zu gewinnen. Man hofft, dass Präferenzen entstehen und dass der Kunde das Produkt weiterhin kauft, auch wenn die Preise wieder steigen.

Präferenzen sollen z. B. auch durch die verschiedenen **Kundenkarten** erzeugt werden.

Beispiele

- Einführung einer Kaffeesorte durch niedrige Preise (Kunde soll sich an eine Kaffeesorte gewöhnen.)
- Autohersteller/-produzent senkt die Preise für eine bestimmte Zeitspanne, um neue Kunden zu gewinnen (Pkw-Besitzer kaufen häufig „markentreu“).

(5) Besondere Maßnahmen der Preispolitik

a) Preisdifferenzierung

Um die Nachfrage bei verschiedenen Käuferschichten voll auszuschöpfen, wird das gleiche Gut zu verschiedenen Preisen verkauft.

Folgende Arten der Preisdifferenzierung sind möglich:

- **regionale Preisdifferenzierung**
  (unterschiedliche Inlands- und Auslandspreise, niedrigere Preise in Entwicklungsländern und höhere Preise in Industriestaaten usw.)

McDonald's hat z. B. unterschiedliche Preise in verschiedenen Ländern.

- **zeitliche Preisdifferenzierung**
  (Vorsaison- und Hochsaisonpreise im Tourismus, niedrigere Heizölpreise im Sommer und höhere im Winter usw.)
- **Preisdifferenzierung nach Abnehmern**
  (unterschiedliche Preise für gewerbliche und für private Abnehmer, z. B. bei Strom und Gas)

b) Kalkulatorischer Ausgleich

Güter, die stärker belastbar sind, werden mit einem höheren Aufschlag auf die Kosten verkauft. Güter, die geringer belastbar sind, werden mit niedrigeren Aufschlägen auf die Kosten verkauft.

Beispiele

- Lebensmittelhandel
  Grundnahrungsmittel, wie Brot und Butter, werden mit geringeren Aufschlägen, teilweise mit Verlust verkauft. Alkoholische Getränke und Konserven mit Spezialitäten werden mit höheren Aufschlägen verkauft.
- Textilhandel
  Modellkleidung wird mit hohen Aufschlägen verkauft, Konfektionskleidung mit geringeren Aufschlägen.

Preisgestaltung

Der Preis ist nur ein absatzpolitisches Instrument unter anderen.

Je stärker sich ein Produkt mithilfe anderer Mittel, wie z. B. Qualität, Design, Werbung, Service von den Erzeugnissen oder Waren anderer Hersteller oder Händler unterscheidet, desto größer ist der Spielraum für die Preispolitik. Ein typisches Beispiel ist die Modeindustrie.

3 Die Zahlungs- und Lieferbedingungen spielen eine Rolle (Hinweise)

Zur Entscheidung über die Zahlungsbedingungen gehören die Rabatt- und Skontopolitik und die Kreditpolitik. Das heißt, der Unternehmer überlegt,

- welche Preisnachlässe er gewährt,
  - wenn größere Mengen auf einmal oder im Verlauf eines Jahres abgenommen werden (Mengenrabatte, Treuerabatte),
  - wenn sofort gezahlt wird (Skonto),
- oder ob er gegen spätere Zahlung (auf Ziel) liefern soll,

um Kunden zu gewinnen.

Der Unternehmer muss sich auch entscheiden, welche Lieferbedingungen er seinen Kunden anbietet (z. B. Lieferung innerhalb von acht Werktagen frei Haus). Für den Kunden ist entscheidend, innerhalb welcher Zeit die bestellte Ware geliefert wird bzw. ob Kosten für die Zustellung verrechnet werden.

Üben

A B C D E

Ü 8.22: Preispolitik I C

Ein österreichisches Reisebüro hat als einziges Unternehmen in Österreich eine Flugreise nach Madagaskar im Programm. Es gibt viel mehr Interessenten als Plätze im Flugzeug. Das Reisebüro erhöht den Reisepreis dennoch nicht.

a) Welche Marktform liegt auf der Angebotsseite und welche Marktform liegt auf der Nachfrageseite vor?

b) Warum, glauben Sie, erhöht das Reisebüro den Reisepreis nicht?

Ü 8.23: Marktform C

In Österreich werden Eisenbahnschwellen nur von den Österreichischen Bundesbahnen gekauft. Eisenbahnschwellen werden jedoch von mehreren Unternehmen hergestellt und angeboten.

a) Welche Marktform liegt auf der Angebots- bzw. auf der Nachfrageseite vor?

b) Was könnten die Produzenten der Eisenbahnschwellen unternehmen, um ihre Marktstellung zu verbessern?

Ü 8.24: Nicht nur der Preis beeinflusst die Kaufentscheidung C

Ein Süßwarenhändler deckt seinen Bedarf immer bei einem bestimmten Produzenten, obwohl die Preise für vergleichbare Waren dort eigentlich höher sind als bei der Konkurrenz. Was könnte den Süßwarenhändler dazu veranlassen?

Ü 8.25: Marktformen auf der Angebotsseite C

Bringen Sie Beispiele für Angebotsoligopole und für Angebotspolypole bei Gütern des täglichen Bedarfs.

Ü 8.26: Marktform, Verbesserung der Marktposition C

In Österreich werden Traktoren von einigen Firmen angeboten, jedoch von vielen Bauern nachgefragt.

a) Welche Marktform liegt auf der Angebotsseite vor, welche Marktform liegt auf der Nachfrageseite vor?

b) Wie könnten die Bauern ihre Marktposition verbessern?

Ü 8.27: Preiselastizität der Nachfrage I B

Ein Hersteller von Markenschi senkt die Preise für seine Durchschnittsmodelle um 15 % und bewirkt damit eine mengenmäßige Nachfragesteigerung um 20 %.
Erklären Sie anhand dieses Beispiels den Begriff „Elastizität der Nachfrage".

Ü 8.28: Einflussfaktoren bei der Nachfrage B

Der gleiche Schierzeuger erhöht die Preise seiner Spitzenmodelle um 8 %. Trotzdem nimmt die Nachfrage zu. Welche Gründe könnten dafür maßgeblich sein?

Ü 8.29: Preisdifferenzierung I C

Versuchen Sie, Beispiele für Preisdifferenzierungen bei Konsumgütern zu finden:

a) für räumliche Preisdifferenzierung

b) für zeitliche Preisdifferenzierung

c) für Preisdifferenzierung nach Abnehmern

Ü 8.30: Präferenzpolitik C

Viele Güter haben eher eine unelastische Nachfrage, d. h., die Nachfrage steigt bei einer Preissenkung geringer, als es der Preissenkung entspricht.
Warum werden dann so häufig Preissenkungsaktionen durchgeführt?

Ü 8.31: Kalkulatorischer Ausgleich I C

In großen Einzelhandelsbetrieben (z. B. Supermärkten) wird häufig folgendermaßen vorgegangen:
Manche Artikel (z. B. Waschmittel) werden wesentlich billiger verkauft als in anderen Einzelhandelsgeschäften. Viele Artikel werden jedoch zum gleichen, manchmal auch zu einem höheren Preis verkauft als in anderen Einzelhandelsgeschäften.

a) Welche Faktoren werden durch diese Preispolitik ausgenützt?

b) Welche Maßnahmen könnten die Käufer ergreifen?

8 Marketing

Sichern

SbX ID: 1843

SbX ID: 1843

Im SbX finden Sie eine Sammelmappe mit Zusammenfassungen zu allen Kapiteln und Lerneinheiten.

Wissen

SbX ID: 1844

A B C D E

SbX ID: 1844

Möglichkeiten zur Kompetenzüberprüfung im SbX

Wiederholungsfragen | Aufgaben mit automatischer Aufgabenkontrolle | Einfache Fallbeispiele

W 8.24: **Angebot und Nachfrage** B

W 8.25: **Preispolitik II** A

W 8.26: **Verkäufermarkt und Preise** A

W 8.27: **Kalkulatorischer Ausgleich II** B

W 8.28: **Preiselastizität der Nachfrage II** C

W 8.29: **Preisdifferenzierung II** B

W 8.30: **Preisdifferenzierung III** C

W 8.31: **Markteinführung und Preis** C

W 8.32: **Marktformen** C

Ein kurzer Kompetenz-Check, bevor's weitergeht!

Kompetenz-Check

	☺	😐	☹
Ich kann die wesentlichen Einflüsse auf die Preispolitik beschreiben und mithilfe von Beispielen erklären.			
Ich kann die Begriffe Marktformen und Marktverhalten unterscheiden und mit Beispielen erläutern.			
Ich kann die wesentlichen Bestimmungen der geltenden kartellrechtlichen Regelungen beschreiben.			
Ich kann die Bedeutung des Informationsstandes der Marktteilnehmer für die Preispolitik charakterisieren.			
Ich kann die Bedeutung von Präferenzen und die Möglichkeiten der Präferenzpolitik mit Beispielen erläutern.			
Ich kann den Begriff Preiselastizität erläutern und in konkreten Fällen feststellen, ob die Nachfrage elastisch oder unelastisch ist.			
Ich kann erläutern, welche Formen der Preispolitik in welchen wirtschaftlichen Situationen sinnvoll sind.			
Ich kann die Begriffe Preisdifferenzierung und kalkulatorischer Ausgleich beschreiben und mit konkreten Beispielen erläutern.			

Lerneinheit 5

Wie das Produkt zum Kunden kommt (Distributionspolitik)

SbX
Alle SbX-Inhalte zu dieser Lerneinheit finden Sie unter der ID: 1850.

In Österreich werden Schuhe aus China verkauft. Kristall von Swarovski oder edle Trinkgläser von Riedel aus Österreich werden in China verkauft. Argentinien liefert Rindfleisch nach Europa, die Europäer bauen Kraftwerke in Argentinien. Das heißt, Käufer müssen weltweit gefunden werden und die Produkte müssen weltweit transportiert werden.

So wird Nespresso-Kaffee von der Schweiz aus in fast 60 Länder exportiert und dort in eigenen Nespresso-Boutiquen verkauft. Außerdem können die Kapseln auch im Internet online bestellt werden. Die Zustellung erfolgt dann auf dem Postweg.

Die Beispiele zeigen, dass auf dem Weg zum Kunden (durch die Distributionspolitik) zwei Teilprobleme gelöst werden müssen, nämlich

- die Frage, wie das Vertriebssystem (der Absatzweg) organisiert werden soll (in der Fachsprache spricht man von der „akquisitorischen Distribution"), und
- die Frage, welcher Transportweg gewählt werden soll, d. h., wie die Ware zum Kunden gebracht wird (in der Fachsprache spricht man von der „physischen Distribution" oder der „Marketing-Logistik").

Lernen

SbX ID: 1851

SbX
Alle Grafiken dieser Lerneinheit unter der ID: 1851.

1 Die Absatzwege (die Vertriebsorganisation)

Absatzwege

Ein Unternehmen kann **direkt** und/oder **indirekt** absetzen.

Grundsätzlich sind folgende Absatzwege möglich:

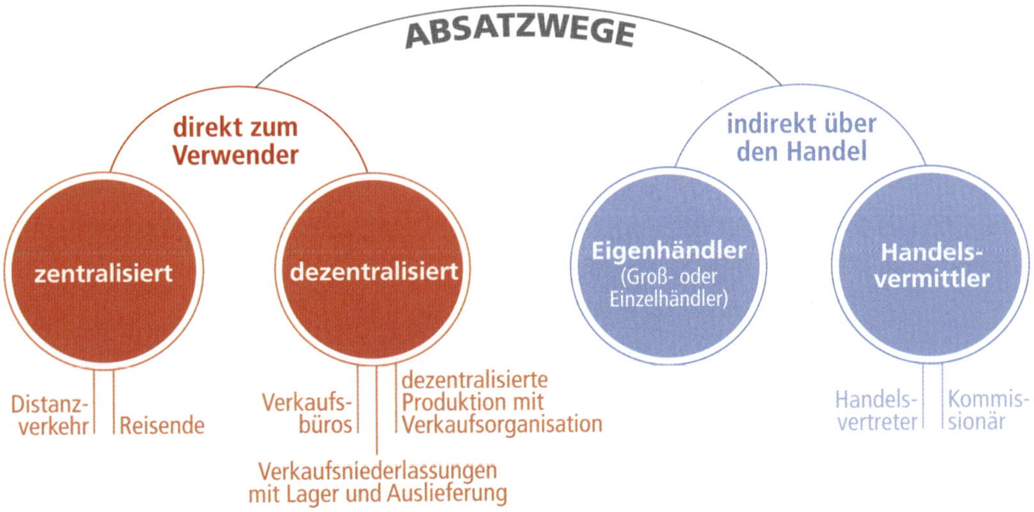

8 Marketing

Welche Absatzwege ein Unternehmen auswählt, hängt davon ab, auf welchem Weg, an welchem Ort bzw. welchen Orten die meisten Käufer erreicht werden können.

(1) Direkter Absatz

Beim **direkten Absatz** wird vom Erzeuger direkt an den abgesetzt, der das Wirtschaftsgut verwendet (bei Investitionsgütern an einen anderen Betrieb, bei Konsumgütern an den Konsumenten). Sie bestellen z. B. bei Nespresso oder bei Tchibo Kaffee, der nach Hause geliefert wird.

Der direkte Absatz kann **zentralisiert** (d. h. ohne weitere Niederlassungen) oder **dezentralisiert** (d. h. mithilfe weiterer eigener Niederlassungen, z. B. Nespresso-Shops, Tchibo-Filialen) erfolgen.

Beim **Distanzverkehr** wird nur telefonisch, brieflich, per Fax oder im Internet angeboten. Kataloge und Prospekte werden den Kunden übersandt.

Außerdem kann der Verkauf durch **angestellte Reisende** erfolgen, die von der Zentrale aus eingesetzt und überwacht werden.

Die **Handelsbetriebe** und die **Handelsvermittler** werden im Band 2 behandelt.

(2) Indirekter Absatz

Beim indirekten Absatz werden selbständige Handelsbetriebe dazwischengeschaltet.

Dies können sein:

- **Handelsvertreter,** die im Namen der vertretenen Firma und auf deren Rechnung verkaufen,
- **Kommissionäre,** die im eigenen Namen, aber auf Rechnung der vertretenen Firma verkaufen,
- **Eigenhändler,** die im eigenen Namen und auf eigene Rechnung verkaufen.

Als weitere grobe Unterteilung kann man **Einzelhändler** und **Großhändler** unterscheiden. **Einzelhändler** verkaufen direkt an den Letztverbraucher, **Großhändler** an Unternehmen.

In der Praxis kombinieren Unternehmen mehrere Vertriebswege (z. B. Verkauf von Tchibo-Kaffee direkt über eigene Niederlassungen oder über Eigenhändler).

Die Grafik zeigt einige typische Absatzwege.

Typische Absatzwege

Die Abkürzungen in der Grafik bedeuten:
EH: Einzelhändler
GH: Großhändler
HV: Handelsvermittler (Handelsvertreter, Kommissionäre)

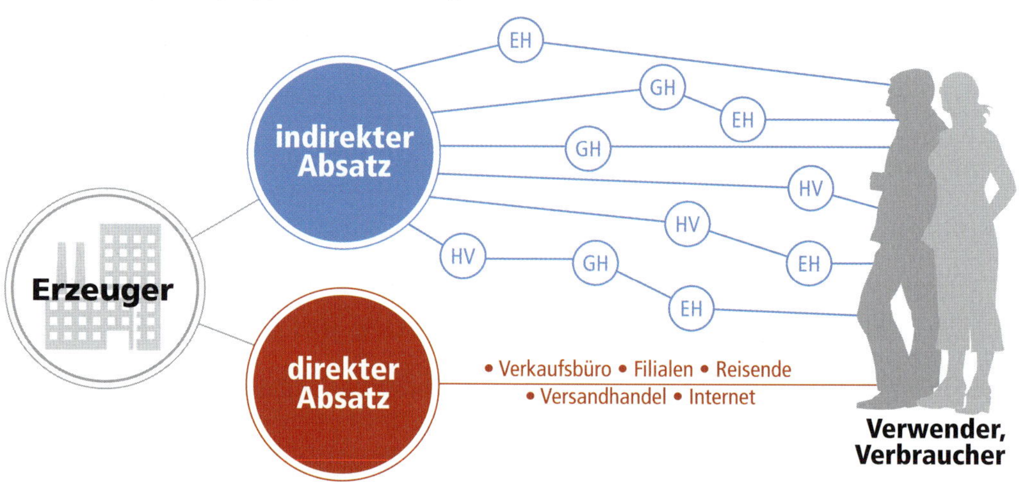

Beispiele

- direkter Absatz:
  - im Bereich der Investitionsgüter bei Baumaschinen, Drehbänken, Großcomputern, da diese Geräte vom Erzeuger aufgestellt, das Personal eingeschult und die Geräte gewartet werden müssen
  - im Bereich der Konsumgüter bei Wäsche, die über ein eigenes Filialnetz abgesetzt wird (Palmers, Wolford)
- indirekter Absatz:
  - bei Konsumgütern, die in kleinen Mengen abgesetzt und meist nur zusammen mit anderen Gütern („in einem Sortiment") verkauft werden können (z. B. Lebensmittel, Möbel)
- Kombination von direktem und indirektem Absatz:
  - in der Reifenindustrie, die die Autohersteller für die Erstausstattung direkt beliefert, während für den Ersatzbedarf der Handel eingeschaltet wird

Unterstützt werden alle Verkaufsaktivitäten durch eine Anzahl von absatzfördernden Einrichtungen, wie Ausstellungen, Messen, Börsen.

Franchising wird auch in Kapitel 6, Lerneinheit 2 behandelt.

Franchising

Franchising ist ein Absatzweg, den vor allem Unternehmen mit hohem Bekanntheitsgrad wählen. Dabei wird über selbständige Händler abgesetzt. Oft ist bei einem Geschäft nicht ersichtlich, ob es sich um eine eigene Filiale oder um einen Franchisenehmer handelt (Beispiel: Palmers).

2 Die Transportwege (Marketing-Logistik)

Marketing-Logistik

Die **Marketing-Logistik** soll dafür sorgen, dass

- die Ware zu optimalen Kosten in der richtigen Menge und zur richtigen Zeit an jenen Ort gelangt, an dem sie nachgefragt wird.

Folgende Entscheidungen sind zu treffen, durchzuführen und zu kontrollieren:

Kurze Lieferzeiten und **zuverlässige Lieferung** sowie **Servicebereitschaft** sind wichtige Verkaufsargumente. Zu beachten sind jedoch **die zusätzlichen Kosten,** wenn die Lieferbereitschaft erheblich verbessert und die Lieferzeit stark verkürzt werden soll. In Kapitel 9 wird näher darauf eingegangen.

- **Transportwesen**
  - Transport durch das eigene Unternehmen (Eigentransport) oder durch andere, die dazu beauftragt werden (Fremdtransport)
  - Minimierung der Transportkosten
  - optimale Wahl des Transportmittels in Übereinstimmung mit den Kundenwünschen (z. B.: Muss die Ware express gesandt werden oder reicht ein gewöhnlicher Transport?)
- **Lagerhaltung**
  - Kontrolle der Lieferbereitschaft (Kontrolle der Qualität, Kontrolle der Mengen, optimale Bestellmengen und Bestellzeiten)
  - Entscheidung über Verkaufslager (z. B. dezentrale Lager, um die Lieferzeiten zu verkürzen)
- **Servicebereitschaft**
  - Optimierung der Lagerhaltung von Ersatzteilen und des Einsatzes der Serviceabteilung

Beispiele

- Wenn Sie ein Paket mit Ersatzteilen nicht mit einfacher Post, sondern mit einem Expressbotendienst zustellen, kann das die Transportkosten vervielfachen.
- Eine Paketsendung mit der Post von 5 kg nach Deutschland kostet normal ca. € 19,– (Transportzeit 3–4 Tage). Mit Expressmail (EMS) und Samstagzustellung beträgt der Tarif ca. € 100,–.
- Wenn Sie alle Ersatzteile für alle Modelle der letzten 10 Jahre vollständig auf Lager haben statt nur jene 20 %, die am häufigsten verlangt werden, und den Rest bei Bedarf nachbestellen, kann sich der Lagerwert um 100 % und mehr erhöhen.

Üben

A B C D E

Ü 8.32: Absatzwege C

Die Konstrukta AG erzeugt Einfamilien-Fertighäuser. Welche Absatzwege werden bevorzugt werden?

Ü 8.33: Verschiedene Absatzwege I C

Die Dicht und Schön GmbH erzeugt Fenster und Türen. Sie setzt an Baufirmen durch angestellte Reisende und über Kataloge und Internet ab. Private Hausbesitzer, die ihre Fenster und Türen erneuern wollen, werden von selbständigen Handelsvertretern besucht.

Welche Absatzwege liegen vor? Warum werden sie gewählt?

Ü 8.34: Verschiedene Absatzwege II C

Ein Erzeuger von Drogeriewaren entwickelt eine Linie von Biokosmetika, die er auch damit bewirbt, dass sie ohne Tierversuche getestet werden.

Er will über verschiedene Absatzwege vertreiben. Welche sind sinnvoll?

Ü 8.35: Lagerhaltung und Transportwege C

Frau Huber hat ihre Waschmaschine 2016 gekauft, Frau Berger hat eine andere Marke im Jahre 2018 erworben. Bei beiden Maschinen fällt die Elektronik für die Programmsteuerung aus. Bei Frau Huber hat die lokale Servicestelle das Ersatzteil lagernd. Bei Frau Berger wird das Ersatzteil telefonisch bestellt und langt per Bahnfracht innerhalb von vier Tagen ein.

Welche unterschiedlichen Entscheidungen der Marketing-Logistik kann man an diesem Beispiel zeigen? Warum haben sich die Unternehmen vermutlich so entschieden?

Sichern

SbX ID: 1853

SbX ID: 1853

Im SbX finden Sie eine Sammelmappe mit Zusammenfassungen zu allen Kapiteln und Lerneinheiten.

Wissen

SbX ID: 1854

A B C D E

SbX ID: 1854

Möglichkeiten zur Kompetenzüberprüfung im SbX

Wiederholungsfragen | Aufgaben mit automatischer Aufgabenkontrolle | Einfache Fallbeispiele

W 8.33: Direkter oder indirekter Absatz C

W 8.34: Transport per Flugzeug B

W 8.35: Lieferfristen B

W 8.36: Fallbeispiel: Das Vertriebssystem bei Tchibo D

Ein kurzer Kompetenz-Check, bevor's weitergeht!

Kompetenz-Check

	☺	😐	☹
Ich kann die unterschiedlichen Formen der Vertriebsorganisation (die Absatzwege) beschreiben.			
Ich kann in konkreten Fällen begründen, warum welche Absatzwege sinnvoll sind.			
Ich kann die Bedeutung der Länge der Transportwege, des Umfangs der Lagerhaltung und der Servicebereitschaft für die Marketingstrategie beschreiben.			
Ich kann den Einfluss von Transportweg, Lagerhaltung und Servicebereitschaft auf die Kostensituation des Unternehmens charakterisieren.			
Ich kann in konkreten Fällen begründen, warum welche Transportwege gewählt werden.			

Lerneinheit 6

Wie der Kunde von unserem Angebot erfährt (Kommunikationspolitik)

SbX
Alle SbX-Inhalte zu dieser Lerneinheit finden Sie unter der ID: 1860.

Das Unternehmen Nestlé Nespresso wurde 1986 gegründet. Wirklich bekannt ist die Marke Nespresso aber erst seit 2005, seit George Clooney in Nespresso-Werbespots dafür Werbung macht. Binnen zwei Jahren hat sich der Umsatz dadurch verdoppelt. Das zeigt, wie wichtig Werbung für den Absatz ist. Werbung ist ein wesentlicher Teil des Marketings und der Kommunikationspolitik eines Unternehmens.

Zur Kommunikationspolitik gehören auch der Auftritt des Unternehmens im Internet mit eigener Website und in sozialen Netzwerken, Videos und Spiele, die mit dem Produkt zu tun haben und die wegen ihres Unterhaltungswerts sehr populär werden können, aber auch das Verhalten der Verkäufer/innen („Personal Selling") und Verkaufsaktionen, wie Gratiskostproben im Lebensmittelmarkt oder die Vorführung von Haushaltsmaschinen an eigenen Ständen in Shoppingcenter („Verkaufsförderung").

Geworben wird jedoch nicht nur für bestimmte Produkte, sondern auch für ganze Unternehmen, z.B. von Versicherungen oder Banken oder von Aktiengesellschaften bei Aktionären (vergleichen Sie z.B. den Link „Investor Relations" auf den Websites diverser Aktiengesellschaften). Man spricht von „Public Relations".

Die Kommunikationspolitik hat auch im „Non-Profit-Bereich" große Bedeutung. Denken Sie an Spendenwerbung, Gesundheitswerbung (nicht rauchen, nicht trinken, Werbung für Zeckenimpfung) oder die Wahlwerbung.

In dieser Lerneinheit wird vor allem die Absatzwerbung behandelt.

8 Marketing

Lernen

SbX ID: 1861

1 Die Absatzwerbung

SbX
Alle Grafiken dieser Lerneinheit unter der ID: 1861.

Entscheidungs-bereiche der Werbung

(1) Übersicht

Um Werbung erfolgreich zu gestalten, müssen folgende Bereiche berücksichtigt werden.

(2) Werbeziele

a) Allgemeine Werbeziele können sein,

- ein Produkt einzuführen **(„Einführungswerbung“),**
- den Umsatz, den Absatz bzw. den Marktanteil zu erhalten **(„Erhaltungs- und Erinnerungswerbung“),**
- die Bedrohungen durch die Konkurrenz abzuwehren **(„Stabilisierungswerbung“),**
- den Marktanteil, den Umsatz, den Absatz zu erweitern **(„Expansionswerbung“).**

b) Spezielle Werbeziele

Soll der Werbeerfolg gemessen werden, müssen aus den allgemeinen Werbezielen spezielle Werbeziele entwickelt werden, die auch beobachtbar sind.

- **ökonomische Werbeziele**
  - Ein bestimmter Umsatz (wertmäßig) oder ein bestimmter Absatz (mengenmäßig) pro Quartal, Jahr, Gebiet, Filiale etc. soll erreicht werden.
  - Ein bestimmter Marktanteil soll erreicht werden.

Wird **vor** und **nach** der Werbekampagne interviewt, kann auch noch untersucht werden,
- ob der **Bekanntheitsgrad der Marke** gestiegen ist,
- ob sich das **Interesse am Produkt** erhöht hat (z. B. „Beabsichtigen Sie, einen Festplattenrekorder zu kaufen?“).

- **kommunikative Werbeziele**

  Es hängt nicht nur von der Werbung ab, ob ökonomische Zielgrößen erreicht werden, sondern auch von den anderen Marketingmaßnahmen, vom Verhalten der Konkurrenz, von der allgemeinen wirtschaftlichen Lage etc. Daher wird der Werbeerfolg häufig an kommunikativen Werbezielen gemessen.
  - **Werbeberührung** (Wie viele Zielpersonen und welcher Anteil der Zielpersonen wurden von der Werbebotschaft erreicht, lesen eine bestimmte Zeitung, sehen zu einem Zeitpunkt fern etc.?)
  - **Werbebeeindruckung** (Wie viele Zielpersonen haben die Werbung wahrgenommen?)
  - **Werbeerinnerung** (Wie viele Personen können sich noch an die Werbung erinnern?)

(3) Werbeobjekte

Geworben werden kann für

- ein Einzelprodukt **(Produktwerbung)**

Beispiel
- „Wenn die kan Almdudler hab'n ...“

- eine Produktgruppe **(Produktgruppenwerbung)**

Beispiel
- „Ja! Natürlich.“ (Produktgruppe bei Billa)

- für das gesamte Produktprogramm bzw. Sortiment **(Unternehmenswerbung, Firmenwerbung)**

Beispiele
- „Jede Woche eine neue Welt“ (Tchibo)
- „Weil es dein Zuhause ist.“ (IKEA)
- „IHRE SORGEN MÖCHTEN WIR HABEN.“ (Wiener Städtische Versicherung)
- „Nespresso. What else?“

(4) Werbepartner

Werbung mit und ohne Partner

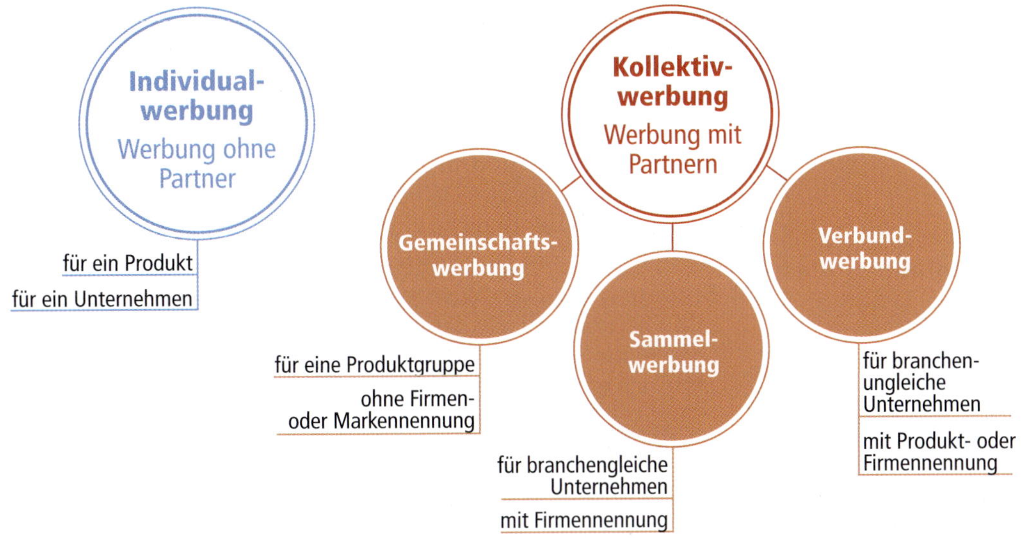

Bei der **Individualwerbung** wirbt ein Unternehmen ohne Partner für eines seiner Produkte oder für sein gesamtes Unternehmen.

Die **Kollektivwerbung** tritt in verschiedenen Formen auf:

- **Gemeinschaftswerbung**
  Der Name der an der Werbung beteiligten Unternehmen wird nicht genannt.

Beispiele

- Werbung für Milch („Milch trinken – dazugehören.“)
- Werbung für Schuhe („Man kann nie genug Schuhe haben.“)
- Werbung für Produkte von Tischlern („Ihr Tischler macht's persönlich.“)

- **Sammelwerbung**
  Der Name der an der Werbung beteiligten branchengleichen Unternehmen wird genannt.

Beispiele

- Werbung der Vertragshändler einer bestimmten Automarke in einem Gebiet
- Werbung der Blumenhändler einer Stadt

- **Verbundwerbung**
  Der Name der an der Werbung beteiligten branchenfremden Unternehmen wird genannt.

Beispiele

- Werbung aller Einzelhändler einer Einkaufsstraße
- gemeinsame Werbung von Reiseveranstaltern, Fluggesellschaft und Fotounternehmen

(5) Werbesubjekte

Die Werbung soll möglichst genau jene Personen (Zielgruppe) erreichen, die als mögliche Käufer infrage kommen.

Die **Einzelwerbung** richtet sich an einzelne Personen, z. B. durch Werbebriefe.

Die **Massenwerbung** spricht einen großen Personenkreis anonymer Verbraucher durch Zeitungsanzeigen, Fernsehspots etc. an.

Verbundwerbung der Einzelhändler der Wiener Neubaugasse, der „Straße der Spezialisten“

(6) Werbebotschaft

Aufgabe der Werbebotschaft ist es, den „einzigartigen Produktnutzenvorteil" herauszustellen, den nur das beworbene Produkt aufweist und der es vom Konkurrenzprodukt abhebt **(„Unique-Selling-Proposition-Ansatz").**

Es kann sowohl der **Grundnutzen** wie auch der **Zusatznutzen** betont werden.

Beispiele

- Betonung des Grundnutzens
  „Verlässlichkeit für viele Jahre" (Haushaltsgeräte)
  „Reinigt kraftvoll, ohne zu kratzen" (Küchenreiniger)
  „Gesund für Ihren Hund" (Hundenahrung)
- Betonung des Zusatznutzens
  „Den hätten wohl alle gern" (Autowerbung)
  „Macht den Mädchen Beine" (Strumpfwerbung)
  „Weil ich es mir wert bin" (Kosmetikwerbung)

Häufig wird nur versucht, Aufmerksamkeit zu erregen, um das Produkt bzw. die Marke fest im Gedächtnis der Umworbenen zu verankern.

Beispiele

In der österreichischen Werbelandschaft wurden mehrfach ausgezeichnet:

- „Wenn die kan Almdudler hab'n, geh' i wieda ham"
- „Red Bull verleiht Flüüügel"

Wie Sie aus der täglichen Fernsehwerbung wissen, werden unterschiedliche Formen verwendet, um die Werbebotschaft im Gedächtnis der Umworbenen zu verankern.

Beispiele

- **Lebensstil:** Es wird gezeigt, wie gut das Produkt zu einem bestimmten Lebensstil passt („Römerquelle belebt die Sinne").
- **Beweisführung durch Empfehlung:** Bekannte Persönlichkeiten (Schauspielerinnen, Spitzensportler etc.) empfehlen das Produkt.
- **technische Sachkenntnis:** Kompetenter Fachmann klärt z. B. über die Umweltfreundlichkeit eines Waschmittels auf.
- **Persönlichkeitssymbol:** Es wird eine Persönlichkeit geschaffen, die das Produkt repräsentiert. Dies kann auch eine Trickfigur sein (z. B. bei Toilettenpapier oder Weichspüler).
- **musikalisches Symbol:** Tonfolge, die sofort mit dem Produkt identifiziert wird (z. B. T-Mobile)

Seit 2005 ist George Clooney „brand ambassador" (Markenbotschafter) für Nespresso.

(7) Werbemittel und Werbeträger

a) Arten von Werbemitteln und Werbeträgern

Als **Werbemittel** bezeichnet man die Gestaltungsform der Werbebotschaft. **Werbeträger oder Streumedien** sind die Übermittlungsinstrumente, mit deren Hilfe die Werbemittel an die Werbesubjekte (Zielgruppen) herangetragen werden.

Beispiele

Zusammenhang Werbemittel – Werbeträger

Werbemittel	Werbeträger
Anzeigen (Inserate)	Tages- und Wochenzeitschriften, Illustrierte, Fachzeitschriften, Veranstaltungsprogramme, Telefonbücher etc.
TV-Spots, Radiospots	Fernsehen, Hörfunk
Werbefilme, Werbedias	Kinos, Theater, Veranstaltungen etc.
Plakate, Werbetafeln	Plakatwände, Litfaßsäulen, öffentliche Verkehrseinrichtungen, Sportplätze etc.
Werbebriefe, Flugblätter, Prospekte, Kataloge	Post, gewerbsmäßige Verteiler, bei Veranstaltungen, als Zeitungsbeilage etc.
Mitteilungen, Blogs, Foren etc.	Social Media wie Facebook oder Twitter

Weitere Möglichkeiten, Werbemittel zu platzieren, sind:

- **Direktwerbung:** Zustellung und Verteilung von Katalogen, Flugzetteln etc. durch die Post oder durch Privatfirmen
- **Product Placement:** Einsatz von Markenprodukten als Requisiten in Filmen (z. B. Uhren, Autos, Zigaretten, Computer)
- **Schaufensterwerbung**
- **Werbung auf Straßenbahnwagen, Autobussen, Lkw etc.**

b) Kriterien der Medienauswahl

Kriterien für die Medienauswahl sind

- die zielgruppenspezifische **Reichweite** und der
- **Nutzungspreis,** um 1000 Personen der Zielgruppe zu erreichen.

Wird die Werbung in **mehreren Medien** geschaltet (z. B. TV, Radio), kommt es zu einer **„Überstreuung“.** Andererseits werden die Zielgruppen **intensiver** erreicht, da sich die Reichweiten der einzelnen Medien überschneiden.

- **Reichweite**

  Die Reichweite gibt an, welcher Anteil der Zielgruppe durch das Medium erreicht wird.

  - **Räumliche Reichweite:** Welches geografische Gebiet wird abgedeckt? (Wo wird die Zeitung gekauft, der Sender gehört, das Plakat plakatiert?)
  - **Qualitative Reichweite:** Welcher Teil der Zielgruppe wird erreicht? (Wie viele Hundehalter werden z. B. durch die Werbung für Hundefutter erreicht?)

  Es wird versucht, die Zielgruppe vollständig zu erreichen **(„Vollstreuung“).** Um dies zu erreichen, werden meist mehrere Werbeträger kombiniert (z. B. Plakat-, Zeitungs-, Radio- und TV-Werbung).

  Die Ermittlung der Reichweiten, bezogen auf eine bestimmte Zielgruppe, ist schwierig. Spezielle Media-Analysen untersuchen jedoch die Reichweiten bestimmter Medien.

Beispiel

Media-Analysen gliedern die Daten auch nach **demografischen Merkmalen** wie Alter, Einkommen etc. auf.

Detaillierte Daten finden Sie unter **media-analyse.at** und **mediaresearch.orf.at.**

Medienreichweite, bezogen auf die Gesamtbevölkerung, in Prozent (Auswahl 2017)

ORF – Hörfunk		**Zeitungen**	
Ö 1	8,1	Kronen Zeitung	29,2
Ö 3	33,9	Kurier	7,3
Privatradios Inland	28,8	Kleine Zeitung	10,5
Fernsehen		Österreich (Gratiszeitung)	7,0
ORF 1	10,8	Der Standard	6,5
ORF 2	20,6	Die Presse	4,2
RTL	4,7	Heute (Gratiszeitung)	12,6

Quellen: mediaresearch.orf.at, media-analyse.at

- **Nutzungspreis**

  Die Kosten werden in der Regel als Tausenderpreis angegeben. (Was kostet es, 1000 Personen der Zielgruppe zu erreichen?)

  Bei **Zeitungen** kann unterschieden werden nach

  - Preis pro 1000 verkaufte Exemplare,
  - Preis pro 1000 Leser,
  - Preis pro 1000 Leser der Zielgruppe.

  Die Preise für die Werbung in Zeitschriften sind je nach Auflagenzahl sehr unterschiedlich. Eine Seite in auflagenstarken Tageszeitungen kostet 2018 rund **€ 20.000,– bis € 35.000,–.**

Die Inseratpreise variieren je nach **Platzierung** (erste, letzte Seite) und Wochentag.

Beispiel

Für wiederholte Einschaltungen gibt es hohe Rabatte.

Tausenderpreis

Ein Halbseiteninserat kostet € 15.000,–, Auflage 400 000, davon verkauft 300 000
Leser pro verkauftes Exemplar 2,2, davon Zielgruppe 40 %
Leser der Zielgruppe daher 300 000 × 2,2 × 0,4 = ca. 264 000

Tausenderpreise:

pro 1000 verkaufte Exemplare	15.000,– : 300 = € 50,–
pro 1000 Leser	15.000,– : 660 = € 23,–
pro 1000 Leser der Zielgruppe	15.000,– : 264 = € 57,–

Beispiele

Der Preis für **Fernsehwerbezeiten** ist je nach **Werbeblock** und Jahreszeit verschieden.

Alle Tarife unter **enterprise.orf.at**

Tarif pro Sekunde TV-Werbung, ORF 2 (2018)

Vor der Wetteransage
Sonntag, November: € 540,– / Dienstag, August: € 280,–

Vor der ZIB 2
Freitag, Jänner: € 105,– / August: € 130,–
(zuzüglich 5 % Werbeabgabe und 20 % USt)

Die Ausstrahlung eines Werbespots von 20 Sekunden kostet daher (ohne USt und ohne Produktionskosten) € 2.100,– bis € 10.800,–.

Beispiele

Werbekosten Radio ORF pro Sekunde (2018)

Regionalsender: € 7,– bis € 19,80 (je nach Sendezeit und Bundesland)
Ö 3: € 3,30 (Sa–So, 21:00–22:00 Uhr im August) bis € 179,– (Do–Fr, 8:00–9:00 im März)

(8) Zeitliche Verteilung des Werbeeinsatzes

Folgende Teilentscheidungen sind zu treffen:

- Zahl der Botschaften pro Tag (z. B. im Radio in mehreren Werbeblöcken)
- Verteilung der Botschaften über die Werbeperiode (ansteigend, abfallend, gleichmäßig bzw. regelmäßig oder mit Unterbrechungen)

Beispiele

Je nach Werbeziel werden **unterschiedliche Strategien** verwendet.

Zeitliche Verteilung des Werbeeinsatzes

- **Einführung eines neuen Produkts:**
  Zunächst nur geringer Werbeeinsatz (z. B. Plakate mit dem noch unbekannten Produktnamen und einem Fragezeichen: „Teaser?")
  Je näher der Einführungstermin kommt, desto mehr wird der Werbeeinsatz erhöht.
- **Stabilisierungswerbung:**
  Es wird mit Unterbrechungen geworben.

Antizyklische Werbung kann jedoch auch weitgehend wirkungslos sein (z. B. Werbung für Bademoden im Herbst oder für Schi im Frühjahr).

Ein Sonderproblem stellt die Diskussion dar, ob

- **antizyklisch** (d. h. bei sinkender Konjunktur, sinkendem Absatz, außerhalb der Saison) oder
- **prozyklisch** (d. h. bei ansteigender Konjunktur, steigendem Absatz, in der Saison)

geworben werden soll.

Die Praxis neigt grundsätzlich zu einem **prozyklischen** Werbeverhalten.

Durch **antisaisonales** Werbeverhalten wird jedoch häufig versucht, die Saison zu verlängern (Werbung für Speiseeis im Herbst, Werbung für Wedelwochen im Dezember) oder Umsatzschwankungen auszugleichen (z. B. Autowerbung im November).

(9) Werbebudget

Zur Bestimmung des Werbebudgets sind in der Praxis folgende Methoden gebräuchlich:

- **Umsatzanteil-(Gewinnanteil-)Methode**
  Ein bestimmter Teil des vorangehenden oder des erwarteten Umsatzes wird für die Werbung budgetiert.
  Dies führt zu einem stark prozyklischen Werbeverhalten. Die Methode ist sehr verbreitet. Kritisiert wird, dass der Umsatz die Werbeausgaben bestimmt und nicht umgekehrt.
- **Konkurrenz-Paritätsmethode**
  Geworben wird, wenn die Konkurrenz auch wirbt. Hier überlässt man die Entscheidung meist dem Marktführer und reagiert nur auf dessen Maßnahmen.
- **werbezielabhängige Budgetierung**
  Richtig wäre es eigentlich, das Budget auf die Werbeziele abzustellen.

Das Werbebudget ist in verschiedenen Branchen sehr unterschiedlich. Es erreicht aber auch in sehr werbeintensiven Branchen kaum 3 % des Umsatzes.

Die Tabelle zeigt die Wichtigkeit der Werbung in Printprodukten.

Verteilung der Werbeausgaben – Österreich 2017 Gesamtausgaben rund € 4,2 Milliarden	
Print	46,3 %
Fernsehen	27,4 %
Online	13,7 %
Außenwerbung (Plakate etc.)	6,8 %
Radio	5,4 %
Kino	0,4 %

Quelle (Daten): FOCUS-Österreich (www.focusmr.com)

(10) Werbeerfolgskontrolle (Hinweis)

Die Werbeerfolgskontrolle orientiert sich an den Werbezielen (vgl. Punkt (2)). Unter Punkt (2) wurden auch die Möglichkeiten zur Messung des ökonomischen und des außerökonomischen Werbeerfolgs besprochen.

2 Sonstige Maßnahmen zur Absatzförderung

(1) Verkaufsförderung („Sales Promotion")

Die Verkaufsförderung hat die Aufgabe, den Absatz zu unterstützen.

Beispiele

- Verkäuferschulungen, Verkaufswettbewerbe für den eigenen Außendienst („Staff Promotion")
- Förderung des Handels (Merchandising) durch Warenpräsentationen, Händlerschulungen, eigene Verkaufshilfen, wie Verkaufsständer, Aufkleber
- besonderes Ansprechen der Konsumenten in den Handelsbetrieben („Consumer Promotion"): Produktproben, Zugaben, Gewinnspiele

(2) Öffentlichkeitsarbeit („Public Relations")

Ein wesentlicher Teil der Öffentlichkeitsarbeit erfolgt über die Website.

Durch Public Relations sollen die Bekanntheit eines Unternehmens und das Vertrauen in das Unternehmen als Ganzes und damit natürlich der Absatz gefördert werden.

Maßnahmen der Public Relations sind:

- Pressekonferenzen (z.B. bei Neuentwicklungen, bei der Bekanntgabe der Quartals- oder Jahresergebnisse, bei Übernahmen anderer Unternehmen)
- nicht bezahlte oder bezahlte positive Berichte in der Presse
- attraktiv gestaltete Geschäftsberichte
- Tag der offenen Tür
- Förderung wissenschaftlicher oder kultureller Projekte – „Sponsoring" (z.B. Förderung von Forschungsprojekten, Förderung von jungen Künstlern, Förderung von Sportvereinen)

(3) Persönlicher Verkauf (Personal Selling – Hinweis)

Auch in Zeiten des Internets und des Versandhandels ist das persönliche Ansprechen des Kunden eine der wichtigsten absatzfördernden Maßnahmen.

Dies gilt vor allem für Güter, die einer Erklärung bedürfen, wie teurere Gebrauchsgüter (z.B. Computer, Kameras, Schi, Einbauküchen), und bei langfristigen Investitionsgütern, wie Drehbänken, Kränen, Büroeinrichtungen.

Üben

A B C D E

Ü 8.36: Werbeplan C

Formulieren Sie wahlweise die wichtigsten Punkte eines Werbeplans für „koffeinfreien Kaffee", „Sportmopeds", „Stereoanlagen der gehobenen Preisklasse", „Alarmanlagen für Eigenheime", „Baukräne".

Ü 8.37: Erfolg von Werbung C

Sie werben für Gartengeräte. Trotz eines umfangreichen Werbefeldzugs steigt der Umsatz nur unwesentlich an.

a) Muss daran der schlecht geplante Werbefeldzug schuld sein?

b) Wie könnten Sie den Erfolg der Werbung kontrollieren?

Ü 8.38: Wahl des Werbeträgers C

Sie wollen für Betonmischmaschinen werben und entscheiden sich für Anzeigenwerbung in Zeitungen und Zeitschriften. Welche Hilfsmittel stehen Ihnen zur Verfügung, um geeignete Werbeträger aus dem Kreis der Zeitschriften auszuwählen?

Ü 8.39: Streuverlust bei Werbung C

Katzen- und Hundefutterwerbung ist fast täglich Teil der TV-Werbung. Gleichzeitig wird auch mit Plakaten und in Zeitungen geworben. Dadurch werden einerseits zahlreiche Personen erreicht, die keine Hunde oder Katzen halten, andererseits werden Personen der Zielgruppe mehrfach erreicht.

Warum nimmt man diese Streuverluste in Kauf?

Ü 8.40: Werbemedien A

Welche Werbemedien haben in Österreich die größte Reichweite?

Sichern

SbX ID: 1863

SbX ID: 1863

Im SbX finden Sie eine Sammelmappe mit Zusammenfassungen zu allen Kapiteln und Lerneinheiten.

Wissen

SbX ID: 1864

A B C D E

SbX
ID: 1864

Möglichkeiten zur Kompetenzüberprüfung im SbX

Wiederholungsfragen | Aufgaben mit automatischer Aufgabenkontrolle | Einfache Fallbeispiele

W 8.37: **Planung eines Werbefeldzugs** A

W 8.38: **Einzelprodukt** A

W 8.39: **Werbemittel und Werbeträger** A

W 8.40: **Werbebudgets in der Praxis** A

W 8.41: **Erfolgsermittlung von Werbung** A

W 8.42: **Werbeerfolgskontrolle I** A

W 8.43: **Public Relations und Sales Promotion** B

W 8.44: **Marktanteile von Werbeträgern** A

W 8.45: **Product Placement** A

W 8.46: **Rollen der Werbung** C

W 8.47: **Werbeerfolgskontrolle II** B

W 8.48: **Kreuzworträtsel: Marketing** B

W 8.49: **Werbebereiche** B

W 8.50: **Test: Marketing-Mix (themenübergreifender Test zu den Lerneinheiten 1 bis 6)** B

W 8.51: **Fallbeispiel: IKEA** D

Ein kurzer Kompetenz-Check, bevor's weitergeht!

Kompetenz-Check

	☺	😐	☹
Ich kann die Entscheidungsbereiche der Werbung beschreiben.			
Ich kann ökonomische und kommunikative Werbeziele unterscheiden und formulieren.			
Ich kann Einzelwerbung, Werbung für Produktgruppen, Unternehmenswerbung, Gemeinschaftswerbung, Sammelwerbung und Verbundwerbung unterscheiden und durch Beispiele erläutern.			
Ich kann unterschiedliche Werbebotschaften unterscheiden.			
Ich kann unterschiedliche Werbemittel und Werbeträger unterscheiden.			
Ich kann die Kriterien der Medienauswahl anwenden.			
Ich kenne die ungefähre Höhe der Werbekosten in unterschiedlichen Medien.			
Ich kenne die ungefähre Höhe der Werbeausgaben in Österreich und deren Verteilung auf die unterschiedlichen Werbeträger.			
Ich kann sonstige Maßnahmen der Absatzförderung, wie Sales Promotion, Public Relations und Personal Selling, unterscheiden.			

8 Marketing

9 MATERIAL- UND WARENWIRTSCHAFT

Worum geht's in diesem Kapitel?

Hinweis:
In diesem Kapitel wird anstelle von Material- und Warenwirtschaft vereinfacht nur von Materialwirtschaft gesprochen.

Selbst mit aggressiven Marketingmaßnahmen ist es in den meisten Branchen mittlerweile schwierig, absatzseitig die Gewinne zu erhöhen. Beispielsweise gelingt es dem Textilhandel in Österreich trotz intensiver Werbung oder häufiger Rabattaktionen schon seit Jahren kaum, das Wachstum zu steigern.

Die Unternehmen versuchen daher systematisch, Einsparungen in den Bereichen Beschaffung und Lagerhaltung zu erzielen. So kauft das Modehaus C&A weltweit bei den günstigsten Lieferanten ein. Mit dieser Global-Sourcing-Strategie gelingt es, die Einkaufskosten niedrig zu halten.

Die Materialwirtschaft trägt auf diese Weise wesentlich zum Erfolg eines Unternehmens bei.

Kompetenzen, die Sie erwerben

Mit der Bearbeitung dieses Kapitels erwerben Sie die **Kompetenzen** für den **Bereich Material- und Warenwirtschaft.**

Sie können:

- **Ziele der Materialwirtschaft operationalisieren,**
- **Beschaffungsprozesse optimieren,**
- **ein Beschaffungsmarketingkonzept erstellen,**
- **verschiedene Strategien der Beschaffung und Lagerorganisation unterscheiden,**
- **die wesentlichen Kostenarten der Materialwirtschaft und deren Zusammenhänge beschreiben,**
- **eine Lageranalyse mithilfe geeigneter Kennzahlen und Methoden durchführen und aus den Ergebnissen Schlussfolgerungen zur Optimierung ziehen.**

A B C D E

In diesem Kapitel finden Sie Übungsaufgaben, praxisbezogene Fallbeispiele und Aufgaben zur Lernkontrolle zur Überprüfung Ihrer Kompetenzen auf den Handlungsebenen A **Wiedergeben,** B **Verstehen,** C **Anwenden** und D **Analysieren & Interpretieren.**

Dieses Kapitel umfasst folgende Lerneinheiten:

1 Was macht die Materialwirtschaft?

2 Beschaffung planen, durchführen, kontrollieren

3 Lagern, Verteilen, Entsorgen

4 Die Materialwirtschaft optimieren

Lerneinheit 1

Was macht die Materialwirtschaft?

SbX
Alle SbX-Inhalte zu dieser Lerneinheit finden Sie unter der ID: 1910.

Der Möbelhändler Lutz betreibt in Österreich über 100 Standorte unter verschiedenen Möbelhausnamen wie z. B. XXXLutz, Möbelix oder Mömax. Die über 40 000 Artikel im Sortiment des Unternehmens werden zwischen Italien und Indonesien zu günstigen Konditionen eingekauft. Der Großteil der Artikel wird in Sattledt (OÖ) zentral gelagert und von dort – je nach Bedarfsmeldung – an die verschiedenen Filialen verteilt. Auf diese Weise sind sowohl die Verfügbarkeit der Waren als auch wettbewerbsfähige Preise als tragende Säulen des Erfolgs gesichert.

Lernen

SbX ID: 1911

1 Die Aufgaben der Materialwirtschaft

Aufgabe der Materialwirtschaft

Die Materialwirtschaft hat die Aufgabe, das Unternehmen mit allen nötigen Gütern und Leistungen zu versorgen.

Dabei fallen folgende Tätigkeiten an:

Tätigkeiten in der Materialwirtschaft

SbX
Alle Grafiken dieser Lerneinheit unter der ID: 1911.

DIE VERSORGUNG DES UNTERNEHMENS

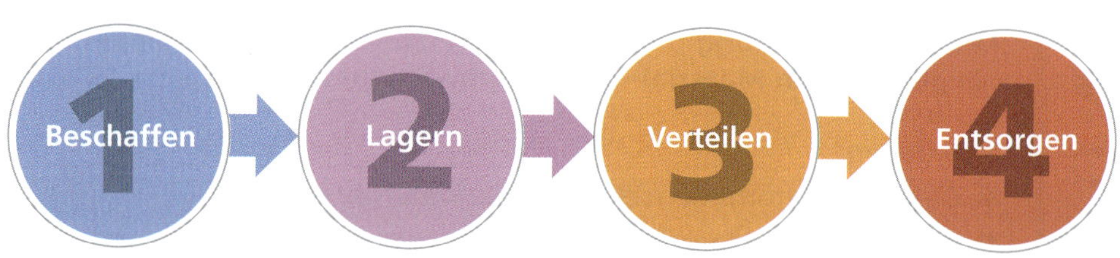

Beispiel

- Mit dem Einkauf von ungefärbtem Stoff und Stofffarbe erfüllt die Materialwirtschaft eines internationalen Textilherstellers die Beschaffungsaufgabe. Bis zur Verwendung in der Produktion lagern die Stoffe und die Farben im Beschaffungslager. Werden T-Shirts, Blusen, Hemden und andere Textilien an verschiedenen Standorten produziert, müssen die Stoffe und Farben an die Produktionsstätten verteilt werden. Stoffreste und nicht verbrauchte Stofffarben werden entsorgt.

Die einzelnen Aufgaben der Materialwirtschaft werden in der Regel von verschiedenen Abteilungen (Beschaffungsabteilung, Lagerabteilung etc.) wahrgenommen. Dabei ist eine sorgfältige Abstimmung nötig.

2 Die Zielsetzungen der Materialwirtschaft

Die Materialwirtschaft hat die Versorgung des Unternehmens so vorzunehmen, dass die benötigten Güter und Leistungen

- in der richtigen Qualität,
- in der richtigen Menge,
- zum richtigen Zeitpunkt,
- am richtigen Ort,
- unter Minimierung der Kosten sowie
- unter Berücksichtigung ethischer und nachhaltiger Überlegungen

zur Verfügung stehen.

Zur Optimierung der Materialwirtschaft müssen widersprüchliche Zielsetzungen ausgeglichen werden. Entscheidungen in der Materialwirtschaft orientieren sich einerseits am Prinzip der **Wirtschaftlichkeit der Versorgung** und andererseits am Prinzip der **Sicherheit bei der Versorgung.**

Beispiele

- Kauft man mehr ein, bekommt man bessere Preise, wodurch die Wirtschaftlichkeit steigt. Größere Einkaufsmengen erfordern ein größeres Lager, wodurch die Versorgungssicherheit steigt. Allerdings verursacht ein größeres Lager höhere Kosten z. B. für Lagerraum oder Kapitalbindung, wodurch die Wirtschaftlichkeit sinkt.
- Hat man ein kleineres Lager, besteht die Gefahr, dass bestimmte Materialien nicht zur Verfügung stehen, wenn man sie benötigt, und Produktion und Absatz stocken. Dafür hat man geringere Lagerkosten.

3 Die Bedeutung der Materialwirtschaft

Die Materialwirtschaft gewinnt in den Unternehmen der meisten Branchen zunehmend an Bedeutung. Dies hat zwei Gründe:

- Die Waren- und Materialkosten sind sehr hoch. Bei Handelsbetrieben machen sie bis zu 80 %, bei Produktionsbetrieben oft 40 bis 60 % des Umsatzes aus.
- In den verschiedenen Branchen beträgt der Anteil der Vorräte etwa 20 bis 30 % der Bilanzsumme. Aus diesem Grund sind die Lagerkosten für die Vorräte sehr hoch.

Der Gewinn eines Unternehmens kann daher leichter über Einsparungen beim Einkauf als durch Erhöhung des Absatzes gesteigert werden.

Beispiel

- Ein Büroartikelhändler weist folgende Zahlen auf:

  Umsatz: € 10.000.000,–

  Materialeinsatz: € 8.000.000,–, das sind 80 % vom Umsatz

  Sonstige Kosten: 16 % vom Umsatz

  Gewinn: € 400.000,–

  Können die Materialkosten aufgrund gezielter Einkaufsverhandlungen um 1 % gesenkt werden, steigt der Gewinn um € 80.000,– auf € 480.000,–.

  Das entspricht einer Steigerung um 20 %.

  Soll der Gewinn absatzseitig auf € 480.000,– erhöht werden, müsste der Umsatz um 20 % steigen.

  In der aktuellen Wettbewerbssituation ist eine Senkung der Materialkosten um ein Prozent leichter zu erzielen als eine Erhöhung des Umsatzes um 20 %.

Üben

A B C D E

Ü 9.1: **Aufgaben der Materialwirtschaft** C

Stellen Sie dar, wie die Aufgaben der Materialwirtschaft bei einem Blumenhändler wahrgenommen werden, der in mehreren Filialen ausschließlich Schnittblumen verkauft.

Ü 9.2: **Vorratshaltung** D

Ein Kartoffelchips-Hersteller meint: „Um den Absatz und den Gewinn zu sichern, müssen die Vorräte stets groß gehalten werden." Nehmen Sie Stellung zu dieser Ansicht.

Sichern

SbX ID: 1913

SbX
ID: 1913

Im SbX finden Sie eine Sammelmappe mit Zusammenfassungen zu allen Kapiteln und Lerneinheiten.

Wissen

SbX ID: 1914

A B C D E

SbX
ID: 1914

Möglichkeiten zur Kompetenzüberprüfung im SbX

Wiederholungsfragen | Aufgaben mit automatischer Aufgabenkontrolle | Einfache Fallbeispiele

W 9.1: **Tätigkeiten in der Materialwirtschaft** B

W 9.2: **Ziele der Materialwirtschaft** A

W 9.3: **Zielkonflikte** B

W 9.4: **Bedeutung der Materialwirtschaft** B

Ein kurzer Kompetenz-Check, bevor's weitergeht!

Kompetenz-Check

	☺	😐	☹
Ich kann die Tätigkeiten in der Materialwirtschaft beschreiben.			
Ich kann die Ziele der Materialwirtschaft erklären.			
Ich kann die Zielkonflikte in der Materialwirtschaft darstellen.			
Ich kann die Bedeutung der Materialwirtschaft eines Unternehmens erläutern.			

Lerneinheit 2
Beschaffung planen, durchführen, kontrollieren

SbX

Alle SbX-Inhalte zu dieser Lerneinheit finden Sie unter der ID: 1920.

Eine alte kaufmännische Weisheit lautet: „Im Einkauf steckt der halbe Gewinn." Die Beschaffung ist daher die Hauptfunktion der Materialwirtschaft. Damit die Beschaffungsabteilung ihre Potenziale ausschöpfen kann, stimmt sie sich sowohl unternehmensintern mit anderen Abteilungen als auch extern mit den Partnern des Unternehmens ab. Unternehmensintern koordiniert sich die Beschaffungsabteilung vor allem mit der Produktion und dem Marketing bzw. dem Absatz. Schließlich kann nur produziert und verkauft werden, was vorher beschafft wurde. Unternehmensextern gestaltet die Beschaffungsabteilung die Geschäftsbeziehungen zu den Lieferanten, um die optimale Versorgung des Unternehmens zu sichern.

Lernen

SbX ID: 1921

1 Aufgaben der Beschaffung

A B C D E

Aufgabenbereiche der Beschaffung

Die Aufgaben der Beschaffung gliedern sich in verschiedene Bereiche:

SbX

Alle Grafiken dieser Lerneinheit unter der ID: 1921.

2 Beschaffungsplanung

Wer braucht was, wann, wo, in welcher Menge und in welcher Qualität?

Beschaffungspolitik

Ziel der Beschaffungspolitik ist es, herauszufinden, welche Güter und Dienstleistungen das Unternehmen benötigt und wie der optimale Beschaffungsvorgang aussehen soll. Um Fehlbeschaffungen zu vermeiden, ist eine enge Zusammenarbeit des Einkaufs mit dem Verkauf und der Produktentwicklung notwendig.

Fragen der Beschaffungspolitik

Unter **Beschaffungsmarketing** versteht man die systematische Kombination der **beschaffungspolitischen Instrumente.**

Dabei sind folgende Fragen zu beantworten:

Fragen der Beschaffungspolitik

Im Rahmen des Beschaffungsmarketings spricht man von **Beschaffungsprogrammpolitik.**

(1) WAS wird eingekauft?

Entschieden wird,

- welche Güter und Dienstleistungen
- in welcher Menge

gekauft werden.

Diese Entscheidung ist abhängig vom Produktionsprogramm bzw. im Handel vom Sortiment. Natürlich fließt auch die aktuelle bzw. zu erwartende Auftragslage in die Entscheidung ein.

Make-or-Buy-Entscheidung

Weiters muss in diesem Zusammenhang auch geklärt werden, ob eine Ware oder Leistung zugekauft (Fremdbezug) oder selbst erbracht werden soll (Eigenfertigung).

Beispiel

- So muss in einem Hotelbetrieb entschieden werden, ob die Wäsche in einer hauseigenen Wäscherei gewaschen wird oder ob diese Dienstleistung von einem anderen Unternehmen erbracht werden soll.

Die Fragen (2) bis (4) werden im Rahmen des Beschaffungsmarketings als **Beschaffungsmethodenpolitik** bezeichnet.

(2) WER kauft ein?

Infrage kommen

- betriebseigene Einkäufer (Einkaufsabteilung, Reisende) oder
- betriebsfremde Einkäufer (Handelsvertreter).

Je größer das Unternehmen, desto eher wird die Beschaffung durch eine eigene Einkaufsabteilung vorbereitet und durchgeführt.

(3) WO wird eingekauft?

Es kann

- direkt vom Produzenten oder
- indirekt über den Handel

eingekauft werden.

Damit verbunden ist auch das Problem der Lieferantenauswahl – darauf wird ab Seite 308. näher eingegangen.

(4) WIE ist der Einkauf organisiert?

Der Einkauf kann

- zentral (d.h. von einer Stelle aus) oder
- dezentral (d.h. von mehreren Stellen aus)

vorgenommen werden.

Vorteile eines zentralen Einkaufs:

- kostengünstige Beschaffung (größere Mengen, bessere Spezialisierung der Einkäufer, genaue Beobachtung des Marktes)
- bessere Überschaubarkeit und daher bessere Kontrollmöglichkeiten

Nachteile eines zentralen Einkaufs:

- schwächerer Kontakt zu jenen Stellen, an denen die Güter benötigt werden
- mehr Verwaltungsarbeit durch längere Bestellwege, wenn das Unternehmen nicht über eine automatisierte Lagerverwaltung verfügt

Beispiel

- Ein Lebensmitteldiskonter hat 120 Filialen. Kauft er zentral für alle 120 Filialen ein, so kann er
  - größere Mengen bestellen und daher billiger kaufen,
  - eigene Einkäufer beschäftigen, die den Markt besser beobachten können,
  - den Einkauf selbst besser überwachen.

  Dafür hat er
  - eventuell längere Bestellwege und Bestellzeiten, da die Filialleiter den Bedarf an die zentrale Einkaufsabteilung melden müssen,
  - mehr Verwaltungsaufwand, da für einen reibungslosen Ablauf gesorgt werden muss,
  - Probleme, wenn in den Filialen ein Bedarf auftritt, der über den normalen Umfang hinausgeht.

(5) Beschaffungsmarktforschung

Durch die Beschaffungsmarktforschung werden die nötigen Informationen zur Verfügung gestellt, um die angeführten Fragen der Beschaffungspolitik zu beantworten.

Die Beschaffungsmarktforschung analysiert und beobachtet den Beschaffungsmarkt und versucht, die zukünftigen Entwicklungen zu prognostizieren, wie z. B. die Entwicklung der Preise oder die Entwicklung von Angebot und Nachfrage.

Die Daten werden gewonnen durch:

- **Primärforschung:** Durch Befragung und Beobachtung werden neue Daten über mögliche Lieferanten gesammelt. Die wichtigsten Informationsquellen sind Messen und Ausstellungen, Anfragen bei Lieferanten, Auskünfte von Banken, Verbänden, Fachkollegen u. a.
- **Sekundärforschung:** Auswertung unternehmensinterner Daten wie Lieferantendateien und Lagerstatistiken oder externer Quellen wie amtliche Statistiken, Lieferantenveröffentlichungen (Preislisten, Prospekte, Kataloge), Fachzeitschriften, Internetrecherchen u. a.

Ü 9.3: Zentraler und dezentraler Einkauf I C

Die Licht- und Wärmehandelsgesellschaft mbH verkauft Zentralheizungskörper, Zentralheizungszubehör, Heizlüfter und Beleuchtungskörper aller Art. Der Verkauf erfolgt in der Zentrale und in drei Filialen in anderen Städten, die rund 50 bis 70 km von der Zentrale entfernt liegen. Der Umsatz ist an allen Standorten ungefähr gleich hoch. Bisher wurde der Einkauf zentral vorgenommen. Da jedoch der Umsatz in den Filialen stark ansteigt, wird überlegt, ob nicht der Einkauf dezentralisiert werden sollte.

Welche Überlegungen sollten zu diesem Problem angestellt werden?

Beschaffungsprinzipien

Drei Prinzipien der Materialbeschaffung sind möglich:

Prinzipien der Materialbeschaffung

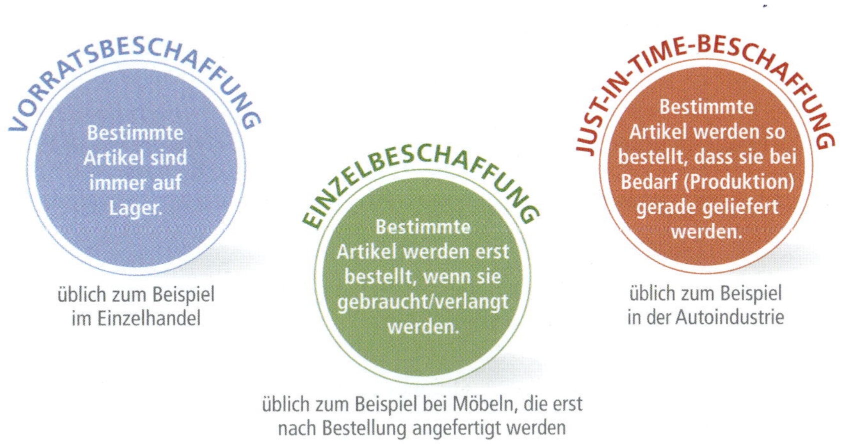

(1) Vorratsbeschaffung

Bei der Vorratsbeschaffung wird der Bedarf für einen längeren Zeitraum auf einmal eingekauft. Das Lager dient als Puffer.

9 Material- und Warenwirtschaft

Vorteile:

- ständige Verfügbarkeit im Handelsbetrieb bzw. keine Gefahr der Produktionsunterbrechung beim Produktionsbetrieb
- kostengünstiger Einkauf durch größere Mengen
- Es kann ein günstiger Einkaufszeitpunkt abgewartet werden.

Nachteile:

- hohe Kapitalbindung
- hohe Zins- und Lagerkosten
- Gefahr der Veralterung und der Qualitätsminderung der Bestände

Beispiele

- Supermärkte wie z. B. Billa, die neben den Produkten in den Regalen auch noch Vorräte im Lager haben
- Bekleidungshandel wie z. B. Schuhgeschäfte, die zusätzlich zu den Waren im Verkaufsraum noch weitere Bestände gelagert haben

(2) Einzelbeschaffung (Beschaffung bei Bedarf)

Die Beschaffung erfolgt bei Bedarf, wenn ein Auftrag eingegangen ist.

Vorteile:

- kurze Lagerdauer
- geringe Kapitalbindung
- geringe Zins- und Lagerkosten

Nachteile:

- Liefer- bzw. Produktionsbereitschaft sind nicht immer gesichert. Dieses Beschaffungsprinzip ist daher nur möglich, wenn der Kunde bereit ist, Wartezeiten in Kauf zu nehmen.
- Es kann kein günstiger Einkaufszeitpunkt abgewartet werden.
- geringere Preisvorteile als bei der Vorratsbeschaffung

Beispiele

- Meist bei Einzelfertigung; z. B. kauft ein Tischler Holz erst nach der Bestellung der Einbaumöbel, ein Baumeister kauft Material erst nach dem Bauauftrag.
- bei langfristigen Konsumgütern, z. B. bei Möbelhändlern wie kika, die nur Muster ausstellen (z. B. Einbauschränke, Betten, Küchen) und die Ware erst bestellen, wenn ein Auftrag erteilt wurde

(3) Absatz- bzw. fertigungssynchrone Beschaffung („just in time")

Die benötigten Waren oder Materialien werden möglichst knapp vor ihrem Verkauf oder ihrer Verarbeitung angeliefert („just in time"). Das Lager wird auf möglichst geringe Sicherheitsbestände beschränkt.

Es werden Rahmenverträge über größere Mengen mit einem Lieferanten abgeschlossen und meist hohe Konventionalstrafen für die Nichteinhaltung der Abruffristen vereinbart.

Probleme ergeben sich bei diesem Beschaffungsprinzip, wenn der Bedarf unregelmäßig anfällt. Je besser die Informationen über den prognostizierten Absatz der Produkte eines Unternehmens sind, desto besser kann die Materialwirtschaft die Beschaffungsmenge und die Beschaffungstermine planen.

Vorteile:

- aufgrund geringer Sicherheitsbestände kaum Zins- und Lagerkosten
- geringe Kapitalbindung
- Die Liefer- und Produktionsbereitschaft ist durch laufende Anlieferung der Güter gesichert (solange keine Probleme bei der Zulieferung auftreten).

Nachteile:

- Durch Verzicht auf nennenswerte Sicherheitsbestände kann eine Lieferverzögerung zu Produktionsstillstand führen.
- starke Abhängigkeit vom Lieferanten
- erhöhte Transportkosten und dadurch höhere ökologische Belastung

Beispiele

- Autoerzeuger wie z. B. BMW verpflichten ihre Zulieferer, die notwendigen Teile an bestimmten Tagen und zu einer bestimmten Uhrzeit direkt an das Montageband zu liefern.
- In der Baubranche muss der Fertigbeton vom Betonmischwerk genau dann an die Baustellen geliefert werden, wenn er benötigt wird.
- Viele Lebensmitteldiskonter lassen die Ware direkt in den Verkaufsraum liefern und haben außerhalb des Verkaufsraums keine Lagerhaltung. Es kann daher zu Engpässen z. B. im Wochenendverkauf kommen (z. B. keine Milch, kein Fruchtsaft, kein Mineralwasser einer bestimmten Marke).

(4) Kombination der verschiedenen Beschaffungsprinzipien

In der Praxis werden die Beschaffungsprinzipien oft kombiniert, z. B. wird ein Tischler Schrauben auf Lager haben, Bretter von bestimmten Holzarten wird er jedoch erst bei Bedarf zukaufen.

Beschaffungsmenge und Beschaffungstermine

Die **sichere Versorgung** des Unternehmens **mit den benötigten Mengen zum richtigen Termin** zählt zu den zentralen Aufgaben der Beschaffungsplanung.

Zunächst ist zu klären:

- Wie viel wird in der gesamten Produktions- bzw. Verkaufsperiode benötigt?
- Wie lange dauert es bis zur Lieferung?

Dann kann entschieden werden:

- Wie viel soll auf einmal bestellt werden?
- Wann soll bestellt werden?

(1) Waren- bzw. Materialbedarf („Wie viel wird benötigt?")

Basis für die Bedarfsermittlung ist der geplante Absatz bzw. die geplante Produktionsmenge. Als Entscheidungshilfen stehen Stücklisten, Kundenaufträge, Marktforschungsergebnisse etc. zur Verfügung.

(2) Beschaffungszeit („Wie lange dauert es bis zur Lieferung?")

Beschaffungszeit ist die Zeit von der Bedarfsmeldung an die Einkaufsabteilung bis zu dem Zeitpunkt, an dem die Güter zur Verfügung stehen. Sie setzt sich zusammen aus der Beschaffungsvorbereitungszeit (z. B. Einholen von Angeboten), Lieferzeit (z. B. Produzieren und Verpacken der Ware durch Verkäufer), Transportzeit (z. B. Transportieren der Ware durch Spediteur) und Prüfungszeit (z. B. Kontrollieren von Menge und Qualität).

Zeitbestandteile	Beschreibung des Zeitbedarfs
Beschaffungsvorbereitungszeit	Zeit von der Bedarfsmeldung an den Einkauf bis zur Bestellung
Lieferzeit des Lieferanten	Zeit, die der Lieferant benötigt, um die Ware bereitzustellen
Transportzeit	Zeit für den Transport vom Lieferanten zum Kunden
Prüfzeit	Zeit für die Kontrolle der Ware beim Kunden

(3) Beschaffungsmenge („Wie viel soll auf einmal bestellt werden?")

Die Beschaffungsmenge soll so gewählt werden, dass die Summe aus Preis, Lagerhaltungskosten und Bestellkosten minimiert wird. Es ist zu entscheiden, ob

- **kleine Mengen häufiger bestellt werden.**

  Kleine Beschaffungsmengen und häufigere Bestellungen führen zu niedrigeren Lagerhaltungskosten, aber zu höheren Bestellkosten und oft auch zu höheren Einkaufspreisen (höhere Verwaltungskosten, ungünstigere Rabattsätze).
- **große Mengen seltener bestellt werden.**

  Große Beschaffungsmengen führen umgekehrt zu höheren Lagerhaltungskosten und zu niedrigeren Bestellkosten und niedrigeren Einkaufspreisen.

Ist man keinen Beschränkungen (z. B. Mindestbestellmengen) unterworfen, so wird man jene Menge bestellen, bei der die gesamten Kosten am geringsten sind **(= optimale Bestellmenge).** Nachfolgende Grafik soll dies verdeutlichen. In der Praxis werden komplexe Berechnungsmethoden eingesetzt, um die optimale Bestellmenge rechnerisch exakt zu ermitteln.

Optimale Bestellmenge

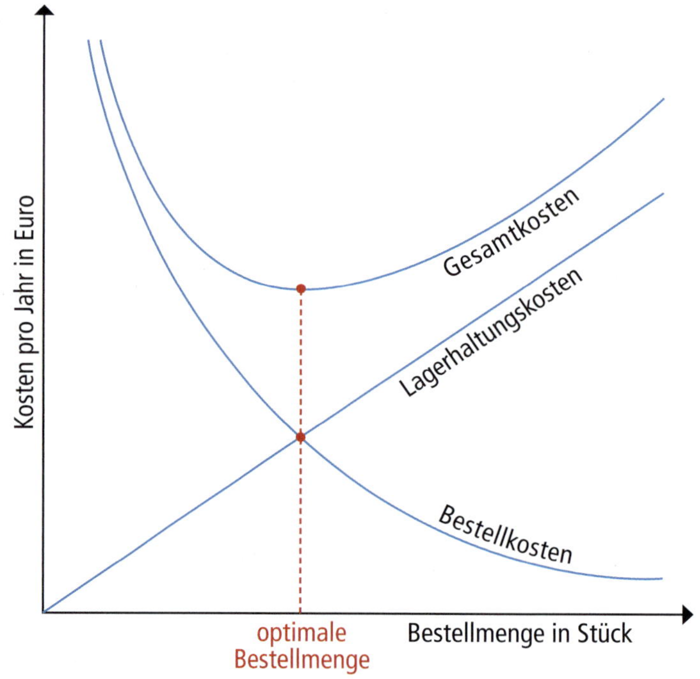

Neben den Beschaffungs- und Lagerhaltungskosten hängt die Bestellmenge noch von zahlreichen andere Faktoren ab:

- branchenübliche Mindestbestellmengen (z. B. Einheiten zu je 1000 Stück),
- Ausnutzung des Frachtraumes (z. B. Spezialwagen, Lkw- bzw. Schiffsladungen),
- drohende Materialengpässe (Sicherheitskäufe),
- Preissteigerungen auf den Beschaffungsmärkten (zu erwartende Preissteigerungen führen zur Erhöhung des Lagers),
- Nachfrageverschiebungen, Modeänderungen (Vorsicht bei langfristiger Beschaffung),
- erforderliche Liquidität.

Unter **Liquidität** versteht man die Zahlungsfähigkeit eines Unternehmens, d. h. die Fähigkeit, seine Verbindlichkeiten zu begleichen.

(4) Beschaffungstermin („Wann soll bestellt werden?")

a) Übersicht

Zur Bestimmung des Bestellzeitpunkts gibt es folgende Möglichkeiten:

Bestimmung des Bestellzeitpunkts

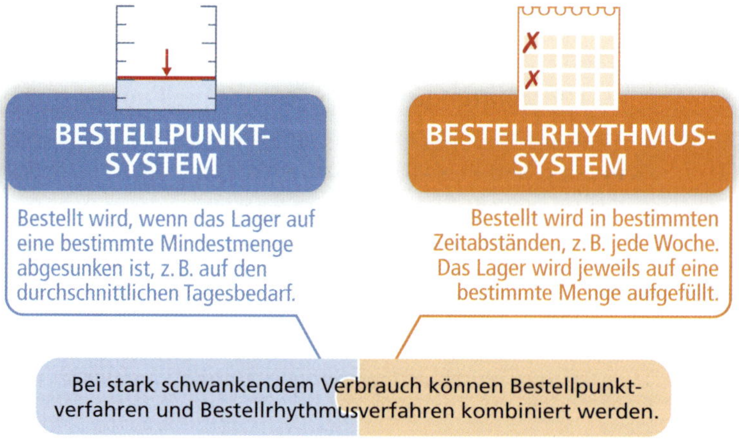

b) Bestellpunktsystem

Sinkt der Lagerbestand auf einen bestimmten Mindestbestand (Meldebestand) ab, wird bestellt. Um den Meldebestand zu bestimmen, gibt es verschiedene Möglichkeiten:

Möglichkeiten zur Bestimmung des Meldebestandes

Möglichkeiten zur Bestimmung des Meldebestandes

Fehlmengenkosten sind z. B. entgangene Gewinne, Konventionalstrafen oder Kosten eines Produktionsstillstandes.

- **Bestellung erst nach vollständigem Verbrauch**

  Die Meldemenge beträgt null. Bestellt wird, wenn der Vorrat völlig aufgebraucht ist.

  Diese Vorgangsweise ist nur möglich, wenn
  - die Lieferanten sehr schnell liefern und
  - die Fehlmengenkosten sehr gering sind.

- **Bestellung nach Erreichen des Sicherheitsbestandes**

  Der Sicherheitsbestand wird so groß gewählt, dass
  - bei durchschnittlichem Verbrauch und
  - bei durchschnittlicher Beschaffungszeit

  keine Lücke in der Versorgung auftritt.

Beispiel

Textilfabrik

- Eine Textilfabrik verbraucht pro Tag 200 Ballen eines bestimmten Wollstoffs.
  ø Tagesverbrauch eines Wollstoffs = 200 Ballen
  ø Beschaffungszeit = 10 Tage
  Meldebestand (Sicherheitsbestand) = ø Tagesverbrauch × ø Beschaffungszeit =
  = 200 × 10 = 2000 Ballen

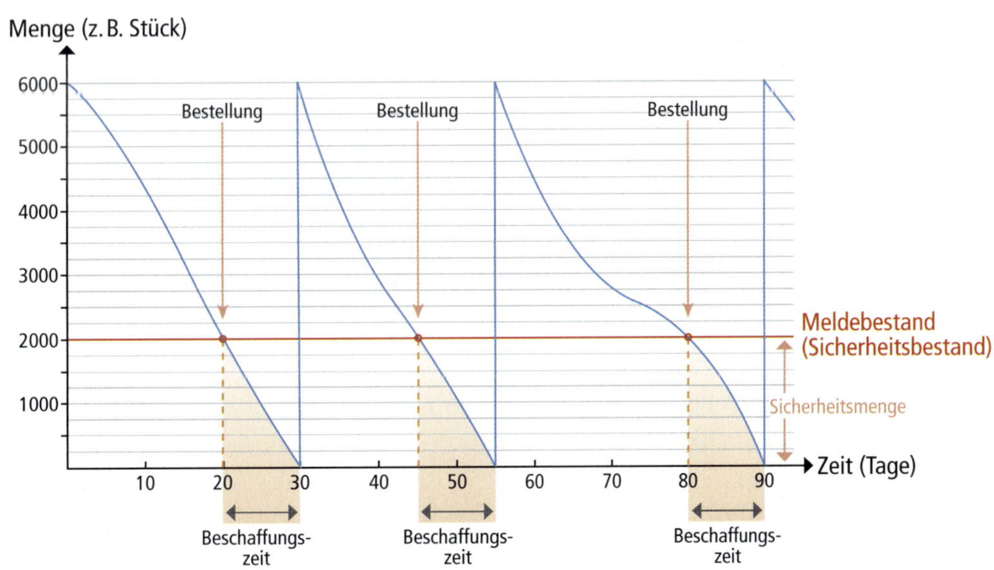

Auch bei diesem Verfahren besteht die Gefahr, dass es zu Fehlbeständen kommt:
- Der tägliche Bedarf kann während der Beschaffungszeit über dem Durchschnitt liegen.
- Die durchschnittliche Beschaffungszeit kann vom Lieferanten überschritten werden.

Je größer der Sicherheitsbestand ist, desto höher sind die Lagerhaltungskosten.

- **Bestellung nach Erreichen eines Sicherheitsbestandes, der um einen eisernen Bestand erhöht wird**

Muss ein Fehlbestand auf jeden Fall vermieden werden, so wird der Sicherheitsbestand um einen eisernen Bestand erhöht (z. B. bei Materialien und fertigbezogenen Teilen, ohne die die Produktion nicht weitergeführt werden könnte).

Der eiserne Bestand wird nur dann angegriffen, wenn der tägliche Bedarf während der Beschaffungszeit über dem Durchschnitt liegt oder wenn die durchschnittliche Beschaffungsdauer überschritten wird.

Beispiel Fortsetzung

Textilfabrik

- Der eiserne Bestand soll den Verbrauch für weitere 5 Tage decken.

Meldebestand (erhöhter Sicherheitsbestand) =
= ø Tagesverbrauch × ø Beschaffungszeit + eiserner Bestand =
= (200 × 10) + (200 × 5) = 3000 Ballen

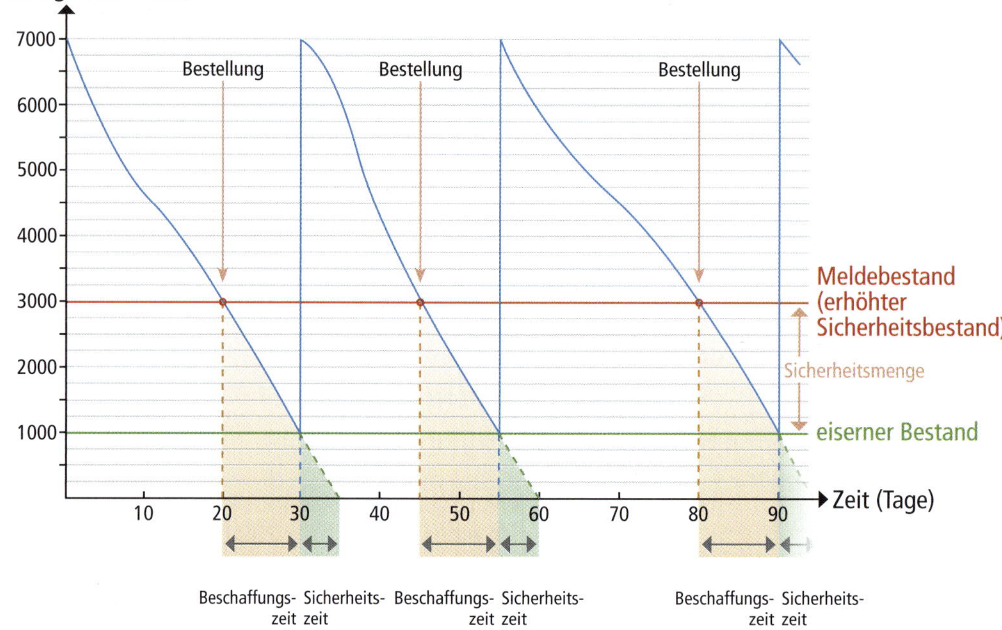

c) Bestellrhythmussystem

Das Bestellrhythmussystem ist häufig im Handel anzutreffen. Dort sind kurze Wiederbeschaffungszeiten durch Lieferungen aus Zentrallagern möglich.

Es wird in bestimmten Zeitabständen – in einem bestimmten Bestellrhythmus – bestellt. Festgelegt werden

- der Zeitabstand, in dem bestellt wird (z. B. jede 2. Woche), und
- die Menge, auf welche das Lager aufgefüllt werden soll (der **Richtbestand**).

Außerdem muss der Verbrauch für die Beschaffungszeit berücksichtigt werden.

Daraus ergibt sich folgende Berechnung:

Bestellmenge = (Richtbestand – Lagerbestand) + (ø Verbrauch pro Tag × ø Beschaffungszeit)

Beispiel

Bestellrhythmussystem

- Bestellrhythmus: 30 Tage

Richtbestand: 1000 Stück
Beschaffungszeit: 5 Tage
ø Verbrauch pro Tag: 20 Stück

Nach der ersten Bestellperiode sind noch 300 Stück auf Lager – bestellt werden daher:
Bestellmenge = (1000 – 300) + (5 x 20) = 800 Stück

Nach der zweiten Bestellperiode sind noch 450 Stück auf Lager – bestellt werden daher:
Bestellmenge = (1000 – 450) + (5 x 20) = 650 Stück

Selbstverständlich könnte man den Bedarf für die Beschaffungszeit sofort zum Richtbestand hinzuzählen. Im Beispiel ginge man dann von einem Richtbestand von 1100 Stück aus.

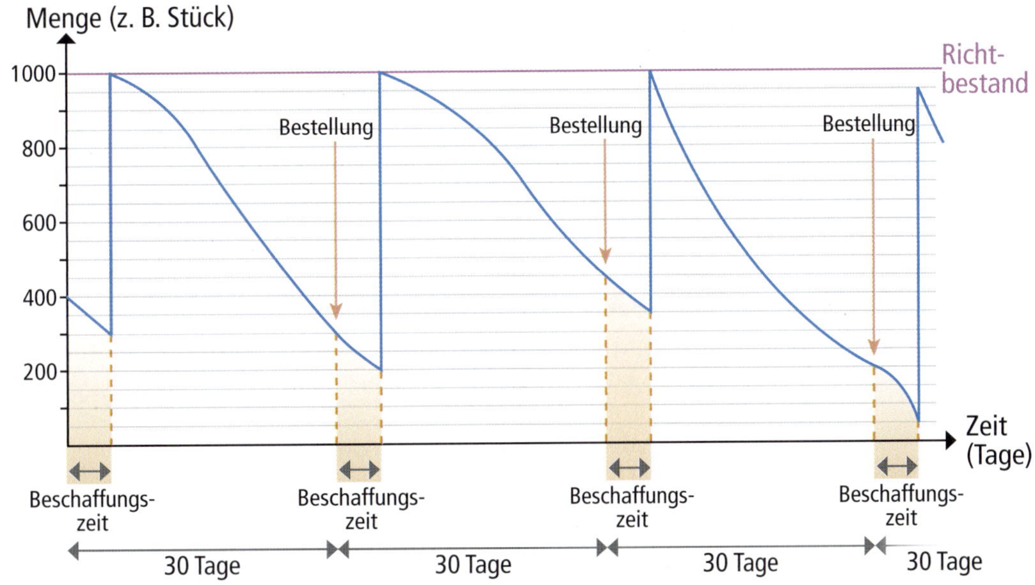

Unregelmäßiger Verbrauch

Bei unregelmäßigem Verbrauch wird der Richtbestand nicht bei jeder Bestellung genau erreicht werden. Der Bedarf für die Beschaffungszeit beruht ja nur auf Durchschnittswerten.

d) Optionalsystem

Bei stark schwankendem Verbrauch können Bestellpunktverfahren und Bestellrhythmusverfahren kombiniert werden.

Beim Optionalsystem wird in bestimmten Zeitabständen bestellt. Wird jedoch vorher ein bestimmter Mindestbestand (Meldebestand) unterschritten, wird früher bestellt.

Beispiel

Optionalsystem

- Bestellt wird alle 30 Tage oder wenn ein Meldebestand von 300 Stück erreicht wird.
  Der Richtbestand beträgt 1000 Stück.
  Für die Bestelldauer werden der Bestellung 100 Stück zugeschlagen.

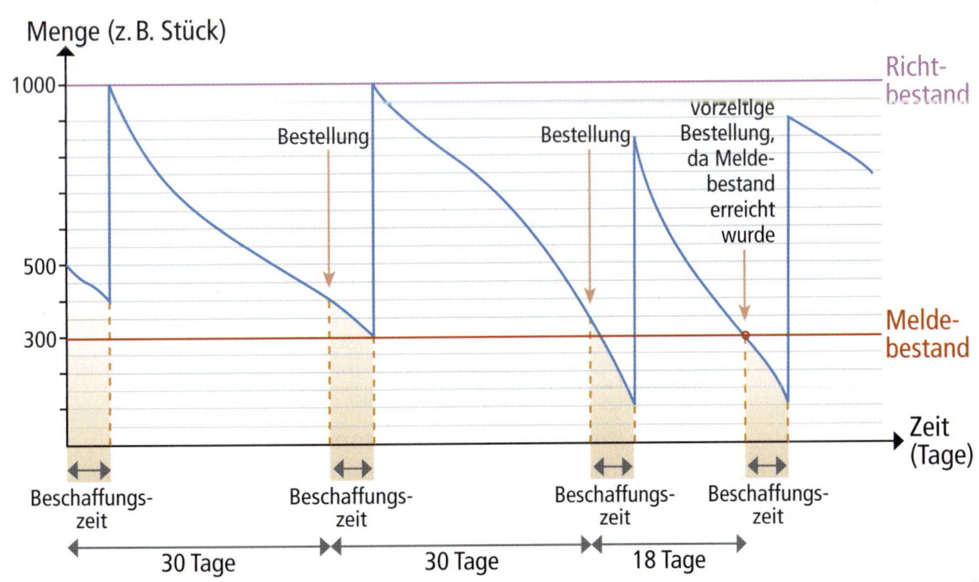

In der ersten und zweiten Bestellperiode wird im Bestellrhythmus bestellt, da der Meldebestand nicht unterschritten wird. In der dritten Bestellperiode kommt es zu einer vorzeitigen Bestellung, da der Meldebestand vor Ablauf von 30 Tagen erreicht wurde.

(5) Lieferbereitschaft (Servicegrad)

Der Servicegrad gibt an, wie viel Prozent der Bestellungen (Anforderungen der eigenen Produktion oder von Kunden) vom eigenen Lager auch tatsächlich erfüllt werden können. Das heißt, er misst die Lieferbereitschaft des Lagers.

Nach welcher Formel der Servicegrad errechnet wird, sehen Sie auf Seite 325.

Der Servicegrad beeinflusst die Zukäufe und die erforderliche Mindestmenge:

- Um den Servicegrad zu erhöhen, muss mehr gekauft und die Mindestmenge erhöht werden.
- Will man den Servicegrad z. B. aus Kostengründen senken, kauft man weniger und senkt die Mindestmenge.

Ü 9.4: Meldebestand festlegen C

Ein Baumaterialienhändler will Beschaffung und Lagerung von Bauzement kostengünstig gestalten.

a) Welche Möglichkeiten gibt es im Rahmen des Bestellpunktsystems, den Meldebestand festzulegen?

b) Welche Vor- und Nachteile haben diese Möglichkeiten?

Ü 9.5: Meldebestand ermitteln C

Ein Erzeuger von Luxussportwagen bezieht die Felgen (die Räder ohne Reifen) von einem Zulieferer. Abzüglich Wochenenden, Feiertagen und Werksferien wird 200 Tage im Jahr gearbeitet. Der Tagesbedarf an Felgen beträgt 360 Stück.

Die Beschaffungszeit beträgt 15 Tage. Um die Fertigung nicht zu gefährden, soll zusätzlich zum Sicherheitsbestand ein eiserner Bestand für 10 Tage gehalten werden. Wie hoch soll der Meldebestand inkl. erhöhtem Sicherheitsbestand sein?

3 Beschaffungsdurchführung (Lieferantenauswahl)

Angebotseinholung

Aufgrund der Ergebnisse der Beschaffungsplanung werden Lieferanten kontaktiert, um Angebote anzufordern. Je nach Wert der gewünschten Güter sollen mindestens zwei bis drei Angebote eingeholt werden. Um diese besser vergleichen zu können, ist es sinnvoll, eine bestimmte Struktur (genaue Merkmale einer Ware) vorzugeben.

Unter **www.lieferantenbewertung.de** finden Sie interessante Hinweise zur Lieferantenauswahl.

Angebotsprüfung und -auswahl

Bei der Lieferantenauswahl geht es darum, den besten Lieferanten auszuwählen. Folgende wichtige Auswahlkriterien werden dabei herangezogen:

- Preis
- Qualität
- Lieferkonditionen
- Lieferzuverlässigkeit
- Nebenleistungen

Abhängig von der Branche wird dieser Kriterienkatalog auf die spezifischen Erfordernisse der Branche abgestimmt. Beispielsweise spielt der Service eines Lieferanten von Aufzügen oder Sesselliften bei der Auswahl eine bedeutende Rolle.

Im Rahmen des Beschaffungsmarketings spricht man von **Beschaffungspreispolitik und Beschaffungskonditionenpolitik.**

Das beschaffende Unternehmen versucht, Einfluss auf den Beschaffungspreis, die Rabatte, die Liefer- und Zahlungsbedingungen und auf eine eventuelle Kreditgewährung (Zahlungsziel) zu nehmen. Dies erfolgt auf zwei Arten:

- **passive Preis- und Konditionenpolitik**
  Auswahl der günstigsten Preise und Konditionen aufgrund der Angebote
- **aktive Preis- und Konditionenpolitik**
  Versuch, die angebotenen Preise und Konditionen durch Verhandlung zu verbessern (z. B. durch Zusage größerer Abschlüsse, Zusage über Exklusivabnahme, Betonung von Preis- und Konditionenvergleichen etc.)

Wie bei den Absatzmärkten unterscheidet man bei der Beschaffung drei Marktformen: Monopol, Oligopol, Polypol (siehe Kapitel 8, Lerneinheit 4).

Die Möglichkeit, Einfluss auf den Beschaffungspreis auszuüben, hängt von der Marktkenntnis und dem Verhandlungsgeschick der Einkäufer ab. Außerdem spielt die Marktform eine entscheidende Rolle (z. B. wird ein großer Lebensmittelkonzern eher Einfluss auf den Beschaffungspreis und die Konditionen ausüben können als ein kleiner Einzelhändler).

Für die Auswahl des Lieferanten werden die einzelnen Faktoren zunächst bewertet und anschließend gemäß ihrer Bedeutung gewichtet. Das folgende Beispiel zeigt Ihnen, wie eine solche Bewertung und Gewichtung praktisch umgesetzt werden kann.

Beispiel

Lieferantenauswahl

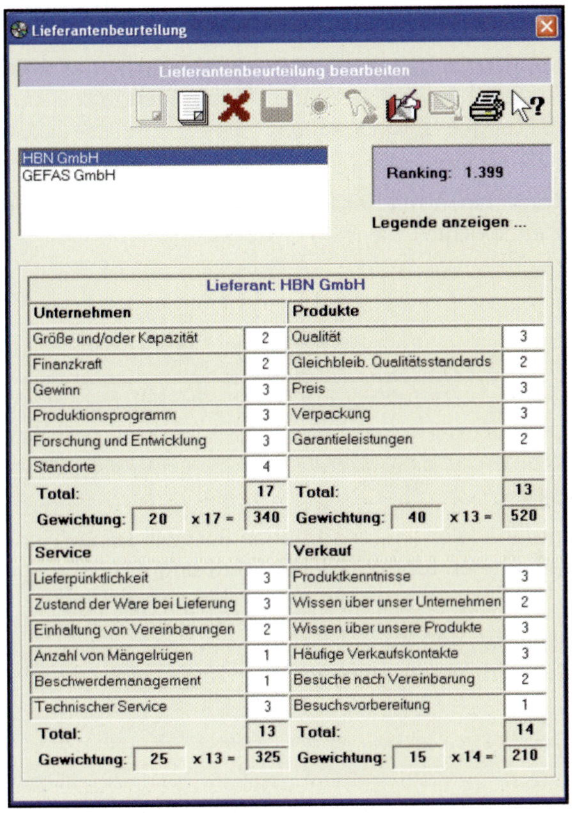

Unternehmen		Produkte	
Größe und/oder Kapazität	2	Qualität	3
Finanzkraft	2	Gleichbleib. Qualitätsstandards	2
Gewinn	3	Preis	3
Produktionsprogramm	3	Verpackung	3
Forschung und Entwicklung	3	Garantieleistungen	2
Standorte	4		
Total:	17	Total:	13
Gewichtung: 20 x 17 =	340	Gewichtung: 40 x 13 =	520
Service		**Verkauf**	
Lieferpünktlichkeit	3	Produktkenntnisse	3
Zustand der Ware bei Lieferung	3	Wissen über unser Unternehmen	2
Einhaltung von Vereinbarungen	2	Wissen über unsere Produkte	3
Anzahl von Mängelrügen	1	Häufige Verkaufskontakte	3
Beschwerdemanagement	1	Besuche nach Vereinbarung	2
Technischer Service	3	Besuchsvorbereitung	1
Total:	13	Total:	14
Gewichtung: 25 x 13 =	325	Gewichtung: 15 x 14 =	210

Kommentar:

Der Einkäufer bewertet den Lieferanten nach vier Hauptkriterien (Unternehmen, Produkte, Service, Verkauf), die jeweils in Unterkriterien aufgespaltet werden (vgl. Screenshot). 4 bedeutet die beste Bewertung, 1 die schlechteste.

Da nicht alle Hauptkriterien gleich wichtig sind, werden sie mit Gewichtungsfaktoren versehen.

Kriterien	Gewichtung
Bewertung Unternehmen	20 %
Bewertung Produkte	40 %
Bewertung Service	25 %
Bewertung Verkauf	15 %
Gesamt	100 %

Natürlich ist diese Gewichtung subjektiv.

Die Punktesummen für die einzelnen Hauptkriterien werden mit den Gewichtungen multipliziert und so ein Gesamtwert errechnet. Je höher der Gesamtwert, desto besser ist der Lieferant.

Natürlich könnte man die Bewertung auch umdrehen und 1 als beste und 4 als schlechteste Punktzahl vergeben.

Mindestkriterien

Lieferantenbewertungen nach Bewertungstabellen setzen voraus, dass Mindestkriterien vorhanden sind. Zum Beispiel darf keine Bewertung schlechter als 2 sein. Damit werden Lieferanten ausgeschlossen, die zwar einige sehr gute Bewertungen, jedoch auch besondere Schwächen haben.

Bestellung

Ist ein passender Lieferant ausgewählt, wird die Bestellung vorgenommen.

Ü 9.6: Lieferantenbewertungen C

Ein Unternehmen bewertet zwei verschiedene Lieferanten (A und B) mit folgenden Punktzahlen (wobei die Höchstpunktzahl 6 beträgt).

	Lieferant A	Lieferant B	Gewichtung	Ergebnis A	Ergebnis B
Bewertung des Unternehmens als Ganzes	5	3	15 %		
Bewertung Produkte	4	6	50 %		
Bewertung Lieferpünktlichkeit und Service	4	5	25 %		
Bewertung Verkaufsabteilung	6	3	10 %		
			100 %		

a) Berechnen Sie den Gesamtwert für jeden Lieferanten.
b) Welchem der beiden Lieferanten ist der Vorzug zu geben? Begründen Sie Ihre Antwort.

Menge und Qualität der eingegangenen Waren werden kontrolliert.

4 Beschaffungskontrolle

Die Beschaffungsplanung und Beschaffungsdurchführung müssen kontrolliert werden.

Bei der Waren- bzw. Materialannahme wird überprüft, ob Menge und Qualität der eingegangenen Produkte mit der Bestellung und den Begleitpapieren (Lieferschein etc.) übereinstimmen und ob der Liefertermin eingehalten wurde.

Von der Warenannahme gelangen die Waren zur Warenprüfung. Eigene Warenprüfstellen sind vor allem dann erforderlich, wenn besondere Prüfungen vorgenommen werden sollen (z.B. chemische Analysen, Festigkeitsproben etc.).

Die Rechnungsprüfung erfolgt in der Regel durch die Einkaufsabteilung. Dabei wird kontrolliert, ob die Preise und Konditionen mit der Bestellung übereinstimmen und ob die Rechnung dem Umsatzsteuergesetz entspricht.

Üben

SbX ID: 1922

A B C D E

Ü 9.7: Servicegrad D

Ein Medikamentengroßhändler (Pharmagroßhändler) will seinen Servicegrad erhöhen. Welche der angeführten Maßnahmen führen zu einer Erhöhung des Servicegrades? Begründen Sie Ihre Entscheidung.

a) Erhöhung des Mindestbestandes

b) Verkürzung der Lieferfristen der Lieferanten

c) Lagererhöhung

d) Erhöhung des Richtbestandes

Ü 9.8: Beschaffungstermine C

Ein Geschirrhändler verkauft durchschnittlich 15 Teeservice pro Tag. Die Beschaffungszeit dauert durchschnittlich 20 Tage.

a) Nach welchem Bestellsystem werden die Teeservice in diesem Fall beschafft?

b) Bei welchem Meldebestand müssen die Teeservice bestellt werden?

c) Durch welche Maßnahmen kann die Beschaffungszeit in diesem Fall gezielt verkürzt werden?

d) Welche Vorteile hätte die Verkürzung der Beschaffungszeit für den Geschirrhändler?

Ü 9.9: Bestellrhythmussystem C

Bestellrhythmus: 25 Tage
Richtbestand: 1000 Stück
Beschaffungszeit: 5 Tage
ø Verbrauch pro Tag: 25 Stück

a) Nach der ersten Bestellperiode sind noch 200 Stück auf Lager. Wie viel Stück müssen bestellt werden?

b) Nach der zweiten Bestellperiode sind 450 Stück auf Lager. Wie viel Stück müssen bestellt werden?

Ü 9.10: Aktive und passive Preis- und Konditionenpolitik C

Ein Industriebetrieb erneuert jährlich etwa zehn Büroarbeitsplätze in seinen Verwaltungsabteilungen.

a) Erklären Sie an diesem Beispiel, was man unter aktiver und unter passiver Preis- und Konditionenpolitik versteht.

b) Welche der beiden Formen kommt in diesem Fall eher in Betracht? Begründen Sie Ihre Antwort.

Ü 9.11: Faktoren, die die Bestellmenge beeinflussen C

Ein Betreiber einer Kaffeehauskette möchte einen brasilianischen Spezialkaffee in sein Sortiment aufnehmen. Er möchte diesen direkt vom Hersteller in Brasilien beziehen. Welche weiteren Faktoren können, neben den Beschaffungs- und Lagerkosten, die Bestellmenge beeinflussen? Nennen Sie drei Faktoren.

SbX ID: 1922

Weitere Übungsaufgaben im SbX:

Ü 9.12: Notebook-Übung: Bestellung nach Erreichen eines Sicherheitsbestands C

Ü 9.13: Notebook-Übung: Bestellung nach Erreichen eines erhöhten Sicherheitsbestands I C

Ü 9.14: Notebook-Übung: Bestellung nach Erreichen eines erhöhten Sicherheitsbestandes II C

Ü 9.15: Notebook-Übung: Bestellung nach dem Bestellrhythmussystem C

Sichern

SbX ID: 1923

SbX ID: 1923

Im SbX finden Sie eine Sammelmappe mit Zusammenfassungen zu allen Kapiteln und Lerneinheiten.

Wissen

SbX ID: 1924

A B C D E

SbX ID: 1924

Möglichkeiten zur Kompetenzüberprüfung im SbX

Wiederholungsfragen	Aufgaben mit automatischer Aufgabenkontrolle	Einfache Fallbeispiele

W 9.5: Aufgabenbereiche der Beschaffung A

W 9.6: Zentraler und dezentraler Einkauf II A

W 9.7: Preise und Konditionen B

W 9.8: Beschaffungsprinzipien A

W 9.9: Vorratsbeschaffung A

W 9.10: Beschaffungszeit A

W 9.11: Bestellpunkt- und Bestellrhythmussystem A

W 9.12: Arten der Beschaffung B

W 9.13: Beschaffungstermin B

W 9.14: Kriterien der Lieferantenauswahl A

W 9.15: Möglichkeiten zur Bestimmung des Bestellzeitpunkts A

W 9.16: Test: Materialbeschaffung für Wellness-Joghurts C

W 9.17: Fallbeispiel: Bewertung von Lieferanten D

W 9.18: Fallbeispiel: Lieferantenauswahl D

Ein kurzer Kompetenz-Check, bevor's weitergeht!

Kompetenz-Check

	☺	😐	☹
Ich kann die Aufgaben der Beschaffung beschreiben.			
Ich kann die verschiedenen Teile der Beschaffungspolitik beschreiben und durch Beispiele erläutern.			
Ich kann die verschiedenen Beschaffungsprinzipien und ihre Vor- und Nachteile erklären.			
Ich kenne die Möglichkeiten zur Bestimmung des Bestellzeitpunkts.			
Ich kann Bestellzeitpunkt und Bestellmenge nach unterschiedlichen Verfahren berechnen.			
Ich kenne die Kriterien für die Auswahl von Lieferanten.			
Ich kann Lieferanten mit einer Entscheidungswerttabelle auswählen.			
Ich kann die Bedeutung der Beschaffungskontrolle erklären.			

Lerneinheit 3
Lagern, Verteilen, Entsorgen

SbX
Alle SbX-Inhalte zu dieser Lerneinheit finden Sie unter der ID: 1930.

Eine optimierte Lagerhaltung ist in allen Wirtschaftszweigen wichtig. Denken Sie z. B. an landwirtschaftliche Produkte, die nur einmal im Jahr geerntet werden und bei schlechter Lagerung verderben. Oder an Industriebetriebe, deren Produktion stockt, nur weil ein wichtiges Teil nicht auf Lager ist.

Man muss sich überlegen, was wie lange wo gelagert wird und wie nicht verwertbare Restbestände und Abfälle, z. B. Altöl, Altreifen, Farbreste oder Verpackungen, umweltschonend entsorgt werden können.

Lernen

SbX ID: 1931

SbX
Alle Grafiken dieser Lerneinheit unter der ID: 1931.

1 Lagerhaltung

Die Lagerhaltung hat eine zentrale Bedeutung.

Lagerfunktionen

Nach der Warenannahme und -prüfung erfolgt die Einlagerung der Güter. Das Lager hat dabei folgende Funktionen zu erfüllen:

Lagerfunktionen

- **Ausgleichsfunktion:** um Schwankungen in der Nachfrage auszugleichen (z. B. von Sonnencreme, Streusalz)
- **Sicherungsfunktion:** um sich vor Lieferschwankungen beim Bezug von Gütern abzusichern (z. B. bei Transportproblemen, Produktionsengpässen beim Lieferanten oder bei Ernteausfällen)
- **Spekulationsfunktion:** Lager wird vor erwarteten Preissteigerungen oder Qualitätsveränderungen aufgefüllt (z. B. bei Kaffeebohnen, Mineralöl, Getreide); durch Einkauf von großen Mengen können zudem Mengenrabatte ausgenützt werden.
- **Umformungsfunktion:** Durch die Lagerung erfolgt die Fertigstellung bzw. eine Qualitätssteigerung des Produktes (z. B. Reife von Käse und Wein, Trocknen von Holz).

Lagerarten

Je nachdem, in welchem betrieblichen Leistungsbereich sich die zu lagernde Ware befindet, werden folgende Lagerarten unterscheiden:

- Im **Beschaffungslager** werden eingekaufte Rohstoffe, Hilfsstoffe usw. bis zu ihrer Verarbeitung gelagert (Sicherungs- und Spekulationsfunktion).
- Im **Fertigungslager** werden die unfertigen Erzeugnisse bis zur weiteren Verarbeitung zwischengelagert. Hier können Umformungsprozesse stattfinden (Umformungsfunktion).
- Im **Absatzlager** lagern die fertigen Erzeugnisse, bis sie verkauft werden (Ausgleichsfunktion).

Je nach Branche sind die Lagerarten unterschiedlich ausgeprägt. (In Handelsbetrieben gibt es z. B. oft nur ein Absatzlager.)

Lagerarten

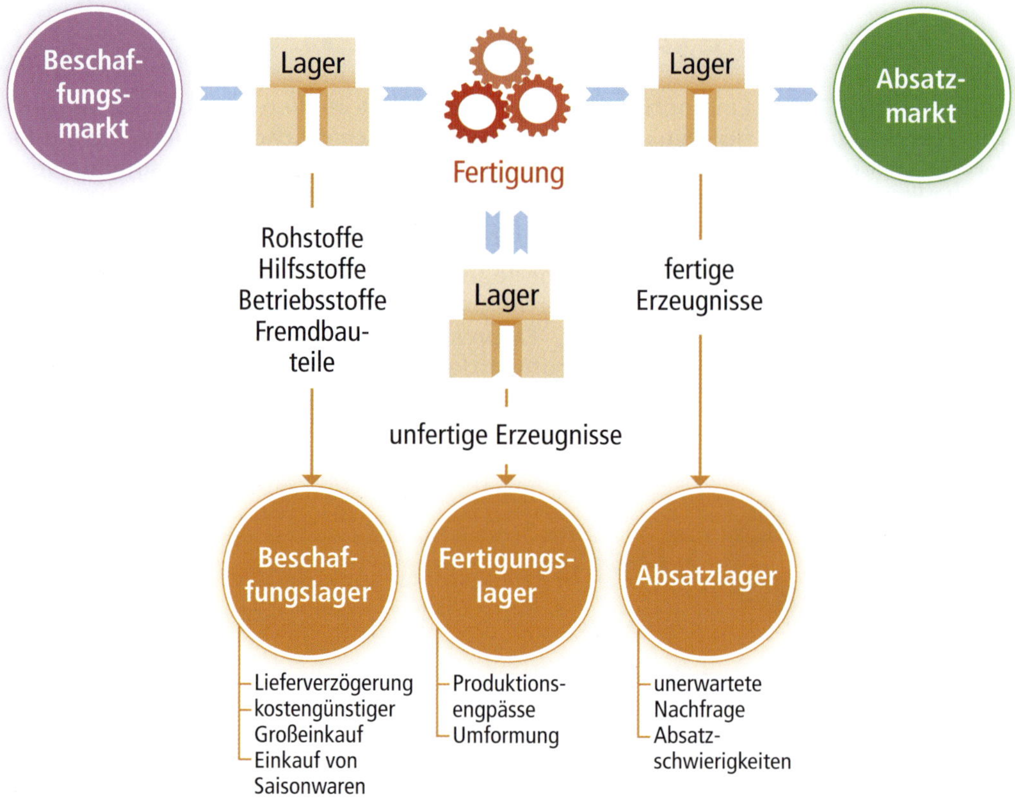

Beispiel

- Zuerst kommt die Milch (Rohstoff) in das Beschaffungslager, bis sie zu Käse weiterverarbeitet wird. Der Käselaib (unfertiges Erzeugnis) wird dann zum Reifen im Fertigungslager zwischengelagert. Nach diesem Prozess wird der Käse aufgeschnitten und verpackt (fertiges Erzeugnis). Bis zur Auslieferung erfolgt die Lagerung im Absatzlager.

Lagerorganisation

Der oberste Grundsatz bei der Lagerhaltung ist die Wirtschaftlichkeit des Lagers. Die Lagerorganisation soll daher dafür sorgen,

- dass das Lager gut ausgenützt wird (optimale Flächen- und Raumausnützung, wenig Leerflächen),
- dass die gelagerten Güter schnell gefunden und leicht wieder weitertransportiert werden können,
- dass Güter mit Ablaufdatum rechtzeitig gemeldet werden (z. B. Lebensmittel, Medikamente) und
- dass Güter sicher gelagert werden (gefährliche bzw. verderbliche Stoffe ordnungsgemäß lagern).

Bei der Organisation des Lagers sind folgende Faktoren zu beachten:

(1) Guter Anschluss an außerbetriebliche und innerbetriebliche Transportsysteme

Beispiele

- leichte Zufahrtsmöglichkeit
- Laderampen in der Höhe der Ladeflächen
- eventuell Anschlussgleise für den Eisenbahntransport
- Zufahrtsmöglichkeiten für Hubstapler zur Laderampe
- Lagerstraßen, die für die internen Transportmittel breit genug sind

(2) Gestaltung der Lagerordnung – Platzsystem

Für die Lagerordnung gibt es zwei Möglichkeiten:

Das **Festplatzsystem** ist nach dem Prinzip **„Gleiches zu Gleichem"** organisiert.

- **das Festplatzsystem**

  Jedes Lagergut erhält einen festgelegten und reservierten Lagerplatz.

  Vorteile:
  - sehr übersichtlich
  - erleichtert die Arbeit bei Einlagerung und Kontrolle der Bestände
  - Eine systematische Kennzeichnung der Lagerorte ermöglicht es, jedes gelagerte Gut schnell aufzufinden.

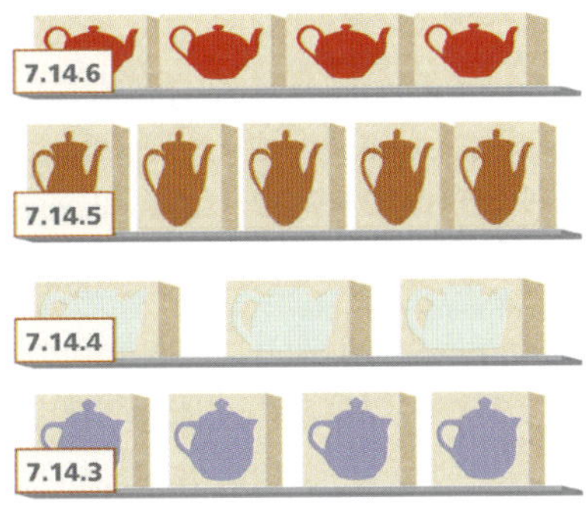

Festplatzsystem

Beispiel

- Symbol 7.14.3 könnte heißen: 7. Lagerstraße, 14. Regal, 3. Fach.

Nachteil:
- hoher Raumbedarf, da für jedes Lagergut die maximale Lagerkapazität freigehalten werden muss

Häufig benötigte Waren werden an besser erreichbaren Orten gelagert als weniger häufig benötigte.

Beispiel

- Im Handel spricht man z. B. von
  - „schnell drehenden Waren", die z. T. täglich umgeschlagen werden und daher meist direkt im Verkaufsraum gelagert werden (Brot, Mehl, Milch etc.), und
  - „langsam drehenden Waren", die selten umgeschlagen werden (Möbel, Sanitärwaren etc.). Von diesen werden im Verkaufsraum nur Muster gezeigt.

Bei verderblichen Gütern oder Gütern, die schnell veralten (z. B. Modeartikel), wird man besonders darauf achten, dass die zuerst eingelagerten Güter bei Bedarf auch wieder zuerst ausgelagert werden, damit keine „Ladenhüter" entstehen.

Für eine Organisation nach dem Festplatzsystem eignen sich hauptsächlich Produktions und Ersatzteillager mit einem großen Sortiment.

Das chaotische System wird auch als **„Open Warehouse System"** bezeichnet.

- **das Freiplatzsystem – chaotisches System**

  Bei der chaotischen Lagerung wird der jeweils nächstliegende freie und geeignete Lagerplatz belegt. Eine Materialart kann auf diese Weise über mehrere Lagerplätze verteilt sein. Diese Organisation wird hauptsächlich in automatischen Hochregallagern, Umschlag- und Versandlagern benutzt (z. B. beim Versandhandel Amazon).

  Vorteile:
  - raumsparend
  - Flexibilität bei neuen Wareneinkäufen

  Nachteil:
  - erfordert ein schnelles und gut funktionierendes Verwaltungssystem (immer EDV-gesteuert)

  Beispiel eines chaotischen Lagers: Filmbericht über Amazon (https://bit.ly/2KBzLjA)

(3) Transport- und Stapeleinheiten sollen erhalten bleiben

Das Lagersystem ist dann optimal, wenn Einlagerung, Lagerung und Auslagerung in den gleichen Stapeleinheiten erfolgen können.

Beispiele

- In vielen Lebensmittelsupermärkten werden die Waren auf Paletten eingelagert und auf den gleichen Paletten in die Verkaufsräume gebracht, von wo sie der Kunde direkt entnimmt (z. B. Getränke).
- Baumaterial (Zementsäcke, Ziegel etc.) wird ebenfalls nach Möglichkeit vom Produzenten über den Handel bis zur Baustelle auf derselben Palette transportiert und gelagert.

Mit der Verwendung von **Strichcodes** („Barcodes") wird die Lagerbewirtschaftung erheblich erleichtert.

Weiters muss auch eine laufende **Qualitätskontrolle** durchgeführt werden, um Schwund durch Verderben der Güter zu verhindern.

(4) Kontrolle unter Beachtung der Wirtschaftlichkeit

Die Materialzu- und -abgänge sollen lückenlos überwacht werden. Das heißt, jeder Lagerzu- bzw. -abgang soll erfasst werden, z. B. durch:

- Wareneingangsbelege (dienen der Erfassung der Wareneingänge)
- Materialentnahmescheine (dienen der mengen- und wertmäßigen Erfassung des Lagerabganges)
- Materialrückgabescheine (Güter, die nicht verbraucht wurden und an das Lager zurückgehen)

Diese Belege dienen als Grundlage für die Lagerbuchhaltung.

Die Kontrollmaßnahmen – vor allem bei Einlagerung und Auslagerung – sollen jedoch dem Wert des Produktes angemessen sein.

Beispiel

- Es ist wenig sinnvoll, wenn ein Computerhersteller die Entnahme jeder einzelnen Schraube durch einen Materialentnahmeschein erfasst und kontrolliert. Über die Prozessoren muss jedoch eine lückenlose Aufzeichnung erfolgen.

(5) Lagersystem

Das Lagersystem ist eng mit der Lagerausstattung verbunden.

Soweit keine Speziallager erforderlich sind, geht die Tendenz zu

- **Hochregallagern,** in denen die Güter auf
- **Paletten** mittels
- **Hubstapler** ein- und ausgelagert werden.

Zentrales oder dezentrales Lager?

Große Unternehmen wie z. B. Tchibo unterhalten ein großes Zentrallager und mehrere kleinere Regionallager, von denen aus die verschiedenen Filialen beliefert werden.

Die Frage ergibt sich nur

- bei Betrieben mit mehreren Produktionsstätten oder Verkaufsstellen oder
- bei Industriebetrieben mit flächenmäßig ausgedehnten Produktionsstätten.

Vorteile eines zentralen Lagers:

Der Mindestbestand pro Warenart ist geringer als die Summe aller Mindestbestände bei dezentraler Lagerung. Dadurch kommt es zu

- geringerer Kapitalbindung,
- günstigerer Raumausnützung,
- wirtschaftlichem Personaleinsatz,
- wirtschaftlichem Einsatz von Großgeräten (Hubstapler, Förderbänder) und
- höherem Materialumschlag und dadurch zu geringerem Verlust von Lagergut durch Verderben.

Nachteile eines zentralen Lagers:

- **längere Zustellwege** (wenn der Verbrauch dezentral erfolgt). Dies bedeutet längere Zeiten zwischen Anforderung und Zustellung der Produkte aus dem Zentrallager und zusätzliche Zustellkosten. Dadurch vermindert sich auch die Lieferbereitschaft in den Verkaufsstellen.
- **Unzufriedenheit beim Kunden,** wenn die Ware selbst vom Zentrallager abgeholt werden muss (z. B. im Möbelhandel)
- eventuell **größerer Verwaltungsaufwand,** da der Bedarf immer an die Zentrale gemeldet werden muss (geringere Bedeutung bei integrierter, EDV-gestützter Materialbewirtschaftung)

Die Vor- und Nachteile von dezentralen Lagern sind entgegengesetzt.

Beispiel

- Die Handelskette SPAR verfügt in Wels über eines der größten vollautomatischen Zentrallager Österreichs. Über 11 000 verschiedene Artikel werden in den 30 Meter hohen Regalen gelagert. Etwa 120 000 Posten werden täglich eingelagert, kommissioniert und an die SPAR-Märkte in ganz Österreich ausgeliefert.

Wenn die Abnehmer vorwiegend regional konzentrierte Großkunden sind, bietet sich ein Zentrallager an. Bei vielen kleinen und regional verstreuten Kunden sind dezentrale Lager geeigneter.

In der Praxis findet man in der Regel eine Kombination von zentraler und dezentraler Lagerung, z. B. Zentrallager und regionale Lager. Außerdem gibt es in jedem Betrieb „Handlager", die ständig benötigte Materialien oder Kleinwerkzeuge enthalten.

2 Materialverteilung

In der Praxis wird die Materialverteilung auch als **Disposition** bezeichnet.

Bei der Materialverteilung fallen verschiedene Transport- und Umschlagstätigkeiten (Arbeiten im Zusammenhang mit der Ein- und Auslagerung von Gütern) an:

- vom Lieferanten zum Betrieb
- innerhalb eines Betriebes
- vom Betrieb zum Käufer

Vom Lieferanten zum Kunden

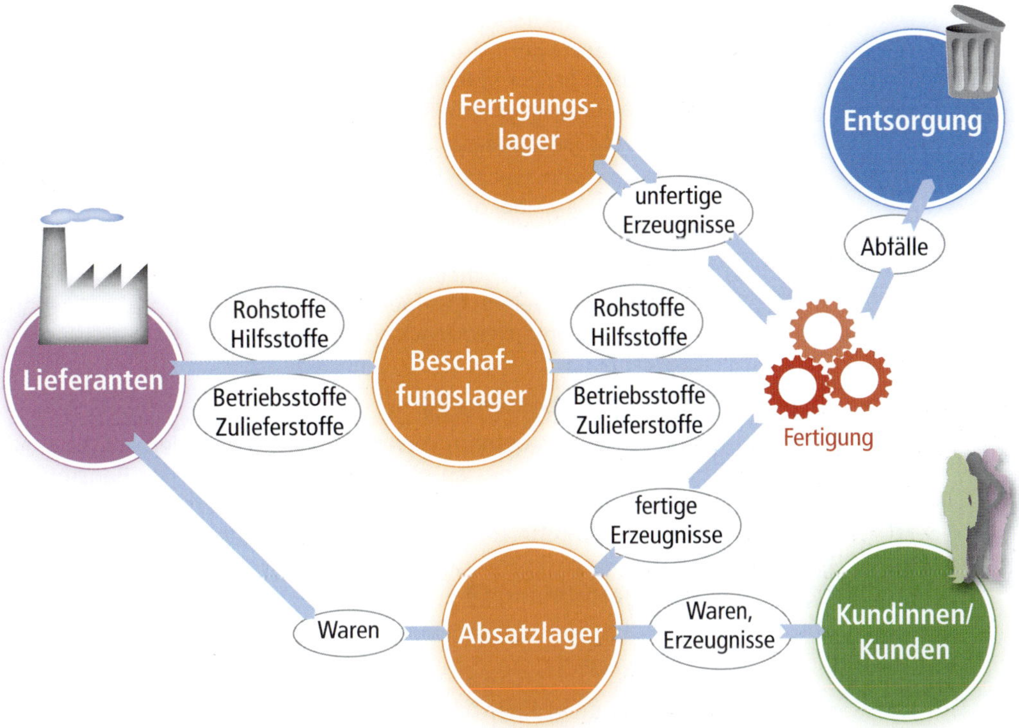

3 Entsorgung

Schadhafte bzw. nicht verkäufliche Produkte sowie Abfälle aus dem Produktionsprozess müssen entsorgt werden. Aufgrund der zunehmenden Bedeutung des Umweltschutzes gewinnt die fachgerechte und umweltschonende Entsorgung einen immer wichtigeren Stellenwert in der Materialwirtschaft. Dabei müssen auch die Kosten für die Entsorgung beachtet werden.

Grundsätzlich ist bei der Abfallbeseitigung Folgendes zu beachten:

1. Abfall vermeiden: durch Optimierung der Produktionsprozesse
2. Abfall verwerten **(Recycling):**
   - Im eigenen Betrieb (z. B. Sägespäne für Beheizung verwenden); dadurch können Kosten eingespart werden.
   - Weitergabe des eigenen Abfalls an andere Betriebe (z. B. Plastik- und Metallabfälle); dadurch können zusätzliche Einnahmen erzielt werden.
3. Abfall entsorgen: zumeist kostenintensiv; dies sollte daher die letzte Option sein.

Beispiel

- Mercedes-Benz versucht, möglichst viele Naturmaterialien wie Baumwolle, Kokos oder Sisal in Türverkleidungen oder Sitzen zu verarbeiten. Viele Autobauteile wie Abdeckleisten oder Ölfilter werden aus recycelbaren Kunststoffen hergestellt.

Üben

A B C D E

Ü 9.16: Dezentrale Lagerhaltung I C

Erläutern Sie anhand einer Supermarktkette die Vor- und Nachteile einer dezentralen Lagerhaltung. Führen Sie jeweils zwei Vor- und Nachteile an.

Ü 9.17: Lagerfunktionen und Lagerarten C

Geben Sie an, um welche Lagerfunktion/en bzw. Lagerarten es sich in den folgenden Beispielen handelt!

	Lagerfunktion	Lagerart
a) Die Firma Zotter, Schokoladenerzeugung, nimmt an, dass der Kakaobohnenpreis in den nächsten Monaten ansteigen wird. Deshalb werden bereits jetzt größere Mengen eingekauft, die jedoch erst später verarbeitet werden.		
b) Um für den bevorstehenden Winterbeginn gerüstet zu sein, werden bereits im Sommer Schi und Snowboards bei der Firma Atomic in größeren Mengen hergestellt.		
c) Der Weinproduzent Scheiblhofer lagert seinen „Big John"-Rotwein in Barrique-Fässern, um einen besonderen Geschmack zu erzeugen.		

Ü 9.18: Transportsysteme C

Ein Baustoffhändler betreibt mehrere Filialen in Niederösterreich. Bis jetzt hat er seine Waren über kleine Regionallager an seine Filialen geliefert. Der Baustoffhändler möchte seine Filialen künftig jedoch über ein großes Zentrallager beliefern. Was sollte er dabei im Hinblick auf inner- und außerbetriebliche Transportsysteme beachten? Führen Sie vier Beispiele an.

Ü 9.19: Lagerordnung C

Überlegen Sie, welche Lagerordnung Sie in den folgenden Fällen empfehlen würden. Begründen Sie Ihre Ansicht.

a) Medikamente in einer Apotheke

b) Fahrrad-Ersatzteillager eines Großhändlers

Ü 9.20: Baufachmarkt D

Im Zentrallager eines Baufachmarktes sind ca. 200 Mitarbeiter beschäftigt, die in zwei Arbeitsschichten über 37 000 Artikel verwalten. Der Baufachmarkt ist um „eine zentralisierte Abwicklung bestrebt – aber nur solange sie vernünftig ist". D. h., etwa die Hälfte aller Märkte wird von den Lieferanten beliefert, die andere Hälfte vom Zentrallager aus. „Für viele Lieferanten ist es einfach zu aufwendig, viele kleine Ladungen direkt an die Märkte zu senden", sie liefern daher zuerst ins Zentrallager und von dort aus werden die über 160 Märkte in neun verschiedenen Ländern beliefert.

Damit ein so großes, chaotisch organisiertes Lager funktioniert, braucht es eine gute IT-Unterstützung. Nur so ist ein einigermaßen optimiertes Lager garantiert.

a) Stellen Sie die Vor- und Nachteile eines zentralen Lagers am Beispiel des Baufachmarktes dar.
b) Welche Tendenzen in der Lagerhaltung können Sie beim Baufachmarkt feststellen?
c) Warum kann das Lager des Baufachmarktes trotz IT-Unterstützung nur „einigermaßen" und nicht völlig optimiert werden?

Ü 9.21: Belege im Lager A

Durch welche Belege werden Materialzugänge und -abgänge erfasst?

Ü 9.22: Kontrolle der Lagerbestände C

Die Kontrolle der Lagerein- und -ausgänge soll so wirtschaftlich wie möglich sein. Erklären Sie anhand einer Möbeltischlerei, bei welchen Materialien eine detaillierte Erfassung wirtschaftlich ist und bei welchen nicht. Führen Sie jeweils zwei Beispiele an.

Sichern

SbX ID: 1933

SbX ID: 1933

Im SbX finden Sie eine Sammelmappe mit Zusammenfassungen zu allen Kapiteln und Lerneinheiten.

Wissen

SbX ID: 1934

A B C D E

SbX ID: 1934

Möglichkeiten zur Kompetenzüberprüfung im SbX

Wiederholungsfragen | Aufgaben mit automatischer Aufgabenkontrolle | Einfache Fallbeispiele

W 9.19: Lagerfunktionen B

W 9.20: Organisation des Lagers A

W 9.21: Das chaotische Lagersystem A

W 9.22: Zentrale Lagerung A

W 9.23: Dezentrale Lagerhaltung II A

W 9.24: Aspekte der Lagerwirtschaft B

Ein kurzer Kompetenz-Check, bevor's weitergeht!

Kompetenz-Check

	☺	😐	☹
Ich kann die Lagerfunktionen erklären.			
Ich kann die verschiedenen Lagerarten unterscheiden.			
Ich kann die wichtigsten Kriterien für die Lagerorganisation beschreiben und mit praktischen Beispielen erläutern.			
Ich kann Tendenzen in der Lagerwirtschaft beschreiben.			
Ich kann die Vor- und Nachteile eines zentralen und eines dezentralen Lagers gegenüberstellen.			
Ich kann erläutern, welche Arbeiten im Zusammenhang mit der Ein- und Auslagerung von Gütern durchgeführt werden.			

9 Material- und Warenwirtschaft

Lerneinheit 4
Die Materialwirtschaft optimieren

SbX
Alle SbX-Inhalte zu dieser Lerneinheit finden Sie unter der ID: 1940.

Ein Fliesenhändler überlegt: Einerseits soll er kostengünstig einkaufen, das bedeutet, dass er größere Mengen einkaufen müsste. Andererseits sollen die Lagerhaltungskosten nicht zu hoch sein, das bedeutet, dass wenig auf Lager liegen soll.

Einerseits sollte genau kontrolliert werden, was eingelagert und ausgelagert wird, andererseits sollen die Verwaltungskosten nicht zu hoch werden.

Eine optimale Lösung für diese Probleme des Fliesenhändlers gibt es nicht. Allerdings gibt es einige Verfahren, mit denen er sich dem Ziel der Kostenoptimierung nähern kann.

Lernen

SbX ID: 1941

1 Die ABC-Analyse als Grundlage

SbX
Alle Grafiken dieser Lerneinheit unter der ID: 1941.

ABC = **A**lways **B**etter **C**ontrol

Will man für alle Güter, die beschafft und gelagert werden müssen, die Bestellmengen optimieren und den Lagerzu- und -abgang vollständig kontrollieren, wäre dies sehr teuer. Bei Analysen in der Praxis hat sich jedoch herausgestellt, dass ein Großteil des Wertes der zu beschaffenden Güter oft auf relativ wenige Artikel entfällt.

Um festzustellen, welche Artikel das sind und um die IST-Situation der Güterbestände zu erfassen, wird in der Praxis häufig die ABC-Analyse angewendet.

Mithilfe der ABC-Analyse soll herausgefunden werden, welchen Gütern besondere Aufmerksamkeit geschenkt werden sollte. Dabei

- wird das Wesentliche vom Unwesentlichen getrennt,
- werden Ansatzpunkte für Verbesserungen gefunden und
- wird die Wirtschaftlichkeit gesteigert (unwirtschaftliche Maßnahmen sollen vermieden werden).

Ziel der ABC-Analyse ist es, die Güter nach ihrem relativen Anteil am Gesamtwert in A-Güter, B-Güter und C-Güter einzuteilen.

Beispiel

Computerproduzent (Industriebetrieb): Wert- und Mengenanteile von ABC-Gütern

A-Güter	 z. B. Prozessor	Anteil am Gesamtwert Anteil an der Gesamtmenge	80 % 15 %
B-Güter	 z. B. Solid State Drive (SSD)	Anteil am Gesamtwert Anteil an der Gesamtmenge	15 % 35 %
C-Güter	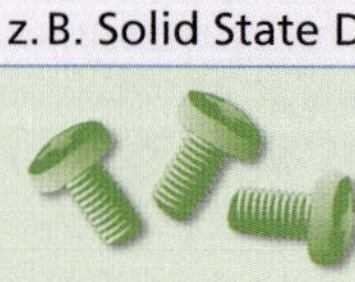 z. B. Schrauben	Anteil am Gesamtwert Anteil an der Gesamtmenge	5 % 50 %

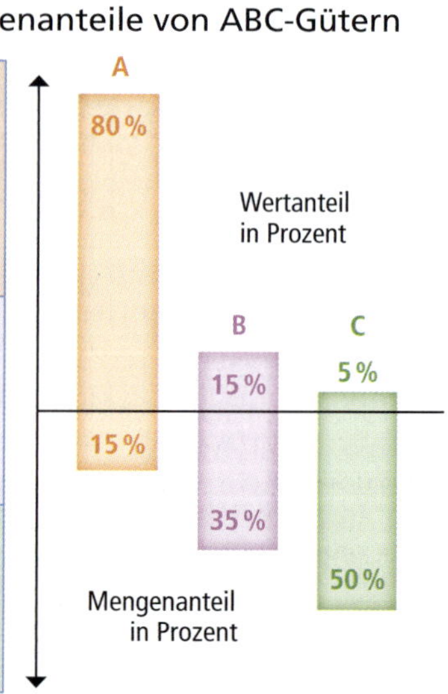

SSD ist ein elektronisches Speichermedium.

Durchführung der ABC-Analyse

Die Durchführung der Analyse erfolgt in mehreren Schritten:

- **Erfassung** der Artikelgruppen mit ihrem Stückwert (z. B. Kupplung € 210,00) und ihrem mengenmäßigen Jahresverbrauch (aus der Lagerbuchhaltung) (z. B. 1200 Stück)
- **Sortierung:** Ermittlung des Verbrauchswertes (Stückwert mal Jahresverbrauch) für jede Artikelgruppe und Sortierung (fallend) der Artikelgruppen nach ihrem gesamten absoluten Verbrauchswert
- **Berechnung** der Summe aller Verbrauchswerte sowie Berechnung des prozentuellen Anteils jeder Artikelgruppe am Gesamtverbrauchswert bzw. an der Gesamtverbrauchsmenge sowie Berechnung des jeweiligen kumulierten Prozentanteils
- **Auswertung:** Zuordnung der Artikelgruppen zu den Wertkategorien A, B oder C nach ihrem prozentuellen Verbrauchswert

Kumulieren bedeutet, die einzelnen Werte schrittweise zusammenzählen.

Beispiel

ABC-Analyse in einer Werkstätte

Rang	Artikelgruppe	Stückwert EUR	Verbrauch (Stück)			Verbrauchswert			Wert-kategorie
			absolut	%-Anteil	kumulierter %-Anteil	absolut	%-Anteil	kumulierter %-Anteil	
1	Antriebe	450,00	440	2,1%	2,1%	198.000,00	28,0%	28,0%	A
2	Kupplungen	210,00	920	4,4%	6,5%	193.200,00	27,3%	55,3%	A
3	Lagerblöcke	100,00	1.750	8,3%	14,8%	175.000,00	24,7%	80,0%	A
4	Wellen	21,00	2.300	10,9%	25,7%	48.300,00	6,8%	86,9%	B
5	Zahnräder	14,00	2.500	11,9%	37,6%	35.000,00	4,9%	91,8%	B
6	Halterungen	10,00	2.600	12,3%	49,9%	26.000,00	3,7%	95,5%	B
7	Schellen	8,60	1.150	5,5%	55,4%	9.890,00	1,4%	96,9%	C
8	Scharniere	4,70	2.000	9,5%	64,9%	9.400,00	1,3%	98,2%	C
9	Dichtungen	2,90	3.000	14,2%	79,1%	8.700,00	1,2%	99,4%	C
10	Schrauben/Muttern	0,90	4.400	20,9%	100,0%	3.960,00	0,6%	100,0%	C
Gesamt			21.060	100,0%		707.450,00	100,0%		

- Die Tabelle beinhaltet die Verbrauchsmengen und -werte pro Artikelgruppe sowie die %-Anteile jeder Artikelgruppe, die kumulierte Verbrauchsmenge, den kumulierten Verbrauchswert und die sich daraus ergebende Zuteilung zu A-, B- oder C-Gütern.

ABC-Analyse

Die grafische Darstellung der Ergebnisse der ABC-Analyse erfolgt in Form einer **Lorenzkurve.**

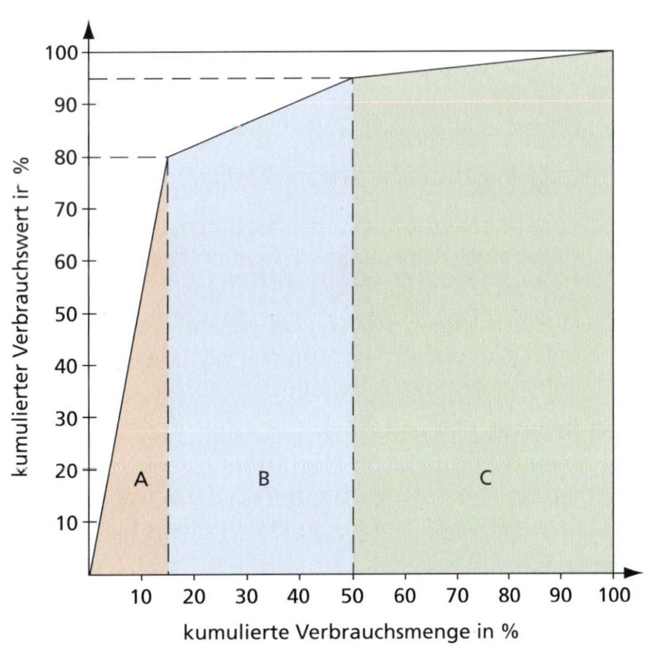

Man spricht auch vom **Pareto-Prinzip** oder der **80/20-Regel.**

Das heißt, man kann oft mit 20 % des Aufwandes 80 % der Ziele erreichen. In der Lagerwirtschaft kann man z. B. **80 % des Wertes** kontrollieren, wenn man **20 % der Güter** kontrolliert.

- Das Diagramm zeigt sehr deutlich, dass nur 15 % der Artikel 80 % des Wertes, 35 % der Artikel 15 % des Wertes und 50 % der Artikel nur 5 % des Wertes ausmachen.
Diese Erkenntnis kann sowohl im Einkaufs- wie im Lagerbereich zu wesentlichen Rationalisierungseffekten führen.

Richtwerte für Wertkategorien

Die unten angeführten Grenzen sind als Richtwerte für die verschiedenen Branchen zu sehen.

Branche	Verbrauchsmenge der Artikel (in Prozent)	Verbrauchswert der Artikel (in Prozent)	Wertkategorie
Industriebetrieb	15 %	80 %	A
	35 %	15 %	B
	50 %	5 %	C
Großhandel	15 %	60 %	A
	25 %	30 %	B
	60 %	10 %	C
Einzelhandel	20 %	40 %	A
	30 %	35 %	B
	50 %	25 %	C

Folgerungen – welche Schlüsse können aus der ABC-Analyse gezogen werden?

Für eine optimale Gestaltung der Materialwirtschaft bedeutet dies:

- **A-Güter**

  Das Hauptgewicht der Beschaffungs-, Lagerhaltungs- und Kontrolltätigkeiten wird auf die A-Güter gelegt, z. B.:
  - intensive Beschaffungsmarktanalyse
  - exakte Bestimmung der Bestellmengen
  - sorgfältige Prüfung der Preise und Konditionen
  - Wahl zuverlässiger Lieferanten
  - Minimierung der Beschaffungszeiten
  - genaue Festlegung und Überwachung der Bestände (Melde- und Sicherheitsbestände)
  - Minimierung der Lagerzeiten
  - Ausnutzung des Skontos
  - genaue Aufzeichnung der Lagerbewegungen
  - Setzen von Maßnahmen zur Vermeidung von Lagerverlusten

  A-Güter müssen in Bezug auf Menge und Termin besonders genau geplant werden. Bei der Lieferantenauswahl wird auf langfristige Kooperationsverträge Wert gelegt. Die Lieferungen erfolgen möglichst fertigungssynchron.

- **C-Güter**

  Die C-Güter werden wegen ihres geringen Wertes großzügiger verwaltet, z. B.:
  - in großen Mengen bzw. einmaliger Einkauf des gesamten Periodenbedarfes zu Beginn der Periode
  - geringerer Aufwand bei der Beschaffungsmarktforschung
  - eventuell nur indirekte Erfassung des Wareneinsatzes
  - dezentrale Lagerung

  C-Güter können großzügiger geplant werden. Mit dem Lieferanten werden Rahmenverträge (z. B. Kauf auf Abruf) ausgehandelt. Wegen des geringen Wertes können größere Mengen auf Vorrat gehalten werden.

- **B-Güter**

  Die B-Güter nehmen eine Mittelstellung ein. Sie sollten genauer als die C-Güter, aber mit geringerem Aufwand als die A-Güter verwaltet werden. Über den Umfang der Beschaffungs-, Lagerhaltungs- und Kontrolltätigkeiten ist im Einzelfall zu entscheiden.

ABC-Analyse im Hinblick auf Kunden und Lieferanten

Die ABC-Analyse kann man auch auf Kunden und Lieferanten anwenden:

- Lieferanten der Kategorie A sind zahlenmäßig gering, bei ihnen wird aber ein großer Teil der Einkäufe getätigt. Auf sie müssen sich daher die Beschaffungsaktivitäten besonders konzentrieren.
- Kunden der Kategorie A sind zahlenmäßig gering, mit ihnen wird aber ein großer Teil der Umsätze getätigt. Auf sie müssen sich daher die Marketingaktivitäten besonders konzentrieren (z. B. Betreuung durch Key-Account-Manager).

Vor- und Nachteile der ABC-Analyse

Vorteile

- Einfache Anwendung: Mit geringem Aufwand können komplexe Datenmengen analysiert werden. Die Analyse ist auf die wichtigsten Daten beschränkt.
- Flexibler Einsatz: Diese Methode kann in unterschiedlichen Bereichen eingesetzt werden (z.B. für Güter, Kunden, Lieferanten).

Nachteile

- Gegenwartsorientiert: Es wird die aktuelle IST-Situation dargestellt; die ABC-Analyse ist somit nicht für Prognosen geeignet.
- Zeitpunktbezogen: Die Analyse zeigt keine Entwicklungen auf.

2 Die optimale Gestaltung der Materialwirtschaft

Eine optimale Gestaltung der Materialwirtschaft versucht die Kosten zu minimieren sowie die Lieferbereitschaft zu maximieren.

Kosten der Materialwirtschaft

Die Materialwirtschaft gliedert sich in folgende Bereiche: Beschaffen, Lagern, Verteilen und Entsorgen. In jedem Bereich fallen Kosten an. Die höchsten Kosten entstehen beim Beschaffen und beim Lagern:

Kosten der Materialwirtschaft

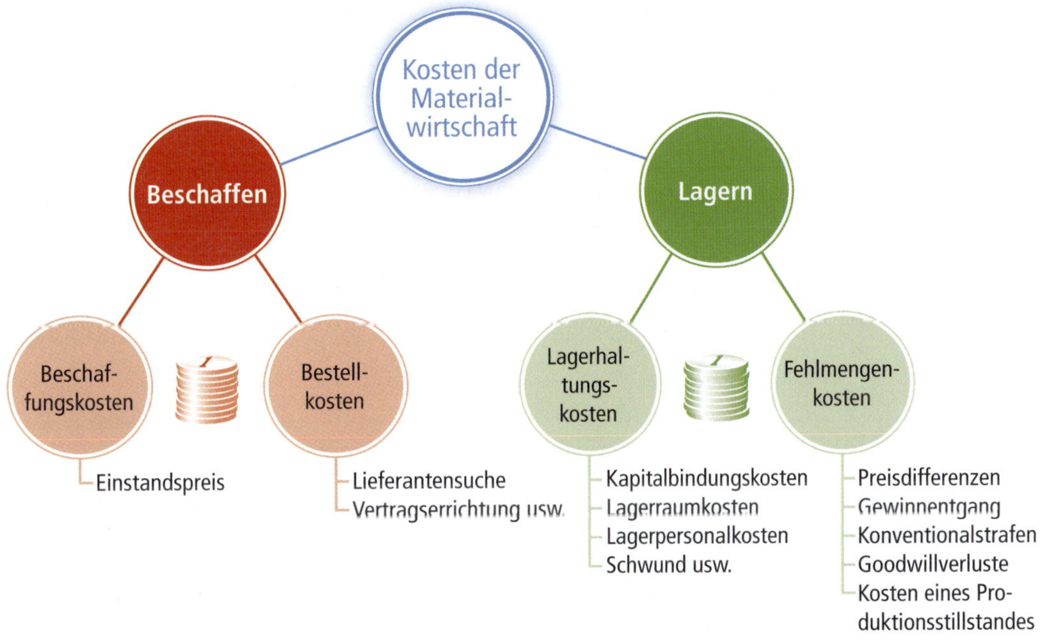

(1) Beschaffungskosten

- Die **unmittelbaren Beschaffungskosten** ergeben sich aus

  Beschaffungsmenge × Beschaffungspreis pro Einheit
  – Preisnachlässe (Skonto, Rabatt)
  + Transport-, Verpackungs-, Versicherungskosten etc.

- Zu den **mittelbaren Beschaffungskosten** gehören vor allem die Bestellkosten, d.h. die Sach- und Personalkosten der Angebotseinholung, Lieferantenauswahl, Bestellung, Terminüberwachung etc.

(2) Lagerhaltungskosten

Die Lagerhaltungskosten umfassen:

- **Kapitalbindungskosten** (Kosten des in den Materialvorräten gebundenen Kapitals): Für die Anschaffung der Güter, die sich im Lager befinden, sind Kosten entstanden. Hätte man das Geld gewinnbringend veranlagt, z.B. auf einem Sparkonto, hätte das Unternehmen dafür Zinsen bekommen. Diese „entfallenen Gewinne" werden als Kosten der Kapitalbindung bezeichnet.

Zu den Lagerhaltungskosten zählen auch Personalkosten.

- **Lagerraumkosten:** Lagerraum und Lagerraumausstattung ziehen folgende Kosten nach sich: Abschreibung (Wertverlust), eventuell Miete, Verzinsung, Versicherung (z. B. Feuer, Diebstahl), Beleuchtung, Beheizung, Instandhaltung
- **Lagerpersonalkosten**
- **Wertminderung** durch Schwund, Verderb, Alterung, Preisverfall

Die **Höhe der Fehlmengenkosten** ist sehr schwer festzustellen.

(3) Fehlmengenkosten

Durch fehlendes Material bzw. durch fehlende Handelswaren können Kosten aus folgenden Gründen entstehen:

- **mögliche Preisdifferenzen** (bei schneller Beschaffung von Ersatzprodukten)
- **entgangene Gewinne** (weil Umsätze verlorengehen)
- **Konventionalstrafen** (weil Liefertermine nicht eingehalten werden)
- **Goodwillverluste** (Der Ruf des Unternehmens leidet.)
- in Erzeugungsbetrieben zusätzlich die **Kosten eines Produktionsstillstandes** (Personalkosten bei Unterbeschäftigung, Kosten bei Wiederanlaufen der Produktion etc.)

Kennzahlen der Materialwirtschaft

Kennzahlen werden vor allem im **Controlling** verwendet. „To control" bedeutet „steuern" bzw. „lenken".

Kennzahlen dienen als Entscheidungshilfen. Es handelt sich um aussagekräftige Werte, die für Planungs- und Kontrollzwecke eingesetzt werden. Kennzahlen gibt es für verschiedene Unternehmensbereiche. In der Materialwirtschaft sind Kennzahlen zum „Beschaffen" und zum „Lagern" von Bedeutung:

Kennzahlen der Materialwirtschaft

(1) Übersicht

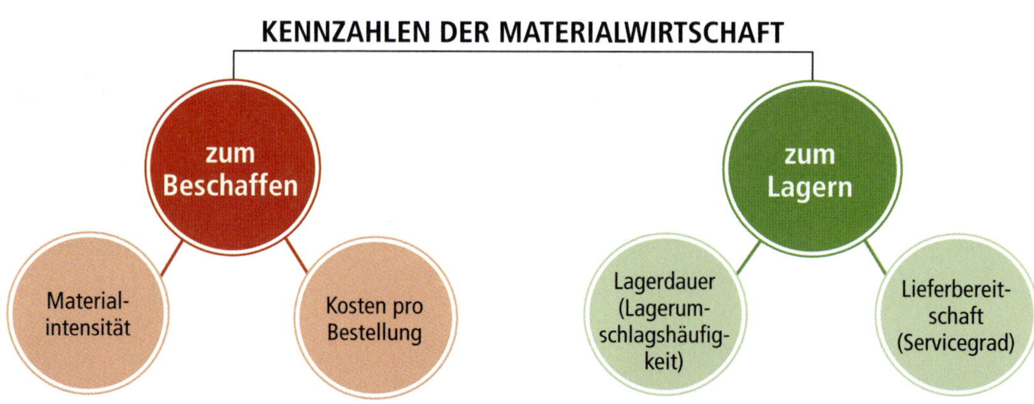

(2) Die Berechnung der Beschaffungskennzahlen

Unter **Wareneinsatz** wird der Wert der verkauften Waren in einer Periode verstanden.

$$\textbf{Materialintensität} = \frac{\textbf{Wareneinsatz x 100}}{\textbf{Umsatz}}$$

$$\textbf{Kosten pro Bestellung} = \frac{\textbf{Bestellkosten}}{\textbf{Anzahl der Bestellungen}}$$

Beispiel

Als Basis wird bei der Berechnung der Umsatz ohne Umsatzsteuer verwendet.

- Materialeinsatz: € 8.000.000,–
  Umsatz: € 12.000.000,–
  Bestellkosten: € 350.000,–
  Anzahl der Bestellungen: 7000

  $$\text{Materialintensität} = \frac{8.000.000 \times 100}{12.000.000} = 67\,\%$$

  Das Ergebnis zeigt, dass 67 % des Umsatzes für den Materialeinsatz aufgewendet werden müssen.

  $$\text{Kosten pro Bestellung} = \frac{350.000}{7000} = € 50,\text{– pro Bestellung}$$

(3) Die Bedeutung der Beschaffungskennzahlen

Die **Materialintensität** gibt an, wie hoch der Wareneinsatz gemessen am Umsatz ist. Diese Kennzahl ist vor allem in ihrer Entwicklung über einen längeren Zeitraum interessant. Sie zeigt, wie abhängig das Unternehmen von seinen Lieferanten bzw. von Materialpreissteigerungen ist.

Die **Kosten pro Bestellung** zeigen im Zeit- und Branchenvergleich Ansatzpunkte zur Rationalisierung der Beschaffungsorganisation auf.

(4) Die Berechnung der Lagerkennzahlen

$$\text{Häufigkeit des Lagerumschlags (Umschlagskoeffizient)} = \frac{\text{Wareneinsatz}}{\text{Durchschnittslager}}$$

Da sich der Lagerbestand im Laufe eines Jahres ständig ändert, muss ein Durchschnittsbestand berechnet werden. Vereinfacht wird der Durchschnittsbestand nur aus dem Anfangs- und aus dem Endbestand berechnet.

Genauere Berechnungen setzen Zwischeninventuren oder eine laufende Ermittlung des Lagerbestandes durch direkte Erfassung der Lagerentnahmen voraus. So wird z. B. in Supermärkten durch Scannerkassen der Lagerbestand ermittelt.

$$\text{Durchschnittslager} = \frac{\text{Anfangsbestand} + \text{Endbestand}}{2}$$

oder

$$\text{Durchschnittslager} = \frac{\tfrac{1}{2}\,\text{Anfangsbestand} + 11\ \text{Monatsbestände} + \tfrac{1}{2}\,\text{Endbestand}}{12}$$

$$\text{Lagerumschlagsdauer} = \frac{365\ (360)}{\text{Umschlagshäufigkeit}} = \frac{\text{Durchschnittslager} \times 365\ (360)}{\text{Wareneinsatz}}$$

Eine **mengenmäßige Rechnung** ist selbstverständlich **nur für gleichartige Waren** möglich.

Alle Kennzahlen können

- mengenmäßig und wertmäßig
- für das gesamte Lager oder für Teilbereiche (z. B. Artikelgruppen)

berechnet werden.

Beispiel

Die vereinfachte Berechnung ist sehr ungenau, da Jahresanfangs- und Jahresendbestände oft saisonal verzerrt sind.

- Anfangsbestand: € 500.000,–
  Endbestand: € 700.000,–
  Wareneinsatz: € 9.000.000,–

  Durchschnittlicher Lagerbestand:

  $$\frac{500.000 + 700.000}{2} = € \ 600.000$$

  Lagerumschlagshäufigkeit:

  $$\frac{9.000.000}{600.000} = 15\text{-mal}$$

  Durchschnittliche Lagerdauer:

  $$\frac{365}{15} = 24 \text{ Tage}$$

  Das heißt, das Lager wird jährlich 15-mal umgeschlagen und die Ware bleibt durchschnittlich 24 Tage auf Lager.

$$\text{Lieferbereitschaft (Servicegrad)} = \frac{\text{Anzahl der erfüllten Abfassungen}}{\text{Anzahl der angeforderten Abfassungen}} \times 100$$

Beispiel

- Anzahl der erfüllten Abfassungen: 4800
  Anzahl der angeforderten Abfassungen: 6000

  Lieferbereitschaft (Servicegrad) = $\frac{4800}{6000} \times 100 = 80\,\%$

  Eine Lieferbereitschaft (Servicegrad) von 80 % sagt aus, dass das Lager den Bedarf in 80 von 100 Bedarfsfällen abdecken kann.

(5) Die Bedeutung der Lagerkennzahlen

Lagerumschlagshäufigkeit und Lagerdauer

Je größer die Umschlagshäufigkeit bzw. je kürzer die Umschlagsdauer, desto **geringer** ist der **Lagerbestand.** Daraus ergeben sich eine Reihe von **Vorteilen,** die mit einer niedrigen Lagerhaltung verbunden sind:

- geringerer Kapitalbedarf (damit geringere Zinskosten)
- geringere Raumkosten
- geringere Wartungskosten
- geringeres Risiko (Verderb, Schwund, Modeänderung, Preisverfall etc.)

Schließlich wirken diese Faktoren

- auf den Gewinn (auf die Rentabilität) und
- auf die Wettbewerbsfähigkeit (da bei geringeren Kosten zu niedrigeren Preisen verkauft werden kann).

Möglichkeiten, den Lagerumschlag zu erhöhen, sind:

In manchen Branchen ist die durchschnittliche Lagerdauer fast ein Jahr – z. B. Uhrenhandel, Juweliere, Teppichhandel.

Lagerverminderung durch

- **Einschränken des Sortiments:** Waren mit geringem Umschlag werden ausgeschieden. Dabei ist zu beachten, dass Waren mit geringem Umschlag zum Gesamtgewinn beitragen können, wenn sie mit entsprechend hohem Aufschlag verkauft werden (z. B. Konservenspezialitäten in einem Lebensmittelgeschäft).

  Zu beachten ist auch, dass ein Sortiment von zu geringer Breite und Tiefe zum Kundenverlust führen kann.
- **Herabsetzen der durchschnittlichen Lagermenge** pro Warenposition
- **Verkürzung der Beschaffungszeit** durch Verkürzung von Beschaffungsvorbereitung, Lieferzeit, Transportzeit und Prüfzeit

Lieferbereitschaft (Servicegrad)

Die Höhe der Lieferbereitschaft beeinflusst die Höhe der Kosten der Lagerhaltung. Ist die Lieferbereitschaft zu hoch, entstehen hohe Lagerhaltungskosten, ist die Lieferbereitschaft zu niedrig, entstehen hohe Fehlmengenkosten. Für die Festlegung der Lieferbereitschaft wird daher in der Regel eine ABC-Analyse erstellt. Für A-Güter wird der Lieferbereitschaftsgrad höher sein müssen als für B- und C-Güter.

Lieferbereitschaft

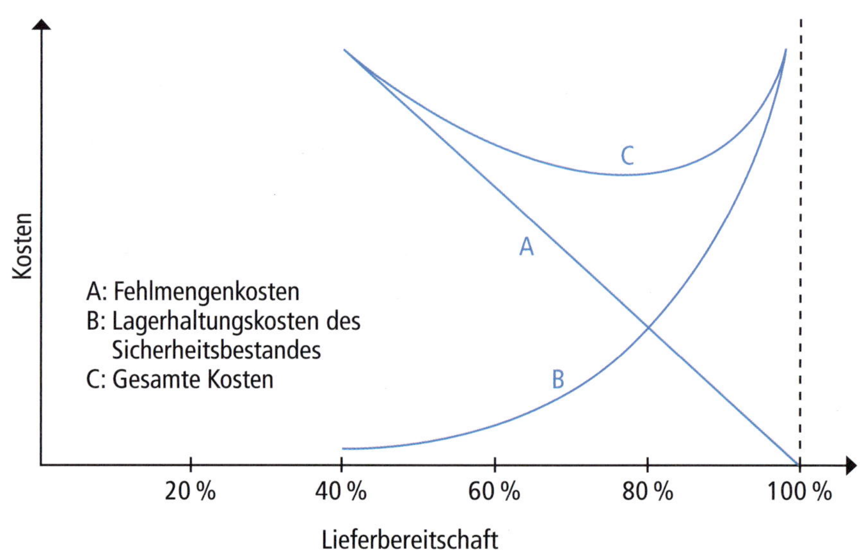

Üben

SbX ID: 1942

A B C D E

Ü 9.23: ABC-Analyse C

In einem Industriebetrieb soll geprüft werden, ob sich die Beschaffungs- und Lagerkosten für die Werkstoffe W 1 bis W 10 verringern lassen. Dazu werden von der Einkaufsabteilung zunächst folgende Daten aus dem Vorjahr zusammengestellt:

Artikel	Verbrauch pro Periode (Stück)	Bezugspreis pro Stück (Euro)
W 1	5.350	60,00
W 2	2.400	2,10
W 3	6.000	250,00
W 4	300	43,00
W 5	72.000	3,00
W 6	4.400	435,00
W 7	3.600	30,00
W 8	30.000	6,00
W 9	6.000	32,40
W 10	120.000	0,50

a) Ordnen Sie die 10 Werkstoffe den drei Gruppen A, B und C zu.

b) Aus den Ergebnissen der ABC-Analyse sollen im Betrieb Folgerungen für die Beschaffungs- und Lagerhaltungspolitik gezogen werden. Schlagen Sie Maßnahmen vor für: Vorratshaltung und Sicherheitsbestand, Bestellhäufigkeit, Lagerbuchführung und Bestandskontrollen.

Zusatzfrage:
Könnte man die Idee der ABC-Analyse auch im privaten Bereich verwenden (z.B. Sparen im Haushalt, Verbesserung der Zeiteinteilung)?

Ü 9.24: Lieferbereitschaft C

Ein Sportartikelhändler ermittelt für sein Unternehmen eine Lieferbereitschaft von 60 %. In der Branche sind 90 % üblich.

Welche Vor- und Nachteile hat der Sportartikelhändler damit im Vergleich zur Branche?

Ü 9.25: Materialintensität und Bestellkosten C

Die Entwicklung der Beschaffungskennzahlen eines Möbelhändlers zeigt folgendes Bild:

	2014	2015	2016	2017	2018
Materialintensität	60 %	62 %	68 %	73 %	76 %
Kosten pro Bestellung	€ 150,–	€ 140,–	€ 80,–	€ 75,–	€ 64,–

a) Wie ist die Entwicklung der Materialintensität zu interpretieren?

b) Ist es sinnvoll, für die Berechnung der Materialintensität den gesamten Wareneinsatz zum gesamten Umsatz in Beziehung zu setzen? Bitte begründen Sie Ihre Antwort.

c) Worauf könnte die Senkung der Kosten pro Bestellung zurückzuführen sein?

Ü 9.26: Lagerkennzahlen C

Für ein bestimmtes alkoholfreies Getränk liegen folgende Daten vor:

Anfangsbestand zu Jahresbeginn: 1200 Flaschen
Endbestand zu Jahresende: 400 Flaschen

Verkauft wurden 64000 Flaschen.

Berechnen Sie folgende Kennzahlen:

a) das Durchschnittslager,

b) die Lagerumschlagshäufigkeit und

c) die durchschnittliche Lagerdauer in Tagen (gehen Sie dabei von einem Jahr mit 360 Tagen aus).

Zusatzfrage:
Welche Daten würde man benötigen, um diese Kennzahlen genauer ermitteln zu können?

Ü 9.27: Lagerumschlagshäufigkeit, Lagerdauer von Schiern C

Der Bestand an Schiern betrug bei einem großen Sportartikelhändler am 1. Jänner 800 Paar, am 31. Dezember desselben Jahres 1200 Paar. Während des Jahres wurden insgesamt 6000 Paar Schi verkauft.

a) Berechnen Sie die Lagerumschlagshäufigkeit und die durchschnittliche Lagerdauer.

b) Warum wird in diesem Fall die Berechnung aufgrund der gegebenen Daten nicht besonders genau sein?

Ü 9.28: Lagerumschlagshäufigkeit, Lagerdauer von Kameras C

Einem Fotohändler stehen folgende Daten für zwei Kameratypen zur Verfügung. Anfangs- und Endbestand beziehen sich auf Anfang und Ende des Kalenderjahres.

	Olympus Digital (Stück)	Nikon Digital (Stück)
Anfangsbestand	30	14
Zukäufe	40	122
Verkäufe	50	120
Endbestand	20	16

Einstandspreis pro Stück: Olympus Digital € 100,–, Nikon Digital € 150,–

a) Berechnen Sie die Lagerumschlagshäufigkeit sowie die Lagerdauer. Welche Folgerungen ziehen Sie aus dem Rechenergebnis? Werden diese Größen sehr genau sein? Welche weiteren Daten würden Sie für eine genauere Berechnung benötigen?

b) Ist es sinnvoller, in diesem Fall pro Stück oder in Euro zu rechnen?

c) Nehmen Sie an, die durchschnittlichen Lagerkosten betragen 12 % pro Jahr. Welche kostenmäßige Belastung bedeutet dies pro verkauftes Stück?

SbX
ID: 1942

Weitere Übungsaufgaben im SbX:

Ü 9.29: Notebook-Übung: ABC-Analyse C

Ü 9.30: Notebook-Übung: Lagerkosten C

Ü 9.31: Notebook-Übung: Beschaffungskennzahlen C

Ü 9.32: Notebook-Übung: Lagerkennzahlen C

Sichern

SbX ID: 1943

SbX ID: 1943

Im SbX finden Sie eine Sammelmappe mit Zusammenfassungen zu allen Kapiteln und Lerneinheiten.

Wissen

SbX ID: 1944

A B C D E

SbX ID: 1944

Möglichkeiten zur Kompetenzüberprüfung im SbX

Wiederholungsfragen	Aufgaben mit automatischer Aufgabenkontrolle	Einfache Fallbeispiele

W 9.25: **ABC-Analyse** A

W 9.26: **C-Güter** B

W 9.27: **Kosten der Materialwirtschaft I** A

W 9.28: **Kosten der Materialwirtschaft II** A

W 9.29: **Kennzahlen der Materialwirtschaft I** A

W 9.30: **Materialintensität** B

W 9.31: **Materialwirtschaft ABC-Analyse** C

W 9.32: **Kennzahlen der Materialwirtschaft II** B

W 9.33: **Fallbeispiel: Pinboard GmbH** D

Ein kurzer Kompetenz-Check, bevor's weitergeht!

Kompetenz-Check

	☺	😐	☹
Ich kann die ABC-Analyse bei der Optimierung der Materialwirtschaft einsetzen.			
Ich kann die wichtigsten Kostenarten in der Materialwirtschaft beschreiben.			
Ich kann wichtige Kennzahlen der Materialwirtschaft berechnen und interpretieren.			
Ich kann aus den Kennzahlen Maßnahmen zur Optimierung der Materialwirtschaft ableiten.			

Stichwortverzeichnis

Die Seitenzahlen verweisen auf die Stellen, an denen der jeweilige Begriff erklärt oder in substanziellem Zusammenhang erwähnt wird. Seitenzahlen wie 31/2, 31/3 usw. verweisen auf Kapitelteile im SbX.

4 Ps 252 f.
6 Ks 105 f.

ABC-Analyse 320 ff.
Absatz 40, 208 f., 282
Absatzlager 313 f., 317
Absatzplanung 201
Absatzwege 281 ff.
Absatzwerbung 285
Abschwung (siehe Rezession)
Aktiengesellschaft (AG) 232 ff.
Allgemeine Geschäftsbedingungen (AGB) 97
Allgemeines Bürgerliches Gesetzbuch (ABGB) 64, 70 f.
Anfrage 110 f.
Angebot 112 f.
Angebot (in Zusammenhang mit Nachfrage) 31/10 f., 31/17, 273 ff.
Angeld 94
Annahmeverzug 154, 177 f.
Anzahlung 94
Arbeitsleistung 36
Arbeitslosenquote 31/18 f.
Arbeitslosigkeit 31/18 ff.
Arbeitsmarktservice (AMS) 31/21
Arbeitsvertrag 60 f., 64, 71 f.
Aufschwung (siehe Expansion)
Aufsichtsrat 234 f, 239 f.
Auftragsbestätigung 121 ff., 143
Auswärtsgeschäft 126 f.

B2B (Business-to-Business) 125
B2C (Business-to-Consumer) 125
Bankomatkarte 141, 147 f.
Barzahlung 141
Basiskauf 83
Bedürfnis 37
Befragung 260 ff.
Begleitpapiere 133 f.
Beilagen 103
Beschaffungsdurchführung 299, 308 f.
Beschaffungskennzahlen 324 f.
Beschaffungskontrolle 299, 310
Beschaffungskosten 323
Beschaffungslager 313 f., 317
Beschaffungsmarktforschung 301
Beschaffungsmenge 299, 303
Beschaffungsplanung 109, 299 ff., 303
Beschaffungspolitik 299 ff.
Beschaffungsprinzipien 299, 301 ff.
Beschaffungstermin 304 ff.
Beschaffungszeit 303 ff.
Bestellpunktsystem 304 ff.
Bestellrhythmussystem 304, 306 f.
Bestellung 121 ff., 309
Betrieb 35
Betriebliche Funktionen 40 f.
Betriebliche Leistungserstellung (siehe Leistungserstellung)
Beweislastumkehr 156
Boom 31/9 f.
Bruttogewicht 82
Bruttoinlandsprodukt (BIP) 17 ff., 22
Bruttonationaleinkommen 20
Bruttosozialprodukt 19
Buchführungspflicht 217 f.
Budget 31/1 ff.
Budgetdefizit 31/3
Businessplan 197, 199 ff.

Dauerauftrag 141, 145
Depression 31/9 f.
Dezentrales Lager 316 f.
Dienstvertrag 71 f.
Distributionspolitik (Marketing) 253, 281 ff.

E-Business 54
Eigentumsübergang 89 f.
Eigentumsvorbehalt 96
Einzelbeschaffung (Beschaffung bei Bedarf) 301 f.
Einzelunternehmen 214 ff., 222 ff.
Entsorgung 317
Entstehungsrechnung 17 ff.
Erwerbs- und Wirtschaftsgenossenschaft (Gen.mbH) 238 ff.
Europäische Aktiengesellschaft (SE) 236
Expansion 31/9 f.
Experiment 260, 262

Fehlmengenkosten 305, 323 f.
Fernabsatz 127
Fertigungslager 313 f., 317
Festplatzsystem 315
Finanzausgleich 31/2, 31/4
Finanzplanung 201 ff.
Finanzwissenschaft 4
Firma 35, 214 ff.
Firmenbezeichnung 215 f., 223, 227, 235
Firmenbuch 35, 103, 214 ff.
Fiskalpolitik 31/12 f.
Fixgeschäft 88, 162 f.
Frachtführer 133
Franchising 196, 203, 283
Freiplatzsystem 315
Freizeichnungsklausel 113

Garantie 96, 157
Geldpolitik 31/12 f.
Generalversammlung 234, 239 f.
Genossenschaft 238 ff.
Geschäftsbrief 102 ff.
Geschäftsfähigkeit 63
Geschäftsführung 234 f., 239 f.
Geschäftsidee 194 f., 197
Gesellschaft bürgerlichen Rechts (GesbR) 240
Gesellschaft mit beschränkter Haftung (GmbH) 216, 232 ff.
Gesellschaftsunternehmen 216 f.
Gewährleistung 96, 156 f.
Giroverkehr 141 ff.
Globalisierung 53
GmbH & Co KG und AG & Co KG 241
Grundkapital 233
Grundnutzen 267 f., 288

Handelsklassen 79 ff.

Handelswaren 38
Handlungsvollmacht 244, 246
Hauptversammlung 234 f.
Haustürgeschäft ("Auswärtsgeschäft") 126 f.
Hochkonjunktur (siehe Boom)

Indexklausel 83
Inkassobüro 185
Investitionsgüter 10

Just-in-Time-Beschaffung (Absatz- bzw. fertigungssynchrone Beschaffung) 301 ff.

Kalkulatorischer Ausgleich 278
Kapitalgesellschaft 232 ff.
Kassafrist (Kassarespiro) 94
Kauf auf Abruf 89
Kauf auf Probe 80
Kauf in Bausch und Bogen 82
Käufermarkt 247
Kaufvertrag 69 ff.
Kaufvertragsklauseln 89 ff.
Kommanditgesellschaft (KG) 216, 225 ff.
Kommunikationspolitik (Marketing) 253, 285 ff.
Konjunktur 31/7 ff.
Konjunkturpolitik 31/12 f.
Konjunkturschwankungen 31/7 ff.
Konkurrenzanalyse 200
Konkurrenzerkundung 263
Konsumentenschutzgesetz 64, 70 f., 126
Konsumgüter 10 f.
Kontoauszug 143
Konventionalstrafen (Pönale) 96
Kostenschwankungsklausel 83
Kostenübergang 87, 89 ff.
Kreditkarte 141, 149 f.
Kreditvertrag 60 f., 74
Kundennutzen 200

Lagerarten 313 f.
Lagerdauer 324 ff.
Lagerfunktionen 313
Lagerhaltung 283, 313 ff.
Lagerhaltungskosten 323 f.
Lagerkennzahlen 325 f.
Lagerorganisation 314 ff.
Lagerumschlagshäufigkeit 326
Lastschriftverkehr 141, 145 f.
Lebenszyklus 268 f.
Lehrvertrag 71, 73
Leistungserstellung 50 ff.
Lieferantenauswahl (siehe Beschaffungsdurchführung)
Lieferantenbewertung 309
Lieferbedingungen 87 ff.
Lieferbereitschaft 308, 324 ff.
Lieferort 87, 89
Lieferschein 133 f.
Liefertermin 87 ff.
Lieferverzug 154, 162 ff.
Liquidität 45, 47
Lorenzkurve 21

Magisches Vieleck 27 f., 31/4
Mahnplan 182 f.
Mahnschreiben 183 f.
Mahnverfahren (Mahnklage) 186 f.
Makroökonomie 4 f.
Mangel 155 ff.
Mängelrüge 156, 158 ff.
Marken 79 f.
Marketing 40, 52, 252 ff.
Marketing-Logistik 283
Marketing-Mix 252 ff.
Markt 9 f.
Marktanteil 263/1 f.
Marktbearbeitung 254 ff.
Marktformen 275
Marktforschung 259 ff.
Marktorientierung 40, 45 f, 196, 252 ff.
Marktpositionierung 254, 256 f.
Marktpotenzial 263/1
Marktsegmentierung 254 ff.
Marktverhalten 273, 275
Marktvolumen 263/1
Marktwirtschaft 12 ff.
Materialverteilung 317
Materialwirtschaft 296 f., 323 ff.
Meldebestand 305 ff.
Mietvertrag 60 f., 64, 74
Mikroökonomie 4 f.
Mitläufer-Effekt 276
Modelle 5 f., 12, 263/6
Monopol 275

Nachfrage 9 f., 11, 31/9 ff., 31/17 f., 263/1, 273 ff.
Nachhaltigkeit 54
Nettodefizit 31/3
Nettogewicht 82
Normen 79 ff.

Offene Gesellschaft (OG) 216, 225 ff.
Öffentlichkeitsarbeit 291
Oligopol 275
Online-Zahlung 141, 146 f.
Onlineshopping (Internet-Shopping) 125 ff., 149
Optionalsystem 307
Outsourcing 53

Pachtvertrag 74
Panelverfahren 263
Personengesellschaft(en) 215 ff., 225 ff.
Persönlicher Verkauf (Personal Selling) 292
Planwirtschaft 12, 14
Polypol 275
Pönale (siehe Konventionalstrafe)
Postnachnahme 141 f.
Präferenzen 273 f. 276 f
Preis 83
Preisabzüge 83 f., 135
Preisdifferenzierung 277 f.
Preiselastizität der Nachfrage 273 f, 276
Preispolitik (Marketing) 273 ff.
Primärforschung 260 ff., 301
Privatstiftung 240 f.
Produkt 267 ff.
Produktdifferenzierung 270
Produktdiversifikation 270
Produktelimination 270 f.
Produkthaftung 158
Produktinnovation 270
Produktionsfaktoren 3, 11, 21, 36
Produktionsprogramm 269 f.
Produktivität 55 f.
Produktlebenszyklus 268 f.
Produktpolitik 270 f.
Produktvariation 270
Prokura 244 ff.
Prolongation 185 f.

Prozesse in Unternehmen 51 f.
Public Relations (siehe Öffentlichkeitsarbeit)

Qualitätsfestlegung 78 ff.

Rabatt 84
Ratenzahlung 94 f.
Rationalisierung 52 f.
Rechnung (Faktura) 134 ff., 154, 161 f.
Rechtsanwalt 182 f., 185
Rechtsform der Unternehmen 203, 216 f.
Reichweite 289
Relaunch 268 f
Rentabilität 45 ff., 55 f.
Reuegeld 96
Rezession 31/9 f.
Richtbestand 306 f
Risikoübergang 87, 89 ff

Sales Promotion (siehe Verkaufsförderung)
Schadenersatz 96, 162 f., 180
Schlussbrief 123
Sekundärforschung 260, 263, 301
Sicherheitsbestand 305 f.
Skonto 83 f. 135, 278
Snob-Effekt 276
Sozialpartnerschaft 26
Spediteur 133
Spezifikationskauf 81
Stabilität des Geldwertes (Preisniveau) 27
Stammkapital 233, 235
Standortfaktoren 207 ff.
Standortwahl 206, 210
Steuerbelastung 207, 209
Stille Gesellschaft 216, 226 ff.
Subventionen 11 f., 209

Tara 82
Termingeschäft 88 f., 164 ff.
Theorie 5 f.
Transportmittel 133
Transportwege 283
Typen 79 f.

Überweisungen (Zahlungsanweisungen) 142 ff.
Umsatzsteuer-Identifikationsnummer (UID) 103, 135
Umtauschrecht 96
Umweltschutzbestimmungen 207 f.
Unique Selling Proposition (USP) 256 f., 288
Unternehmen 10 f., 34 f.
Unternehmensgesetzbuch (UGB) 64, 70 f.
Unternehmensgründung 194 ff.
Usancen (Handelsbräuche) 70 f.

Verbraucherpreisindex (VPI) 83
Verkäufermarkt 274
Verkaufsförderung (Sales Promotion) 291
Verkehrslage 207, 209 f.
Vermögen 36, 38
Verpackung 82, 91 f
Versandwege 133
Versicherungsvertrag 60 f., 64, 74
Verteilungsrechnung 17, 20 ff.
Vertrag 60 ff.
Verwendungsrechnung 17, 22
Verzugszinsen 96, 179 f.
Volkseinkommen 20 ff.
Volkswirtschaftliche Gesamtrechnung 17 ff.
Vollmachten 244, 246 ff.
Vorratsbeschaffung 301 f.
Vorstand 234 f., 239 f.

Werbebotschaft 285, 288
Werbebudget 285, 291
Werbeeinsatz 290
Werbemittel 285, 288 ff.
Werbeobjekte 285 f.
Werbepartner 285, 287
Werbeplanung 201
Werbesubjekte 285, 287
Werbeträger 285, 288 ff.
Werbezeitpunkt 290
Werbeziele 285 f.
Werkvertrag 60 f., 64, 71, 73
Wertkarten (Smartcards) 147, 150
Wertschöpfung 18, 50 f., 55
Wettbewerbsverbot 228
Willenserklärung 61 f., 64, 69, 110
Wirtschaftlichkeit 45, 47, 55
Wirtschaftskreislauf 10 ff.
Wirtschaftsordnungen 12 ff.
Wirtschaftspolitik 4, 25 ff.
Wirtschaftssektoren 17 f., 22
Wirtschaftstheorie 4
Wirtschaftswachstum 27, 31/4, 31/8, 31/12 ff.

Zahlung 93 ff., 137, 141 ff.
Zahlungsanweisungen (siehe Überweisungen)
Zahlungsbedingungen 87, 93 ff., 278
Zahlungsmethoden 141 ff.
Zahlungsort 93, 95
Zahlungstermin 93 f.
Zahlungsverzug 95, 154, 179 ff.
Zentrales Lager 316 f.
Zentralverwaltungswirtschaft 12, 14
Ziele der Wirtschaftsteilnehmer 45 ff.
Zielmarkt 254 ff.
Zusatzleistung 270 f.
Zusatznutzen 267 f., 288

Bildnachweis

Coverfoto: irin-k / shutterstock.com

S. 9: haveseen / shutterstock.com; S. 13: Logo Club of Rom: Wikimedia Commons; S. 17: Cineberg / shuttestock.com; S. 25: Trance Blackman / shutterstock.com; S. 28: Kasten: Thomas Wizany; S. 31/1: kan_chana / shutterstock.com; S. 31/17: Roberto Sorin / shutterstock.com; S. 34: Focus and Blur / shutterstock.com; S. 45: Phonix_a Pk.sarote / shutterstock.com; S. 46: photopixel / shutterstock.com; S. 47: wideonet / shutterstock.com; S. 50: Focus and Blur / shutterstock.com; Rus S / shutterstock.com; S. 67: Maciej Kopaniecki / shutterstock.com; S. 69: Pavle Bugarski / shutterstock.com; S. 73: wavebreakmedia / shutterstock.com; S. 78: rawf8 / shutterstock.com; Brian A Jackson / shutterstock.com; S. 82: Lisa S. / shutterstock.com; S. 83: PIXEL to the PEOPLE / shutterstock.com; S. 84: hddigital / shutterstock.com; S. 87: g-stockstudio / shutterstock.com; S. 91: skimin0k / shutterstock.com; S. 98: ÖBB; S. 102: Patthamarat Chaisubin / shutterstock.com; S. 107: one photo / shutterstock.com; S. 109: Amnaj Khetsamtip / shutterstock.com; S. 117: CandyBox Images / shutterstock.com; S. 119: Kunertus / shutterstock.com; S. 121: Oktava / shutterstock.com; S. 126: Österreichische E-Commerce-Gütezeichen; S. 132: sirtravelalot / shutterstock.com; S. 133: xphotography / shutterstock.com; S. 138: Pierre-Yves Babelon / shutterstock.com; S. 141: DGLimages / shutterstock.com; S. 148: Bankomatkarte: Unicredit Bank Austria AG; alice-photo / shutterstock.com; S. 149: Visa Europe; S. 154: Steve Buckley / shutterstock.com; S. 167: Serghei Starus / shutterstock.com; S. 170: Marcin Balcerzak / shutterstock.com; S. 172: Pisit Anunchottawee / shutterstock.com; S. 174: ND700 / shutterstock.com; S. 177: Jodie Johnson / shutterstock.com; S. 179: wavebreakmedia / shutterstock.com; S. 187: Zolnierek / shutterstock.com; S. 194: VGstockstudio / shutterstock.com; S. 196: WKO; S. 199: g-stockstudio / shutterstock.com; FXQuadro / shutterstock.com; S. 206: Nomad_Soul / shutterstock.com; S. 210: Atstock Productions / shutterstock.com; S. 214: Maria Rom / shutterstock.com; S. 215: Shebeko / shutterstock.com; S. 222: Africa Studio / shutterstock.com; S. 225: Pressmaster / shutterstock.com; S. 232: allstars / shutterstock.com; S. 238: patpitchaya / shutterstock.com; Wikimedia Commons; S. 239: nevodka / shutterstock.com; S. 244: Pressmaster / shutterstock.com; S. 247: Ievgenii Meyer / shutterstock.com; S. 252: maradon 333 / shutterstock.com; S. 257: NAN728 / shutterstock.com; S. 259: Iakov Filimonov / shutterstock.com; S. 261: Monkey Business Images / shutterstock.com; S. 267: visualpower / shutterstock.com; S. 271: Caftor / shutterstock.com; S. 273: Tero Vesalainen / shutterstock.com; S. 278: Itsra Sanprasert / shutterstock.com; S. 281: SCHAWANN michael / shutterstock.com; S. 285: Iurii Stepanov / shutterstock.com; S. 289: Wiener Linien / www.bildstrecke.at; S. 296: Robert Kneschke / shutterstock.com; S. 299: Avigator Thailand / shutterstock.com; S. 313: vikorn / shutterstock.com; S. 316: industryviews / shutterstock.com; S. 320: images and videos / shutterstock.com; S. 328: Alexey D. Vedernikov / shutterstock.com;

Info- und Übersichtsgrafiken:

Noa Croitoru-Weissman: S. 4: Aufgaben der Volkswirtschaftslehre (VWL); S. 10: Der Markt (vereinfacht); S. 11: Der einfache Wirtschaftskreislauf; S. 11: Der erweiterte Wirtschaftskreislauf; S. 12: Wirtschaftsordnungen; S. 14: Ü 1.6; S. 18: Der Prozess der Wertschöpfung; S. 26: Entscheidungsträger der Wirtschaftspolitik; S. 31/4: Das Magische Vieleck; S. 31/8: Konjunkturschwankungen; S. 31/13: Maßnahmen zur Förderung der Konjunktur; S. 31/21: Arbeitsmarktpolitik; S. 35: Betriebstypen; S. 36: Produktionsfaktoren; S. 37: Leistungsfähigkeit und Motivation; S. 38: Betriebliches Vermögen; S. 39: Partner des Unternehmens; S. 40: Betriebliche Funktionen; S. 42: Ü 2.13, Betriebstypen; S. 45: Einzelwirtschaftliche Ziele; S. 46: Funktionen des Gewinns; S. 50: Wertschöpfungsprozess der Unternehmen; S. 55: Kennzahlen erfolgreicher Leistungserstellung; S. 60: Vertragsarten; S. 61: Vertragspunkte; S. 61: Rechtliche Bedingungen von Verträgen; S. 62: Formen der Willenserklärung; S. 63: Geschäftsfähigkeit; S. 70: Gesetzliche Grundlagen des Kaufvertrags; S. 71: Beschäftigungsformen; S. 78: Gesetzliche Bestandteile des Kaufvertrags; S. 79: Qualitätsfestlegung im Kaufvertrag; S. 87: Lieferbedingungen; S. 88: Liefertermine in Kaufverträgen; S. 90: Risiko- und Kostenübergang; S. 90: Beispiel Lieferklauseln; S. 93: Zahlungsbedingungen; S. 111: Logo: Moda Nova; S. 112: Arten von Angeboten; S. 113: Bindungsdauer von Angeboten; S. 121: Abschluss der Kaufvertrags; S. 132: Pflichten bei der Erfüllung des Kaufvertrags; S. 135: Gesetzliche Bestandteile der Rechnung; S. 141: Zahlungsmethoden; S. 143: Ablauf von Überweisungen; S. 146: Online-Zahlung; S. 147: Zahlungskarten; S. 154: Fehler bei der Erfüllung des Kaufvertrags; S. 155: Arten der Mängel; S. 162: Der Lieferverzug und seine Rechtsfolgen; S. 179: Rechtsfolgen beim Zahlungsverzug; S. 181: Bausteine der Mahnorganisation; S. 195: Eine Geschäftsidee entwickeln; S. 206: Freie und gebundene Standortwahl; S. 207: Standortfaktoren; S. 216: Rechtsformen der Unternehmen; S. 234: Organisation der GmbH und der AG; S. 244: Vollmachten im Unternehmen; S. 244: Vollmachten im Unternehmen; S. 252: Marktorientierte Fragen; S. 253: Marketing-Mix; S. 254: Zielgruppenorientiertes Marketing; S. 255: Kriterien der Marktsegmentierung; S. 256: Festlegung des Zielmarkts; S. 259: Arten der Marktforschung; S. 260: Methoden der Marktforschung; S. 263/1: Marktpotenzial und Marktanteil; S. 270: Arten der Produktpolitik; S. 274: Faktoren der Preispolitik; S. 275: Marktformen; S. 281: Absatzwege; S. 282: Typische Absatzwege; S. 285: Entscheidungsbereiche der Werbung; S. 287: Werbung mit und ohne Partner; S. 296: Tätigkeiten in der Materialwirtschaft; S. 299: Aufgabenbereiche der Beschaffung; S. 301: Prinzipien der Materialbeschaffung; S. 304: Bestimmung des Bestellzeitpunkts;

Alle anderen Quellenangaben befinden sich bei den Abbildungen. Sämtliche an dieser Stelle nicht angeführten Fotos und Abbildungen wurden von den Autorinnen und Autoren bzw. von MANZ Verlag Schulbuch selbst erstellt. Wir haben uns bemüht, alle Inhaber/innen von Bildrechten ausfindig zu machen. Sollten dennoch Urheberrechte verletzt worden sein, bitten wir um Kontaktaufnahme mit uns.